TOMÁS DE AQUINO
E A NOVA ERA DO ESPÍRITO

Sto. Tomás de Aquino (FRA ANGÉLICO: detalhe da *Crucifixão com Santos*, sala capitular do Convento de São Marcos, Florença, em torno de 1442).
O olhar de Sto. Tomás se concentra no Crucificado: *"A contemplação é um simples olhar amoroso fixado na beleza de Deus"* (Cf. Suma Teológica, II-II, q. 180, art. 3).

FREI CARLOS JOSAPHAT

TOMÁS DE AQUINO
E A NOVA ERA DO ESPÍRITO

Edições Loyola

Edição de texto: Marcos Marcionilo
Diagramação: Telma dos Santos Custódio
Revisão: Maurício Balthazar Leal

Edições Loyola
Rua 1822, 347
04216-000 São Paulo, SP
Caixa Postal 42.335 – 04218-970 São Paulo, SP
T 55 11 2914 1922
F 55 11 2063 4275
editorial@loyola.com.br
vendas@loyola.com.br
www.loyola.com.br

Todos os direitos reservados. Nenhuma parte desta obra pode ser reproduzida ou transmitida por qualquer forma e/ou quaisquer meios (eletrônico ou mecânico, incluindo fotocópia e gravação) ou arquivada em qualquer sistema ou banco de dados sem permissão escrita da Editora.

ISBN 978-85-15-01752-2

2ª edição: janeiro de 2009

© EDIÇÕES LOYOLA, São Paulo, Brasil, 1998

SUMÁRIO

Capítulo 1
O jovem Tomás e o país das maravilhas 13
    Catedral? Por que não Eldorado? 14
    O drama de um seqüestro 16
    Conectar o finito e o infinito 18
    O mapa do Eldorado 21
    Eldorado e Nova Era 24
    Primeiros achados do país das maravilhas 30
    O Papa, o Profeta e o Doutor 32
    A intuição original de Mestre Tomás 37

Capítulo 2
A mulher, o vinho, o rei e a verdade 43
    Uma galante discussão acadêmica 43
    Passar por cima da mãe 45
    O estudo é caminho de santidade 48
    Inovar, sem desacatar "autoridades" 53
    O jeito certo de discutir 55
    A *Sacra Doctrina* brota da pesquisa e do diálogo 57
    Três balanços sucessivos 61
    O Mestre, a equipe e o canteiro de obras 65

Capítulo 3
O país das maravilhas é o reino da Verdade 69
    Deslumbrante nascer do sol 70
    O jovem doutor partiu com ela 71
    Ser e conhecer 74
    Cativante e melindrosa verdade do saber 76
    A custosa e esquiva verdade da vida 79
    Verdade, inteligência emocional e instrumental 81
    "Até saindo da boca do demônio, a Verdade vem do Espírito Santo" 86

Capítulo 4
Aventuras e descobertas nas colinas do Amor 89
    Amor: paixão e valor incomparáveis 89
    O que vem a ser amar? 91
    Uma tipologia do amor 94
    Amor: fonte ou carência de harmonia? 96
    Divina beleza do amor 98

A harmonia da perfeita reconciliação 101
Virtudes do puro bem-querer 103
Virtudes do generoso bem-fazer 105
Toda uma ética do amor 107
O amor do homem e da mulher 110
O Espírito de Amor, fonte de todo amor 115

Capítulo 5
Liberdade, caminhos e descaminhos das profundezas 119
Esse escorregadio livre-arbítrio 120
O que é mesmo ser livre? 122
Etapas de uma rude caminhada 125
Liberdade, dinamismo das profundezas 130
A liberdade do Espírito. Tomás e Joaquim de Fiore 134

Capítulo 6
Deus na carne e no tempo 141
O beijo na leprosa 141
O Cristo, Deus na carne e no tempo 142
"Verdadeiro Deus, verdadeiro homem" 145
O mais belo mosaico de idéias e ideais 148
Centro da história e da vida 151
A nova humanidade nasce do Amor libertador 154
Igreja do Espírito, comunidade de reconciliação e de serviço 156
No horizonte, resplandece e atrai a utopia da Nova Idade do Espírito 157
A primitiva Igreja apostólica e a Igreja atual 160

Capítulo 7
Felicidade na terra e no céu 165
Tudo começa com a crise da juventude 165
Felicidade e felicidades 167
Antecipação contemplativa, amorosa e ativa 170
Eldorado do céu, repouso eterno? 173
"O bem comum, o mais divino" 176
Projeto de sociedade justa e solidária 179
Justiça, solidariedade e Nova Era 184

Capítulo 8
A Nova Era, ontem, hoje e amanhã 189
A Nova Era através da história 190
Globalização e Nova Era 192
Seus mais lindos traços e encantos 195
Valores e doutrinas 199
Sonhos, mentalidades e ideologias 201
Tomás e a astrologia 204
Teologia, teosofia e antroposofia 208
Alquimia e dinamismos do inconsciente 212

Capítulo 9
A Nova Era do Espírito criador e santificador! 217
Reencontrar a chave perdida 217

Por que se esconde a luz? 222
O realismo da "vinda", da "missão" do Espírito 225
Nova criação e criatividade humana 228
Pentecostes, carismas e a Nova Era 231
O indispensável discernimento 233
O Dom pessoal do Espírito, eis a questão 236

Capítulo 10
Rudes e almejados pontos de encontro e de confronto 241
Amar a inteligência e respeitar o outro 242
Confronto inadiável: "A morte de Deus" 245
Espírito, história e ação 248
Urgência de uma linguagem compreensiva e total 251
Nova Era, marcha ecumênica 257
Enfim, o Eldorado. A Mãe Terra 259
A mística das mãos dadas e calejadas 262
Itinerário percorrido e a percorrer 263
Enfim, tudo apostar no Espírito que é o Amor 270

Capítulo 11
Tomás nos fala do Espírito Santo 275
Antologia dos mais belos textos do Doutor da Nova Era 275
I. A sabedoria do Espírito 275
II. O Espírito e o Amor, dom e fonte de amor 279
III. A missão salvadora e santificadora do Espírito 282
IV. O Espírito de Cristo, comunicado à Igreja e aos fiéis 292
V. Espírito Santo, fonte de amizade, de liberdade, de paz e alegria 293
VI. Aprimoramento espiritual pela perfeita docilidade ao Espírito de Amor ... 302
VII. Os carismas a serviço da comunidade e da evangelização 308
VIII. A Nova Era e a Nova Lei do Espírito 309
IX. Providência, liberdade e astrologia 318
X. Esboço de um retrato: um frade estudioso, contemplativo, combativo e
muito humano 322

Indicações Bibliográficas 327
I — Tomás de Aquino 327
II — Joaquim de Fiore e os espirituais da Idade Média 329
III — Nova Era (em geral) 330
IV — Teosofia 331
V — Antroposofia 331
VI — Astrologia 332
VII — Alquimia 332

Bibliografia de Frei CARLOS JOSAPHAT Pinto de Oliveira 335
Principais publicações 335

Índice de nomes 339

Prefácio
O DOUTOR DA NOVA ERA

Sem desfazer dos outros mestres, não daria para ver em Tomás de Aquino o Doutor da Nova Era do Espírito?

O projeto brota antes de tudo de um curioso e fecundo desafio histórico. O grande mestre viveu, ensinou e escreveu em clima de Nova Era, batizada então a "Nova Idade do Espírito". Essa nova idade, a terceira, após o fracasso ou o esgotamento das duas primeiras, surgia qual vaga imensa de sofreguidão e anseio dos pobres. Andavam longa e dolorosamente desenganados da religião dominante. O desencanto crescia com o correr dos tempos. Ia mesmo se agravando com tanta desigualdade e ruindade, acumuladas em um amplo pedaço do mundo e da história, enaltecido no entanto pelo papa Inocêncio III com o nome promissor de cristandade.

Tal era o contexto que dava sentido ao discurso trinitário que empolgava certos movimentos de devoção popular nos séculos XII e XIII. O destino e a esperança de todos se viam suspensos ao desenrolar e, sobretudo, ao feliz desfecho das três idades religiosas e sociais. A "idade do Pai" trouxera profusão de bênçãos, alguma prosperidade e uns tempos de paz, mas só para os judeus. A "idade do Filho" era isso que se estava vendo e sofrendo. O Evangelho foi pregado em toda parte. Mas nada de ilusões. Tal sucesso bem podia ser a prova de que já dera o que podia dar. Pois o próprio testemunho de Jesus não assinala que a evangelização do mundo será o fim desse tempo provisório da Igreja?

E, mais que tudo, essa Igreja dos ricos, do poder, das instituições pesadas e faustosas, é o sinal dos sinais de que soou a hora dos pobres, dos evangélicos, dos espirituais. Está chegando, enfim, a idade nova do Espírito da plena verdade, da perfeita santidade, da justiça, da paz e do amor. O acervo de tradições e de estruturas que produziu a cristandade feudal e clerical vai ceder lugar ao leve e puro evangelismo do Espírito e dos seus humildes e despojados servidores.

Esse evangelismo foi vigorosamente apregoado pelo abade cisterciense Joaquim de Fiore, no século XII. No século seguinte, é orquestrado com engenho e arte pelo franciscano Geraldo di Borgo San Donnino, que publicou seu *Evangelho Eterno* em 1254. Ele levantou muita esperança e mobilizou legiões de espirituais, particularmente entre os discípulos radicais de S. Francisco de Assis. Com ardorosa certeza, reforçada por cálculos numerológicos, mais outros muitos indícios apocalípticos cuidadosamente interpretados, os discípulos entusiastas do *Evangelho Eterno* tinham chegado a fixar a data da entrada na Nova Era. Era o ano de 1260.

Ora, esse ano marca a plena maturidade para o doutor frei Tomás de Aquino. Na força de seus 35 anos, já completou seu primeiro ensino em Paris (1252-1259). Inaugura suas atividades intelectuais na Itália. E quando termina a *Suma contra os Gentios* e se põe a elaborar a *Suma Teológica*, aproximadamente a partir de 1265, já expirara o dia aprazado e se ia arrefecendo a expectativa dos espirituais.

Seria pouco dizer que Tomás apenas enfrentou com galhardia essa linda e quente Nova Era, que não deixava de ter afinidades com a opção radical que fizera aos 20 anos pela nova forma de vida evangélica, inaugurada desde 1216 por S. Domingos. Nem basta afirmar que o santo doutor se aproximou dos espirituais e deles recebeu alguma inspiração. Ou ainda que lhes podou os exageros, para tirar proveito dessa nova Idade do Espírito. A posição correta será normalmente a mais difícil. Não seria o bom momento de aceitar essa dura tarefa? Ela começará por assinalar contatos marcantes dessa Nova Era com pontos da maior importância, e até mesmo centrais, da síntese teológica de Tomás.

Com o franciscano S. Boaventura, Sto. Tomás entrou na grande corrente do evangelismo. Tudo apostou na renovação da Igreja e do mundo, pela força da pobreza e da cruz de Cristo, graças ao dom e à ação do Espírito Santo. No entanto, em confronto com Joaquim de Fiore, bem outra é sua compreensão da história, sua teologia do Espírito e da Igreja, da graça divina e da responsabilidade humana, do valor da criação e da autonomia das instituições temporais, dentro do projeto da santidade evangélica. A sua atitude de discernimento e acolhida da Idade do Espírito será hoje melhor entendida e pode também ajudar a melhor entender os desafios, as promessas e exigências do novo milênio. Tomás de Aquino, Doutor da Nova Era do Espírito, se não é bem o tema, será a inspiração deste livro.

No processo de canonização, companheiros de frei Tomás declararam ter reconhecido nele a presença do Espírito. E davam esta razão surpreendente: a graça transparecia em sorriso e afabilidade, iluminando o rosto desse mestre e pregador. Agrada-nos essa amável sugestão. E gostaríamos de percorrer sua vida e seus escritos tentando descobrir os traços dessa suave luz do Espírito. Ela nos parece particularmente visível no seu jeito tranqüilo de enfrentar os múltiplos desafios e de acolher, em momentos de crise, a força renovadora de Deus. Para Tomás, a fidelidade ao Evangelho não fica na comemoração do passado. Abre-se ao discernimento dos novos caminhos, rumo à Nova Idade do Amor. É preciso entrar nesse elã de confiança no futuro, para ter alguma afinidade com este mestre que apostou tanto no porvir de Deus acontecendo na nossa história.

Aqui vai uma confidência que talvez ajude a compreender como se pode ter a coragem de pretender captar e transmitir uma mensagem e uma figura assim.

O Doutor da Nova Era

A Nova Era de hoje pode ser uma hora boa de pagar promessa. É um pouco o caso deste modesto ensaio. Toma a ousadia de se apresentar agora, mas vem de longe. Ele se liga a uma promessa afoita e mesmo avoada, que deixara rastros de desassossego, mas, ao mesmo tempo, havia insuflado um imenso gosto de viver.

Era um 7 de março, quando então se celebrava a festa de Sto. Tomás, Patrono dos estudos, nos fins dos anos 30. Ao tomar conhecimento das façanhas de Tomás, jovem nobre napolitano, um bando de jovens se contagiaram (em Diamantina) e passaram a se perguntar:

— E nós, que vamos fazer de nossa vida?

No ardor impensado mas generoso dos 17 anos, alguém prometeu seguir o santo dominicano, abraçando o modelo de sua vida radicalmente evangélica. E, como uma doidice puxa outra, fez o voto de escrever um livro muito caprichado, falando que ele era "o mais sábio dos santos e o mais santo dos sábios". Pois, está aí o refrão com que nosso entusiasmo, mais do que derramado, falava então de Tomás de Aquino. Tanta gente se deixava empolgar por Jacques Maritain e por Alceu Amoroso Lima, lidos e discutidos, até lá nas alturas de Diamantina.

Não faltou quem contestasse o valor desse açodado voto juvenil, que, já adivinharam, sem dúvida, este livro vem cumprir. Pois como se vai fazer uma promessa dessas para outros pagarem? Esses outros aqui vêm a ser, é claro, um benévolo editor, mais alguns condescendentes leitores, sem os quais não se faz marchar editor nenhum, por mais generoso que seja.

Chegado a este ponto, acho mais fácil explicar-me diretamente com o santo Doutor, em uma oração ou, para quem gosta de um estilo mais secular, em uma espécie de carta aberta:

Frei Tomás, aqui está o nosso livro.

Nosso, sim. Porque o mais grave nesta história é que, na base de muita pirataria fraterna, quem terminou pagando a promessa foste tu, meu incomparável irmão mais velho.

Escusa não tenho. Mas posso avançar uma atenuante: não sou o primeiro nem serei o último. Larápios, gatunos e assaltantes, infiltrados, como de costume, nessa tão distinta classe dos escritores, jamais deixaram e deixarão de rondar teus tesouros fabulosos.

Decerto, fora de qualquer burla ou treta, para pagar a promessa com alguma honestidade, este livro era para ser um amoroso encontro de inteligência, de história, de imaginação e emoção.

Mas, sem ilusões nem pretensões, o que me leva, no entardecer da existência, a cumprir o que foi levianamente prometido na juventude é uma certa confiança, que vem do teu lado. Ninguém, como tu, pode tão bem ajudar os homens e as mulheres de hoje a acolher, com esperança, lucidez e audácia, a Nova Era que vai despontando na aurora deste Terceiro Milênio. No fim deste livro, tem-se a impressão de que se teria perdido a chave de tua mensagem essencial para a reforma da Igreja e a renovação deste mundo de Deus. E essa perda desastrosa já se denuncia no fato de que até teus primeiros comentadores passaram ao largo, sem dar muita atenção a teu ensino sobre a "nova lei" e a "Nova Era do Espírito." Seria o momento ditoso de recuperar a chave?

No meio de nossa procura e de nossa conversa, muita gente esperta por aí vai desconfiar na certa de que teus escritos estão todos espalhados no chão. E que este coitado de teu irmão vai pesquisando, vai cortando trilhos e atalhos para ver se dá com essa bendita chave. Os ziguezagues vão por sua conta. Mas vem sem dúvida de ti o rumo que leva à doutrina do Evangelho e à sabedoria do Espírito, esses bens inestimáveis com que desejas que ande embebecida a Nova Era ontem, hoje e amanhã.

No mais, desculpa minha impertinência, frei Tomás. Pois, ninguém se cura dos sonhos que o botaram de pé e fizeram marchar pela vida afora. De ti mesmo se conta que deste um murro importuno e ruidoso na mesa do rei S. Luís. Pois, enquanto a corte e alguns de teus irmãos de hábito desfrutavam as reais mordomias da copa e cozinha, tu andavas era sonhando enlaçar uma esquiva verdade nos teus fortes braços, guarnecidos de uns caprichados e sólidos silogismos.

Outra atitude deveras estranha: nos teus últimos dias, andaste atrás de lançar ao fogo a tua obra-prima. Por ela tudo deste e tudo fizeste. E no fim tens por um nada o esplendor de todo o teu saber, quando a teus olhos alvorece a tua bem-amada Sabedoria.

É por essas e por todas as tuas audácias de inovador sempre insatisfeito, que tu és mesmo, para mim, hoje ainda mais do que ontem, "o mais sábio dos santos, e o mais santo dos sábios".

Frei C. J. OP

7 de março de 1998.
Aniversário da morte de frei Tomás de Aquino, em 1274.
Oitavo centenário do processo de Joaquim de Fiore (1198-1998)

Capítulo 1
O JOVEM TOMÁS E O PAÍS DAS MARAVILHAS

Não fica bem relegar os costumes, quando já se instalaram com uns ares de tradição ou cultura. Assim, desde sempre se compara a síntese de Tomás de Aquino a uma vasta e harmoniosa catedral.

E não é de todo sem razão. Pois, há mesmo certa afinidade entre as *Suma*s de teologia e as belas igrejas românicas ou góticas, emergindo bem no tempo em que as solenes melodias gregorianas fraternizavam com as joviais canções de amor e as gestas improvisadas dos trovadores. Encantam-nos cada vez mais esses oásis de beleza, de inteligência e de paz, que brotam em meio à sociedade medieval, tida em geral por rude e belicosa. Realçam, com força e fineza, aquele paradigma espiritual agraciado, em nossos dias, com o nome quase pomposo de teonomia: "Deus" aceito qual fonte de "normas" de pensar e agir. É toda uma sociedade e toda uma vida cotidiana que se tentam construir com as bênçãos do Céu e em referência às suas leis. Esses ideais de uma cosmovisão unitária, casando a ortodoxia da fé com o conjunto da civilização e da cultura, florescem em uma cristandade firmemente estruturada por um mesmo contexto histórico, religioso e artístico[1].

Assim, o teólogo, de origem italiana, Pedro Lombardo, é o autor da *Suma das Sentenças*, cômodo manual, que reinará em todo o ensino eclesiástico, do século XII ao século XVI. Pois bem, o Lombardo termina sua vida como bispo de Paris, em 1160, três anos apenas antes que começasse a florir a mensagem de beleza e de doutrina que é a Igreja de Notre-Dame. Esta e a catedral de Chartres serão terminadas em 1260. Começa então, em Toulouse, a construção da Igreja dos Jacobinos, que guarda as relíquias de Sto. Tomás. Em 1260, ele se empenhava a fundo na composição da chamada *Suma contra os Gentios*. Esses sincronismos mais vistosos apontam para todo um feixe amplo e persistente de grandes coincidências geográficas e históricas. Ativas escolas de teologia e santuários bem cinzelados brotam nos mesmos espaços e em datas aproximadas. É

---

1. "Teonomia", o conceito e o termo foram lançados e desenvolvidos por Paul TILLICH, o grande teólogo protestante, que procurou estabelecer a "correlação" da fé e da cultura. Ver a exposição sintética que faz da teonomia em *Teologia Sistemática* (de 1967), Ed. Sinodal e Ed. Paulinas, 1984, 127–129. Nossa leitura de Tomás de Aquino procurará ter em conta as correntes filosóficas e teológicas contemporâneas, em uma tentativa constante de confronto, que se tornará explícito diante de uma ou outra figura mais significativa.

um fenômeno típico dessa época medieval. Para o historiador, ela não esconde sem dúvida sua imagem de lutas, de cruzadas, de justas e porfias, mas vai revelando também cada vez mais sua riqueza de contrastes, seus canteiros risonhos de liberdade fecunda, de iniciativa e de criatividade.

A gente acaba envolvendo em um mesmo olhar de simpatia a *Suma* e a catedral, pois parecem se afirmar feito símbolos amáveis dos valores do espírito. Vão triunfando da feiúra das violências, da "vil tristeza" dos pequenos interesses ou dos mesquinhos egoísmos dos poderosos. E se projetam como aquelas belezas que duram para sempre, escapando das rugas desgraciosas e da inclemência corrosiva do tempo.

CATEDRAL? POR QUE NÃO ELDORADO?

Mas não teria soado a hora de irmos mais longe?

Sob estes nossos trópicos, nem tão tristes assim, não descortinaríamos com mais gosto, antes um Eldorado luzente do que uma pesada construção, na ampla e viçosa *Suma de Teologia* que nos legou Tomás de Aquino?

Ela desdobra toda a criação, em sua amplidão de coisas, aventuras e problemas. Essa criação, toda úmida ainda do sopro divino, parece fadada a se cultivar e vicejar que nem um jardim oriental. Não é o que se anuncia, já na Primeira Parte dessa *Suma*? As questões, bem ordenadas, partem da contemplação do Primeiro Amor, alongam-se na consideração da fecunda "semana da criação", aí privilegiando o ser humano, caprichada e caprichosa imagem do Criador. E terminam em um demorado olhar admirativo sobre o paraíso terrestre, em que a criação se resume em uma espécie de filme inicial, mas que jamais se esgota, exibindo os mais lindos e teimosos sonhos de Deus.

Mais tarde, na *Divina Comédia*, Dante (que nasceu em 1265, quando Tomás se punha a escrever a *Suma Teológica*) pintará com viva luz e muito colorido as vicissitudes dos amores, brotando do Primeiro Amor. O drama se desenrola em todo esse imenso universo, em três andares, o céu, os infernos, com a terra no meio. Tomás, seguindo as leis da lógica e da escola, já havia tudo disposto em boa ordem. "Sábio arquiteto" foi o apelido que desde cedo lhe deram. Aqui, o vemos mais como geógrafo ou topógrafo do divino, zeloso em descrever, arranjar e realçar o universo da natureza e da graça. Mostra, atrás de si e de nós, o Eldorado das origens, surgindo na primeira alvorada do mundo. E vislumbra pela frente o Eldorado da esperança, que vem a ser o raiar definitivo da escatologia, o feliz arremate do plano divino e da história humana. O descampado, em que agora vivemos e marchamos, pesa às vezes feito mormaço. Ou se desdobra em ziguezague sem rumo no deserto sem fim. No entanto, na mensagem cristã de mestre Tomás, toda essa caminhada, por vezes monótona, começa no Paraíso e vai dar no Paraíso. É uma saudade sem jeito que se há curtir de um Eldorado que lá ficou nos começos de tudo e que sempre fascina e atrai qual montanha resplandecente, se não de ouro e de esmeraldas, sem dúvida de gosto de viver e de amar.

Será que a gente embaralha demais as coisas, emparelhando ainda, sem querer forçar muito, a *Suma de Teologia* de frei Tomás e *Os Lusíadas*, a gloriosa epopéia do genial e sofrido Luís de Camões? Os argonautas portugueses, os "varões assinalados", deixam as doçuras do Minho, do Douro, do Mondego e do Tejo. Enfrentam, percorrem e vencem os mares nunca dantes navegados. Sofrem e comem o que não fica bem mencionar aqui, no contexto de nossa delicada modernidade. Porém, os bravos navegantes vão levar aquela surpresa. Lá ficaram as "Tágides" gentis, as musas do saudoso Rio Tejo. E agora, em um final gostoso de suas aventuras e desventuras, desembarcam deslumbrados e rejuvenescidos na Ilha dos Amores. Atravessaram o mar oceano. E não é que partiram do aconchego do amor e reencontram enfim as delícias do amor? No começo e no fim, o sonho de amar e ser amado, despertando e incentivando a rude travessia do mar ou do deserto, das regiões do desconforto e do desafio.

Camões, ainda aqui, se mostra o grande, senão o maior gênio épico e lírico da Renascença. Fala de amores no crepúsculo matinal e vespertino da louca e divinizante travessia. Seu humanismo é uma maravilhosa síntese artística de paganismo e de cristianismo, de volúpia carnal e de exultação espiritual. Enaltece o heroísmo da santidade, mas canta também, e com que força, os choques violentos das armas e os enleios dos jovens corpos, reluzindo de beleza e vibrando de paixão.

A *Suma Teológica* tem qualquer coisa de uma epopéia, decerto mais solene e austera. Em sua dimensão épica, visa ao heroísmo da santidade, que se desdobra no dia-a-dia daquela multidão de homens e mulheres que marcham para o Eldorado de Deus. Por vezes, empenham-se em maravilhosas proezas. Porém, quase sempre, sua grandeza é a coragem humilde, que se inspira na esperança que não cede. Essa epopéia, da graça que estimula e ativa a vontade de avançar e de lutar, vem balizada pelo Paraíso perdido e reencontrado, esses mitos primitivos e sempre vivos, que inspirarão os poemas de Milton. Pois a *Suma* está longe de deixar de lado os sonhos e problemas do amor humano. No entanto, ela o vê envolvido nos misteriosos planos do Amor divino. E entrelaça tudo em um comprido enredo de raciocínios, de silogismos minuciosos e de definições mais do que esmeradas. Quer firmar, na solidez e no pleno dia da razão, tudo quanto os mitos e os símbolos vêm carregando com jeito e carinho, através dos tempos, na leveza do imaginário e no embalo da poesia.

O jovem nobre Tomás de Aquino não entrou pelas veredas fantásticas da cavalaria e das cruzadas. Em toda a sua carreira, pouco ou nada se ocupou das justas militares ou românticas, das canções dos bardos e tertúlias amorosas, que ainda jogam uns suaves toques de magia nos quentes abraços e nas mal suportadas separações de Abelardo e Heloísa. Mas não se poderia dizer que andou sempre voltado para o Eldorado da sabedoria e do amor, dedicando-lhe umas *Sumas*, longas e muito trabalhadas, no feitio de todo amante profundamente apaixonado? Em sua prosa escolástica, apontava, do seu jeito, para montanhas resplandecentes muito além dos horizontes. As mesmas que haveriam de ser buscadas e cantadas, em fraternidade com Petrarca, Dante e Camões, por mestre Eckart, João da Cruz e outros místicos trovadores dos tempos novos.

O DRAMA DE UM SEQÜESTRO

Talvez seja oportuno prevenir, logo de entrada, um penoso mal-entendido. Um pobre lenhador pode se ver forçado a bancar o médico e a clinicar, contra a vontade e para muita infelicidade sua. Isso ocorre na comédia de Molière, no nosso dia-a-dia e até no decorrer da história. Vejam o caso de Tomás de Aquino. Rompeu com os planos da família e com os projetos de cristandade que ela lhe propunha. Buscou caminhos novos para viver e pensar. Quando começa a ensinar, sacode a universidade. Pois aborda novas questões, com novos argumentos e um método todo novo. É o que diz, com insistência e redundância bem carregadas, o seu primeiro biógrafo[2]. Teve de sustentar acesas controvérsias, para abrir caminhos e garantir direito de cidadania à forma de vida que adotou e também ao estilo e ao conteúdo de sua doutrina.

Logo após sua morte, as suas teses mais inovadoras foram condenadas pelo bispo de Paris[3], representante da ortodoxia, sempre vigilante, diante das possíveis audácias da Universidade. Tomás se vê então emaranhado numa rede de suspeitas e sua reputação vai enodoada pela pecha de modernista. No entanto, Etienne Gilson, um dos mais conceituados medievalistas, gostava de pilheriar, para introduzir, com jeito, uma grande verdade: "O tomismo foi o único modernismo que triunfou na Igreja". Mas é esse triunfo que pode acarretar um terrível feixe de problemas. Um suntuoso mausoléu, no centro do mais glorioso panteão, constitui sem dúvida um penhor de perenes comemorações. Acaba, porém, sendo o atestado, mais do que oficial, de que a morte tomou conta do herói aventureiro, liquidando qualquer veleidade de inovação.

Machado de Assis mostra o coitado do Brás Cubas, na entrada de suas *Memórias Póstumas*, em delírio terminal, vendo-se identificado com o sole-

---

2. Referimo-nos a Guilherme de TOCCO, em sua *História de Sto. Tomás de Aquino*, primeira biografia, publicada em 1323, na data da canonização, mas preparada ao contato das testemunhas e documentos de primeira mão, por alguém que conheceu pessoalmente e admirou profundamente o grande doutor. Para uma informação precisa sobre as fontes históricas, sobre a pessoa, a vida e as obras deste último, ver Jean-Pierre TORREL, *Iniciação a Sto. Tomás de Aquino*, Edições Loyola, São Paulo, 1998. Este último livro é a melhor iniciação à vida e aos escritos de Sto. Tomás de que dispomos atualmente.

3. Trata-se do bispo Estêvão Tempier, que condenou, no dia 7 de março de 1277, nada menos de 219 proposições, nelas incluindo várias teses de frei Tomás de Aquino. O papa de então, João XXI, não homologou oficialmente a condenação do zeloso bispo de Paris, mas não deixou de encorajá-lo a prosseguir seu trabalho em prol da ortodoxia. Cf. J.-P. TORREL, *Initiation à Saint Thomas d'Aquin*, Éditions du Cerf, Paris, 1996, pp. 436 ss.

ne, oneroso e afivelado volume da *Suma Teológica*. Bem se vê. O agonizante está sendo mesmo invadido pela rigidez cadavérica. O romancista trabalha com uma imagem histórica, deveras incontestável. Para a mentalidade e o inconsciente coletivos, a *Suma* é vetusto calhamaço medieval. E dizer que Tomás de Aquino teimou em não acabar sua obra, tomado de uma imensa insatisfação. Parecia-lhe um malogro, um ressequido punhado de palha, em comparação com o seu sonho inovador de uma teologia viva, que fizesse desabrochar a Verdade divina em conceitos e projetos humanos.

Entre os dois extremos, o pesado volume afivelado de Machado de Assis e o intento revolucionário de Tomás, estendem-se séculos que tentaram envolver o teólogo naquela triste perenidade dos mausoléus. Não se vê por que afugentar a *philosophia perennis*. Filosofia há de haver para todos os gostos. No entanto, o gosto, a paixão de Tomás de Aquino foi pela inteligência inovadora, enfrentando de maneira nova as novas questões que emergem na história do pensamento, da ação e da cultura.

Dois fatores conspiraram contra o sonho filosófico e teológico do jovem nobre que se fez frade, com o empenho de se libertar e ganhar firmeza e flexibilidade no seu projeto. O primeiro desses fatores, grande e poderoso, foi o seqüestro de que foi vítima o grande inovador. Viu-se agarrado pelo sufocante amplexo da ortodoxia, que transformou em campeão da tradição o audacioso abridor de caminhos do espírito. Não faltará ocasião de salientar uma ou outra das facetas dessa recuperação do tomismo pelos defensores do passado. No momento, será que dá para salvar o mais jovem dos mestres, desembaraçando-o dos percalços dessa operação envelhecedora? É preciso coragem para nos acercar do próprio Tomás de Aquino, largando por aí os apetrechos e bagagens dos sistemas posteriores, com que andaram entulhando os canteiros dele. Nada de puxar malquerença com representantes de qualquer ortodoxia. O assunto aliás toca mais a história da cultura. Em veneráveis regiões de cristandade, não é raro se poder admirar uma ou mais colunas de velhos templos, submetidas a um curioso destino. São arrancadas e utilizadas, no volver dos séculos, por construtores, pouco escrupulosos em matéria de arte, e que só intentam sustentar estábulos ou escorar algum paredão. Buscam materiais sólidos e resistentes, sem qualquer escrúpulo no que tange a valores estéticos. Nenhuma razão nos leva a manter prevenção contra estábulos ou paredões. Mas não é preciso desperdiçar tempo a analisar longamente essas construções híbridas, se queremos é apreciar as belezas do templo, pilhado pelos tais engenheiros utilitaristas.

Um segundo fator prejudicou muitíssimo a juventude do projeto de frei Tomás. Está bem ligado com o precedente. Jacques Maritain já o assinalava, com algum humor. A desgraça dos grandes da filosofia é cair nas mãos dos professores. O gênio que vira manual ou objeto curricular do ensino oficial está condenado a um processo, quase infalível, de enfadonha banalização. A obra-prima, no caso a *Suma Teológica*, será, antes de mais nada, achatada, para se acomodar aos programas didáticos. Será depois mutilada, senão esquartejada. Como na triste sorte infligida às colunas do templo, fragmentos são arrancados e encaixados em construções e sistemas ideológicos, fabricados em outras eras e para outras serventias.

Não se veja insinuada nessas reflexões uma qualquer condenação desses métodos ou desses ardis, que viraram inocentes rotinas no ensino de todos os tempos. Todos os ases da ciência, da arte, da filosofia e da teologia passam por aí e chegam do outro lado. Embora, quase sempre, saiam ridícula ou dolorosamente tosquiados. Alguns guardarão mesmo irreparáveis e feias cicatrizes. Os historiadores atenuam as coisas como podem, apelando para os desgastes do tempo. Aí lhes fica confiada a ingênua questão: haveria algum mal em torcer simplesmente para que Tomás de Aquino acabe de atravessar galhardamente essa costumeira, porém arriscada, peripécia?

CONECTAR O FINITO E O INFINITO

A sorte grande que nos introduziria em uma leitura realista e atual de Tomás de Aquino seria dar com o mapa que ele mesmo seguiu para descobrir e pontilhar o seu país de maravilhas. Desde cedo, olha para este mundo de Deus e dos homens. Investiga a história, esse emaranhado de coisas, de gente, de aventuras tecidas em desordem, de proezas heróicas, de crimes e canalhices, de tristezas e angústias, de sonhos e esperanças. E aí cria coragem. Assume a missão pretensiosa e humilde de teólogo. Vai propor uma visão e uma explicação de tudo, encarando o que aí está, à luz do que recebeu como Palavra de Deus. Levará muito em conta o que a criatura privilegiada de Deus, que é o ser humano, há de fazer e já andou fazendo ou desfazendo nessa oficina do Criador.

Pois essa relação do finito e do Infinito, os embates da divina liberalidade e da caprichosa liberdade humana se estendem, qual fio condutor do ensinamento e da construção de Tomás de Aquino. Estará sempre a trabalhar, bem lá no alto do santuário da sabedoria, indo e vindo, com leveza e maestria, entre pergaminhos de Isaías, de Paulo, de Agostinho, de Crisóstomo ou Dionísio, mais uma profusão de textos de Aristóteles. Alguém seria talvez tentado de nele admirar um trapezista acima de qualquer competição. O difícil para nós será sempre conseguir a agudeza de sua visão e chegar a acompanhá-lo na sua proeza de não largar jamais o rigor da lógica e o profundo sentido do mistério.

Assim, com a maior naturalidade, ele nos apresenta os dois protagonistas do seu drama divino-humano, ou da sua teologia: Deus e a sua treteira, porém bem-amada, criatura humana. Bem sabemos que, na história do pensamento, gente do gabarito de Marx, Nietzsche, Freud, Sartre vai logo declarando, para começo de conversa: apelar para Deus é eliminar ou mutilar o ser humano. Se Deus é tudo o que há de poder, de saber e de valor, o que resta para sua criatura como espaço de liberdade, de iniciativa e criatividade? Tomás não enjeitaria a discussão com tão grandes irmãos filósofos. Aliás, esses argumentos maciços, o mestre medieval já os tinha diante dele. E com aquela serenidade de quem gosta de pensar com arte, elegância e vigor, leva em conta todas as objeções. Parece comprazer-se em as reforçar e arranjar, para dar mais interesse ao jogo. E chega até a comprometer a originalidade de alguns agnósticos do futuro, prevenindo-lhes as dificuldades e roubando-lhes de antemão os melhores argumentos[4].

Vejamos como expõe o que vem a ser o ponto de partida de sua caminhada teológica. Vamos nos misturar com os participantes de uma de suas primeiras discussões[5]. Pois é na discussão que o jovem teólogo vai afiando seus conceitos e ajeitando seu sistema. Como Mestre Tomás compreende a liberdade e até a responsabilidade do ser humano em sua relação com a Providência divina? Ninguém pense que o doutor cogita em conchavar uma simples conciliação. A perfeita atividade humana reveste a forma de uma "prudência", concentração verbal e expressão ética de "providência". Pois a capacidade e a qualidade da criatura humana de conduzir e desdobrar seu agir racional e livre são por ele compreendidas como participação real e efetiva da Providência divina. Se uma criatura vem de outra criatura e dela depende, sem dúvida agirá sob um controle mais ou menos estrito, virando-se qual simples criatura de outra criatura igualmente limitada. É o que estamos cansados de ver no mundo da política. As criaturas do rei são mesmo umas pobres criaturas. Mas Deus, declara o teólogo, como quem relembra a primeira verdade, é o Criador, no sentido pleno e forte. Ao criar, confere o ser e a prerrogativa mais alta de poder ser e agir por si mesmo. Quanto mais age em sua criatura, mais comunica participação de sua perfeição divina. E mais lhe outorga uma plena autonomia.

O ponto de partida de Tomás de Aquino é essa tranqüila persuasão de que o ser humano é uma verdadeira providência constituída pela Providência divina, para conduzir a existência e a história, para se cultivar e cultivar a terra, e estar à frente do mundo. A quem manifestasse qualquer estranheza,

---

4. Assim, no limiar da *Suma Teológica* (I P., q. 2, artigo 3), Tomás levanta a questão : "Se Deus existe". E propõe como primeira objeção: para que apelar para Deus, se podemos buscar explicação para tudo nas causas naturais ou na razão e na atividade humanas? E quando aborda o problema da liberdade humana começa por se perguntar: aceitar a ação de Deus não seria excluir toda iniciativa da criatura humana? (cf. na mesma Parte da *Suma*, q. 83, artigo 1º objeções 2-4.). Essa problemática será retomada e aprofundada em todas as passagens de sua obra em que trata do livre-arbítrio. Veja, abaixo, cap. 5º.

5. Temos diante dos olhos a q. 5ª, do conjunto formado pela questão disputada "Sobre a Verdade". O tema da q. 5ª é a Providência divina, em si e em suas relações com as criaturas, especialmente a criatura racional e livre que é o ser humano. Dentre os dez artigos desta questão, interessa-nos especialmente o artigo 5º :"Como o agir humano é regido pela Providência divina". Note-se como nos artigos 9 e 10 mestre Tomás aborda o problema da influência dos "corpos celestes", dos astros, sobre as coisas e os destinos humanos. No final de nosso capítulo 7º, voltaremos a esse tema da "Nova Era", ao qual Tomás de Aquino deu a maior atenção no decurso de sua vida e de suas obras. Veja-se, ainda, no capítulo 11, n. X, um conjunto de textos de Tomás sobre a astrologia.

descartando sua metafísica do ser e do agir, o mestre se mostraria condescendente. Diria simplesmente que essa visão do ser humano é mera transposição em linguagem, um tanto mais escolar, da primeira lição da Bíblia. Tudo lá está, nos três primeiros capítulos do Gênesis: o homem e a mulher, saindo do coração e das mãos de Deus, são feitos jardineiros, retratos vivos e amigos muito queridos do Senhor do universo, que os estabelece senhores e responsáveis da boa gestão de seus bens.

Haveria jeito de surpreender o jovem teólogo na hora mesmo em que está desenhando o seu mapa e organizando o seu projeto de desbravar o país das maravilhas, que vem a ser o campo imenso de sua contemplação e de seu labor de escriba de Deus?

Ele mostra certo empenho de nos ajudar. Pois as grandes articulações de suas sínteses vêm sempre precedidas de uns "prólogos", muito claros, muito objetivos, sempre em terceira pessoa, e ainda com a vantagem de serem bem curtos. Que se leia o prólogo que faz a transição da Primeira à Segunda Parte da *Suma*. É como se autor se alçasse bem na ponta dos pés para nos mostrar o que se pode saber de Deus. Ele o sonda em sua intimidade e em sua comunhão trinitária, em seus atributos divinos, em seu agir nas suas criaturas e com as suas criaturas. Com muito gosto, o teólogo as vai passando todas em revista, desde as coisas e os viventes mais humildes até os anjos, sem esquecer os astros do firmamento. E se detém a analisar esta síntese curiosa do cosmos que é o ser humano.

Está aí o que se desdobra com paciência e minúcia nas 119 questões que formam a Primeira Parte da *Suma de Teologia*. O mesmo gosto de tudo perscrutar, com amor e rigor, leva o mestre a abordar as 303 questões da Segunda Parte, especialmente consagradas ao que é para ele uma nova criação, aquela que brota do ser humano. Pois este surge como o sujeito e o princípio de seu agir. Ele é o bom ou o mau construtor de sua existência, de sua história individual e coletiva, de seu destino temporal e eterno. E então o mestre joga esse pequeno prólogo de transição entre as duas grandes articulações de sua imensa síntese teológica:

> *O ser humano foi criado à imagem de Deus, já o dizia S. João Damasceno, precisamente porque ele é dotado de inteligência, de livre-arbítrio e de autonomia. Tratamos do Exemplar que é Deus. Estudamos os seres que procedem de seu poder em conformidade com sua vontade. Convém portanto que consideremos agora o ser humano, pois também ele é o princípio de seu agir, uma vez que tem o livre--arbítrio e o poder sobre seus atos.*

Não deixam de surpreender o vigor e a audácia tranqüila dessa aproximação: por seu poder e vontade, Deus é o princípio donde brota o universo. Por seu livre-arbítrio e poder sobre seu agir, o ser humano é o princípio de seus atos, de toda a vida moral. Tomás apela para a autoridade de João

Damasceno, qual síntese da tradição patrística e um dos elos da inculturação, que liga a visão bíblica com a antropologia e a ética aristotélicas. Em um simples prólogo tão resumido, muita coisa se diz e muitas outras são insinuadas. Em continuidade com o tema bíblico e tradicional da imagem de Deus, o teólogo afirma esse dado primordial para a sua ética: ela é uma criação da liberdade. A ética jorra da liberdade humana, mas precisamente porque o homem é imagem de Deus, dele recebendo a maravilhosa participação de sua liberdade e de seu poder infinitos.

Aqui temos de resistir à tentação de estender logo o diálogo de Tomás de Aquino com a modernidade. Mas há encontros que não se podem protelar. Pois não é que, ao fundar o plano ético, o mestre medieval abre as portas aos protagonistas da filosofia existencial? Dando um desconto às diferenças de perspectivas e de linguagens, o Sábio que acolheu todas as correntes do pensamento antigo não estranharia tanto ouvir um Sartre dizer que o livre "existir" precede e produz "a essência" ética, a qualidade autêntica de uma vida humana. Mas, sobretudo, como é extraordinário que o filósofo da intuição, H. Bergson, se aproxime tanto de Tomás de Aquino, quando proclama, examinando atentamente a vida dos místicos:

> *Tudo se passa como se o ser humano tivesse sido "criado criador", por um desígnio de Deus em busca de parceiros para sua intimidade amorosa?*[6].

Nada indica que Bergson tenha lido o doutor cristão. O significado profundo do encontro deles está justamente na diversidade dos caminhos que ambos seguiram e da convergência em torno dessa visão teocêntrica do ser e do destino humanos.

Retomamos o fio da meada. Tomás é assim. Sua visão teocêntrica se funda em uma valorização do ser humano ao mesmo tempo que em um reconhecimento da transcendência de Deus. O ser humano é o sujeito e o princípio da ética, do seu destino e da sua história, precisamente porque dotado de uma participação da liberdade e do poder divinos. É providência maravilhosa e terrivelmente responsável, criada e estabelecida pela amorosa Providência, criadora e diretriz do universo.

O MAPA DO ELDORADO

Seria possível ir em frente e delinear melhor o mapa que guiava mestre Tomás na busca e na descrição do seu Eldorado teológico? Antes de tentar

---

6. Cf. Henri BERGSON, *Les deux sources de la morale et de la religion* (As duas fontes da moral e da religião), Oeuvres, Édition Du Centenaire, Press Universitaires, Paris, 1970, pp. 1192-1193.

embrenhar-nos com ele nessa aventura intelectual e espiritual, haveria jeito de detectar uns pontos luminosos, destacar umas tantas referências seguras? Perguntamos ao nosso guia: de onde se parte mesmo? Para onde é que está nos levando? Dá para indicar e balizar pelo menos as grandes linhas e etapas do nosso roteiro? Tomás entenderia logo, na base de sua larga e paciente carreira de professor, que está sendo questionado sobre os princípios fundadores e iluminadores de toda a sua síntese.

Pensadores há que não apreciam ser interpelados, logo assim de cara. Começariam por nos lançar um olhar um tanto altaneiro. Recusariam como impertinente essa nossa curiosidade de saber para onde e em que veredas ou veículos vamos embarcar. No prefácio, que aliás não é tão curto, que serve de vestíbulo à *Fenomenologia do Espírito*, F. Hegel nos adverte que não havemos de ter a pretensão de compreender o seu sistema sem passar pela rude prova de lê-lo na totalidade. Com suas dezenas de páginas, o tal prefácio é só para dizer que não se entende a parte fora do todo, nem se entende o todo separado de suas partes. É o vaivém, que o Filósofo não diz que é cansativo, mas que assegura ser muito promissor, batizado, com um nome que fez furor, de método dialético. Os pensadores, mesmo os seus contemporâneos e colegas do século das Luzes, se empenharam, às vezes até com certo esmero, em esmiuçar conceitos, categorias, juízos e raciocínios, como o tão esforçado Immanuel Kant. Tempo perdido, sentencia Hegel. Atingir, "realizar a verdade", está em chegar (com ele!) a apanhar, em um possante conceito dialético, tudo quanto os demais filósofos andam esfacelando, jogando com uma lógica inadequada, recheada de representações e de idéias fragmentárias.

Pode-se agradecer ao filósofo alemão a franqueza de sua reprimenda preliminar. Felizmente não é com ele que temos encontro marcado. Embora um olhar comparativo, lançado sobre os grandes pensadores antigos e modernos, seja sempre uma ajuda para entender o mestre que nos ocupa e, quem sabe, nos atrai, com seu jeito singelo de um simples frade. Tomás de Aquino, à primeira vista, parece deveras mais acolhedor. Começa por depositar confiança na inteligência de todos nós. Em matéria de sabedoria, não privilegia em nada a razão ou o gênio dos filósofos. A quem, aliás, muito estima e pilha com freqüência, tomando-lhes de empréstimo idéias e doutrinas. Mas, em seu apreço pela inteligência de todo homem e de toda mulher, só exige muito amor à verdade e muita pureza do coração para atiçar e afinar o olhar do espírito.

Ao entardecer da vida, precisamente em 1273, um ano antes de sua morte, o já então famoso doutor Tomás de Aquino está fazendo uma pregação popular em Nápoles, na sua terra e no dialeto da sua gente. Vai explicando as maravilhas do Credo, do Pai-Nosso, da Ave-Maria, do Decálogo. Em um momento de entusiasmo ou de certo lirismo, declara tranqüilamente, sem dúvida pousando o olhar sobre os mais pobres e idosos de seus ouvintes e de suas ouvintes:

Uma dessas velhinhas que crêem em Cristo têm mais e melhor conhecimento de Deus do que os mais pretensiosos filósofos[7].

Arquivamos o testemunho dessa robusta confiança na capacidade de conhecer e amar que está no íntimo do mais humilde dos seres humanos.
    O filósofo H. Bergson notou também com muita fineza esse primeiro ponto de partida da sabedoria tomista: o uso da razão comum e o emprego aperfeiçoado da lógica corrente do espírito humano[8]. É verdade que a reflexão de Bergson introduzia a opção de relegar esse proceder trivial ou de superá--lo, recorrendo a um método mais apurado, o conhecimento por intuição. Ocasião não faltará de deparar e dialogar com o grande e simpático filósofo francês. Por ora, registramos o encontro e o desencontro iniciais entre ele e Tomás de Aquino. Este manifesta um verdadeiro amor, uma paixão forte e serena pela inteligência. Nos comentários à *Metafísica* e à *Ética* de Aristóteles, ele tece uma espécie de ladainha, exaltando as prerrogativas da inteligência, como o mais sublime e nobre dos bens humanos. A inteligência é mesmo enaltecida como "bem divino", pois nela e por ela se realiza a vocação do ser humano. Tomás parece expandir o seu júbilo reconhecendo que tudo quanto a Escritura apregoa e canta da Sabedoria se encontra retomado e fundado racionalmente pelos dizeres do Filósofo sobre o bem supremo da inteligência[9]. Quem tem a mania dos "ismos" falará do seu "intelectualismo". Na realidade, trata-se de uma estima efetiva a todas as formas do saber e de um zelo ardo-roso pela cultura da inteligência, na despretensiosa segurança de que ela é o bem primordial e universal, o primeiro dom oferecido a todo homem e a toda mulher em vista de sua plena realização. O que está longe de significar um menosprezo pela liberdade, pelo amor, pela justiça e demais valores espirituais e sociais, que a inteligência terá de reconhecer, para que sejam respeitados e promovidos pela pessoa e pela sociedade.
    Assim, a marcha rumo à sabedoria filosófica, teológica, mística, inspira--se em uma constelação de princípios e valores que falam por si mesmos e

---

    7. O dominicano Tomás de Aquino foi professor e pregador universitário e popular. Infelizmente temos umas amostras apenas de sua pregação, que aborda os temas fundamentais da fé e da vida cristã. O texto citado é tomado a um Sermão sobre o Credo, Prólogo, n. 862, Ed. Marietti, pp. 193. O tema da *vetula*, da "velhinha" que crê em Cristo, aparece umas seis vezes em Sto. Tomás. Já a partir de seu primeiro ensino, a "velhinha", cheia de caridade, surge qual figura emblemática, comparada com o clérigo ou teólogo erudito, porém menos rico em amor de Deus. Ver III° livro das *Sentenças*, dist. 31, q. 31, art. 4, obj. 3. A mesma comparação, sempre favorável à "velhinha", vai aparecer na *Leitura das Cartas de S. Paulo*, Ef. Cap. 3°, lição 5ª, n. 181; Ed. Marietti, 1953, p. 46.
    8. Um primeiro confronto de Tomás de Aquino e H. Bergson foi realizado entre nós por Sebastião TAUZIN OP. *Bergson e São Thomaz. O conflito entre a intuição e a inteligência*. Pref. de Tristão de Athayde, Rio de Janeiro, Desclée de Brouwer, 1943, 302 pp.
    9. No limiar da *Metafísica* de Aristóteles, mestre Tomás se compraz em repetir e explanar as prerrogativas da Sabedoria, a perfeita realização da inteligência em sua função teórica, de puro conhecimento: *Exposição da Metafísica*, Livro I, especialmente lição 3ª. No 10° livro da *Ética a Nicômaco*, destacamos a lição 11 de Sto. Tomás sobre as grandezas da Inteligência, como bem supremo do ser humano.

com suave força irresistível à inteligência e ao coração. Eles se vão concretizando em um feixe bem ordenado de noções, cuidadosamente definidas, distintas e articuladas. Quando se lança o olhar sobre esses tantos milhares de páginas pelas quais se desdobra a sabedoria de mestre Tomás, vê-se que são pontilhadas por uma centena talvez de palavras-chave. São uns núcleos de termos densos de sentido, bem definidos, bem articulados, que parecem se dar as mãos em torno das noções fundadoras do seu discurso límpido e forte: Ser, viver, agir, conhecer, amar, verdade, bondade, liberdade, felicidade... surgem para balizar os caminhos da sabedoria. Lembram as migalhas de pão, jogadas com jeito em punhadinhos bem contados, para assinalar aos irmãos que erram os trilhos de volta para a casa do Pai.

Assim se desdobra o precioso mapa que nos vai guiar na busca do Eldorado, que está para lá do horizonte do visível e até do inteligível. Palavra de Tomás de Aquino.

ELDORADO E NOVA ERA

Por que não imitar o mestre e tentar, no estilo dele, umas primeiras definições para esses termos que rodam por aí, na linguagem despreocupada de todo mundo ou no linguajar bem estudado da promoção comercial e do condicionamento publicitário?

Em uma espécie de sisudo exercício de filosofia, poder-se-ia definir o Eldorado e a Nova Era em termos de espaço e de tempo. O Eldorado é um punhado de sonhos e desejos de uma geração. Eles se concentram no espaço e desabrocham em paraíso, que seduz e faz marchar. A Nova Era é fenômeno sociocultural, talvez mais amplo. Caracteriza as épocas de grandes viradas históricas. Surge e empolga, reluzindo qual sedutor momento privilegiado. Nela, com efeito, aspirações e esperanças se acumulam. É aquela maravilhosa confluência das forças do céu e da terra, juntando as energias das águas, das pedras, das plantas, dos astros, do entrelaçamento de suas posições, de tudo quanto há de positivo e de bom augúrio. A história foi sempre ativada e atraída por esse esplendor, que brilha no horizonte. É a sempre almejada festa de casamento do Eldorado e da Nova Era. Mas é claro que o fenômeno só tem mesmo sua eficácia renovadora se o Eldorado e a Nova Era de hoje são saudados como absoluta novidade e aclamados como a antecipação segura do porvir de uma perfeita felicidade.

Com muita filosofia, bem enraizado na cultura de sua época, mas sobretudo com prodígios de fé, mais o leve sopro do seu gênio, Tomás vai estender as tendas da sua teologia bem no rumo do Eldorado e da Nova Era de seu tempo.

Pareceu oportuno não insistir na comparação dessa teologia com as catedrais, tanto mais que todas as pesadas construções medievais já começavam a cansar e até mesmo a esmagar o pobre povo. Os historiadores mais avisados, como M.-D. Chenu, falam precisamente das "tendas", mais flexíveis e portáteis, como símbolos mais apropriados das novas comunidades franciscanas e dominicanas de então. Mais importantes do que as arquiteturas, o que conta mesmo são as antenas, levantando o pensamento para o futuro e criando disponibilidades para o diálogo. Era preciso até captar as frágeis ondas carregadas dos sonhos, ainda não decifrados, mas que estavam apelando para um mundo mais livre e mais ameno.

Mais do que qualquer outro, Tomás, desde bem cedo, vai imantando suas opções no rumo dessas mensagens do porvir. Ele as reconhece como ressonância da voz de Deus que está na frente da história e se faz pressentir na linguagem afetiva e ainda cifrada, apontando para o Eldorado e a Nova Era. Porém, receber, reconhecer, decifrar um novo código não é fácil, nem se aprende nos bancos do ensino tradicional. Convém destacar as indicações captadas por Tomás, hoje diríamos os "sinais dos tempos", que ia discernindo. Importa mais ainda ver como vai conseguindo afinar novas respostas ajustadas às questões inéditas, que lhe chegam envolvidas em sonhos, aspirações ou receios de todo jeito.

Os receios e suspeitas são de início mais perceptíveis. De 1227 a 1235, Gregório IX organiza a Inquisição pontifical. Em 1228, menino de seus 4 anos, Tomás se prepara para entrar como oblato na Abadia beneditina do Monte Cassino. Nesse mesmo ano, o Papa perscruta os céus de Paris e aí vislumbra pesadas nuvens ameaçadoras. Em nossos tempos, se falaria de vagas de modernismo que lá vêm vindo, ameaçando a segurança da ortodoxia. Em um estilo florido ou pelo menos enfeitado, uma carta papal era enviada à "Universidade Parisiense", estigmatizando os "filósofos naturais" que se infiltravam nas diferentes faculdades e acabavam pervertendo os teólogos.

A malícia desses inovadores estava bem sublinhada naquele qualificativo: "filósofos naturais". De há muito, a filosofia gozava do direito de cidadania nas escolas e mesmo nos mosteiros da cristandade. Já o próprio Aristóteles vinha sendo domesticado a serviço da ciência sagrada. Mas tratava-se sobretudo da lógica e da retórica, formas instrumentais de pensar e falar, as quais não competiam com o conteúdo da fé. Agora, lá vêm conhecimentos e filosofias da natureza, explicações dos seres inanimados, vivos e até humanos. As questões se radicalizam: em que consistem os viventes, como se formam, como surgem e desaparecem em processos de geração ou de corrupção? Não mais se trata de melhor pensar e exprimir a tradição. É a mudança total do saber e do viver. Gregório IX sintetizava com força o interdito salvador: "Nada de deslocar as bordas da tradição, bem fincadas por nossos pais".

Como explicar a audácia tanto mais inovadora, quanto mais macia e tranqüila, que caracteriza essa nova vaga do século XIII? Terminado seu estágio beneditino, o jovem Tomás parte para a universidade de Nápoles. Ela se aproveita do influxo "secular" de Frederico II, em contraste com a vigilância eclesiástica que envolve a Universidade de Paris. Não se sabe por que instinto profundo ou misterioso tropismo, Tomás se reconhece em Aristóteles, já ensinado na vicejante universidade do imperador. Para além da lógica e da retórica, opta por todo Aristóteles, a começar por seu "naturalismo". Vê e aceita logo que a inteligência é feita para conhecer a "natureza", a natureza das coisas da terra e enquanto possível também das do céu.

Fala-se de "realismo", para caracterizar o sistema de Sto. Tomás. Ajuntam alguns que esse realismo é "moderado", para excluir que ele não confere realidade externa às abstrações e às idéias ou formas mentais. O essencial é entender o que sempre ensinou e praticou o mestre. Antecipando-nos ao que com ele aprenderemos, digamos que seu realismo se traduz em um esforço inteligente de abrir-se à realidade das coisas, na sua complexidade e coerência. Um gato é um gato. Um gracioso malandrim de quatro patas, mais uns olhos misteriosos. Mas vejam só. Tomás tenta explicar por que esses gentis felinos enxergam no claro-escuro[10]. E, em outro registro, porém com o mesmo realismo, crê chegar à conclusão de que esse grande e belo universo ou esses imensos universos podem levar a gente ao conhecimento de Deus. E que a vida de cada um de nós não encontra seu sentido pleno se não desabrocha em encontro de amizade com o mesmo Deus, que é uma maravilhosa Comunhão de Amor.

Essa última convicção começou a trabalhar fortemente a juventude de Tomás, pois respondia ao desafio de uma grande e buliçosa tendência da Nova Era que agitou seus verdes anos. O tal realismo no estilo de Aristóteles, o gosto e o elã de saber, de constatar, de verificar, que ele suscitou, sacolejaram a cristandade. Gregório IX acertara nos seus prognósticos, a timidez só podia recuar diante da audácia conquistadora. Jovem estudante de 20 anos, Tomás e seus colegas são surpreendidos por uma intimação um tanto estranha. Os jovens teólogos dominicanos recebiam o preceito de "raspar de seus cadernos" os erros condenados pela Universidade de Paris (em 1241). Tal era o teor das prescrições dos Capítulos Gerais da Ordem de S. Domingos em 1243 e 1244[11].

Mas que erros são estes, de que deviam se preservar os jovens teólogos, nos anos seguintes? Alguém é bem capaz de se precipitar e responder: É claro, os "erros da Nova Era".

---

10. O mais curioso é que elabora certa doutrina sobre a fosforescência do olhar dos bichanos. De noite, ou melhor, na penumbra, eles iluminam os objetos para poder mirá-los e distingui-los bem (pobres ratinhos!). Mas mestre Tomás não perde tempo: essa dupla função dos olhos felinos lhe serve de comparação para ilustrar a dupla função de nossa inteligência, a sua função ativa e prévia de abstrair os objetos, o que corresponde a iluminar, e a função própria de conhecer, de se identificar intencionalmente com as coisas. Esses exemplos aparecem em duas questões: *Sobre a alma*, artigo 5, fim da solução, e *Sobre as criaturas espirituais*, art. 10, resp. 4. Trabalhadas com rigor e extrema minúcia, elas constituem uma preparação para a redação da Iª Parte da *Suma*, datando dos anos 1266-1267. Começamos a entrar nos pequenos segredos das grandes obras-primas de Tomás de Aquino: combinar o ensino e a pesquisa, dar a máxima atenção aos grandes problemas e não descuidar qualquer pormenor significativo.

11. As fontes para essas informações são o *Chartularium Universitatis Parisiensis*, publicado por H. DENIFLE e E. CHATELAIN, Paris, 1889 (citação, p. 173). Entre os estudos de conjunto, ver a síntese de P.-M. De CONTENSON, "La théologie de la vision de Dieu au début du XIII siècle", *Rev. des Sc. Phil. et Théol.*, 46, 1962, 409-444.

Resguardando os "erros" e a "Nova Era" com umas aspas, plenas de deferência, bem se pode dizer que sim. Tratava-se da negação pura e simples de toda possibilidade para o ser humano de chegar "à visão de Deus". Uma confluência de novos dados culturais, de muitos anseios e aspirações de pensar com rigor e justeza, levava o pensamento cristão ou a *intelligentzia* medieval a uma espécie de autocrítica. A catequese, fundada na leitura tradicional da Bíblia, sempre ensinara que o destino do ser humano se realiza no maior dos dons e na perfeita felicidade de "ver a Deus face a face". E eis que surge Aristóteles, lido e explicado pelos grandes comentadores árabes, Averróis e Avicena. Graças a eles, os jovens mestres da Universidade aprendem e saboreiam coisa bem mais satisfatória para a inteligência moderna. O ser humano é feito — hoje, se diria, está programado — para desbravar o universo e chegar ao maravilhoso conhecimento da harmonia do cosmos. Isso, mais na linha de Averróis. Com Avicena, se pode até guardar uns retalhos da tradição. No além, ensina Avicena, fraternizaremos todos com os anjos, ou para dizer com mais filosofia: encontraremos os inteligentes e imateriais princípios motores das estrelas e planetas.

Ajunte-se que novos manuscritos patrísticos, vindos de Constantinopla, revelavam novas facetas radiosas da própria tradição. Na palavra chamejante de S. João Crisóstomo, os latinos aprendiam a maravilhosa teologia apofática. Deus é absolutamente inacessível em si mesmo. Os seus eleitos nos céus contemplam a glória divina. Porém, na verdade, é totalmente impossível ver a Deus. À luz desse novo saber, releiam-se os textos de Paulo, de João, de Agostinho. Chegou a sabedoria dos gregos, cessem as pretensões latinas. A modernidade falou, o passado não tem mais voz. A nova escola dominicana de teologia que começava a se afirmar no Convento de "Saint Jacques", onde frei Tomás ia começar sua formação, atravessava mais do que uma simples turbulência.

Um teólogo audacioso elaborou uma "questão", sustentando a tese: a visão beatífica da Essência divina é impossível. Vem a condenação de 1241, mandando ensinar o contrário. O mestre aprofunda a reflexão e reexamina os prós e os contras. E propõe uma nova questão em que objeções e argumentos trocavam de campo, em proveito da ortodoxia[12]. Bem se vê. O trabalho teológico não deixava de existir. Mas a vigilância de Roma e da Universidade era bem levada a sério, nesse momento em que a Sagrada Inquisição já ensaiava com firmeza os seus primeiros passos.

É nesse clima incandescente de crise que frei Tomás de Aquino inicia os seus estudos. Muitos outros ficariam ou ficaram abalados. Para ele foi a oportunidade máxima. A questão radical era lançada ao pensamento cristão. Como compreender o destino do ser humano? Que vem a ser a vida eterna, a visão de Deus, prometida em tantas formas diferentes de linguagem pela revelação

---

12. Trata-se do teólogo Guerric de Saint-Quantin. Um artigo completo e excelente de H. F. DONDAINE e B. GUYOT, *Rev. des Sc. Phil. et Théol.*, 44, 1960, 225-242, nos fornece todos os dados históricos, bem como o texto completo da questão controvertida.

divina? O jovem Tomás recolheu um a um todos os dados do problema. Releu cuidadosamente as Escrituras. Confrontou Agostinho e Crisóstomo. Estudou as posições de Aristóteles e os comentários de Averróis e Avicena. Não se trata de conciliar textos ou harmonizar autoridades. Seu empenho será atingir um ponto de plena integração do que cada um tem de verdade. Concretamente, é preciso determinar com rigor: o que ensina a mensagem da fé? Como se pode entender essa mensagem, utilizando todos os recursos da filosofia e da cultura de hoje, levando em conta muito especialmente a contribuição que vem de Aristóteles, lido com todo o cuidado e na integralidade de seus textos? Tomás estuda durante anos. O estudo para ele é uma "aplicação veemente" e duradoura de uma inteligência que recorre a todos os meios disponíveis para decifrar textos, para entender tradições, para examinar a realidade das coisas e da vida, para perceber o sentido dos problemas e dos mistérios divinos. E na conclusão desse labor, atiçado e reforçado pela oração, o mestre fala e passa a ensinar. Ele se torna o guia para quem se dispõe a pensar e pesquisar com o mesmo amor e o mesmo rigor.

Assim, em 1254, ele compõe uma longa e minuciosa questão, que desabrocha como uma palavra definitiva em meio aos desafios e anseios dessa maravilhosa Nova Era medieval[13]. Resumirá sua posição em uma sentença audaciosa: o ser humano é habitado pelo desejo natural de ver a Deus. O "desejo natural" é uma fórmula cunhada por Agostinho[14]. Mas a explicação e demonstração dessa doutrina de base é fornecida pelo caráter universal e pela ilimitada abertura da inteligência, pela insaciável fome de saber, na linha da filosofia de Aristóteles. Essa lúcida e audaciosa tomada de posição diante de uma questão fundamental, que desafiou sua jovem inteligência, atravessará suas obras, qual fio condutor de uma marcha constante e incansável em busca da compreensão da vocação divina do ser humano. Voltaremos a apreciar, no capítulo 7, a importância e o significado das controvérsias na sua evolução intelectual e espiritual. Sua serenidade contemplativa amadurece nos conflitos e o estimula a jamais recusar o combate. Parece ter praticado o nosso corajoso provérbio sertanejo: dar um boi para não entrar de qualquer jeito na luta, e uma boiada para não deixá-la a meio caminho.

Anotemos, uma primeira vez, o seu estilo de enfrentar questões e desafios. Ele tenta dar um balanço sobre tudo o que se disse e tudo o que se diz sobre o assunto. Procura reformular o problema de maneira adequada. E finalmente busca e alicerça a resposta que a tudo e a todos possa satisfazer. Nesse caso, a partir de seu primeiro ensinamento, a propósito da *Suma das Sentenças* de Pedro Lombardo, até o fim de sua carreira, ele explicará, carinhosa e minuciosamente: a felicidade do ser humano consiste na visão imediata

---

13. Cf. *Escrito sobre as Sentenças*, livro IV, Dist. 49, q. 1.
14. Essa aproximação de Agostinho e de Aristóteles, operada por Tomás, graças à reformulação do problema e a uma redefinição dos termos, é deveras admirável. O ponto de partida dessa elaboração foi estudada por L. B. GILLON, "Béatitude et vision de Dieu au Moyen-Âge", *Angelicum*, 26, 1949, 3-30; 115-142.

da Essência divina. E se dá ao luxo de tudo explanar, utilizando todos os dados filosóficos e todas as fontes bíblicas e tradicionais de que dispunha em seu tempo.

A Nova Era não o aturdia. Nem mesmo retardava. Era um estímulo. Entrava no projeto dele, o qual nada tinha de repetitivo. Pois ele recapitulava a tradição filosófica e teológica, em termos do hoje falando para o amanhã. Ainda um exemplo dessa interpelação que lhe vinha da Nova Era ou dos sonhos do Eldorado. Já sabemos, as instituições medievais, políticas, econômicas, eclesiásticas levantavam muitíssimos problemas para os espirituais. Animados por um evangelismo radical, confrontando as promessas e os dons de pentecostes com a realidade de uma Igreja rica, poderosa, grandemente latifundiária, esses espirituais gritavam o seu escândalo e convidavam a todos para uma Nova Era, às vezes até com data marcada e ritual bem determinado. Anunciavam a chegada próxima da terceira era, a era do Espírito Santo, que sucederia à etapa do Filho, como esta tomara o lugar da fase inauguradora do Pai.

Quando Tomás escreve a *Suma* (1265-1273), já pode mostrar o vazio e mesmo o ridículo das predições cronológicas e outros pormenores dessa Nova Era, que se ligava sobretudo ao abade calabrês Joaquim de Fiore. No entanto, com que seriedade ele enfrentou esse desafio evangélico e espiritual. Procurou ir à raiz do escândalo suscitado por uma Igreja pesadamente institucional. Ela não apenas corre o risco de mundanizar-se, seduzida pelo amor do poder, do dinheiro e do conforto, mas pode pretender identificar-se com a Verdade e o dom do Evangelho. E então o teólogo não esconde o que pensa ser a sua missão: ver e verificar a "natureza" da Igreja, da instituição, do tempo que corresponde à era da Igreja, das relações da Igreja com a lei, com Cristo, com o Espírito. Basta lembrar que ele sintetizará sua resposta numa tese de tal radicalidade e tal força que nenhum cristão ousaria contestar: a nova lei estabelecida por Cristo e de que vive a Igreja é a graça do Espírito Santo, que é comunicada com a Fé. Tudo o mais na Igreja são simples meios para obter esse dom. Essa tese será como o fio condutor de nossa reflexão[15].

A doutrina de Tomás vai surgindo e se organizando sob a pressão e à luz de um contexto histórico voltado para o futuro, abrindo-se ao feixe de esperanças que tem tudo de um Eldorado e muita semelhança com os sonhos da Nova Era. A sua teologia, tão racional, terá, no entanto, algo de um elã paradoxal. Não apenas ela brota bem inserida no hoje da história, mas jorra com a força de um ímpeto renovador. Como o derradeiro e o mais candente dos livros bíblicos, o Apocalipse, ela aponta para o "Deus que era, ao Deus que é, ao Deus que vem". A *Sacra Doctrina*, saindo das mãos de Sto. Tomás, é marcada sobretudo pelo anseio e a atração do porvir de Deus.

---

15. Constantemente lembrada e confrontada com os diferentes desafios da Nova Era, ela será explicada sobretudo no capítulo 6. Os textos de Tomás serão indicados em seu contexto no capítulo 11, n. VIII.

PRIMEIROS ACHADOS DO PAÍS DAS MARAVILHAS

Tentemos um simples balanço provisório: está aí o surgir de um pensamento que irrompe como o amanhecer do Espírito, bem no coração da história, buscando recapitular o passado e enfrentar o futuro. Esse primeiro dado já nos introduz na primeira compreensão de um sistema, que para um olhar desatento poderia evocar a figura de venerável monumento do passado.

Para quem já vai depositando alguma confiança em mestre Tomás, os campos da sabedoria filosófica e teológica se desdobram como o país das maravilhas. Aristóteles via na capacidade de maravilhar-se, no primeiro elã da admiração, a fonte viva do filosofar. Por outro lado, antes de qualquer palavra elaborada, a mensagem bíblica suscita o explodir de uma louvação. Ela vem provocar um encantamento com a revelação de um Amor criador. Com o tempo, se estenderá em diálogo e aliança, concretizando-se em dom e conquista de uma terra que é saudade, promessa e penhor do Paraíso, onde reina exultação, entendimento e partilha.

A primeira originalidade de Tomás aparecerá cada vez mais como a coragem e a lucidez de verificar. Ele adota incansavelmente o processo de passar da admiração à verificação. Essa custosa verificação por todos os caminhos e métodos da pesquisa, da análise, da reflexão, levará a uma admiração mais fundada e mais gratificante. Se o modelo da verificação trabalhosa é o estudo, elevado à categoria de virtude, a plena realização da admiração gostosa da Verdade é a contemplação, pólo de atração ou de imantação de todas as capacidades, desejos e valores de todo homem e de toda mulher.

Essa vocação de todo ser humano à contemplação, à sabedoria contemplativa, está no centro do pensamento de Tomás. O que significa que ele procura sempre verificar e ajudar a verificar o porquê, o como, os caminhos e os descaminhos dessa vocação universal de viver da Verdade e para a Verdade. Um de seus axiomas prediletos bem pode servir para definir seu jeito de ser e de pensar: "O sábio é aquele que chega à perfeita harmonia". No entanto, o empenho do Mestre não é de definir a si mesmo, mas de despertar e aclarar a vocação do ser humano, qual projeto e sujeito responsável dessa árdua e ditosa sabedoria.

Compreender e manifestar essa vocação humana ao culto da verdade é, portanto, o empenho primeiro de Tomás. Eis a chave, o código ou o segredo para entrar em seu país das maravilhas. Quem gosta de comparações que aproximem as semelhanças e respeitem as diferenças poderia passar por cima dos séculos e irmanar o doutor medieval com um desses grandes pensadores contemporâneos, mordidos pela mesma preocupação. Assim, um Edgard Morin, em sua insatisfação com as abordagens limitadas e unilaterais no campo científico e postulando métodos, modelos de compreensão pluridisciplinares, transdisciplinares, capazes de permitir abordar e entender as realidades complexas das coisas, da vida, da sociedade. Ou a interessante tentativa de Bertalanffy de despertar um tipo semelhante de conhecimento profundo e globalizado valendo-se da "Teoria geral dos sistemas". Ainda um exemplo, a apresentação e a definição de "paradigmas" (Thomas S. Kuhn), em vista de acompanhar e desvendar a originalidade das etapas e do processo da revolução permanente que constitui a história do desenrolar das ciências e das culturas.

Tomás de Aquino realiza um modelo mais amplo dessa atitude dos grandes espíritos solícitos pela marcha do saber, e mais ainda pela própria vocação do ser humano à felicidade pela busca e encontro da sabedoria. Como essa grande família de sábios, antigos e modernos, mas à sua maneira e dentro de seu contexto histórico-cultural, Tomás se ocupa dessa questão primordial: como o ser humano se pode e deve dar, não apenas ao estudo apropriado das realidades complexas, mas à totalidade da verdade, que forma o tecido de sua existência e oferece a saída para o seu destino?

É inegável a semelhança de Tomás com seus irmãos cientistas e pesquisadores de todos os tempos. Mais ainda impressiona seu apego a todos eles. Veremos que chega a declarar, sem dúvida com uma ponta de humor:

A verdade, proferida seja por quem for, vem do Espírito Santo[16].

E manifesta sua gratidão a quantos se desviaram na difícil busca dessa verdade, reconhecendo-os como valiosos parceiros, que mesmo por seus desacertos provocam uma pesquisa mais cerrada e assídua.

Essa convicção generosa e exigente impele Tomás a assumir uma atitude de ampla compreensão. No seu dia-a-dia, ele se consagra à procura de uma espécie de convergência constante ou de uma sinergia firme e ativa de todos os elementos e fatores que estão em jogo em qualquer grave questão de doutrina e de vida. Vai mais longe. Ele se empenha sempre em apreender e aprofundar, em sua complexidade, a rude e exaltante vocação humana à exploração e à contemplação dessa bem-amada e esquiva Verdade. Quem sabe esse projeto ficará mais claro, com o desenrolar, que aqui se propõe, das diferentes etapas da vida do mestre e das diversas articulações de sua doutrina.

Pois descobriremos sempre nesse milionário do espírito a prática de uma humilde mendicância. O que se qualifica de "objeções" na entrada de qualquer de suas questões acaba se transformando em contribuições. Pois serão situadas, discernidas e laminadas, à luz de seu nobre pensamento, incansável pesquisador e delicado colecionador de todas as pepitas de verdade, que outros garimpeiros largaram por aí. Depois de haver discutido, com todo rigor mas também com muito respeito, as opiniões dos pensadores gregos e árabes sobre o destino humano nesta vida e depois da morte, Tomás exclama visivelmente emocionado:

---

16. Comentamos essa máxima no fim do capítulo 4 deste livro.

Bem se vê que imensa angústia envolvia esses gênios tão preclaros, cujos espíritos iam e vinham em uma busca incansável[17].

O PAPA, O PROFETA E O DOUTOR

Cumpre situar melhor o lugar de mestre Tomás, com seu país das maravilhas, no tempo e no espaço. Havemos de colocá-lo e apreciá-lo em meio às instituições, às estruturas e mentalidades que constituem esse modelo histórico de sociedade que Inocêncio III consagrou com o nome de cristandade. Mas o otimismo do Papa coincidia com os desencantos que levavam às aspirações e aos anseios por uma Nova Idade do Espírito. E o choque do Sumo Pontífice Inocêncio III com o profeta Joaquim de Fiore lança como um facho de luz sobre a trajetória do frade doutor Tomás de Aquino.

Joaquim de Fiore (1132-1202) é uma figura extremamente fascinante. Ele se enraíza na tradição patrística, especialmente agostiniana, mas se afirma por uma espiritualidade e uma teologia grandemente originais, de tipo monástico. Sua forma de pensar, de viver e de comunicar, sendo anterior à escolástica, tem apesar disso, ou por isso, algo de muito moderno. Propõe uma espécie de visão incandescente da Escritura, da história, dos acontecimentos, das aspirações e sonhos de seu tempo, de que ele se vê o protagonista e intérprete. Seus escritos abordam a "harmonia do Novo e do Antigo Testamento", a "introdução" e a "exposição do Apocalipse", "o estudo dos quatro evangelhos", o "saltério", mais a "vida de S. Bento", o patriarca dos monges do ocidente.

A grande novidade de sua atitude global é uma força extraordinária de espírito que o leva a realizar sínteses que os historiadores do pensamento qualificam de "dialética" e "precursora de Hegel". O abade Joaquim retoma a divisão clássica, já em sua época, dos "tempos" ou "estados" em que Sto. Agostinho dividia a história da salvação: "Antes da lei" (de Moisés), "sob a lei" (povo judeu) e "depois da lei", isto é, a época inaugurada por Cristo e pelo dom do Espírito. Ele corta e acrescenta, dando uma nova dinâmica à classificação descritiva de Agostinho. Junta os dois primeiros tempos e lhes dá o nome de "Idade do Pai". Destaca o segundo, atribuindo-lhe a etapa histórica que vai do nascimento de Cristo à época medieval, contemporânea de Joaquim; é a "Idade do Filho". E acrescenta audaciosamente uma idade, a terceira, a "Idade do Espírito", que tem seus prenúncios com S. Bento (480-547) e seus monges e vai eclodir com a renovação monástica, espiritual (=movida e guiada pelo Espírito), definitiva e universal, de que o abade Joaquim de Fiore é o profeta.

A originalidade deveras inovadora de Joaquim de Fiore é que ele se dá como profeta, carisma permanente na Igreja, mas com a missão de abrir os

---
17. Tal é a comovente conclusão do cap. 48 do 3º livro da *Suma contra os Gentios*, o qual vem pôr fim a uma série de questões sobre a felicidade humana, encetada a partir do cap. 26.

olhos de todos sobre o surgimento da Nova Idade do Espírito. Ele o faz apelando para uma exegese simbólica, muito própria e sugestiva. Vê, descreve e confronta as figuras históricas, acontecimentos, pessoas, ritos litúrgicos, em um encadeamento progressivo. Assim o presente realiza o passado e se abre à perfeita realização futura. A realização ou cumprimento de palavras e promessas (= o *pléroma* do Novo Testamento) se enche de um sentido simultaneamente positivo e negativo: de levar à plenitude e de fazer cessar. O antigo desaparece, mas continua a persistir na forma mais elevada, perfeita, da novidade que ele anunciava e prefigurava. Era como se Joaquim jogasse com uma idéia como "acabamento", com a dupla acepção: "Acabou de escrever o livro, que é a obra acabada de sua vida". *Acabamentio* exprime assim: termo e perfeição. Dessa forma, o abade profeta reconhecia tanto a validade como a precariedade do Antigo Testamento, do Evangelho, da Igreja. E, como não há vácuo na história, indicava que a forma passada poderia coexistir certo tempo com a futura. Assim ele declara ao papa que a vida monástica se apóia na Igreja romana (= figura da 2ª Idade) e a defende. Mas não esconde que o "acabamento" aí vem. E os monges fiéis e espirituais trarão esse "acabamento", serão os guias da terceira e Nova Idade do amor, da fraternidade e da paz.

Na história da teologia e da filosofia, Joaquim de Fiore teria inaugurado a nova forma de pensamento que se caracteriza: pela presença, pela evolução e pela revelação do Espírito na história. Essa conjunção do Espírito e da história viria a ser um processo dialético em que formas mais perfeitas de razão, de direito, de liberdade, de sociedade "acabam", suprimem e realizam plenamente as anteriores menos perfeitas. Não é o caso de se perguntar com Carlos Drummond: "E, agora, José?" Joaquim de Fiore é o patriarca da "Fenomenologia do Espírito", da "dialética", da *Aufhebung* de Hegel? Ou se está projetando a filosofia do idealista alemão sobre a teologia do abade calabrês? Sejam quais forem os juízos dos historiadores das doutrinas, certo é que com Joaquim de Fiore surge certo tipo de filosofia da história, o qual teve e sem dúvida tem muito futuro pela frente. No entanto, ele só entra aqui como figura de relevo, balizando nossa reflexão sobre Tomás de Aquino e sua posição sobre a Nova Era do Espírito.

Para completar nosso contexto, lançamos um simples olhar sobre Inocêncio III. Ele surge, de fato, qual referência histórica e simbólica que ajuda bem a situar nossa caminhada. Seu pontificado se estende de 1198 a 1216. É de família nobre, de direito é o "conde de Segni". Portanto, é bem representativo dessas famílias, como a dos Aquino, que têm suas ambições e pretensões (sagradas!) de conviver com a Igreja e com ela colaborar para proveito mútuo. Vimos que felizmente Tomás se libertou do projeto a que a família Aquino o destinava. Em geral, esses clãs, com benemerências e intervenções, mais ou menos ostensivas, se empenham em zelar por uma Igreja forte. São por uma instituição consistente, que se há de reformar, sem abalos, quando os abusos dão de perturbar ou emperrar o seu bom funcionamento. O pontificado de Inocêncio III será coroado pelo IV Concílio de Latrão (1215).

Neste, se elaborou o modelo do "católico praticante", com aquele mínimo de exigências: missa aos domingos, confissão uma vez por ano e comunhão pela Páscoa. E esse fiel praticante há de ter seu cartão de identidade a ser apresentado e carimbado periodicamente, pois se deve confessar ao seu próprio pároco ou ao sacerdote a que sua comunidade está confiada (essa última injunção caducou com o tempo).

Destaquemos apenas as datas, os fatos e feitos cujas coincidências falam por si mesmas. Sublinhemos a primeira: em 1198, há oito séculos portanto, nos começos de seu pontificado, Inocêncio III intima Joaquim de Fiore, o abade calabrês que está nas origens da Nova Idade do Espírito, convidando-o a se explicar: quem é esse arauto de tempos novos e com que autoridade espalha suas mensagens, que têm ares (suspeitos) de revelações, previsões ou predições? Escutaremos a sua resposta, mais na frente de nossa história, no fim do capítulo 5, quando teremos diante dos olhos os dados todos para compreender o seu projeto e confrontá-lo com o Eldorado vislumbrado por mestre Tomás.

Por agora, enfeixemos dados e fatos, sem nos antecipar demais. No fim do seu pontificado, Inocêncio vê bater às portas de seus paços pontifícios dois fundadores de "frades" ou "irmãos", que se oferecem para ajudar o papa e os bispos na tarefa apostólica de pastorear o povo de Deus. Esses dois fundadores, nem precisa dar trabalho ao computador, todo mundo aí já sabe: Francisco de Assis e Domingos de Gusmão.

Logo depois, definitivamente aprovados pelo sucessor de Inocêncio, o papa Honório III, surgem na cristandade os franciscanos e dominicanos, que se inspiram no evangelismo e na suspirada renovação do Espírito, esse duplo elemento animador da Nova Idade dos Joaquimitas. A Nova Idade vai florescendo e proliferando naquela busca de liberdade, um tanto sem rumo e sem norma, penetrando de flanco os movimentos franciscanos. Em 1254, um franciscano, Geraldo Di Borgo San Donnino, lança o *Livro de Introdução ao Evangelho Eterno*, cujo título de guerra será simplesmente *O Evangelho Eterno*. Ora, nesse tempo, já o franciscano frei Boaventura e o dominicano frei Tomás de Aquino ensinam na Universidade. Combatem os exageros de frei San Donnino. Mas são estigmatizados por Guilherme do Santo Amor, um representante, digamos conservador, do clero de Paris. Semelhantes ataques são significativos. Assinalam a difícil posição do evangelismo que aceita as instituições e tenta renová-las ou reformá-las. Os frades mendicantes, dominicanos e franciscanos, estão entre dois fogos[18]. Para uma parte do clero

---

18. P. TILLICH, *História do Pensamento Cristão*, trad. de Jaci C. MARASCHIN, S. Paulo Ed. ASTE, *1988)*, nos dá um bom apanhado sobre Joaquim de Fiore, 166-170. Quanto à intervenção de Sto. Tomás, Tillich é bastante inexato: "Essas idéias revolucionárias foram combatidas por Tomás de Aquino, em nome da Igreja. Entende-se. O período clássico da Igreja situava-se no passado, não no futuro. Esse período clássico era a época apostólica. A Igreja baseia-se na história. Foi ela que engendrou a Igreja, embora a Igreja não se limite à história" (p.169). Tomás não fala em nome da Igreja. Propõe uma teologia que rejeita certas posições de Joaquim de Fiore, mas integra muitas de suas propostas para o "futuro", visando à renovação da Igreja. É o que este nosso livro procurará mostrar.

e dos monges tradicionais, são uns inovadores, pelo menos arriscados. E para os partidários de um espiritualismo ou evangelismo quente e puro afiguram-se como instituições acomodadas como todas as outras.

Tentemos dispor em ordem de batalha estas várias milícias que se formam e se enfrentam, puxando cada uma para seu lado o mesmo estandarte do Reino de Deus. No centro, e tentando centralizar o poder e concentrar as forças da cristandade, está a autoridade do Pontífice romano. De Inocêncio III a Gregório IX, grandes progressos são feitos na afirmação e confirmação da ortodoxia, da hierarquia, com medidas de coerção e de repressão, quando necessárias. Pois em 1231 Gregório IX organiza o tribunal da Santa Inquisição. Na ala oposta, os "espirituais" e "evangélicos", da escola de Joaquim de Fiore e de San Donnino, correm o risco de fraternizar com os dissidentes e hereges de todos os bordos ou de serem com eles confundidos. Entram sempre pelo mau caminho que os leva direitinho aos braços sagrados da Inquisição, para serem julgados e, em caso de renitência, passados aos braços armados do poder secular.

De um lado, ergue-se, portanto, a firmeza, senão o rigor do poder sagrado e profano, que quer estruturar e conduzir a cristandade na unidade da fé e na plena coesão social; do outro, surgem e circulam os movimentos que apelam para o Evangelho, para o Apocalipse, para o Espírito de liberdade e de amor. Têm a consciência de terem a "inteligência das Escrituras", embora reconheçam que carecem de cultura, são "rústicos" e nem sabem delinear modelos precisos de renovação ou de reforma da cristandade. Entre essa dupla ala, pedindo caminho e licença para passar, lá vêm os filhos e discípulos de S. Francisco e de S. Domingos. Querem ser da Igreja, contar com a aprovação e as bênçãos da autoridade eclesiástica, especialmente a do papa. E pretendem ou sonham abrir as veredas da renovação das pessoas e instituições, ligando-se em profundidade aos "espirituais " e "evangélicos", mas procurando distanciar-se de seus movimentos e sobretudo de suas turbulências.

S. Boaventura (1221-1274) será sucessor de S. Francisco à frente da família que este lançara como uma torrente incandescente de aspirações evangélicas. Boaventura codificará a constituição, as leis, normas e estatutos, tentando implantar alguma estrutura a serviço do dinamismo do Espírito. Será feito cardeal um ano antes de morrer. Frei Boaventura e frei Tomás de Aquino, muito apoiados pelo papa, tornam-se professores universitários e lutam intelectualmente contra os continuadores do joaquimismo e contra os adversários das novas ordens, chamadas mendicantes, sobretudo porque estão fora das estruturas paroquiais e diocesanas de uma cristandade rica e boa para o seu (dedicado) clero[19].

---

19. No Paraíso de sua *Divina Comédia*, Dante não deixa de ser picante, colocando na boca de S. Boaventura o elogio de Joaquim de Fiore: *"E lucemi da lato / il calavrese abate Giovacchino, di spirito profetico dotato"* ("E aqui brilha a meu lado,/ Joaquim, o abade calabrês/ de espírito profético dotado"). Em uma troca de gentilezas, o Poeta confiou ao dominicano Tomás de Aquino a missão de exaltar S. Francisco, cabendo ao franciscano Boaventura enaltecer S. Domingos. Os

Desse simples esboço histórico, destacam-se, portanto, três figuras ativas na época e simbólicas para nós hoje, pois indicam rumos ou modelos de uma possível Nova Idade ou de uma feliz Nova Era:

— Apelando para a autoridade recebida de Jesus Cristo e para a prometida assistência do Espírito Santo, ergue-se a autoridade eclesiástica, centralizada e centralizante, a partir de Roma.
— Diante dela, por ela interpelada e julgada, mas apoiando-se na fé e na devoção do povo, lá está a figura do "profeta", de quem Joaquim de Fiore é encarnação emblemática. Ele busca o seu lugar e sua legitimidade entre os dons ou carismas do Espírito, e se julga credenciado a ler e a atualizar a leitura das Escrituras, para o bem da Igreja e eventualmente para criticá-la e ajudá-la a encontrar os caminhos da docilidade ao Espírito.
— Finalmente, comungando no mesmo empenho de ser da Igreja de Cristo, mas tendo sua originalidade muito marcada pela função que lhe cabe exercer, aí está o "Mestre", o "Doutor", de que Tomás de Aquino será a realização exemplar. Ele se define por sua dedicação como que profissional à "Sagrada Doutrina". Não busca nem aceita concorrência ou rivalidade com outros encargos. Tem sua missão e sua tarefa bem precisas e determinadas. Tem carteira de identidade firmada nas Escrituras. Pois, entre os carismas do Espírito, Paulo diz que há os "Apóstolos", de quem os bispos se inscrevem como sucessores; mas há também os "Profetas", e Joaquim de Fiore apregoa: por que nós, "espirituais", não participaríamos dessa função profética, quando a Igreja anda tão necessitada dela? Mas entre os carismas se contam ainda os "Doutores", com uma função mais fácil de se discernir e apreciar, pois a "doutrina" se aprende, se transmite, se ensina. E o Doutor está sujeito a ser julgado à luz dos dados da Escritura e da Tradição, que são suas fontes e critérios, bem como à luz da utilidade real que oferece ao povo de Deus.

Tal é a apresentação que Tomás de Aquino, com os olhos no Novo Testamento, faz de sua identidade e de sua função. Ele abre uma de suas obras

---

dois fundadores e as duas ordens franciscana e dominicana contam com a grande estima de Dante. No entanto, ele não esconde suas fortes preferências por um franciscanismo duro e puro, fazendo reservas a muitos filhos de Domingos, que se deixam levar pela vaidade e pelas ambições. Dando-se como cordeiro do rebanho de S. Domingos, Tomás declara: *"U' ben s'impingua, se non si vaneggia"* ("Aí, se faz muito progresso, se não se decai na vaidade"). Ver *Divina Comédia, Paraíso*, cantos 10 a 13. Citações: Canto 12, 140-141 (sobre Joaquim de Fiore): Cantos 10, 96; e 11, 24 e 139 (sobre os dominicanos). Tudo o que Dante pensa de uma "Igreja rica", ele o diz como que gemendo em *Inferno*, canto 19, 112-117: "Que diferença entre vós (pastores gananciosos) e os idólatras, senão que eles adoram um ídolo e vós uma centena deles? Ah! Constantino, quantos males produziu, não a tua conversão, mas a doação que de ti recebeu o primeiro papa enriquecido" (*"Ahi, Costantin, di quanto mal fu matre, non la tua consersion, ma quella dote che da te prese il primo ricco patre!"*).

de base, a chamada *Suma contra os Gentios*, dando-se inicialmente como "Doutor" da verdade católica (entenda-se "cristã": ainda não existia o protestantismo, nem a infeliz restrição do qualificativo "católico"). Mais ainda, Tomás define e defende a função e a justa autonomia do "doutor" como carisma do Espírito, comportando no entanto a trabalhosa tarefa de oferecer sempre à comunidade a expressão fundada e elaborada da mensagem cristã.

Talvez alguém limpe o rosto e esfregue as mãos, como quem diz: felizmente aterrissamos. Sim, tem razão. Mas até certa medida. Pois este é o ponto de base e de partida para nossa decolagem. É a hipótese ou a tese que vai animar esta nossa reflexão. Vamos dizer: é a hipótese que, com a cumplicidade fraterna do próprio frei Tomás, vai se afirmar e confirmar em tese, e merece ser sublinhada. Ei-la: Mestre Tomás de Aquino quis ser e foi para valer o doutor da Nova Idade, de quem Joaquim de Fiore se disse o profeta. Não foi bem entendido e aceito pelas autoridades e mentalidades conservadoras. Por isso, Tomás está ainda à nossa frente, se não nos falta a coragem de acolhê--lo, qual mestre inovador, e de caminhar com ele, o fraterno e audacioso Doutor da Nova Era do Espírito.

A INTUIÇÃO ORIGINAL DE MESTRE TOMÁS

É com ele que temos encontro marcado. Teremos de estudar sua vida e sua obra como testemunho de uma opção pelo primado do Espírito e como visão doutrinal de uma teologia e de uma espiritualidade centradas no mistério e na força transformadora desse mesmo Espírito.

Só nos interessamos pela "Nova Idade" medieval e pela "Nova Era" de hoje, em sua dupla referência ao Mestre. A primeira coincide grandemente com o quadro de renovação, com as posições de evangelismo e de apelo ao Espírito Santo que constituem o contexto de vida, de pensamento, de espiritualidade em que se enraízam a existência e a missão de frei Tomás de Aquino. A segunda representa o desafio que havemos de enfrentar, ele e nós. Será evocada no que tem de significativo como projeto de vida, como feixe de doutrinas e ideologias, ou qual ampla nebulosa de sonhos, aspirações ou receios, que vão surgindo na alvorada do novo milênio.

Ele é para nós o "Doutor da Nova Era do Espírito"[20]. Sua especialidade não é tanto sonhar e ajudar a sonhar, mas despertar e ativar a inteligência

---

20. Essa tese constitui o fio condutor deste nosso projeto e será justificada nos capítulos seguintes. A função de "doutor" corresponde substancialmente à do "teólogo" hoje. Ela é proposta, elucidada e defendida por Sto. Tomás com grande clareza e vigor. Parece que ele tinha consciência dos mecanismos de defesa que levam o conservadorismo religioso a tentar silenciar ou domesticar a inteligência dentro dos espaços eclesiásticos. Eis algumas indicações de Sto. Tomás sobre a teologia, entendida concretamente como o trabalho e a missão a que ele se dedica. Ele lê a função de "doutor" como o terceiro dos carismas nas enumerações paulinas. Veja-se por exemplo seu comentário às Cartas de S. Paulo, 1 Cor 12, lição 3ª, n. 755, Ed. Marietti, p. 376.

para entrar no verdadeiro sentido dos sonhos, para os tomar a sério um pouco como asas do querer e do agir. Muitas vezes, voltaremos a esta qualidade primordial de mestre Tomás: o realismo. Para ele, conhecer, amar, comunicar, agir, fazer é o ser humano se afirmando em uma relação de vida com a realidade. Os homens e as mulheres se realizam empenhando-se nesse interagir com o que existe; e não jogando com aparências imaginárias ou projeções afetivas.

Nova Idade ou Nova Era não é nada que venha a cair prontinho do céu sobre a terra. Ou algo que a gente sonha e dá certo. Tomás diz mesmo que o "doutor" que ele pretende ser não se confunde com o "profeta", se a este se atribui primordialmente a função de receber e transmitir coisas novas. O doutor parte do conhecimento certo ou em busca do conhecimento certo: do Espírito, dos seus dons, da sua vinda, das condições e qualidades de nossa docilidade a acolhê-lo; ou de nossos maus jeitos de lhe fechar as portas e barrar os caminhos. Para o Mestre, não falta revelação sobre Deus, o seu amor e os seus planos de amor. O problema é que talvez haja gente demais que retalhe, arranque pedaços, remende, ajunte arabescos e ponha babados no tecido simples que Deus nos confia. Pois o estilo de Deus é deste feitio: o Espírito é o Amor. Veja lá quais são os caminhos do amor. E venha, que já, já nos encontramos.

Tomás não faz de conta. E não gosta de contadores de prosa e de histórias. Ele instaura uma reflexão concentrada sobre: o que é mesmo conhecer? O que é amar? O que é ser livre? O que é ser feliz ? E, com esses dados firmes e claros, encadeia as questões rudes e promissoras: como o homem e a mulher, essa imagem conjunta, frágil e preciosa da Face e do Coração de Deus, podem se realizar de verdade? E, acertando esse projeto, como chega a se conectar, se conformar e se abraçar à divina Presença sempre invisível? Nos canteiros de obras de mestre Tomás, não se brinca de fazer imagens. Quem entra se vê envolvido em construir a nossa realidade humana à imagem da Realidade divina do Amor.

Será que estaríamos preparados para entrar nos segredos do que aparece como extraordinária alquimia intelectual e espiritual de um curioso frade dominicano? Ninguém ignora que ele tem o seu vocabulário e seu fraseado bem próprios, que o separa de um Sto. Agostinho, sempre acendido em caloroso elã espiritual e bem mais próximo da linguagem comum. Tomás não

---

Ele define e explica com muito empenho a função de ensinar e aprender; veja-se, por exemplo, na I Parte da *Suma Teológica*, q. 117, artigo 1º. Insiste na excelência da ciência teológica, como saber "arquitetônico", chamado a iluminar e dirigir as atividades de apostolado; cf. por exemplo: *Quodlibet* Iº, q. 7, artigo 2, Ed. Marietti, p. 13. Distingue o "magistério" dos pastores, fundado na autoridade, e o "magistério" dos doutores ou teólogos, baseado apenas na competência: ambos são indispensáveis, o magistério dos pastores prevalecendo quando se trata da transmissão do depósito da fé: *Quodlibet* 3, q. 4, Ed, Marietti, n. 46-48, pp. 46-48. A missão dos doutores ou dos teólogos tem um lugar de relevo nos escritos de controvérsia em que mestre Tomás defende os religiosos destinados a essa vocação especial do ensino teológico. Veja-se: *Contra Impugnantes*, IIª Parte, caps. 1 e 2.

esconde que busca a compreensão metafísica da realidade, da pessoa, da sociedade. Recorre às noções de essência e existência (ou melhor, existir), de ato e potência, de participação e de analogia, de matéria e forma. O agir humano e seu desenvolvimento ético e cultural jogam com os termos de sujeito e de objeto, de faculdades, de paixões, de *habitus*[21], de virtude e de vício. É uma terminologia técnica, definida com rigor, para ser utilizada com flexibilidade. Tomás detesta o falar vago e impreciso. Já se sabe, não faz concessão à retórica. Não se exalta, não faz chistes, não joga com símbolos nem imagens. Não sugestiona nem comove.

Estamos infinitamente distantes das técnicas de condicionamento imaginário e afetivo que dominam o advento do ano 2000. No entanto, sendo um consagrado à inteligência, terrivelmente racional no pensar e no falar, mas estando sempre atento aos graves problemas humanos, bem pode acontecer que mestre Tomás mereça ser contado entre os anunciadores da verdadeira pós-modernidade.

Seja como for, à semelhança dos seus irmãos, os grandes mestres do passado, os clássicos da filosofia e das letras, Tomás pede uma iniciação a seu universo doutrinal e lingüístico. Contando com a vantagem de uma familiaridade que se vai fazendo ao contato com sua vida e sua fala, vão aqui, pelo momento, estas simples indicações inspiradas talvez pela admiração dos que têm freqüentado esse mestre severo, porque muito amigo nosso e mais ainda da verdade.

Muita gente se intriga e decepciona: por que toda essa linguagem técnica e rude de Tomás de Aquino? Ela tem qualquer coisa e sem dúvida a mesma inspiração do tom radical, do estilo cortante de João da Cruz. Eles não transmitem doutrinas para ser armazenadas naquilo que Paulo Freire chama o capitalismo mental. Querem fazer-nos entrar no país das maravilhas que habitam. O intento de Tomás é ver se consegue nos ajudar a pensar e a falar como convém a quem busca a sabedoria divina e humana. Ele analisa cuidadosamente o ser humano, distinguindo e articulando natureza e faculdades, inteligência, vontade, sentidos internos e externos. Que ninguém pense que ele está querendo oferecer mais uma antropologia ao mercado filosófico. Está todo atento e votado a compreender e fazer compreender o que é conhecer, o que é amar, quais são os laços que unem conhecimento e amor. Anda atrás de saber quais são as leis de progresso, de inércia, de atraso e até de perversão que regulam mesmo a marcha do ser humano rumo à sua perfeita realização, qual projeto vivo e sedento de verdade, de bondade, de justiça e de amor, quando não se emaranha nas redes do ressentimento e da frustração.

---

21. Guardamos a palavra *habitus*, com sua terminação latina, para bem marcar o significado próprio e técnico que lhe dá Sto. Tomás, o qual continua o sentido de "hábito," mas designa "uma qualidade permanente e profunda, modificando uma natureza e aperfeiçoando-a no domínio do agir". O dinamismo do *habitus* o distingue das acomodações e da inércia que podem parasitar o simples "hábito". Consulte-se o vocabulário que se encontra no limiar do 1º volume da *Suma Teológica*, Edições Loyola, São Paulo, 1998.

Para melhor entender e acolher a Tomás de Aquino, não poderíamos pedir a ajuda de H. Bergson? Eis como fala precisamente da abordagem dos grandes pensadores:

> *Na medida em que buscamos habitar o pensamento de um mestre, em lugar de dar voltas em torno dele, vemos a doutrina se transfigurar. Primeiramente, a complicação diminui. Depois, as partes penetram umas nas outras. Enfim tudo se concentra em um ponto único, do qual sentimos que nos poderíamos aproximar pouco a pouco, embora nunca possamos atingi-lo.*

E Bergson explica:

> *Achegamo-nos "à simplicidade de sua intuição original"*[22].

Essa "intuição original" de mestre Tomás ilumina e explica todo seu trabalho e toda a sua construção, mas, por definição, não entra no jogo de seus conceitos e silogismos. Tudo revela, sem se revelar. Deslizando um pouco sobre a coerência da linguagem, diremos que no alto e no mais íntimo da "sagrada doutrina" há um foco de luz que tudo faz ver sem se mostrar. É o Espírito que tudo revela sem se revelar na sua plena perfeição. É a própria ternura materna de Deus. É a água que lava, é o fogo que incendeia, é a força tranqüila que renova a terra. Atiça o amor nos corações, nos casais, nas comunidades. Aviva a esperança, encoraja a caminhada, guia a história. Dá gosto de viver e alegria de conviver. E sempre escondido, sem ser chamado pelo nome, suscita sonhos de uma Nova Era de reconciliação e paz, para além do egoísmo e do desamor.

É a brisa discreta e suave que rejuvenesce e faz florir o jardim, que nosso falar convencional chama a escola de mestre Tomás. Veremos que de Cristo ele diz: "É a Palavra que respira Amor". Há palavras que apenas se desdobram em discurso, se estruturam em doutrina. E há a Palavra que desperta e conduz o espírito para o Espírito. O Espírito que se respira, que faz vibrar e aspirar pela felicidade de amar e de ser amado.

O Espírito é a intimidade, a comunhão e a energia criadora e santificadora de Deus. Ele enche o universo de vida e beleza. Dá sentido, força e coerência à nossa existência, a nosso agir e à nossa história, vindo de Deus e para ele voltando em uma ciranda de amor. Tal é a epopéia divino-humana, contemplada na intuição original e informulada de Mestre Tomás, mas que o leva a formular com imenso carinho a "Sagrada Doutrina".

Talvez não tenha dado para definir bem as coisas nem o nosso propósito. Mas vamos entrando por esse verdadeiro e bom caminho que leva aos cantei-

---

22. Henri BERGSON, "A intuição filosófica", conferência pronunciada em 1911 e integrada em seu livro *O Pensamento e o Movente*, 1922. Pode-se ler uma tradução portuguesa em OS PENSADORES, Vol. 38, Ed. Abril, 1974, São Paulo, pp. 61-74. Citação, p. 62.

ros de obras ou ao jardim de Mestre Tomás. Quem não sente certo entusiasmo ao deparar esse doutor que toma a sério os apelos e sonhos da Nova Era, de que outros se acautelam como quem tapa os ouvidos aos sedutores cantos das sereias?

Apoiando-nos sempre na firmeza de seus textos, tentemos dar um salto por cima dos séculos. Vamos nos misturar à turma por vezes irrequieta, mas sempre curiosa e atenta, de seus discípulos. É preciso escutar a sua doutrina mas também e sobretudo sentir o seu jeito ativo de ensinar, convivendo com os jovens e tendo o gosto da novidade. É que ele aposta no Espírito, no Deus que vem para ser o Porvir de todos, homens e mulheres.

Capítulo 2
A MULHER, O VINHO, O REI E A VERDADE

Qual seria o mais forte sobre o pobre e inquieto coração humano? Dá para escolher entre os quatro: a mulher, o vinho, o rei e a verdade? Está aí o problema um tanto surpreendente. Ele abre uma longa série de questões em que se discute "Não importa o quê"[1]. Os ouvintes se tornam soberanos. Podem propor qualquer tema para testar a competência e a sagacidade do mestre. Curiosos tempos medievais. Deixam que os estudantes apostem em derrubar, com questões irrespondíveis, os professores catedráticos. E, uma vez que o jogo se repetia de tempos a tempos, é sinal de que a rapaziada não andava lá tão segura de conseguir o seu intento.

Tal é o caso que temos diante dos olhos. A questão, que não deixa de ser picante, foi discutida com galhardia por Tomás de Aquino, professor já maduro, em 1272, em sua última estada em Paris. Merece certo relevo, pois nela se pode adivinhar uma evocação bem humorada da escolha radical que fizera o jovem Tomás, quase três decênios antes, dando um rumo à sua vida, no esplendor viçoso dos 20 anos. Digamos por volta de 1244.

UMA GALANTE DISCUSSÃO ACADÊMICA

Convém deveras lançar pelo menos um olhar sobre essa singular disputa que anima periodicamente a Universidade de Paris. A cena é bem típica desse venerável e buliçoso século XIII. O pessoal universitário, alunos e mestres, em princípio todos convidados, lá devem estar se acotovelando, curiosos de saber como o frade dominicano se vai sair dessa questão, meio séria e meio jocosa. Ela se impõe ao respeito, pois vem sendo debatida durante séculos, já se encontrando formulada no IV livro de Esdras, um escrito apócrifo que circula, no entanto, como anexo ao texto bíblico.

Já fazia algum tempo, nas cortes e salões da época, muita gente se comprazia, as damas sobretudo, em levantar e sustentar justas galantes sobre

---

1. Em termos precisos, é o artigo 1º da q. 14 do *Quodlibet 12*, discutido provavelmente em Paris, em 1272. Tornaremos a interessar-nos pelo art. 1º da q. 13 deste *Quodlibet*: "A Igreja primitiva dos Apóstolos é a mesma que hoje existe?" É um dos temas da Nova Era, levantado pelos "espirituais" da época de Tomás de Aquino. Ver capítulo 6 deste livro, último parágrafo: "A igreja apostólica primitiva e a igreja atual", e a nota 5, p. 144.

temas de feitio histórico, mas na realidade sempre atuais. Tribunais risonhos e luzentes discutiam, a mais não poder, e decidiam, com a maior solenidade, questões deste jaez: *é possível haver amor entre pessoas casadas?* E respondiam, no melhor estilo pós-moderno: se tinham caído nessa de serem marido e mulher, tais pessoas haveriam de bem cumprir os seus deveres conjugais. Porém, uma vez enclausuradas na prisão doméstica das obrigações, estavam definitivamente excluídas das aventuras do amor. Essas damas, por sinal honestas e até nobres, timbravam em lançar aos quatro ventos a sua audaciosa filosofia: amor só casa com liberdade.

Esses torneios de idéias (da atualidade de então) passavam normalmente das reuniões de sociedade para os anfiteatros universitários. O doutor Tomás de Aquino não esquivou a questão: "O que é mais forte: a sedução da mulher, o espírito do vinho, o poder do rei ou o esplendor da verdade?" Sabe que tem de jogar com o humor, sem abandonar, no entanto, o rigor da argumentação magistral. Portanto, lá está ele a desdobrar, diante da Universidade de Paris, toda a sua visão teológica do ser humano, para enfrentar um problema que faz sorrir todo mundo. Através do resumo esquemático que nos resta, adivinhamos que o professor se empenhou em sintetizar tudo o que o seu século sabia. E ajuntava a sua contribuição inovadora. Faz o balanço do que se logrou realizar, juntando e confrontando os dados bíblicos, a ciência e a filosofia. E, como sempre, vai ativar as ricas heranças dos gregos e romanos, já de longa data assumidas e repensadas por Agostinho e os grandes Padres da Igreja.

Assim, Tomás joga sobre os ouvintes, sem dúvida encantados, a fina flor da antropologia que ele acabava de integrar na *Suma Teológica*. Não temos base para avaliar o tempo que gastou para bem explicar sua rica mensagem. Adivinhamos o itinerário seguido. Na sua complexidade, explica mestre Tomás, o ser humano é um feixe de conhecimentos, de apetites: sensíveis, sensuais e espirituais. Bela e difícil coisa, em meio a essa complexidade movediça, saber discernir e optar, como convém à dignidade racional e cristã. E vai em frente, misturando saber e ironia:

— Como nosso apetite sensível é despertado e atraído pelo aroma e pelo calor do vinho!
— Para o coração, sedento de amor, que terrível e doce tirana é a mulher sedutora!
— A consciência, a razão prática do cidadão, se vê solicitada, por vezes pressionada, mas não há de ceder diante da autoridade soberana do rei.
— Porém, para a inteligência, em sua função mais alta de pesquisar e contemplar, nada de comparável à "excelência, à dignidade, à força da verdade".

O mestre se compraz em desvendar, diante da turbulenta juventude parisiense, a maravilhosa riqueza potencial do ser humano. Vai desdobrando esse lindo e curioso tecido de libido, de inteligência e de liberdade, chamado a se medir com toda uma hierarquia de valores e deveres, todos enraizados, como os apetites, em uma mesma complexa natureza humana. Mas quanta diversidade nas escolhas e mesmo nas capacidades de discernir, quando se consideram os caminhos seguidos e as influências sofridas pelos homens e pelas mulheres na sociedade e na cultura que ali estavam! Havia quem estivesse sob o domínio do vinho, da mulher ou do rei. Havia os que se consagravam à busca e à contemplação da verdade.

Esse gracioso torneio acadêmico dava assim a Frei Tomás a oportunidade de brindar a sua universidade com uma leve e breve miniatura de sua doutrina. Podia mostrar sua visão do ser humano, retratando o homem e a mulher, em seu dia-a-dia, feitos de gostos e fadigas, de aventuras e desventuras amorosas. E apontava um lugar, mesmo que fosse modesto, à sua vocação de estudo e de contemplação.

Ele aproveita essa discussão jocosa para reforçar o que tem dito em fortes controvérsias sobre o que vem a ser o modo de viver dos frades de S. Francisco e de S. Domingos. Em clima de humor, faz a sua derradeira profissão de fé e exibe aos colegas e discípulos a sua carteira de identidade. Foi isso aí a vida dele, desde que assumiu a responsabilidade de ser gente e de enfrentar as propostas da família, os gostos, as ambições e sonhos da sociedade de seu tempo. Para o jovem caçula dos Aquino, a verdade foi a mais forte. Foi a paixão tranquila que animou o meio século de sua existência. Que fez ele na vida e da vida? Foi apenas aluno e professor. Sempre aprendendo, sendo ajudado e ajudando a aprender. Uma biografia aparentemente sem histórias. Apenas uma aventura concentrada, interiorizada, no plano do ser, ou de um constante vir-a-ser. É o vaivém do mestre entre cidades universitárias, tecendo uma rede de relações de intimidade e comunhão do espírito.

O *quodlibet*, matreiro e galante, se desdobra em discussão viva e bem argumentada. Calhava maravilhosamente bem para revelar à juventude parisiense a garra, a seriedade e a felicidade que animaram desde cedo a vida deste frade professor, de maneira tão precoce chegado ao fim de sua carreira.

PASSAR POR CIMA DA MÃE[2]

De fato, ao amanhecer da vida, ele tinha escolhido a liberdade para se dar ao estudo, à contemplação e ao ensino da verdade. Foi isso o que fez Tomás de Aquino, dando um rumo imprevisto aos seus viçosos 20 anos, do jeito que convinha a um saudável e corajoso jovem napolitano.

Em 1245, Tomás de Aquino se torna frade pregador. Ele realiza assim seu desígnio pessoal de juntar-se à jovem família espiritual de S. Domingos, fundada uns dez anos antes de seu nascimento. Por um gesto de ruptura e pela

---

2. O tema deste parágrafo e dos seguintes foi esboçado em nosso livro *Contemplação e Libertação*, Tomás de Aquino, João da Cruz e Bartolomeu de Las Casas, Ed. Ática, São Paulo, 1995, cap. 2, pp. 41 ss.

entrada numa nova vida, ele completa toda a série de opções inspiradas por aquilo que se irá revelando o seu decidido amor à verdade.

No entanto, não parecia chamado ou condenado a fazer carreira eclesiástica? Pois é o caçula de uma família nobre, envolvida na política desde várias gerações. Em virtude da lei da concorrência, que rege a alta sociedade de então, uma família assim tem de distribuir seus membros, para chegar a ocupar os postos-chave, tanto ao lado do imperador como junto do papa, servindo nas armas, na administração, nas cortes e nos santuários. Tomás nasce no castelo de Roccasecca (entre Roma e Nápoles), o qual já pertence à família Aquino desde o século X. Vem de origem lombarda, por parte de seu pai, Landolfo de Aquino, e de raízes napolitanas pelo lado de sua mãe, Teodora Rossi Caracciolo.

Tomás tem quatro irmãos e cinco irmãs. Seus três irmãos mais velhos começam por servir ao imperador Frederico II e passam depois a se bater pelo papa Gregório IX, com o sacrifício da própria vida, pelo menos para um deles, Renaldo, venerado como mártir pela família Aquino. O convívio das quatro irmãs parece ter exercido uma influência muito positiva sobre a afetividade de Tomás. A quinta e mais jovem morreu pequenina, fulminada por um raio, enquanto seu irmão caçula dormia no mesmo quarto, ao lado de sua ama. Toda a sua vida, Tomás guardará lembrança dessa tragédia, que se avivava ao fuzilar das tempestades. Apavorava-se com os raios e trovoadas. É um dos traços de suas reações, bem humanas, salientadas pelos primeiros biógrafos.

Esse quadro familiar nos ajuda a compreender o sentido de sua consagração precoce como oblato no mosteiro do Monte Cassino. Aos 4 ou 5 anos, o mais jovem dos filhos, segundo os costumes da média nobreza de então, é encaminhado por seu pai Landolfo à vida eclesiástica. Tornar-se-á monge. E a família, em momento oportuno, fará o possível para que seja o abade de Monte Cassino. Oblato neste mosteiro, aonde chega acompanhado de sua ama, o pequeno Tomás começa a receber a primeira formação literária e a iniciação à vida de oração beneditina. Toda sua teologia se enraíza no gosto de Deus, saboreado bem cedo nessa escola de paz, de beleza e de oração.

Em 1239, com 15 ou 16 anos, o jovem oblato é enviado a Nápoles, sem romper com o Monte Cassino. Ele guarda a liberdade de confirmar ou não, na sua maioridade, o compromisso assumido por seus pais. Mas, em Nápoles, este sabor de Deus, que ele tinha sem dúvida recebido junto de sua mãe Teodora e que o claustro beneditino havia nutrido, abre-se ao apetite da verdade. E vai passar pelo crivo de uma profunda e prolongada reflexão filosófica.

O rapaz encontra na jovem Universidade de Nápoles uma verdadeira efervescência intelectual. Entra em contato com um aristotelismo puro e duro, sem compromisso com o neoplatonismo de caráter mais religioso. E adere como por instinto às posições fundamentais de Aristóteles. O evangelismo de S. Domingos e o intelectualismo de Aristóteles, eis a dupla opção, tecida de graça e de liberdade, que se encontra na base da originalidade inovadora, sem dúvida a mais radicalmente revolucionária. Ela muda a vida de um jovem e terá a maior influência sobre o futuro do pensamento cristão.

Em 1244, provavelmente em abril, esta mudança de vida se traduz na tomada de hábito entre os dominicanos, frustrando os planos e as ambições de sua família. Frei Tomás sabe que a batalha a enfrentar vai ser dura. Os seus parentes tudo farão para lhe tirar o novo hábito, sem hesitar quanto aos meios da diplomacia ou da força. Porém, é a mãe Teodora que assume a conduta das operações para barrar o novo caminho que o seu caçula quer seguir.

Na verdade, quando vier a estabelecer a forte e luminosa teologia da vida religiosa, o doutor Tomás se lembrará da generosa aventura de sua juventude. O tom sereno da exposição doutrinal dissimula apenas a emoção de uma experiência de fidelidade e de ruptura. À questão: não seria falta de piedade abraçar a vida religiosa contra a vontade dos pais, ele dá esta resposta que surpreende pelo tom caloroso:

"Não seria mais piedade para com os pais a atitude de se opor ao culto para com Deus. Por isso, S. Jerônimo escreve em sua carta a Heliodoro: avança, calca aos pés teu pai, calca aos pés tua mãe, e voa para o estandarte da cruz. Ser cruel assim é uma forma suprema de piedade"[3].

Sublinhamos o acréscimo de Sto. Tomás ao texto de S. Jerônimo: "calca aos pés tua mãe", onde somente o pai era mencionado. Na verdade, era sua mãe Teodora que havia mobilizado os outros filhos, com o fito de cortar o caminho a frei Tomás, que seus outros irmãos — "em S. Domingos" — estavam levando para Paris, com a intenção precisamente de subtraí-lo à intervenção dos seus parentes.

Depois de uma rude provação na qual, apesar de tudo, sua família guardou toda sua nobre dignidade, mesmo quando endurecia sua oposição, o rapaz decidido acabou por fazer prevalecer sua escolha e vocação. A imaginação de hagiógrafos posteriores procurou render homenagem à coragem do jovem prisioneiro, ajuntando uns enfeites mais coloridos e apimentados. Teria escapado dentro de uma cesta que escorregava torre abaixo, na ponta de uma corda, com a cumplicidade de sua própria mãe. Outros, ao contrário, tecem todo um romance em volta de uma prostituta sedutora, introduzida por seus irmãos para demover o jovem Tomás. Este, nem se duvida, teria repelido a tentadora com um tição, em boa hora arrancado à lareira que aquecia seu aposento. A história é mais séria e mais interessante do que esses babados legendários. O prisioneiro podia receber livremente visitas. Conversava tranqüilamente com suas irmãs. E chegou até a converter uma delas a seguir seu exemplo e fazer-se também religiosa.

Este combate em torno da vocação tem um significado muito mais rico do que um triunfo sobre caprichos e paixões pessoais. O que está em jogo é uma opção total, para Tomás, para a Igreja de seu tempo e para a Igreja de todos os tempos. À primeira vista, ele está escolhendo entre duas famílias: o clã dos

---

3. Cf. II-II, 101, 4c.

Aquino e a Ordem de S. Domingos. Porém, olhando bem, de ambas as partes se encontra gente fiel à religião. De cada lado, se fala de Deus, se faz apelo ao Evangelho e se tem apego à Igreja. Na verdade, porém, dois mundos se confrontam, em atitudes espirituais diametralmente opostas. Uns querem servir ao Céu valendo-se dos bens e das instituições eclesiásticas. Os outros sabem que é preciso renunciar a essas "acomodações com o Céu", e que é preciso mesmo "renunciar a tudo para ser digno discípulo" de Cristo e de seu Evangelho.

Tal é a significação exemplar da atitude do jovem Tomás, já seduzido pelo Absoluto, que se traduz no amor da pobreza e da verdade. Pe. Chenu chegou mesmo a escrever: "A recusa de Monte Cassino é, em Tomás de Aquino, a exata réplica do gesto de Francisco de Assis, largando suas roupas e se livrando da dominação paterna".

Em 1245, frei Tomás chega finalmente a Paris para dar início à concretização da vocação de pesquisa pessoal e comunitária da verdade. *"In dulcedine societatis, quaerere veritatem"*: "entregar-se à busca da verdade no seio de uma comunidade fraterna". É a expressão lapidar lançada por aquele que será seu mestre, Alberto Magno.

Nunca será demais insistir nesse ponto de partida. Os vinte primeiros anos da vida de Tomás correspondem a uma etapa inicial de abnegação libertadora. De sua nobre família, de sua mãe sem dúvida, da passagem pela Abadia de Monte Cassino, de sua primeira formação em Nápoles, ele recebe os germes de uma piedade, de uma vida de oração, de uma cultura e de um rigor intelectual que vão desenvolver sua fecundidade no decorrer de toda a sua existência. Renuncia aos projetos ostensivos ou latentes de uma ambição mundana e eclesiástica. Diz não à sua família, às promessas e às tentações de uma carreira de poder e de prestígio, mesmo sacralizados. Tomás de Aquino se torna assim plenamente livre para se consagrar à sabedoria, à contemplação, à busca e à difusão da contemplação.

Adivinha-se uma afinidade profunda entre a vocação dominicana de Tomás e os apelos dos "espirituais" seguidores de Joaquim de Fiore. No entanto, um abismo separa esses dois tipos de opções evangélicas radicais. Tomás rompe com o mundanismo na Igreja e fora dela. Mas não descrê das instituições. Ele exigirá sempre sua autenticidade e reclamará sua reforma em casos de desvios. Sobretudo, o que será decisivo para a orientação de seu futuro, a ruptura com o mundo, com o mundo que havia invadido o santuário, não significava de modo nenhum para ele a rejeição dos elementos de cultura e dos meios de aquisição do saber, ainda que se tratasse da herança de um mundo não-cristão, antigo ou moderno, grego, latino, judeu ou árabe.

O ESTUDO É CAMINHO DE SANTIDADE

O que marcará de modo especial a etapa de formação religiosa, filosófica e teológica, em Paris (1245-1248) e em Colônia (1248-1252), vai ser exatamente uma perfeita integração da sabedoria grega, especificamente a aristotélica, e da sabedoria evangélica. Eis o que conduzirá ao grande projeto, à vocação que define perfeitamente sua vida e sua obra: *"Contemplari et contemplata aliis tradere"*, "Contemplar e levar os outros à contemplação". Ele se consagra à contemplação pelo estudo e pelo silêncio, na pobreza, na vida comum e na oração, a fim de estar em condições de comunicar os frutos dessa contemplação pela pregação e pelo ensino. Como o mestre Alberto, e sob sua direção, o jovem frei Tomás se inicia à nova maneira de fazer teologia. Ele busca a inteligência da fé, valendo-se dos recursos da razão filosófica.

Com toda serenidade, Alberto e Tomás, aqueles que serão os doutores incontestáveis, introduzem na cristandade a mais radical inovação intelectual. Estão conscientes de possuir o gênio e o carisma para realizar essa revolução, apesar das oposições que chegam de todo lado.

Desde os seus primeiros estudos em Nápoles, Tomás começou a confiar nos filósofos, com o sábio discernimento que o mestre Alberto virá guiar e confirmar. Aliás, o sucesso será tamanho, que o mestre se verá ultrapassado por seu discípulo.

Mas na inspiração primeira dessa atitude, profunda e duradouramente revolucionária, de Tomás e de Alberto, vêm escondidas uma experiência, uma práxis e uma teoria completamente novas, anunciadas e denunciadas (às vezes apaixonadamente) como inovação religiosa e cultural. É o estudo que entra na história, exibindo carta de identidade. É virtude. É profissão. É qualificação exigida para a vida religiosa. Tem sua definição rigorosa. Tem seu lugar muito marcado entre várias formas de usar, de se deleitar, de se divertir, de brincar jogando com as atividades da inteligência.

Com efeito, contrariamente ao que dizem aqueles que não a estudaram, a Idade Média é uma época grandemente intelectual, se olhamos para o mundo dos monges e dos clérigos, que se empenham em dar uma alma à sociedade de seu tempo, sem esquecer de dar umas guinadas na política e em outros domínios mais práticos. Muita gente lia. Multiplicava manuscritos, copiando autores sagrados e profanos. Mais ainda, meditava-se com freqüência e com intensidade. Muita exortação, muito discurso, muito ensino. A pregação ecoa nos mosteiros, nas igrejas, nas praças, pois não faltam pregadores ambulantes. E o estudo? O estudo profano? Ele existe sem dúvida para os meninos, sobretudo, para os jovens se iniciarem na leitura e nas outras atividades culturais da época.

A universidade no século XIII surge como o universo do estudo. Nela, pelo estudo, o adulto consagrará sua inteligência à verdade sob a forma da *verificação* rigorosa, estrita, dura, permitindo comunicação e discussão de certezas fundadas ou fundáveis em razão. S. Domingos aposta no novo modelo de estudo. Ele o introduz como base de sua Ordem de Pregadores. Tomás se fará desde cedo o praticante, o perito e o mestre desse estudo. É dele, sobretudo, que se fala quando se constata que o estudo entrou na história plenamente consciente de sua identidade e de sua definição.

Ao elaborar sua ética de inspiração teológica, ele definirá o estudo como uma virtude que há de aperfeiçoar na justa medida todo ser humano[4]. Uma verdadeira virtude moral chamada a estimular, a orientar e a disciplinar a inteligência na procura metódica do saber. O estudo é caracterizado como uma aplicação intensa (*"vehemens applicatio"*!) a aprender o que convém. O que exclui as curiosidades vadias, os diletantismos intelectuais de toda espécie. Ficam também de fora todos aqueles que brincam com as coisas do espírito ou desperdiçam seu tempo em prazeres solitários ou coletivos de fantasiar idéias, doutrinas, sistemas, filosofias ou religiões. O estudo surge do respeito à inteligência e à realidade. De si mesmo ele é uma ascese, pedindo todo um rosário de asceses. Esta ascese brota do desejo e da alegria de conhecer e conduz ao pleno desabrochar do saber. Por ele mesmo, como ascese da inteligência, o estudo tenderá sempre a certa forma de contemplação, a um tipo de felicidade que é a identificação do espírito com a verdade.

Por isso, na visão de Sto. Tomás, o estudo confraterniza com a oração, com o silêncio e com o diálogo, na busca da contemplação. Uma contemplação teológica — a que acrescentaríamos uma contemplação científica, filosófica, estética — que virá coroar o esforço bem-feito e bem-sucedido de busca diligente, amorosa da verdade, dentro de nossas capacidades humanas. No cimo da escalada, ergue-se a contemplação mística, dom mais alto, vindo levar a seu termo ditoso, o dom primeiro da fé. Esta é a pequenina e preciosa semente divina a cultivar, florir e frutificar, oferecida a todo homem e a toda mulher que vêm a esse mundo.

Veremos que a contestação do estudo, como elemento de sua vida religiosa contemplativa e apostólica, era uma das coisas que faziam frei Tomás de Aquino sair de sua serenidade proverbial. Aí, o santo não enjeitava a briga. Para ele o estudo fazia parte da "profissão" no duplo sentido, profano e religioso.

Pelo instante, limitemos a arquivar que o estudo entrou na vida dele — e isso desde o começo — como uma forma eminente de libertação. Libertação pessoal e comunitária, assumidas por todo um grupo de pessoas decididas, que se consagram à contemplação e ajudam outros a se empenhar nas vias da contemplação.

A opção resoluta do jovem Tomás pelo estudo e pela comunidade, que profissionalizava o estudo, vai conduzi-lo a um projeto de iniciação sistemática. Nos caminhos dessa iniciação, a formação bíblica e tradicional é levada a cabo com esmero muito especial. Mas uma dupla aprendizagem metódica a ela se acrescenta como significativa e prometedora para o futuro. Estudar, para ele, é verificar. É buscar a verdade seguindo o proceder apropriado ao domínio científico a desbravar. Ele pratica a abordagem hermenêutica dos textos bíblicos, patrísticos, especialmente de Dionísio e de Agostinho, dos textos filosóficos, sobretudo de Aristóteles. Ao mesmo tempo, ele se exerce em um trabalho de

---

4. Ver II-II, q. 166.

reflexão e de análise dos problemas filosóficos, em busca de uma cosmologia, de uma antropologia, de uma metafísica, de uma ética capazes de assumir, de prolongar e de superar o que encontrava em seus predecessores.

É bem significativo dessa atitude, absolutamente inovadora, o testemunho dos seus biógrafos sobre o estudo a que já se entregava Tomás na prisão familiar de Roccasecca. Ele lia a Bíblia, estudava as *Sentenças* de Pedro Lombardo e compunha tratados de lógica. É bem possível que haja uma antecipação quanto à data dessas atividades. Mas elas caracterizam o ponto de partida da vida intelectual de Tomás de Aquino.

Como resultado literário que vem confirmar a qualidade desses seus começos laboriosos e inovadores, temos seus primeiros escritos.

Merece realce, antes de mais nada, o comentário detalhado da *Ética a Nicômaco* de Aristóteles, feito pelo mestre Alberto e recolhido pela mão do próprio Tomás, seu discípulo e assistente. Acrescente-se o comentário dos *Nomes Divinos*, de Dionísio, o neoplatônico cristão (que se venera na época como um discípulo imediato de São Paulo, convertido por seu discurso no Areópago, em Atenas).

Frei Tomás ostenta a robustez dos seus 24 anos. Em torno de 1248, está em Colônia (Alemanha) como aluno e depois assistente do Mestre Alberto Magno. As duas obras, de Aristóteles e de Dionísio, tão profunda e lucidamente assimiladas, preparam o jovem teólogo para elaborar a visão de uma sabedoria e de uma contemplação fundamentalmente evangélica e rigorosamente conceptual.

É bem sugestiva a definição que Dionísio propõe da fé e que Sto. Tomás vai se comprazer em desenvolver nas suas grandes obras: "A fé é o fundamento inquebrantável dos fiéis. Ela os estabelece firmemente na verdade e estabelece a verdade neles"[5]. A inteligência crente habita em permanência a verdade e é habitada pela verdade de maneira viva e permanente. Sto. Tomás encontra em Dionísio este dado fundador em uma espécie de síntese da *Carta aos Hebreus* e do *4º Evangelho*. Eis o que ele próprio trata de explicar, à luz da Palavra divina e graças aos recursos da razão, como sendo a base da sabedoria contemplativa do cristão.

De Aristóteles, citado o mais das vezes como "o Filósofo", o jovem Tomás vai tomar emprestada a noção finamente elaborada de uma ética da *felicidade*, cujo caminho não é outro senão a *virtude*. Esta encontra seus gérmens, suas condições de possibilidade e suas mais profundas exigências na *inteligência prática*, confluência ou sinergia do conhecimento racional e do livre *querer* (o "livre-arbítrio"). Toda essa realização ética será chamada a alcançar sua perfeição no cume da *contemplação*.

Em 1252, na plena força de sua juventude, com 27 anos, Tomás começa seu ensino na Universidade de Paris. Tem o título de "Bacharel Sentenciário", já que a base de suas aulas é o *Livro das Sentenças* de Pedro Lombardo.

---

5. Cf. *Os Nomes Divinos* (*De Divinis Nominibus*), cap. 7, lição 5.

Neste momento ele já possui, com toda clareza e segurança, sua concepção, seu modelo e seu método. Sua teologia, nutrida de Escritura, desdobra-se numa argumentação racional rigorosa e límpida, guiada sempre pelo princípio do primado da caridade e da contemplação.

Para compreensão de seu método próprio, que consiste em combinar estudo hermenêutico e até crítico das fontes com um trabalho pessoal de reflexão filosófica, convém aproximar os seus primeiros escritos sobre *O Ser e a Essência* e *Os Princípios da Natureza*. Esses escritos são destinados à primeira geração de seus estudantes em Paris, por volta de 1252. Mas eles marcam sobretudo a orientação de um novo paradigma teológico. Uma filosofia do ser e da natureza se harmoniza com uma hermenêutica rigorosa da Escritura e da tradição, dentro de um projeto bem estabelecido de uma compreensão racional e cultural dos dados da fé e da vida cristã.

1256 é um ano marcante para frei Tomás de Aquino. Ei-lo professor e doutor: *Magister in Sacra Pagina* ("Mestre nas Sagradas Letras"). As atribuições oficiais do cargo se condensavam na famosa trilogia, que cada titular preenche com maior ou menor assiduidade e que encontra no novo doutor uma realização exemplar e surpreendente por suas inovações: *legere, disputare, praedicare* ("Ler", "debater" e "pregar").

"Ler" é comentar a Escritura versículo por versículo, um capítulo após o outro, explicando as palavras, desenvolvendo o sentido e a doutrina dos textos. O "doutor" é um *lector*, um leitor profissional, ele sabe ler e ensina a ler o texto, de maneira profissional e metódica

"Debater", assegurar o próprio ensino teológico por uma série de discussões regulares e encadeadas, com a participação de todos os ouvintes e a ajuda de um assistente (bacharel), mas também manter "disputas" abertas a toda a Universidade, com o convite aos professores e estudantes das diferentes faculdades.

"Pregar", o professor de teologia devia preencher esta função de anunciar a Palavra de Deus, por uma pregação universitária e popular.

O jovem professor Tomás de Aquino surpreende tanto por sua fidelidade à tarefa comum como por suas inovações. Seus debates são freqüentes, percucientes. Não enjeita os temas que integram todos os aspectos da cultura do seu tempo. Ao invés, sua pregação é simples, atenta ao auditório popular que o cerca.

Tomás ensina em Paris até 1259.

Em seguida, o seu itinerário se desdobra naquele vaivém entre Paris e Roma, com estadas em Orvieto, em Nápoles. Seus deslocamentos são determinados pelas exigências do ensino, e muitas vezes pelas grandes controvérsias da época. A força tranqüila, a argumentação cerrada, serena mas impiedosa de mestre Tomás eram solicitadas pelos defensores da renovação religiosa e teológica. Diga-se de passagem, também pelo papa, que desejava consolidar a ortodoxia e reforçar a sua autoridade.

Seguir o desdobrar de tal existência, toda balizada de feitos geniais e de obras-primas de sabedoria, é um maravilhoso projeto. Ele nos interessa, no entanto, somente na medida em que concorre à compreensão de seu pensamento e de sua atitude perante os grandes problemas humanos. E o acompanharemos sobretudo, e até com muito gosto, em seus encontros com os desafios da Nova Era e em sua maneira de viver e de ensinar uma Nova Era do Espírito.

INOVAR, SEM DESACATAR "AUTORIDADES"

A originalidade que marca sua carreira, do começo ao fim, é o empenho de renovar em profundidade todo o campo e toda a metodologia do saber. Estudar para ele não é arquivar ou repetir a bagagem escolar. Um estudante universitário do século XIII contava deveras com uma ampla informação, que lhe era ministrada logo de início. Em teologia, ele aprendia cedo o essencial da história da Igreja, da tradição patrística, dos códigos e coleções canônicas, as grandes linhas de uma "teologia dos modernos", isto é, dos mestres medievais dos dois séculos anteriores. Contava-se com manuais e antologias "sentenciárias" para essa primeira iniciação; e os professores estavam bem preparados para realizar essa transmissão preliminar dos dados de base. Nos meios escolares, circulava a lenda bem significativa, que dava como irmãos: Pedro Lombardo, o mestre sentenciário, Pedro *Comestor* (isto é, "Comedor"), o compilador da história, e Graciano, o colecionador do Direito. A imaginação prestava homenagem a esses três transmissores da cultura, que estava na base da formação de todo jovem teólogo, a partir do século XIII.

Tomás terá a preocupação de alargar e aprofundar esses fundamentos culturais da "ciência sagrada". Timbra em trabalhar com textos de primeira mão, procura compreendê-los e explicá-los em seu teor exato, em seu significado literal e doutrinal. É a famosa busca da *littera*, do *sensus* e da *sententia* ("letra", "sentido", "doutrina"). Aplica constantemente esse método de leitura cuidadosa, que decompõe, analisa e articula os dizeres e as doutrinas seja dos Santos Padres e da Bíblia, seja dos filósofos antigos ou dos mestres contemporâneos. Mas seu empenho é antes de tudo responder, sem tardar e de maneira satisfatória, aos problemas que estão surgindo hoje.

Formulemos, ao menos sob forma de hipótese, uns tantos dados que ficarão melhor esclarecidos ao enfrentarmos as grandes questões desdobradas nos capítulos seguintes sobre a Verdade, o Amor, a Justiça ou a Felicidade. Mestre Tomás recapitula tudo o que se disse antes dele sobre o assunto em debate. Propõe sua doutrina, que, ao menos em sua nova formulação, vai mais longe que todos os seus predecessores. Ela parte de uma definição acurada dos termos e dos temas e se constrói com uma argumentação clara, coerente e bem fundada. Em seguida, o Mestre mostra que sua posição inovadora está conforme aos dados tradicionais, em teologia e em filosofia. Se necessário, ele explica jeitosamente o sentido "exato" e a intenção "verdadeira" de uma "autoridade" que oferece alguma dificuldade.

Seria oportuno ilustrar tudo isso, partindo de alguns pontos que sempre suscitam dificuldades e até mesmo apoquentam os cultores da teologia, da filosofia e embaraçam hoje os estudiosos das ciências humanas. Assim, mestre Tomás sabe muito bem o sentido, as conotações e os matizes que a "concupiscência" vai assumindo no decurso da história, nos escritos do Apóstolo Paulo, de Sto. Agostinho, em S. Bernardo ou em Aristóteles (traduzido em latim). O nosso audacioso e fino Doutor chega a elaborar um conceito de "concupiscência" suficientemente preciso e englobante, capaz de incluir ou pelo menos de levar em conta os diferentes dados tradicionais. Ele logrará guardar a visão positiva de Aristóteles, para quem a concupiscência é o apetite sensível, perfeitamente natural ao ser humano. E conciliará, no entanto, a doutrina do Filósofo com as posições paulinas e agostinistas que destacam na concupiscência os desmandos, os desvios ou as desordens de todo apetite humano desregrado pelo pecado. Essa aproximação da "natureza" e do "pecado" será crucial para toda a história do pensamento cristão. Em geral mal compreendida pelos reformadores protestantes e desconhecida pela *intelligentzia* moderna, a posição de Tomás de Aquino tem a vantagem de ser abrangente, de ter sido elaborada em momento de tranqüilidade e fora de polêmicas e controvérsias. Teremos ocasião de vê-la à prova, especialmente no delicado capítulo do amor e da sexualidade

Acompanhando o desenrolar da vida e dos escritos de Tomás de Aquino, poder-se-ia dizer: ele será cada vez mais fiel e apegado às "autoridades" bíblicas, patrísticas e filosóficas, e cada vez mais "agostinista" e "aristotélico". E, paradoxalmente, será, na mesma medida, cada vez mais original, cada vez mais ele mesmo.

A palavra "autoridades" tem aqui um sentido técnico, bem preciso e muito especial. O termo corresponde ao grego axiomas, traduzido também por "dignidades". Para a universidade e a cultura medievais, há textos e autores aureolados pelo reconhecimento de todos, que se impõem como argumentos autorizados, ao menos para introduzir o assunto. Hão de ser ponderados, compreendidos, explicados. Mas não podem ser enjeitados ou recusados sem mais aquela. Excepcionalmente, Tomás descarta polidamente uma dessas autoridades, mostrando que são citadas fora de propósito ou explicando com deferência (*"reverenter exponendo"*) que a autoridade antiga não mais satisfaz a uma nova problemática. Porém, no conjunto de sua carreira e de sua obra, aparece, com a maior evidência, este fato deveras singular: o mestre mais bem informado da tradição se mostra sempre o mais inovador. E insiste em provar que nada diz de novo, pois só faz explicitar o que estava contido ou implicado nas autoridades, contanto que sejam bem compreendidas e bem articuladas entre si. Tomás dá a entender que é essa a sua tarefa de "Doutor da Verdade católica". No que dá prova de muita inteligência, de imensa modéstia e de uma ironia muito fina.

O JEITO CERTO DE DISCUTIR

No entanto, andaria de todo enganado quem imaginasse Tomás de Aquino nos moldes de um pacato expositor de doutrinas. Os que conhecem a sua personalidade, suas atividades e sua obra nem hesitam em mostrá-lo como um "mestre polêmico". "Sto. Tomás não foi o grande boi mudo da Sicília anunciado por seu mestre Alberto Magno; ou o grave professor universitário; ou o douto e calmo escritor da *Suma Teológica*. Mais de uma vez, ele teve de afiar sua pena para responder a ataques, abertos ou camuflados, e com muita arte soube levar adiante rudes e vivos combates." Tal é a síntese de uma série de estudos do conhecido medievalista Palémon Glorieux.

Para se ter uma primeira idéia, basta consultar o catálogo de suas obras e anotar os títulos "disputas contra" autores, doutrinas, adversários. Desde logo se destaca uma dezena de menções explícitas. Observando com mais atenção o conteúdo e o estilo desses escritos de controvérsia, aí se encontrará a confirmação da originalidade inovadora de Tomás de Aquino, revelada no calor dos debates, estigmatizada pelos tradicionalistas e admirada por aqueles que querem levar para a frente a renovação da Igreja e da vida religiosa. O número, o ardor, o ódio mesmo de seus adversários manifestam o quanto as doutrinas do novo mestre, bem como o renascimento evangélico de que era o porta-voz, incomodavam um vasto mundo de gente bem situada: eclesiásticos, universitários, autoridades e notáveis, mais os pensadores ou protagonistas das diferentes correntes filosóficas, teológicas, espirituais.

Sem dúvida nenhuma, a gente poderia se deter não sem proveito no estudo deste estilo de santidade. É todo um feixe de perfeições evangélicas, associadas às mais excelentes qualidades do espírito de rigor e de finura, que modelam a figura singular do santo doutor polemista.

Duas séries de controvérsias são particularmente interessantes para a compreensão da mensagem renovadora de Tomás bem como de sua posição acima de tendências parciais, de recuos medrosos ou de contestações açodadas e doutrinalmente mal fundadas. A primeira se refere à compreensão do aristotelismo, da doutrina da inteligência que Sto. Tomás soube tomar emprestada de Aristóteles, para integrar na sua teologia cristã. Esta era assim dissociada tanto do iluminismo agostinista como da dissolução das inteligências em um "único intelecto", tese defendida pela área averroísta do aristotelismo parisiense. Tomás vê em jogo a compreensão do humanismo subjacente à sua doutrina das virtudes, de modo especial das virtudes teologais e da contemplação.

No tratado de Sto. Tomás *Sobre a unidade do intelecto contra os averroístas parisienses*, escrito no momento mais aceso das polêmicas que marcam sua segunda permanência em Paris (1268-1272), temos um caso quase excepcional na história das controvérsias cristãs. O santo doutor se mostra irônico, mordaz, sem deixar de ser cortês, respeitoso das pessoas. Ele nada mais visa do que esclarecer a verdade, desmascarar e desqualificar os erros.

Tomás de Aquino e a Nova Era do Espírito

Num outro contexto histórico bem diferente, mas diante de adversários mais temíveis ainda, teremos ocasião de admirar o controversista Bartolomeu de Las Casas[6]. A mesma serenidade marca estes apaixonados da verdade. Enamorados da contemplação, eles se mostram animados pelo gosto da disputa, quando a Verdade divina e os direitos de outrem estão em causa. Sto. Tomás vai ter a oportunidade de dizê-lo na hora em que lhe perguntam: "Não seria melhor que os religiosos fossem antes conciliantes com os seus detratores?" Eis o essencial de sua resposta:

Aprendamos com o exemplo de Cristo a suportar com magnanimidade as injúrias que nos atingem. Mas, quanto àquelas que se referem a Deus, não deveríamos nem ter a paciência de ouvi-las. Aceitar com paciência os ultrajes pessoais é coisa boa e louvável; deixar passar as que atingem a Deus seria impiedade extrema[7].

Uma outra série de controvérsias interessa mais diretamente ainda o tema do estudo, da contemplação e do ensino, inspiração primeira da forma de vida apostólica, encarnada na dupla família religiosa, franciscana e dominicana. Dela S. Boaventura e Sto. Tomás serão chamados a se tornar os defensores. Quando este último foi nomeado professor em Paris, a contestação atinge a sua própria cátedra. Os mestres seculares (isto é, provenientes do clero diocesano), liderados por Guilherme do Santo-Amor, Geraldo de Abbeville e Nicolau de Lisieux, multiplicavam os tratados contra os religiosos desse novo estilo. Contestavam aos religiosos o direito de ensinar, de pregar, de distribuir os sacramentos. Chegavam mesmo a questionar a oportunidade, a legitimidade, a inspiração e o caráter evangélico dessa instituição.

---

6. Frei Bartolomeu de Las Casas (1484-1566), dominicano espanhol, tornou-se por amor e adoção o primeiro padre e o primeiro frade dominicano da América. Esta foi o objeto de sua paixão e de sua dedicação. Ele intervém, freqüentemente, neste livro como modelo de compreensão do pensamento de Tomás de Aquino. Ele leu Sto. Tomás como Tomás há de ser lido na América Latina. O processo de canonização de frei Bartolomeu está em andamento. Mas ele já tem seu altar em muitos corações no Brasil e no mundo. Os dominicanos brasileiros, em janeiro de 1998, uniram-se sob sua bandeira e seu nome, passando a chamar-se "Província (da Ordem Dominicana) Frei Bartolomeu de Las Casas". Para um primeiro contato com ele, ver o meu livro *Contemplação e Libertação. Tomás de Aquino. Bartolomeu de Las Casas. João da Cruz*. São Paulo, Ed. Ática, 1995.

7. *Quodlibet 5º*, q. 13, art. 1. O tema é tratado com certa freqüência dentro do contexto das controvérsias do clero secular com as novas instituições religiosas (mendicantes). Os adversários queriam bater os religiosos utilizando as próprias armas destes, o apelo à perfeição e ao evangelismo. "Vocês, franciscanos e dominicanos, pretendem ser pobres, mansos e humildes, praticar a oração e o silêncio? Pois então nada possuam, vivam debaixo das pontes, não se defendam quando atacados, a todos perdoando, vivendo e anunciando a paz." As respostas de mestre Tomás são importantes e significativas porque vão à raiz da questão: o que é a perfeição evangélica? Excelente síntese em *Contra Impugnantes*, Cap. 1º., da 1ª Parte: "Em que consistem a vida religiosa e a perfeição a que ela visa". A questão particular que nos ocupa é tratada na III Parte, seção B, cap. 2, que enfrenta o desafio: "Os religiosos não devem resistir a quem os ataca, mas suportá-los com brandura". *Opuscula theologica*, vol. II, Ed. Marietti, 1954, n. 435-448, pp. 87-88.

Certos episódios teriam feito as delícias da mídia, se ela lá estivesse. É o caso, por exemplo, do sermão de Domingo de Ramos de 1259. Mestre Tomás é interrompido em sua pregação diante da universidade, pelo bedel, que, naquela hora mesmo, julga oportuno dar conhecimento do libelo de Guilherme do Santo Amor contra os religiosos mendicantes, franciscanos e dominicanos. O próprio papa, Alexandre IV, intervém, mandando que se tomem medidas severas contra esse audacioso bedel, que sem dúvida contava com algum apoio para mostrar tamanho topete[8].

Foi precisamente esta oposição radical que permitiu o aprofundamento do debate. Ela contribuiu finalmente para a elaboração dos tratados claros e vigorosos de Sto. Tomás sobre a vida religiosa, sobre a vocação "apostólica", enraizada na contemplação evangélica e nela encontrando a fonte e a inspiração do ensino e da pregação. Com força e clareza, eram abordados os meios pessoais e institucionais para atingir estes objetivos: o estudo, a pobreza, a oração e a vida comum[9].

A doutrina da vida religiosa, centralizada na contemplação e no seu transbordamento apostólico, será retomada e cuidadosamente elaborada na *Suma Teológica*[10]. Contrariamente a seu costume, o mestre torna-se mais prolixo, entusiasmado com a atualidade do assunto que o tocava de perto. A resposta à 3ª objeção do último artigo da última questão vai corresponder ao tamanho habitual de um artigo muito desenvolvido. A conclusão será a última palavra da parte moral e a transição para a parte cristológica da *Suma*: "Aos que carregam este jugo muito suave (a vida religiosa), Ele (Cristo) promete a alegria do gozo de Deus e o eterno repouso da alma. Que se digne conduzir-nos até lá Aquele que no-lo prometeu, Jesus Cristo, Nosso Senhor, que está acima de tudo, o Deus bendito por toda a eternidade. Amém".

Todas essas questões respiram o calor da controvérsia, mas sobretudo o zelo de um imenso amor. Elas nos permitem apreciar como frei Tomás se empenha em dar uma resposta doutrinal e existencial ao desafio dos espirituais de Joaquim de Fiore e de Geraldo Borgo di San Donnino. Em toda a sua vida, busca um modelo lúcido e realista de teologia e de espiritualidade, capaz de integrar as aspirações e os problemas do que vem a ser para ele "a Nova Idade" e será para nós hoje a "Nova Era do Espírito".

A *SACRA DOCTRINA* BROTA DA PESQUISA E DO DIÁLOGO

Comparamos inicialmente o labor de Tomás à descoberta e ao mapeamento do país das maravilhas. É o momento de tentar segui-lo em seus vaivéns

---

8. O episódio é atestado no *Chartularium* da Universidade de Paris, n.º 342, pp. 390-392. Cf. TORRELL, *Initiation à Saint Thomas d'Aquin, op. cit.*, nota 2, pp, 104-105.

9. Os escritos polêmicos de Sto. Tomás estendem-se por uns quinze anos: o *Contra Impugnantes* (1256), o *De Perfectione Vitae Spiritualis*, uma primeira versão em dezembro de 1269, uma segunda em 1270, o *Contra Retrahentes* no final de 1270. E nestes últimos anos, 1269-1271, toda uma série de questões são apresentadas a Mestre Tomás por ocasião das disputas universitárias (elas nos foram conservadas em vários *Quodlibets*).

10. Cf. II-II, q. 188, artigos 4-6.

e de aquilatar o que conseguiu produzir em seus vinte anos de ensino, de pesquisa e de atividade literária.

Podemos enquadrar esses dois decênios de fecundidade entre duas datas bem significativas. Em começos de setembro de 1252, com dispensa de idade, um bacharel sentenciário de 27 anos inaugura seu ensino em Paris. Em começos de dezembro de 1273, um professor exausto, após uma experiência mística mais profunda, declara-se incapaz de escrever sobre o que está acima de qualquer palavra. O teólogo explorador, de apenas 48 anos, rendeu-se. O país das maravilhas de repente o arrebatou para além do que se pode descrever. A *Suma Teológica* ficou inacabada. Tomás balbucia que não falará das coisas derradeiras. E ajunta que, à luz da plena Realidade que está vislumbrando, nesse entardecer repentino da existência, tudo quanto escreveu não é mais do que simples palha sem valia.

Decerto, ele pode desqualificar como palha boa para o fogo seus esboços topográficos, quando já está tomado pelo deslumbramento da Terra prometida. Mas os andarilhos em busca de rumo não irão nessa de jogar fora o precioso roteiro e a boa provisão de trigo que lhes resta para a viagem. Tentemos uma pequena avaliação desse legado de sabedoria que Tomás de Aquino nos deixou. Sem desdenhar a eternidade, porém guiando-nos modestamente na perspectiva da história, talvez tenhamos oportunidade de distinguir a imensa riqueza do trigo e os magotes de palhas inevitáveis e contingentes que envolvem a mensagem do Mestre.

Este, já desde os primeiros anos de ensino, conta com um feixe de intuições e de posições bem determinadas e coerentes. Formam um projeto global, que vai sempre se aprofundando e avolumando. Chega a concretizar-se em sínteses, elaboradas com um esmero infatigável e mesmo progressivo. Essas sínteses vêm a ser o *Escrito sobre as Sentenças*, a chamada *Suma contra os Gentios* e a *Suma de Teologia*. Dessas três obras mestras, se pode aproximar o *Compêndio de Teologia*[11], que tem o feitio mais de um grande catecismo. Em geral, uma primeira iniciação a Sto. Tomás se faz pelo estudo da *Suma de Teologia*, esclarecida pela referência às outras sínteses.

No entanto, aí temos apenas suas obras mais conhecidas. Elas surgiram dentro do quadro de uma intensa atividade de ensino e de pesquisas, que se traduzem em muitos outros escritos de grande valor, porém de extensão e teor bastante variados. Esses escritos têm às vezes um caráter circunstancial. Mas

---

11. Esse *Compêndio de Teologia* é empreendido a pedido de frei Reginaldo de Piperno, o secretário, grande amigo e confidente de frei Tomás. Reginaldo, que também solicitou outros escritos, parece preocupado em levar o Mestre a escrever obras mais acessíveis do que as *Sumas*, as Questões disputadas ou os Comentários. No Compêndio, talvez por sugestão do amigo, Tomás retoma o plano do *Enchiridion* ou do "Manual" de Sto. Agostinho, tentando uma síntese popular do ensino cristão em torno das virtudes teologais: Fé, Esperança e Caridade. Tem-se a impressão de que o *Compêndio* não se desprendeu da perspectiva e do tom das grandes obras teológicas, expondo toda a dogmática a propósito da Fé, ficando inacabada por não corresponder ao projeto primitivo.

em profundidade obedecem a um plano flexível, que fornece um fio condutor para as pesquisas, o ensino e as obras escritas. Todas convergem para o projeto teológico global que anima e impele as diferentes atividades de mestre Tomás. Talvez ele seja um dos raros pensadores que puderam preparar suas sínteses definitivas, programando e executando estudos, informações e debates que fossem acompanhando as etapas da grande construção. Nisso, aproximaríamos Tomás de Aquino e H. Bergson, pois também este nos deu o belo exemplo. Procurava sempre aprofundar seus conhecimentos científicos, antes de abordar um tema filosófico em relação com os domínios específicos da ciência.

A tarefa de que Tomás se reconhecia investido, como teólogo, era imensamente mais ampla e complexa. Ele devia se assegurar da qualidade e da solidez dos dados, digamos dos materiais filosóficos, científicos, históricos, bem como da autenticidade dos elementos cristãos, bíblicos e tradicionais que haveriam de integrar sua síntese teológica. Aceitando sua missão de "Doutor da Verdade católica", como declara com certa ênfase no limiar de suas *Sumas*, ele se considera um artesão da verdade, um verificador rigoroso e constante dos diferentes dados que correm por aí: tudo quanto foi dito ou vai sendo dito, o quê, por quem, quando e como se vem transmitindo, sob o rótulo de mensagem cristã. Já o sabemos, para ele, fazer teologia é verificar e ajudar os outros a verificar. Em uma de suas obras mais vivas e picantes, Jean Piaget propunha, em termos equivalentes, esse programa aos filósofos e teólogos de hoje. Você argumenta, apelando para a experiência. De que experiência se trata? Vulgar, científica, interna, externa, individual, coletiva? Como, com que processo, com que método, se realiza e se comunica essa experiência, a fim de que seja controlada e homologada por quem está por fora do seu sistema de pensamento?[12]

Dentro de outro contexto cultural, Tomás de Aquino já tinha aceitado esse desafio. Tentemos segui-lo, vendo como seus escritos correspondem ao resultado desse empenho de tudo verificar e ajudar a verificar, que anima sua caminhada de estudioso e de professor, que se desloca entre a França e a Itália, ao ritmo das necessidades do ensino, dos debates e das disputas de seu tempo. Na perspectiva desta nossa reflexão, havemos de estudar as doutrinas, mas também dar tanta senão maior atenção a essa atitude de verificação, de busca da verdade, em diálogo com os mestres de ontem e de hoje. É o que nos parece o mais urgente em nosso contexto cultural hoje. Pode-se temer que a Nova Era esgote suas energias em devaneios. E que muita gente apenas se console e se divirta com a ampla difusão comercializada de vulgarizações curiosas em torno de temas e figuras espirituais.

---

12. Cf. Jean PIAGET, *Sagesse et illusions de la philosophie*, Paris, 1968. Destacamos e discutimos esse programa-desafio de Piaget em nosso livro *La crise du choix moral dans la civilisation technique*, Éd. Universitaires, Friburgo, Suíça, Ed. du Cerf, Paris, 1977, pp. 88-89. Em forma incisiva, o tema é abordado por Gaston BACHELARD. Dois de seus escritos mais significativos estão publicados, em *OS PENSADORES*, vol. 38, Ed. Abril, 1974, pp. 159-337.

Em relação com suas grandes sínteses e a serviço delas, havemos de destacar antes de mais nada as disputas universitárias de doutor Tomás. A escolha dos temas dessas disputas obedece a um duplo critério, deveras conexo, quando olhado em profundidade. O primeiro é o desígnio bem determinado de definir e de ajustar os conceitos-chave, os instrumentos intelectuais que estarão na base de toda a arquitetura da teologia, considerada com "ciência e sabedoria", fundada na Palavra divina e elaborada em saber racional. Para lograr esse objetivo, tão amplo, eminente e árduo, é preciso elucidar e articular as noções e princípios fundadores, tais como os valores de "Verdade", de "Liberdade", do "Bem e do Mal", da "Alma", das "Virtudes", das "Criaturas Espirituais", ou temas mais diretamente teológicos, como os "Atributos divinos" ou a "União hipostática".

Um segundo critério que preside à escolha desses campos de debate e sobretudo à determinação do momento de abordá-los vem a ser as necessidades imediatas ditadas pela redação da grande síntese doutrinal que é a *Suma de Teologia*. Empenhando-se em evitar qualquer dispersão de forças no penoso exercício de seu magistério, Tomás quer se concentrar no que constitui a grande obra de sua vida, essa epopéia divina e humana. Eis-nos diante da famosa catedral ou do Eldorado fascinante, com que marcou esse segundo milênio da história do cristianismo. O que nos interessa mais que tudo é este seu propósito de recorrer ao diálogo e ao debate para averiguar que tudo é sólido e comprovado, após a confrontação com as várias correntes da teologia e da filosofia, que tudo é compreensível para o público universitário de seu tempo. Se quiserem, chamem de catedral a *Suma* que está escrevendo. Mas não se diga jamais que ele se refugia em uma torre de marfim ou outra qualquer, para compor os artigos, as questões, os tratados e as partes, que hão de formar um todo, nascido do diálogo e convidando ao diálogo.

Note-se como a prática da disputa com suas questões e seus artigos brota de maneira espontânea e leva como que naturalmente à instituição das "questões disputadas". Elas terão lugar, seja no interior das lições ordinárias, ministradas por cada um dos professores, seja dentro do sistema geral do ensino universitário, comportando a participação de várias faculdades. Sob uma e outra forma, elas irão evoluindo de acordo com a competência e, diríamos, a garra dos professores que as dirigem. Quando um deles tem a qualidade de Tomás de Aquino, já a leitura das *Sentenças* de Pedro Lombardo se abre em uma série de questões, vindas do próprio professor e dos alunos. O texto é apenas um ponto de partida, um "pretexto" para a disputa, que se torna a unidade pedagógica essencial.

Conferindo maior amplidão e autonomia a esses debates internos da escola, dando-lhes por temas os problemas da atualidade, chegar-se-á finalmente a congregar, em debates públicos, mestres e discípulos de toda a universidade. Dentro desse processo, de uma didática ativa, assiste-se à passagem da simples leitura da *Suma das Sentenças* (de Pedro Lombardo) à elaboração da *Suma de Teologia* (de Tomás de Aquino). Esta última consagra o triunfo da doutrina que se elabora de maneira sistemática, graças à dinâmica da discussão e ao gênio organizador de um Mestre.

TRÊS BALANÇOS SUCESSIVOS

Poder-se-ia tentar obter uma primeira idéia da imensa produção literária de Tomás de Aquino, dispondo-a em torno de suas três grandes sínteses sucessivas: O *Escrito sobre as Sentenças*, a *Suma contra os Gentios* e a *Suma de Teologia*. Nunca se insistirá demais sobre a presença de um fio condutor, de um projeto orientador e unificador, que se concretiza nessas grandes obras fundamentais e que inspira e anima todo o trabalho de pesquisa e ensino do Mestre.

O *Escrito sobre as Sentenças* é o fruto de seu primeiro ensino como bacharel sentenciário, em Paris, de 1252 a 1254. Só será definitivamente redigido nos quatro ou cinco anos seguintes. Pedro Lombardo tinha elaborado um plano teológico completo, ordenado em uma perspectiva histórica, no prolongamento da mensagem bíblica e em uma perspectiva doutrinal, com o propósito de satisfazer às exigências do ensino. O conteúdo dos quatro livros das *Sentenças* corresponde às quatro partes em que se apresenta normalmente a catequese cristã: 1. Deus, Unidade e Trindade, em sua Essência e em suas Pessoas, sua presença no mundo e pelo dom da graça; 2. Deus criador e a obra da criação; 3. A Encarnação do Verbo, sua obra redentora e santificadora pela graça, as virtudes e os dons do Espírito; 4. Os sacramentos e os fins últimos.

Tomás está longe de aceitar o papel de comentador de Pedro Lombardo. Ele prolonga e supera a abordagem e o método inaugurados pelo mestre franciscano Alexandre de Hales, o primeiro a tomar as *Sentenças* como texto de base, de 1223 a 1227. De Pedro Lombardo a Tomás de Aquino, vai a distância do manual, bem documentado, à obra-prima original, profunda e bem ordenada. O princípio de coerência apenas indicado nas *Sentenças* será mantido e aprimorado no *Escrito* de Tomás. E em seguida será retomado e levado à perfeição em suas duas *Sumas*.

Com efeito, a chamada *Suma contra os Gentios* é a segunda grande síntese doutrinal, à qual se consagra Mestre Tomás de 1259, ainda em Paris, até 1265, durante sua longa estada na Itália (1261-1265).O intento visado e o conteúdo da obra se manifestam melhor no título mais antigo *Livro da Verdade da Fé Católica contra os Erros dos Infiéis*. Nos quatro livros dessa *Suma*, aparece claramente a intenção do autor de afirmar sua identidade de "Doutor da Verdade católica", em um mundo que já começa a ser pluralista. Esses "infiéis", esses "gentios", visados por Tomás, não habitam as terras situadas além-mar. Estão sobretudo em Paris e outros grandes centros urbanos. Freqüentam e agitam as justas universitárias. Exaltar a *Suma contra os Gentios* como o mais admirável manual para missionários foi uma moda generosa, apoiada entre outros pelo grande Chenu.

De fato, é um livro escrito por professor para professores e alunos. Sua inspiração, seu teor e seu conteúdo se abrem à perspectiva missionária e ao diálogo universal. O "Doutor da Fé católica" se mostra consciente do duplo registro em que se movem sua inteligência e seu discurso. Ele fala de homem para homem, em um plano puramente racional, com aqueles que não partilham a fé cristã. Ele argumenta à luz dessa mesma fé e utilizando os dados da revelação, ao elaborar a teologia que orienta a comunidade dos fiéis. Assim o quarto livro da *Suma contra os Gentios* trata dos mistérios da fé: a Santíssima Trindade, a Encarnação redentora, os Sacramentos e a Felicidade perfeita na vida futura. Os três primeiros livros abordam as verdades sobre Deus, seus atributos, suas obras, o encaminhamento do homem para o bem e para Deus, enquanto doutrinas acessíveis à razão ou pelo menos a uma compreensão racional, sem o pressuposto da revelação cristã.

Os melhores conhecedores de Tomás insistem no caráter de ecumenismo amplo que marca esta *Suma*, que, de maneira desencontrada, traz no entanto o título de "contra os Gentios" ou os "Infiéis". Pode-se dizer mesmo que nesta sua primeira síntese o jovem doutor às vezes deixa transparecer um tom quase de confidência. É, então, menos o curso de um professor, uma obra didática, e bem mais a expressão comovente de uma reflexão pessoal. Tal é a observação de um dos maiores especialistas, o dominicano R.-A. Gauthier, na introdução do novo texto da edição leonina[13]. Essa reflexão se concretiza mais ainda e nos atinge mais de cheio, porque podemos dispor do próprio manuscrito de Tomás, com a caligrafia nervosa, cheia de correções e rabiscos. É a amostra tocante da busca impetuosa de uma formulação para um pensamento que tenta transpor todos os limites.

Chegamos finalmente à síntese por excelência da "Sagrada Doutrina", a mais ampla, embora infelizmente inacabada, que nos legou Tomás de Aquino. Curiosamente, o intento do autor é oferecer um manual para "principiantes". Ele via os jovens teólogos, especialmente os de sua Ordem Dominicana, como que submergidos pela quantidade e desordem das questões, pela ausência ou falha dos métodos. Note-se, em favor do ensino da época, que não se trata da falta de informação quanto aos problemas de base e aos dados positivos. Tomás não se vê obrigado a fornecer os textos bíblicos ou as referências tradicionais. Disto se encarregava a Escola, de maneira satisfatória. Sua missão de "sábio" lhe parece ser a de tudo e bem "ordenar". Para isso, há de levar em conta a dimensão divina e humana da "Sagrada Doutrina", seus aspectos teóricos e práticos, juntando dogma e moral, história e doutrina. Ela pedirá, portanto, a conjunção harmoniosa de teologia, entendida estritamente como conhecimento de Deus, de antropologia, de ética. Sem se perder em muitas explicações de método, é no próprio encaminhamento das questões que o Mestre vai mostrando como se passa de um a outro registro do pensamento,

---

13. Cf R.-A. GAUTHIER, "Nouvelle Introduction" à *Suma contra os Gentios*, na ed. Leonina (1993), t. 45/1, pp. 290.

como se respeita a autonomia das disciplinas do saber e se opera a sua conveniente articulação.

Machado de Assis professa, com humor, para quem vem de dura e longa caminhada: a felicidade é um par de chinelos. Não seria Tomás quem o iria contradizer, pois o corpulento Doutor se afligia bastante com as longas caminhadas. Para ele, a felicidade, a verdade, a liberdade, o bem, o belo se realizam em vários planos distintos e articulados. A sabedoria que ele propõe consiste em ajustar a abordagem, em aprimorar o método de bem conhecer, aplicando-o de maneira conveniente ao campo dos sentidos ou da inteligência, ao domínio do saber vulgar, científico, filosófico ou religioso. Na sua "Sagrada Doutrina", ele dirá, com a maior das simplicidades, que um bom banho é excelente remédio contra a tristeza e a depressão[14]. Porém, com a mesma singeleza, ajudar-nos-á a compreender que a contemplação divina é o mais elevado dom do Espírito Santo. E que o Espírito Santo é o Amor do Pai e do Filho, o qual se difunde em nossos corações e comunidades, em toda uma torrente de graças e carismas. Realidades humanas e mistérios divinos andam sempre de mãos dadas na teologia de Tomás de Aquino.

Outra atitude fundamental, aparentemente a mais elementar, porém a mais exigente e talvez a mais difícil de entender, domina a *Suma*, de uma ponta a outra. As questões vão surgindo e se articulando a partir do que é mais simples. E marcham progressivamente à compreensão do que é mais complexo e, em geral, muito mais importante para o saber e a prática da vida cristã.

Está aí, diante de nós, a *Suma de Teologia*, desdobrando-se em três partes. Seu conteúdo corresponde essencialmente ao que se encontrava nos quatro livros das *Sentenças* de Pedro Lombardo. Na Primeira Parte, fala de Deus, em sua Unidade na Comunhão trinitária, da criação cósmica, humana, angélica, que vem da sabedoria, do amor e do poder do Criador. Na Segunda Parte, o ser humano toma o caminho de volta a Deus, seu Princípio e Fim. A Terceira nos mostra Jesus Cristo, na sua Encarnação, sua vida, sua obra redentora e libertadora pela sua morte e ressurreição, sempre presente nos sacramentos e se realizando plenamente na glória futura. Na base, encontra-se a catequese cristã de sempre, já condensada no Símbolo dos Apóstolos. Do Amor de Deus que nos criou ao Amor de Deus que nos acolhe em sua Glória.

Sem dúvida, encontrou em seu caminho o esquema do neoplatonismo, o famoso *exitus-reditus*: todo o processo da criação e da história é uma "saída e uma volta". Tudo vem do primeiro Princípio e a Ele retorna. Na sua gene-

---

14. O leitor moderno terá muito prazer e tirará algum proveito lendo a questão 38 da I-II (da *Suma Teológica*) sobre os "Remédios para a tristeza e a dor". São cinco artigos que têm por títulos: "Como mitigar a tristeza e a dor : 1) Pelo prazer; 2) Pelo choro; 3) Pela compaixão dos amigos; 4) Pela contemplação da Verdade; 5) Pelo sono e pelo banho". Está um aí um exemplo entre outros do famoso "realismo" (que hoje um erudito poderia dizer pluridimensional e pluridisciplinar) de Tomás de Aquino.

ralidade, esse dado neoplatônico, aliás de caráter emanacionista, anda longe de explicar o plano da *Suma*. Convém se desfazer dos lugares-comuns. A *Suma* de Tomás de Aquino retoma e desdobra, de maneira profunda e minuciosa, a visão essencialmente cristã, recebida da mensagem bíblica: do Deus Amor ao Deus Amor, da Comunhão trinitária à Comunhão trinitária, mediante o processo de humanização de Deus e de divinização do homem.

Qual a novidade? Esse plano singelo da catequese cristã vai ser desenvolvido graças à definição precisa de cada um de seus menores elementos. E essas noções bem analisadas vão se articulando, em um ciclo de luminosidade crescente. Pois o gênio se casou mesmo com a didática: sempre o que precede prepara e esclarece a compreensão do que vem em seguida.

Um simples exemplo para ilustrar. Você pergunta a Tomás de Aquino: que é mesmo a caridade, de que todo mundo fala, sem dúvida de maneira aproximativa? Fazer semelhante pergunta quer dizer que você abriu a *Suma* bem no meio. E começou a ler o 1º artigo da questão 23, da 2ª seção da 2ª Parte (Isto é: a II-II). Vencida a pequena surpresa dessa numerologia que se sucede, você terá uma outra muito maior. Que clareza e que profundidade em um texto tão curto. Aprenderá logo que para Tomás a caridade é a forma mais eminente de amizade, de uma amizade que se baseia na comunhão com a própria felicidade de que Deus nos faz o dom e na qual quer irmanados todos os homens e todas as mulheres. É tão simples que qualquer um pode entender. No entanto, o que aí ficou dito é a superfície do texto. Tomás supõe que você já tenha aprendido com ele o que é amizade, o que é o amor, questões amplamente tratadas na 1ª seção da 2ª parte. Ele já explicou, também no começo dessa mesma seção, o que vem a ser felicidade. Em seguida, expôs, com certo vagar, o que se entende por virtude, por virtude teologal, que está em relação direta com a busca da Felicidade em Deus.

É como se você abrisse toda uma rica série de arquivos em seu computador. Toda uma constelação de noções bem definidas jogam uma nova luz sobre "o que é a caridade". E essa resposta, assim enriquecida, torna-se o ponto de partida de toda uma cascata de questões: sobre a ordem que a caridade vem estabelecer na sua vida e no mundo, sobre sua força transformadora, sobre o bem supremo da paz que a caridade visa difundir e sobre o flagelo da guerra que ela ensina a detestar. Não deixaremos de voltar a essa mensagem graciosa, que está na raiz de nossa aventura cristã e que vem a constituir um elemento-chave da Nova Era do Espírito que Tomás nos propõe (cf. capítulo IV).

De início, a *Suma* nos pareceu um país de maravilhas, um Eldorado, uma indicação da Nova Era. Simples como uma criança, maravilhoso como um gênio, Tomás tem um ar assim de brincar com o jogo do que Descartes mais tarde chamará a elaboração e o manejo das idéias claras. Estas hão de ser bem buriladas, bem transparentes, buscando sempre dar-se as mãos, em uma espécie de graciosa ciranda da perfeita coerência, abrindo e conformando a inteligência ao mundo da realidade humana e divina.

O MESTRE, A EQUIPE E O CANTEIRO DE OBRAS

Falamos de um jogo ou de um brinquedo. Decerto, a Sabedoria para Tomás tem algo de gracioso, de gratuito, de repouso delicioso, pois ela se realiza plenamente quando desabrocha em contemplação. Esta surge, qual tranqüilo e maravilhoso ponto de chegada, após longa caminhada. Só se consegue fazer dela uma idéia um pouco mais precisa apelando para tudo o que o Mestre já explicou sobre o que é conhecer, como progredir trilhando os caminhos da aprendizagem, buscando trabalhosamente essa felicidade da contemplação.

É este processo trabalhoso que se trata de compreender para estreitar contato com o Mestre e assistir ao surgimento de sua imensa produção literária. Vamos agora encontrá-lo cercado e ajudado por uma valorosa equipe e dentro de um amplo canteiro de obras. Estas são levadas para a frente, em um vasto projeto, que visa abordar o saber de todos os lados. Nós diríamos hoje: mediante um método pluridisciplinar, interdisciplinar e transdisciplinar. Imitemos um pouco o Mestre e expliquemos os termos. As diferentes disciplinas científicas são chamadas a estar presentes na sua autonomia e com seu método próprio, e na colaboração, mediante a conjunção — pluridisciplinar — das informações, e graças à confrontação — interdisciplinar — dos dados recolhidos, terminando pela compreensão global da realidade complexa, em um processo transdisciplinar. É a esse processo que visa Tomás de Aquino com seu paradigma de uma teologia que é ciência e sabedoria, cuidadosa de utilizar a filosofia, qual feliz confluência e sinergia de todo saber científico.

Esse paradigma intelectual nos parece estar na base ou na fonte do projeto de estudo, de pesquisa e de produção de escritos, cada um deles muito esmerados e o conjunto deles tentando cobrir todo o campo da ciência-sabedoria. Destacamos as grandes linhas do que se pode ver nesse imenso canteiro de obras, que Tomás de Aquino vai ativando sempre mais, até não mais poder e sucumbir de cansaço.

O primeiro dado, bem se adivinha, é que seu canteiro anda sempre animado pelo projeto de elaborar uma síntese fundada e coerente de todo o saber teológico. Por isso, colocamos simbolicamente bem no centro do canteiro as três já conhecidas sínteses sucessivas e encadeadas: o *Escrito sobre as Sentenças*, a *Suma da Verdade Católica contra os Gentios* e a *Suma de Teologia*. Sobretudo essa última se torna o centro e o ponto de referência de todas as pesquisas e, enquanto possível, de todas as atividades de ensino do Mestre e de sua equipe. Simplificando um pouco, dir-se-ia que tudo se passa como se Tomás se dissesse a si mesmo e aos seus colaboradores, assistentes e orientandos: havemos de estar à altura de escrever a *Suma Teológica* de que o nosso tempo é capaz. Um dos jovens orientandos de hoje seria bem capaz de glosar o programa: não se exagera, depois de Mestre Tomás ninguém ousou visar algo de tão completo e talvez ninguém tenha conseguido produzir algo de melhor ou mesmo de parecido. "Ele é o mais sábio dos santos, e o mais santo dos sábios". Desde o prefácio deste livro já conhecemos a canção.

O empenho de preparar-se para sua grande missão de "Doutor da Verdade católica" já apareceu como inspiração e motivação dos seus primeiros passos de jovem teólogo. Ainda estudante, orientando e assistente de Alberto Magno, Tomás compõe um pequeno *Comentário de Isaías*. Redige as lições de seu mestre sobre a *Ética a Nicômaco* de Aristóteles, e sobre *Os Nomes Divinos* de Dionísio. Essas três obras de juventude, datadas de 1248, mostram sua preocupação inicial com as fontes bíblicas, filosóficas e tradicionais de seu projeto teológico. Essa preocupação estará sempre presente e irá mesmo se alargando e se afinando cada vez mais.

Já sabemos, de 1252 a 1256, Tomás ensina a partir do manual de Pedro Lombardo e compõe o seu *Escrito sobre as Sentenças*. Ele já dispõe de toda a sua visão teológica, de toda a conceptualização e de todo o plano geral com que trabalhará até o fim. Mas ei-lo jovem professor, empenhado em aprofundar a sua base filosófica. Para bem fixar e afinar suas idéias, nada melhor do que escrever. Tal é o sentido das duas pequenas sínteses de filosofia aristotélica: *Sobre o Ser e a Essência* e *Sobre os Princípios da Natureza,* que o vimos propor a seus primeiros alunos

Em 1256, Tomás recebe o grau de mestre em teologia, o que corresponde ao doutorado de hoje, e se torna orientador dos estudos em sua Ordem dominicana. Mostra-se cada vez mais atento ao mundo universitário. Discute as questões livres, levantadas por qualquer um sobre qualquer tema: *de quolibet.* É a série das cinco questões (= *Quodlibet VII-XI*), que lhe opõe muitos dos problemas fundamentais da teologia, tais quais são vividos e sentidos, sobretudo pela juventude universitária. Aborda de maneira regular as "Questões disputadas" (aquelas que deveriam ser debatidas segundo as normas da Universidade). Começa pelas 29 questões *Sobre a Verdade*, nas quais os problemas de base sobre o conhecer, o querer e o agir são tratados. Compõe nessa época um comentário sobre o livro de Boécio, *Sobre a Trindade*, no qual aborda os temas primordiais do conhecimento que se pode ter de Deus e como fazer teologia. Nessa mesma época, escreve um tratado polêmico, *Contra os Adversários da Vida Religiosa*. Embora circunstancial, esse escrito enfrenta como mais vivido algo de muito fundamental para o Mestre: sua vocação de religioso pregador e professor.

Ao terminar sua primeira e mais longa estada em Paris e ao partir para a Itália, em 1259, Mestre Tomás está preparado para tentar sua primeira síntese pessoal, a chamada *Suma contra os Gentios*. É interessante ir seguindo seu método de trabalho, que o leva sempre a aliar e a aprofundar os elementos necessários a seu projeto de base. Em 1265, termina a *Suma contra os Gentios*. Ao mesmo tempo, ele se entrega a um cuidadoso *Comentário de Jó,* verdadeiro tratado de ética e de espiritualidade empreendendo o que se chama então uma *Cadeia de Ouro,* uma antologia patrística sobre o Evangelho de S. Mateus. Ela será prosseguida até 1268, em torno dos Evangelhos de Marcos, Lucas e João. Não deixa de ser curioso: o Mestre recebe a incumbência de redigir uma obra, *Sobre os Erros dos Gregos,* em uma perspectiva um tanto polêmica e um tanto ecumênica, pois se tentava, embora em vão, uma aproximação e um entendimento com os cristãos do Oriente. Notaremos sempre esse aspeto de convergência entre seu projeto pessoal e os escritos circunstanciais. Tomás é solicitado porque vêem que está sintonizado com os problemas teológicos do momento.

De 1265 a 1268, é a primeira fase da plena maturidade intelectual de Tomás de Aquino. Está em Roma. Cada vez mais se preocupa com o problema da qualidade e do ensino da teologia. Essa é a motivação direta e imediata que o impele a começar então sua obra por excelência: a *Suma de Teologia*. Mantendo sempre a harmonia do ensino, da pesquisa e da redação literária, aborda uma segunda série de "questões disputadas", que tem por título *Sobre o Poder (de Deus)*. Aí se encontram uma reflexão e um debate aprofundados sobre os atributos divinos e sobre o mistério da Santíssima Trindade. É como a preparação imediata para a abordagem da Primeira Parte da *Suma*, na qual esses temas serão tratados com toda a amplidão e com um cuidado quase minucioso. A Questão Disputada *Sobre a Alma* prepara a seção antropológica dessa mesma Primeira Parte da *Suma*. É nesse tempo que atende ao pedido do amigo e companheiro constante, frei Reginaldo de Piperno. Tomás tenta, ao mesmo tempo que a sua grande síntese, um pequeno esboço mais catequético: o *Compêndio de Teologia*, que ficou também inacabado.

De 1268 a 1272, desdobra-se a nova estada de Tomás em Paris. Sua ocupação principal é escrever a Segunda Parte da *Suma de Teologia*. Essa Segunda Parte, consagrada à dimensão ética da vida cristã, é talvez a mais cuidada e a mais bem acabada de toda a sua obra. Ele sempre manifesta uma inquietação vendo o quanto é falha a moral que se ensina então, mesmo para seus jovens irmãos dominicanos. O Mestre quer integrar plenamente a moral no coração da teologia, unindo a formulação rigorosa de Aristóteles e a verdadeira inspiração evangélica. Aliás, daí por diante se acentuam suas pesquisas e se multiplicam seus comentários doutrinais sobre as obras éticas, políticas, metafísicas e psicológicas de Aristóteles. Ao mesmo tempo, Tomás se consagra ao estudo sistemático dos grandes textos bíblicos, especialmente os evangelhos de Mateus e de João. As disputas mantêm o contato vivo com o público universitário. São dessa época, as disputas *De quolibet* I-VI e XII, bem como as "Questões disputadas" *Sobre o Mal* (que abordam amplamente o tema da liberdade). As Questões disputadas *Sobre as Virtudes, Sobre as Criaturas Espirituais, Sobre a União do Verbo Encarnado* estão sempre em relação com a redação desses grandes temas na síntese definitiva. Ainda uma vez, ocupações e escritos mais circunstanciais se ligam às preocupações essenciais do Mestre. Procura explicar e defender Aristóteles, no tratado *Sobre a Unidade do Intelecto* e *Sobre a Eternidade do Mundo*. O que não impede uma primeira condenação de teses radicais do aristotelismo pelo Bispo de Paris, em 1270.

Os dois últimos anos de intensa atividade, 1272-1273, são dedicados a elaborar a Terceira Parte da *Suma*. Com o mesmo rigor de sempre, mais uns toques de ternura, são estudados os mistérios da Encarnação, da Redenção, dos Sacramentos e da Escatologia (os fins últimos). Mestre Tomás prossegue seus comentários bíblicos, sobre a Carta aos Romanos, sobre os Salmos e sobre grande número de tratados aristotélicos. Pode-se dizer que o estudo cerrado dos textos do Filósofo acompanha e prepara a composição da *Suma*, especialmente da Segunda Parte.

Os modernos estudos nos dão uma idéia mais concreta do estilo de trabalho e de criatividade do Mestre Tomás de Aquino[15]. Baseando-se em testemunhas oculares, os primeiros biógrafos insistem no clima de oração, intensa até as lágrimas, que envolvia sua atividade. O primeiro fruto dessa oração é a força para se consagrar a esse labor ingrato de ir ao fundo dos problemas, de consultar todas as fontes, de confrontar as diferentes testemunhas de uma diversidade de tradições e correntes de idéias. Escutava uma imensidade de interlocutores, respondia às objeções vindas de toda parte. Anotava o resultado dessa pesquisa atenta às vozes do passado e do presente.

Desde cedo tem consigo secretários zelosos e competentes. E vai formando e alargando uma equipe de colaboradores. Transforma as celas de seus conventos em canteiros de trabalhos, onde se reúnem e se ficham textos, resumem-se e se retocam os protocolos dos debates, das aulas e das pregações de frei Tomás. Porém é ele a alma de tudo e o animador dessa equipe que aí está para não deixar perder os tesouros que seu gênio acumulou ou que ele vai produzindo, qual fonte inesgotável. O mestre sabe se apoiar em uma comunidade que o envolve e venera, e a comunidade se consolida e se qualifica pela irradiação dessa personalidade genial e carismática.

Chegam, porém, momentos de grande intensidade e de fecundidade extraordinária. Ele estudou tudo o que pôde. Reuniu todos os materiais. Colocou em fichas os planos das obras que vão jorrar agora. Três ou mais secretários estão a postos. Frei Tomás vai ditando a um o texto da *Suma*, a outro um comentário bíblico, ao terceiro uma explicação de Aristóteles. A lentidão normal, com que, mesmo os mais hábeis copistas, desenham a escrita nos pergaminhos, acaba colaborando com o "Doutor da Verdade católica". Ele chega assim a compor simultaneamente várias obras, lapidares em sua expressão, rigorosas em sua argumentação e coerentes nas minúcias e na totalidade da doutrina.

Com os recursos de hoje, os especialistas, coligindo dados e indícios, descobrem e recompõem, admirados, esses momentos de luminosidade e de fecundidade, raríssimos senão inéditos na história. E, para ajudar-nos a compreender, sugerem a comparação com a proeza dos ases do xadrez, que conseguem jogar e ganhar simultaneamente várias partidas.

---

15. Veja-se, por exemplo, "Esboço de um retrato", no cap. XIV do livro de J.-P. Torrell, citado na nota 2, p. 16.

Capítulo 3
O PAÍS DAS MARAVILHAS É O REINO DA VERDADE

A inteligência é a mais bela maravilha criadora. Em seu comentário ao livro 10º da *Ética a Nicômaco* de Aristóteles, consagrado ao tema da contemplação, mestre Tomás exalta a inteligência como o que há de mais nobre, de mais digno e de mais típico do ser humano. Com o Filósofo, chega a reconhecer na inteligência a dignidade de algo de divino[1]. Mais do que qualquer outro esporte, que arrebata a admiração, o jogo desse humilde servidor da Sabedoria continuará sempre encantando por seu entusiasmo, modéstia e simplicidade. E também não deixa de resplandecer pela sua audácia tranqüila. Ele vai esquadrinhando o que há de mais simples ou de mais sublime, o que se oferece como gratuidade e pura beleza; ou se impõe como dura necessidade pois é exigência para agir e avançar, e até urgência a decifrar para poder sobreviver. E lá se vai Tomás de Aquino, sondando o céu e a terra, perscrutando os enigmas do ser humano e o Mistério do Amor divino.

Ele mesmo quase vira um espetáculo. O meio século de vida que lhe foi dado viver nos dá às vezes aquela idéia de um verde buliço de relvas, árvores e arbustos, buscando e curtindo o encanto da luz. As imagens como que se recobrem. Pois o jardineiro se extasia, vibrando com seu jardim que se abre risonho ao deslumbrante nascer do sol.

Mais de uma vez, mestre Tomás, cedendo a um momento de humor, se detém diante desta questão, como se parasse olhando uma flor: por que se diz de um prado verdejante que ele é sorridente (*Pratus ridet!*)? A interrogação atravessa na frente dele, em momentos muito sérios, quando está afinando os conceitos de sua "Sagrada Doutrina", preparando os instrumentos e utensílios para a sua caça às definições e às elaborações doutrinais rigorosas. É o problema da linguagem conceptual, rigorosamente lógica, e da linguagem figurada, imaginária, da analogia das idéias ou da analogia das metáforas. Pois, bem se vê, esse pensador tem mesmo o jeito e os caprichos de um bom jardineiro. E o pensador-jardineiro se compraz em destacar que há um sentido gracioso, uma idéia brincando de dançar, quando a gente diz: que o prado sorri, quando está todo florido e que o rosto sorridente desabrocha que nem uma flor[2].

---

1. Cf. *Exposição dos Dez Livros da Ética de Aristóteles a Nicômaco*, Livro 10, lição 11, n. 2108, Ed. Marietti, 1964, p. 547.

2. Essa explicação da metáfora que vem a ser o "sorriso do prado" surge, para voltar com freqüência, na q. 13, artigo 6 da 1ª Parte, quando mestre Tomás está abordando esta questão

E se atrás da *Suma Teológica*, mal disfarçada na austeridade do teólogo, se escondesse também a alma de um poeta?

DESLUMBRANTE NASCER DO SOL

Mas não é hora de nos deter a considerar o jardineiro. O gosto dele é de nos jogar no trabalho, apontando para as promessas de floração, que aí vêm com o nascer do sol.

Esse nascer do sol é o desabrochar da verdade, refulgindo qual luz que revela tudo e se revela em tudo, correndo o risco de em tudo se ocultar. Ou de se perder lá longe, na encantadora beleza de um horizonte inacessível. Ao comentar com empenho e alegria o Evangelho de João, Mestre Tomás nota: mesmo Pilatos chega a perguntar: "Que é a Verdade?" Mas é político carreirista. Não tem tempo nem gosto de esperar pela resposta.

A primeira lição e o primeiro exemplo que nos dá Mestre Tomás em busca da Nova Era é sem dúvida o amor pela verdade. Ninguém parte em romaria sem coragem de marchar e sem se desfazer de bagagens inúteis. A Nova Era nos leva a sonhar com uma nebulosa de esperanças. Mas não seria tudo comprometer, já de saída, se nos contentássemos com o leve prazer de brincar com representações imaginárias? Pior ainda, tudo ficaria estragado, se caíssemos no vezo de projetar sobre o porvir de Deus e da humanidade a miudeza egocêntrica de nossos próprios desejos.

Com os seus irmãos, os grandes pensadores de todos os tempos, Tomás de Aquino sempre andou fascinado pela Verdade. Para ele, dia e noite, a Verdade é mesmo esse misterioso nascer de sol, que faz surgir as coisas, os contornos e os horizontes no país das maravilhas. E atiça as grandes interrogações que alimentam a Sabedoria.

Mas a Verdade está no começo, no meio e no fim.

Para Mestre Tomás, a primeira evidência sobre o homem, sobre a mulher, é que o ser humano emerge de entre as coisas por sua singular possibilidade de abrir-se a todas as coisas. Ergue-se como um coqueiro, como uma colina, como uma imensa vaga do mar, mas levado e elevado por uma capacidade e um anseio de relacionar-se com o que aí está, com o que vive, o que vibra, o que se movimenta, o que marcha e o que voa, ou com o que parece ser elemento firme, dando amparo ao que se mexe e como que sustentando os campos de pouso. A identidade do ser humano se afirma e se confirma como um feixe de relações, que brotam de dentro dele e se espalham, formando uma

---

de base: "Como falar de Deus?" Como nossa linguagem humana pode subir nas asas da analogia, para nos aproximar do mistério insondável e inefável de Deus? Esse vaivém das pequenas coisas até os supremos valores e o infinito do Mistério divino é o jogo teológico do genial e jovial Doutor Tomás de Aquino. Esse jogo é forte e rudemente questionado hoje, quando se enfrentam os problemas da linguagem apropriada para falar da sabedoria, do destino humano, dos desafios da existência e da história, dos sonhos da Nova Era. O tema voltará, especialmente nos capítulos 8 e 9.

rede sem fim de antenas, jogadas para os extremos, as profundezas e as alturas do universo.

Com os olhos em nós e na beleza permanente e movediça deste nosso mundo, estamos como que acolhendo e saboreando um dos dizeres de Mestre Tomás: somos feitos para nos fazer todas as coisas, e fazer com que as coisas em nós existam, mediante a fecundidade de nosso espírito[3]. Conhecer é esse primeiro desabrochar da mente. Assim a verdade está no começo do existir humano. Mas à luz da verdade as coisas e nosso próprio ser surgem como estando grandemente ainda por fazer. A verdade de início é perfeição e gosto de saber. Mas logo se estira em desejo e necessidade de agir e de fazer.

Há, assim, a verdade do conhecimento, do puro conhecer. Há a verdade da vida, de aceitar a vida como ela vem e como tarefa a realizar. O que pede coragem de encarar e acolher as promessas, os limites e as falhas. Que maravilhosa e difícil essa verdade da vida. Pois o ser humano se revela, se expande e se inquieta, feito um buliçoso ramalhete de desejos, de alegrias, de pesares, de ânsias de dar certo em amar e ser amado. Ou enfrenta o abismo da perdição, absorvendo o triste vírus do desamor. A verdade que triunfa dessa ameaça de morte e instaura o ser humano no gosto de viver é a verdade do amor[4].

A verdade é pois o pleno desabrochar do conhecer e do amar, estendendo-se ao agir no plano ético, ao fazer ou ao produzir utilidades, no plano técnico, e ao criar belezas no reino das artes. Com os olhos sempre voltados para o país das maravilhas de Tomás de Aquino, a gente irá vendo com esse mestre austero e gentil: o V da verdade é o ser humano se aceitando e se abrindo qual ângulo vivo para o Infinito. Jamais se resignar a emborcar o ângulo para a terra e, pior ainda, sobre si mesmo no fechamento egocêntrico. Mas cumpre bem começar por amar a verdade, entrando pelos umbrais da verdade do conhecer. O desabrochar da inteligência prenuncia e inaugura a primavera desse maravilhoso paraíso que está em nós e fora de nós, que realmente floresce no encontro do de dentro e do de fora, de nosso espírito com os outros e com o Outro.

O JOVEM DOUTOR PARTIU COM ELA

Vamos entendendo que a Verdade seduziu mesmo o jovem Tomás de Aquino. Ele não exagerou respondendo, na tal questão matreira de sua Univer-

---

3. Depara pela primeira vez o famoso axioma que Tomás recebe de Aristóteles: "A alma é de certo modo (pelo conhecimento) todas as coisas". Ela "se torna todas as coisas" (é a função "passiva" da inteligência) e "torna todas as coisas existentes em nós" (função ativa da inteligência). Tomás introduz esse princípio na primeira questão da *Suma* que trata da verdade, a propósito de Deus, I^a, q. 15, art. 1. Voltaremos ao tema em todo este capítulo e em grande parte deste livro. Um dos dados fundamentais na compreensão autêntica do ser humano é definir o conhecer e o amar em termos de "ser" e não de ter, de fazer, de representar, de aparecer, de valer, de dominar.

4. Sob um ângulo ligeiramente diferente, abordamos o tema da "verdade do conhecimento, da vida e do amor" em *Contemplação e Libertação*, Ed. Ática, São Paulo, 1995, p. 32.

sidade: sem desfazer dos atrativos do vinho, da mulher e do rei, irresistível para ele era a força da Verdade.

É bem normal que a ela tenha consagrado a sua primeira questão disputada, logo no início de sua carreira de doutor, de 1256 a 1259.

Trata-se, com efeito, de uma série de questões, entabuladas *Sobre a Verdade*. Elas começam por estudar a inteligência e a verdade, girando o tema da maneira mais completa, indo da verdade humana à verdade divina. E dada a conexão do conhecimento e do amor, da verdade e do bem, é toda uma constelação das grandes interrogações que vão brotando e sendo tratadas em 29 questões com um total de 253 artigos.

A questão mais do que audaciosa: "Que é a Verdade?", inaugura um caudal de indagações, desdobrando-se em três densas e lindas cascatas: que é a Verdade em si? Que é a Verdade divina? Que é a Verdade humana? Tal é o trajeto que Mestre Tomás costuma seguir ao abordar as noções universais e inteiramente positivas, aquelas que não encerram imperfeições em seus conceitos. Assim procederá com o bem ou a bondade, com o conhecer ou a ciência, com a vontade, com a justiça, com a felicidade. Às vezes, entre Deus e o homem, surge de permeio o anjo. Teremos ocasião de melhor tomar conhecimento desse proceder intelectual e de tentar seguir Mestre Tomás na sua intimidade com os seres espirituais, sem dúvida os cidadãos mais prezados do seu país das maravilhas.

No momento, note-se que, definindo o anjo como criatura puramente espiritual, Tomás nele reconhece o paradigma ideal para estudar as realidades e a vida do espírito. O anjo como que concretiza as idéias e os ideais de Platão. É criatura, deixa-se aproximar e analisar como forma de perfeita inteligência, de vontade plenamente livre. Todas essas perfeições, ditas transcendentais, se realizam no Criador. Mas de maneira perfeitíssima, infinita, fugindo assim à compreensão limitada de nossa inteligência. Por outro lado, o espírito no homem reveste uma "condição carnal". Corre o risco de contrair alguma opacidade ou de exigir um constante esforço simultâneo de ascensão e de introspecção, para se mostrar no que é de mais sublime e excelente.

Mestre Tomás gosta de dizer que o ser humano está cá embaixo, em humilde e convidativo primeiro degrau na escala das inteligências. Há de saber colocar os problemas com modéstia e com audácia. Não se há de projetar como fonte de sabedoria, ostentando seus desejos e suas pretensões, ainda os mais sublimes, como se fossem outras tantas realidades ou valores comprovados. Também terá de se manter disponível para se abrir à realidade do Ser e dos seres, mesmo que com essa disponibilidade da inteligência se veja engajado em se dar todo inteiro em homenagem e a serviço do bem. Como os pensadores e mestres que marcaram a história da sabedoria e da cultura, Tomás busca um ponto de partida que seja uma promessa e não a antecipação garantida do que seria preciso demonstrar.

Bem mais tarde, no surgir de seu pensamento, tão rico e ondulante, M. Heidegger explicitava aquilo que se pode considerar a largada inicial dos grandes filósofos. É a atitude que veremos realizada com intensidade na interrogação inicial de Tomás de Aquino. Somos convidados a assistir à experiência fundamental e mesmo fundadora, tal qual a viveram e interpretaram esses guias por vezes geniais da humanidade. Eles observam e analisam: está aí o ser humano, que aceita ser um candidato diligente à busca da sabedoria. Esfrega os olhos de sua inteligência e os abre leal e corajosamente, sem preconceitos e ressentimentos: que é a Verdade? Quais são os seus caminhos ou os lugares onde nos deixou seu endereço ou seu encontro marcado? É claro que muita gente cede, de antemão, aos preconceitos, às projeções de seus desejos ou às birras de seus ressentimentos, e não se empenha nesta história de andar atrás dessa maravilhosa e esquiva Verdade. O caso de todos estes que não se interessam por essa história, que é aliás uma história de amor, voltará mais de uma vez neste nosso itinerário em companhia de Mestre Tomás. A opção pela Verdade se concretiza em uma caminhada que exige coragem, despojamento e dom de si.

Por ora, aceitemos a proposta de nossos irmãos mais velhos, de nossos mestres em sabedoria. Desde aquelas primeiras etapas de um gracioso e lento desabrochar de nossa inteligência, que tanto deslumbraram e ocuparam Jean Piaget, cada um de nós aí está curtindo amores ou desavenças com a Verdade. Vai enfrentando, como pode, a tarefa de decifrar um mundo de coisas, eventos e pessoas que não inventamos, que nos surgem diante dos olhos, debaixo dos pés, ao alcance ou à busca tateante das mãos. Os mestres, e Tomás de Aquino com uma insistência muito forte, pedem-nos que deixemos entre parênteses nossas reações afetivas, recebidas de nosso ambiente familiar e cultural, ou, ao menos, por ele influenciadas. Tomando distância em relação a nossas emoções e estados de alma, vamos ter a coragem de perguntar: o que se impõe de início como evidência irrecusável? Tomemos a expressão de Heidegger, a qual vai bem na linha da prática de Tomás de Aquino: abro os olhos do corpo e da inteligência. E vejo: algo existe, algo está aí como um dado. A realidade me precede. Começo a existir como ser humano, quando me sinto interpelado por um universo que está aí antes de mim, que me envolve, me excede.

Para Tomás, a questão da Verdade se coloca com justeza qual relação do conhecer e do ser. A tarefa é imensa. Mas não se pode deixar por menos. É preciso considerar e confrontar todo o universo do conhecer, na diversidade de suas formas diferentes, porém semelhantes, e todo o universo do ser, igualmente na multiplicidade e na variedade de suas realizações. Tal é a abordagem que preconiza e pratica o Mestre, desde seu primeiro ensino, e vai sendo então condensada no *Escrito sobre as Sentenças*. Será aprofundada na questão *Sobre a Verdade*, encontrando sua expressão definitiva e lapidar na *Suma de Teologia*[5]. Tomás dela falará com freqüência e visível complacência.

Assim na sua *Exposição dos Dez Livros da Ética a Nicômaco*, de Aristóteles, encontra ocasião privilegiada para uma de suas declarações de

---

5. Cf. ST, I^a, q. 16.

amor. Havemos de prezar nossos amigos. Mas a amiga por excelência é a verdade. Aproveita para apoiar-se em Aristóteles que já citava Platão: "Para mim, Sócrates é grande amigo. Porém, muito mais amiga é a verdade". E isso proclama Aristóteles depois de ter sentenciado com alguma ênfase: "A verdade é algo de divino. Pois se encontra primeiro e principalmente em Deus"[6].

SER E CONHECER

A questão da Verdade é enfrentada ao mesmo tempo pelo filósofo e teólogo que é esse sábio Tomás de Aquino. Desde o início e por toda a sua vida, não renuncia a essa ruminação intensa e crescente dos problemas humanos. Ele joga com a metafísica, dando-lhe uma atenção interior, que é uma espécie de fenomenologia vivida. Não se desprende dos dados bíblicos nem da tradição teológica, sem nada confundir nem jamais se embaralhar.

A Verdade que ele quer elucidar e definir realiza-se primeiro e melhor em Deus. Mas ele sabe que é no seu ser humano que ela lhe é "dada" de maneira plenamente acessível e imediata. Mais ainda, no manual em que estudou e que deve ensinar, nessa antologia apenas elaborada da tradição, que vem a ser as *Sentenças* de Pedro Lombardo, Tomás encontra reunidas, em perfeita simbiose, a verdade humana e a verdade divina. Essa conjunção forma o tema inicial, na abordagem inicial do Lombardo. Depois das questões preliminares, surgia essa III Distinção do Livro I. Ela se empenha no estudo do ser humano, qual "imagem da Trindade divina". E procura retomar, prolongar e aprofundar a doutrina de Agostinho: é pelo conhecimento e pelo amor que a "mente" humana traz em si a semelhança de Deus, contemplado na fecundidade e na comunhão de Vida, que a Fé professa como a Unidade-Trindade do Pai, Filho e Espírito Santo.

Essa doutrina agostinista já havia recorrido amplamente ao platonismo e ao neoplatonismo. Tomás já tomou conhecimento dessas correntes filosóficas, sobretudo comentando a obra de Dionísio *Sobre os Nomes Divinos*. Ele quer assumir, o quanto possível, esses dados tradicionais. Tanto mais que são "autoridades" na Universidade. Mas ele visa sobretudo, sem perder contato com o agostinismo e o platonismo, tomar como filósofo por excelência o realista rigoroso, que é Aristóteles.

Pois bem, mestre Tomás vai responder à questão de base: "Que é a Verdade?" encarando e englobando todos esses dados e exigências, sem nada sacrificar e sem baralhar nada. Vamos tentar acompanhá-lo, atentos a discernir como trabalha com a unidade do Ser e com a pluralidade dos seres. Empenha-se em explicar que a relação do Ser aos seres e dos seres ao Ser é um delicado e maravilhoso problema de *participação*, categoria que tomou de empréstimo a Platão, e de *analogia*, conceito básico, que lhe vem diretamente de Aristóteles.

---

6. Ver ARISTÓTELES, *op. cit.*, cap. IV.

Naturalmente, ao integrá-las em seu pensamento, Tomás retoca, aprofunda e articula, com jeito e arte, ambas as doutrinas dos filósofos gregos.

Para buscar a definição, a primeira compreensão satisfatória do que "é a Verdade", Tomás vai aproximar o conhecer e o ser. Desde o começo de sua carreira, a primeira "objeção" que introduz a problemática da verdade, aí surge, reclamando o patrocínio de Agostinho ou de outras "autoridades":

> *Não dá para identificar a verdade e o ser, pois se pode dizer que há coisas (= seres existentes) falsas. E também há conhecimentos verdadeiros, tendo por objeto ficções ou meras figuras lógicas.*

Bem sabemos, no método dialético escolástico, a série de "objeções" visa virar e revirar o problema sob todos os ângulos, para encaminhar uma solução que seja deveras completa e responda a todas as interrogações que se possam levantar.

Essa tese, plenamente satisfatória para Tomás, começa por afirmar: sem dúvida, conhecer é ser. E passa a explicar: é a forma mais eminente de ser. Muitos outros elementos vão entrar na compreensão do conhecer e da verdade que é sua perfeição. Há todo um processo de representação, de fabricação e de utilização de imagens mentais, óbvias e transparentes. Mas tudo isso são meios, que na sua generalidade se encontram em outros campos que o conhecer. Mas, no coração dessa experiência original, esses processos leves e miniaturizados de fotografia, de arquivos ou de códigos, funcionam como instrumentos. E são instrumentos absolutamente originais, porque participam do caráter singular, da originalidade desta coisa única que é a própria atividade do conhecer. Este surge como uma relação viva do ser que conhece e do ser conhecido. Com efeito, explica ainda Tomás, "a alma tem a capacidade de vir a ser todas as coisas", sem nada perder de sua identidade e sem nada alterar da realidade das coisas. Bem ao contrário, por esse vir-a-ser, que é conhecer, ela se valoriza e se habilita para depois beneficiar o universo.

Em uma de suas máximas lapidares, Tomás vai em frente: "Conhecer é ser o outro enquanto tal", respeitando-o na sua própria identidade. Com a mesma serenidade, o Mestre vai tentando elucidar o que todo mundo experimenta, mas quase sempre não chega a distinguir e exprimir com clareza. Decerto, a verdade se encontra no ser, em todas as coisas, enquanto elas se exibem em uma forma de existir que o conhecimento pode assumir, dando-lhe no entanto uma forma mais leve, uma forma intencional, de existência. A mesma flor resplandece em duas formas de existir: ela desabrocha na haste da roseira e na mente do jardineiro que a cultiva.

Não vamos dar corda demais a esse prodigioso conversador que é Mestre Tomás. Ele nos explicaria todo o seu sistema se aceitássemos este seu axioma de base: "conhecer é ser o outro, em uma nova forma eminente para quem conhece e para o que é conhecido". No entanto, é preciso deixar que ele acabe de explicar que "ser" e "conhecer" vão se realizando de maneira semelhante, mas comportando diferenças essenciais. Temos de desculpar a mania do professor que se parece com o carreiro do interior que anda sempre relembrando os nomes que dá aos bois. "Analogia e participação" é a parelha predileta de Tomás. E assim vai encadeando: "Ser" e "conhecer" são conceitos "análogos". Designam realidades que têm algo de comum e algo de inteiramente próprio. É o que se vê quando se fala de ser e de conhecer, aplicando-os a coisas materiais, sensíveis ou espirituais e sobretudo divinas.

Para conciliar a pluralidade (dos seres) e a unidade (do Ser), aí então Mestre Tomás em suas grandes obras de síntese, se esmera em expor minuciosamente a noção lógica de "analogia" a que corresponde a noção metafísica de "participação". A analogia é o instrumento afinado do pensar e do falar, destinado a permitir que se reconheçam e se nomeiem os graus diferenciados dos seres existentes, sem olvidar sua qualidade comum de aí estarem existindo e sua relação de dependência com o Ser primeiro em sua unidade e perfeição.

CATIVANTE E MELINDROSA VERDADE DO SABER

Comecemos pelo que é mais central e talvez o mais simples: a verdade da inteligência, em sua realização mais próxima de nós, a inteligência humana. É nela que Tomás admira e analisa essa "capacidade que tem a alma de se tornar ou de vir a ser todas as coisas". Pois ela dispõe do maravilhoso condão de as fazer acessíveis e até mesmo de lhes dar uma nova forma intencional ou mental de existir.

É esse, para o Mestre, o "dado" primeiro e irrecusável, que se há de assumir na sua integralidade, bem compreender e explicar, sem nada ajuntar e nada deixar de lado. Esse seu empenho de apreender o conhecimento em tudo o que ele tem e somente no que ele tem de próprio leva o paciente analista a encontrar todos aqueles que se contentaram em destacar um dos aspectos do problema. Seria sempre interessante atualizar esse diálogo entre os grandes, prolongando-o até os nossos dias.

Na alvorada dos tempos modernos, R. Descartes tentou renovar essa experiência primeira e fundadora. "Penso, logo existo." A evidência das evidências, que parece fazer corpo com o surgir de mim mesmo, é isto: o pensamento se identifica com o eu, sou eu a pensar. O sujeito humano se manifesta e se afirma como certeza de uma consciência de si. É importantíssimo o aparecimento desse paradigma filosófico, em sintonia com a nova era da subjetividade, da pessoa, do individualismo, dos direitos em sua dimensão subjetiva. Essa presença íntima e imediata do sujeito a si mesmo, essa autotransparência do pensar, é uma evidência que a sabedoria de um Tomás de Aquino não poderia de forma alguma ter enjeitado. No entanto, ela não lhe parece a primeira nem a que esgota a totalidade da experiência fundadora que vem a ser o conhecer[7].

---

7. Temos diante dos olhos a q. 87 da 1ª Parte da *Suma Teológica* sobre o modo como a mente humana se conhece a si mesma. É o diálogo antecipado com a teoria cartesiana.

Poder-se-ia enriquecer a ilustração, evocando outro grande fundador da modernidade, mais próximo de nós. Immanuel Kant contempla o universo físico, vivo, humano já grandemente decifrado e programado pelos diversos métodos e dentro dos diversos campos das ciências. O "dado" primeiro, a acolher e a decifrar, lhe pareceu bem outro do que o conhecer em geral. Privilegia o conhecimento científico. Kant se vê na obrigação de elucidar e fundar as propriedades que resplandecem nas ciências exatas, na física e sobretudo na matemática. O saber científico vem dotado do caráter de universalidade e de necessidade. É o que constatamos nas definições e nas leis que se aplicam às realidades empíricas, sensíveis, ao passo que essas realidades aí existem de maneira singular e contingente. É evidente, a universalidade e a necessidade que ornam o conhecimento perfeito, apanágio da ciência, são formas *a priori* do espírito. A verdade vai do espírito, da pura inteligência, ao encontro das coisas, mediante categorias e juízos, que conferem ao mundo da experiência sua plena inteligibilidade. Reconhecendo o interesse dessa bonita e espinhosa problemática, só a mencionamos para realçar os encontros e os desencontros desse tipo de modernidade idealista com a posição de Tomás de Aquino.

Como que antecipando o diálogo com o idealismo nascente em R. Descartes, Mestre Tomás reconhece uma dupla intencionalidade conexa nessa experiência constante de conhecer. Conheço algo e conheço que estou conhecendo. Apreendo-me, às vezes até me surpreendo com minha (curiosa!) atividade de pensar. Eu me vejo presente a mim mesmo em uma intencionalidade de segundo grau, já objeto de reflexão. E para isso tenho de me apoiar em uma primeira intencionalidade direta, presença interior de mim em mim mesmo, que o pensar sempre inaugura, embora fique despercebida, se não é objeto de atenção, no estudo psicológico, por exemplo. Há no entanto uma intencionalidade ainda anterior, que me torna presente o objeto do conhecimento, que me leva precisamente a conhecer, não a atividade ou o sujeito do conhecimento, mas alguma coisa, que aliás pode ser eu mesmo, se volto a atenção sobre mim, sobre minha pessoa ou qualquer de minhas atividades, sobre aspectos de minha interioridade.

Com muita sutileza, a fórmula "penso, logo existo" emprega o verbo pensar como intransitivo. E depois dele infere como implicação imediata só o ato de existir. Ninguém nega a legitimidade da conexão entre o ato de existir e o ato de pensar. E toda a riqueza do processo já fenomenológico que Descartes assim inaugurava. No entanto, para Tomás de Aquino, pensar e todas as modalidades do conhecer são primordialmente transitivos, relacionais. São dotados de uma primeira intencionalidade. O que ou em que você está pensando? Essa questão direta terá uma resposta simples. "Estou pensando em alguma coisa ou em alguém." Se estou pensando em mim, é que me represento e vejo como alguém que existe. Para a fenomenologia de Tomás, não há pensar ou conhecer sem objeto, sem referência a um ser qualquer.

Outro aspecto conexo e importante da análise de Tomás de Aquino vem a ser o que modernamente se chama o construtivismo de nossa vida mental.

O "conhecer é um vir-a-ser". Mas comporta um fazer a serviço do vir-a-ser. Ele dirá: "conhecer é ser o outro, enquanto tal". É fazer o outro existir em mim, sem fusão nem confusão. Há intimidade e distinção. Quanto melhor eu conheço, tanto melhor o objeto está em mim e tanto melhor chego a discernir o que o constitui na sua própria identidade, e o que o distingue de mim e dos outros. O conhecer comporta, sem dúvida, uma construção mental, de imagens ou idéias, e de toda uma rede sutil de conexões desses elementos representativos. Mas o próprio conhecer será a percepção, não desse material ou dessa montagem fotográfica, dessas representações ideais ou imaginárias, mas do que elas me tornam presente e a que elas me enviam.

Às vezes, a gente corre o risco de perder o pé nesse vaivém um tanto rápido de Mestre Tomás. Tentemos agarrá-lo pelo manto. Pois explica com muita clareza: conhecer tem muita coisa de outras atividades, mas é em si absolutamente original. Há aí um lado de criação. Conhecer é fazer o universo surgir, muito leve, mas bem real dentro de mim. Há uma fecundidade, para fazer existir em mim, de modo novo, o que já existe na sua consistência de coisa ou pessoa, na sua densa realidade fora de mim. Tem havido um imenso progresso na compreensão do construtivismo do conhecimento. No prolongamento da cibernética, seríamos hoje inclinados a exaltar essa maravilhosa máquina fotográfica, viva e automática que é cada um de nós. Sob o aspecto pragmático de eventuais intervenções estimulantes ou terapêuticas, o que mais interessa é esse lado instrumental do ver, ouvir, sentir ou entender. Ele ocupa, com toda a razão, as atenções e alimenta as pesquisas da ciência e da técnica.

Sto. Tomás muito se empenhou em acompanhar e assumir em sua reflexão as informações, para nós rudimentares, do saber científico de seu tempo. Podemos imaginar com que paixão não se consagraria a acolher e integrar os dados e as promessas tecnocientíficas de hoje. No entanto, esse maravilhoso progresso estaria longe de fazer caducar ou passar para segundo plano sua sabedoria filosófica e teológica. Essa sabedoria enalteceria as maravilhas do aparelho fotográfico, vivo e automático de que o ser humano é portador, mas iria além das razoáveis aproximações cibernéticas. Proclamaria, que, por meio do "fotografar", da atividade de fabricação ou representação dos objetos, há a originalidade do sujeito que se afirma, comungando com os objetos e deles se distinguindo. Produz imagens finas, vivas, transparentes precisamente para entrar em contato e conviver com o universo real. Essa originalidade do sujeito humano, apenas esboçada nos animais superiores, constitui o centro de interesse de Tomás de Aquino, na sua atitude de sabedoria que vem integrar e interpretar em seu sentido pleno todo o processo do conhecimento.

Vendo Mestre Tomás em ação e analisando o resultado de seu trabalho, tem-se a impressão de que seu empenho é valorizar o ser humano, ao mesmo tempo que está voltado para a realidade das coisas, das pessoas, da sociedade e do universo. Essa realidade é apreendida em toda a sua consistência, mas à custa de um trabalho humilde e complexo de uma inteligência que constrói penosamente os seus utensílios. Assim, ela se enriquece interiormente à medida que chega a atingir e dominar a inexaurível riqueza do universo.

A paixão de Tomás pela verdade se revela finalmente em um empenho paciente e minucioso de bem conhecer a natureza, os mecanismos ou caminhos do conhecimento. Quer ser atento a todos os dados dessa delicada questão, buscando ponderar e ajustar todas as peças e todas as atividades de um processo que só é simples na aparência. Outros pensadores vão mais depressa, já tendo de antemão sua solução preparada. Correm o risco de só encontrar uma resposta fácil mas parcial para um problema árduo e complexo.

A CUSTOSA E ESQUIVA VERDADE DA VIDA

A verdade da inteligência é uma forma de vida. Surge como o valor primordial, o princípio primeiro da realização do ser humano que sai de si e se abre à alteridade das coisas e das pessoas, em um começo ou pelo menos em uma possibilidade de dom de si ao outro. Vamos entrando nesse país de maravilhas que são as coisas mais cotidianas contempladas por Tomás à luz da sabedoria. A verdade da inteligência introduz à verdade da vida. Porém, só a verdade da vida torna viável a busca da plena verdade da inteligência.

O Mestre tem o bom costume de bem distinguir para melhor unir. Fala da inteligência e da vontade como de duas faculdades da alma. Mas insiste que são mais íntimas uma à outra do que duas irmãs gêmeas, antes de nascer. E buscam nascer juntas, juntas viver e crescer. Elas se incluem mutuamente em seu constante dinamismo. Para se ajudar ou se desajudar, influenciam-se sempre uma à outra, em um jogo leve e certo, revezando-se nos papéis de causa e efeito. E assim a verdade da inteligência e mais ainda a verdade da vida são lindas e por vezes duras conquistas do esforço conjugado do conhecimento e da afetividade. Tomás quer aprofundar e justificar esta nossa experiência, que por vezes passa por aí despercebida: o olhar acende o coração; o coração ativa e guia o olhar.

Buscamos a verdade com todo o nosso ser. Ou dela nos afastamos pela inércia ou pela falha do lado do conhecer ou do afeto. Essa intuição de Sócrates, tão gostosamente orquestrada por Platão, passou por umas boas clarificações nas pacientes análises de Aristóteles. Mestre Tomás pretende elaborar esses dados no seu empenho de bandeirante incansável atrás da montanha resplandecente da verdade. E tem a santa mania de querer ser completo. Visa abranger e analisar todos os campos da experiência humana. Empenha-se em destrinçar o que vem da inteligência ou a ela convém. Esquadrinha o quanto e como intervém a afetividade, estimulando, impelindo, embaraçando, freando ou desviando a marcha da inteligência.

Nesse nível de profundidade, em que labutam os grandes sábios, bem aparece que a verdade fascina, mas faz medo. Somos todos atraídos pelo desejo de conhecer o que se passa em nós. Nada porém nos inquieta e por vezes apavora tanto quanto o desvendar a realidade profunda de nós mesmos. Nas horas de decidir e de optar, "cada qual vê o fim ou o bem conforme seu jeito de ser". Nosso teólogo gosta desse axioma aristotélico[8]. Sem dúvida, o encarece ainda mais, lendo-o nas perspectivas de um espiritual cristão. E em suas análises desdobra toda a complexidade e todas as camadas sensíveis, sensuais, intelectuais do conhecimento e do desejo. Na hora de buscar e aceitar a verdade enredada nos interesses, nas paixões, nos encantos e desencantos da vida, "cada qual julga do jeito que é", jogando com toda a riqueza, com toda a grandeza ou toda a vileza do que traz da sua história vivida e no íntimo de si mesmo.

Vamos pelo menos entrevendo o que o Mestre quer dizer, ao falar da verdade da vida. É a linda e difícil conformidade da própria existência com os valores e qualidades humanas que a inteligência vai descobrindo, vai apreciando e vai acolhendo na justa medida da afinidade e do atrativo que logram despertar no coração. O que quer dizer: a marcha para a verdade apela para todo o amplo registro de nossa afetividade.

Pode-se falar da verdade como algo de vago e abstrato. É não entender nada da estima e do carinho que lhe consagra um sábio como Tomás de Aquino. Ela é qualquer coisa de muito concreto. É como uma planta a cultivar. Uma graciosa menina que merece e exige ser educada com energia e suavidade. A verdade desabrocha, cresce e se aperfeiçoa com o tempo, com o empenho da pessoa e da sociedade. Ou então fenece ou cede lugar às urtigas da falsidade. A inteligência dá de proliferar em erros, mentiras e imposturas, tanto mais desastrosas quanto mais se disfarçam em hipocrisias e mecanismos de defesa.

Com essas simples comparações que prolongam nossa imagem inicial do país das maravilhas, aí ficam insinuadas as finas e por vezes árduas questões tratadas pelo santo Doutor sobre a gênese e o crescimento da verdade. Ela se reforça em nós mediante umas tantas qualidades, que Aristóteles e Tomás chamam de virtudes ou *habitus* intelectuais, nos quais se desenvolvem aqueles primeiros dons que recebemos de nascença. Pois, no começo, a verdade é simples promessa ou pequena semente, uma capacidade e uma exigência de saber, que hão de "passar ao ato", como explica o Mestre, aceitando de se dar sempre como discípulo de Aristóteles. Para esses entendidos nas coisas do espírito, tudo se recebe de graça e tudo se aprende com jeito e esforço.

Na questão "Sobre a Verdade", o jovem professor Tomás desenvolve um tratado da aprendizagem que será integrado em diferentes partes de suas *Sumas* definitivas[9]. Com aquele seu humor discreto, aplica a doutrina aristotélica do

---

8. Em seu teor latino: *"Qualis unusquisque talis finis videtur ei"*, o axioma já aparece e é comentado no *Escrito Sobre as Sentenças* (Dist. 25, artigo 1º, objeção e resposta 5ª). Será utilizado e analisado, sobretudo nas grandes obras doutrinais, para explicar a complexidade e o dinamismo do livre-arbítrio, da escolha boa ou má e da orientação de uma vida humana em busca de seu destino.

9. A compreensão da aprendizagem e do ensino, sintetizada em uma visão original que concilia Agostinho e Aristóteles, já vem esboçada no *Escrito sobre as Sentenças*, Livro II, Dist.

"ato e da potência" às diferentes regiões da experiência humana: do saber, da técnica e do cuidar da saúde. Nada se produz de bem fabricado ou de artístico senão contando com materiais ricos em virtualidades e dóceis à força transformadora do engenho criador. Médicos e remédios colaboram com a natureza, buscando decifrar e ativar-lhe as capacidades e até deslindar-lhe os caprichos, pois é dela que depende em última análise o triunfo sobre a doença. O professor é convidado à mesma atitude solícita e modesta. É o aluno que é o verdadeiro sujeito ou o princípio ativo da aprendizagem. Ao mestre só resta adivinhar as capacidades ou virtualidades intelectuais do discípulo, colaborar com ele, para que possa exercer por si mesmo a atividade de conhecer, elaborando, arquivando, articulando idéias, raciocínios, doutrinas, construindo seus modelos de pensar e de agir.

Então começamos a entender o sentido real e dinâmico que têm para Tomás esses termos que jazem por aí adormecidos em suas grandes obras: "questões", "objeções", "soluções", "respostas": há razões pró e contra tal posição. Vamos buscar e resolver juntos. Não se transmitem doutrinas feitas, mesmo que a vaidade do mestre assegure que são bem feitas. Para mestre Tomás, na vida do organismo ou da inteligência, nada ou ninguém assimila para o outro. Conhecer é um ato de ser. Não produzir ou contemplar imagens. Mesmo que se utilizem imagens externas ou internas, o conhecer bem como o amar são atos de ser em intimidade consigo e em comunhão com o outro.

Como seria interessante confrontar Tomás de Aquino e Paulo Freire. A doutrina medieval do primeiro é uma visão original e criativa fundada em uma metafísica do conhecimento, fiel à grande tradição filosófica e atenta à observação do dinamismo da inteligência. Paulo Freire redescobre e até inventa simplesmente uma pedagogia integral e dinâmica, enraizada no contexto latino-americano, mas abrindo-se a um universalismo concreto e aos problemas da realização da liberdade e cidadania para a humanidade nesta era da globalização[10]. Estão aí dois mestres, separados no tempo e no espaço. Mas balizam e iluminam os nossos caminhos rumo à Nova Era do Espírito.

VERDADE, INTELIGÊNCIA EMOCIONAL E INSTRUMENTAL

Nosso itinerário com Mestre Tomás, o devotado aprendiz e doutor da verdade, vai cruzar as formas de inteligência mais prezadas hoje. De modo geral, entram na bagagem da sociedade industrial em marcha para a globalização

---

IX, Q. I, art. 2, sol. 4; Dist. XXVIII, Q.I, art. 5, sol. 3. Ela é plenamente elaborada na questão *Sobre a Verdade*, Q. XI, sendo integrada na *Suma C. G*, Livro II, cap. 75 (dentro da perspectiva da controvérsia contra o averroísmo, onde o tema é evocado em outros escritos) e na I.ª Parte, da *Suma Teológica*, Q. 117, art. 1º. Trata-se portanto de uma importante e cuidadosa aplicação pedagógica que faz Sto. Tomás de sua doutrina geral do conhecimento.

10. Para tomar ou retomar contato com Paulo Freire, recomendam-se seus livros de base: *Pedagogia do Oprimido, Educação como Prática da Liberdade, Pedagogia da Autonomia*, todos da Ed. Paz e Terra, São Paulo.

econômica e acompanham boa parte das grandes correntes que formam a moderna Nova Era. Esses modelos prestigiosos vêm a ser a inteligência emocional e a inteligência instrumental.

Antes de chegar a essa interessante encruzilhada, convém lançar os olhos sobre as vastas e bem alinhadas alamedas da sabedoria que constituem esta espécie de jardim do conhecimento: a *Suma Teológica* de Tomás. Como todo mundo — sábios, cientistas, homens e mulheres que vamos tocando do nosso jeito o barco da vida que Deus nos deu —, Mestre Tomás distingue as duas categorias do conhecimento: o teórico e o prático. Mas nem a todo mundo será dado tão bem definir e analisar com tanto cuidado cada uma dessas formas de conhecer. Mais ainda, para chegar a ter a informação completa do que Tomás conseguiu pesquisar e sintetizar nesse domínio de base, é preciso habitar com ele por um bom tempo e percorrer sem canseiras o seu famoso jardim, que tem lá seus ziguezagues e umas tantas plataformas de canteiros a galgar.

Contentemo-nos com uma caminhada moderada, no estilo dessas que nos aconselham médicos e terapeutas para ativar o coração e colaborar com a boa forma. Tentemos colher e examinar os dados essenciais. Após distinguir o conhecimento teórico e o prático, segundo um costume que admiraremos sempre no seu método, Mestre Tomás começa por aquilo que todos entendem. Depois, vai estirando devagarinho a reflexão e o raciocínio até chegar a uma elaboração completa e profunda. A base dessa divisão em teórico e prático se apresenta de início como brotando dos objetivos que se visam no conhecer.

O primeiro se empenha em conhecer pura e simplesmente a verdade, por amor à verdade, seja em que domínio for do real. Há quem se devote a saber mesmo qual é a forma de viver e trabalhar das abelhas ou das formigas. Ou pesquisam a fundo as razões, os ritmos e as etapas do repouso das lagartixas, ou simplesmente estudam pra valer a sesta dos bichanos nas diferentes estações do ano. Desde milênios há astrônomos e astrólogos de olhos nas estrelas, curtindo um puro amor de saber que não se acaba. Às vezes, o gosto de saber vai para além dos astros. Não inspira o vão projeto de atravessar os céus, mas dá aquela vontade de sondar se, debaixo do enigma e do símbolo dos céus, há de fato um Eldorado verdadeiro: será que, para além do visível, se esconde o Ser, a Verdade, o Amor invisível? Refletindo sobre essa diversidade de apetites de saber, mestre Tomás costuma sentenciar: "O mínimo que se pode conhecer do que há de mais excelente vale mais do que o máximo que se possa conhecer de miudezas sem valor"[11].

Tomás não autoriza que se desqualifique o conhecimento teórico. Não vai na linha de se dizer que é o "conhecer por conhecer", como se joga na lixeira "a arte pela arte", o "estudar por estudar". Essas expressões, além do desdém pejorativo, podem significar: conhecer pelo prazer de conhecer, uma

---

11. É o que diz Sto. Tomás no limiar da *Suma Teológica*, Iª Parte, q. 1, art. 5, na 1ª resposta, que apresenta uma graciosa síntese da dignidade e da modéstia que convém ao saber teológico.

forma requintada de narcisismo ou de prazer solitário. O conhecimento teórico é, para Tomás, conhecer a verdade, é a pura inteligência, animada pelo puro amor da verdade. No pico dessa ascensão do conhecimento teórico, refulge o ato perfeito da contemplação. Aliás, embora não fosse muito forte em grego, Tomás sabia que *theoria* no texto de Aristóteles[12] era o mesmo que "contemplação" em Sto. Agostinho e em toda a tradição cristã.

Sem dúvida, mestre Tomás privilegia o conhecimento teórico e dá primazia à contemplação, exaltando-a como a mais elevada atividade do espírito. O que não significa uma menor importância dada ao conhecimento prático no plano da ação. Pois é pela ação que ele define essa forma de conhecimento. É prático o conhecimento que a gente visa e utiliza para guiar a ação. Para Tomás, a ética há de ser intelectualmente rigorosa, mas também firmemente voltada para a plena e constante eficácia do agir. Não é complacente com quem vegeta preguiçosamente nas etapas embrionárias do conhecimento, ou se contenta com rudimentos e improvisações no que há de mais importante para a vida humana e cristã. É preciso cultivar e aprimorar o conhecimento.

Esse aperfeiçoamento ou qualificação do conhecer, na linguagem técnica de Tomás, que segue e afina o pensamento de Aristóteles, recebe o nome de "virtudes intelectuais", em contraposição mas também em complemento das "virtudes morais". Essas últimas são objeto de uma classificação e de um estudo minuciosos na Segunda Parte da *Suma Teológica*. Aí, são analisadas dentro do quadro flexível das virtudes cardeais, prudência, justiça, força e temperança; e são conectadas umas com as outras, com os vícios ou pecados que as ameaçam e com os dons do Espírito Santo que as elevam.

Mas estamos agora diretamente interessados pelas virtudes intelectuais. Três delas têm a missão de aperfeiçoar a inteligência teórica, em suas três funções fundamentais. Recebem os nomes muito gerais dessas mesmas funções, mas lhes acrescentam o importante significado: são formas perfeitas de conhecer. Teremos assim a *Inteligência*, que designará essa função básica de entender, de perceber os princípios do saber, mas ajuntando-lhe a qualidade da fineza, da agudeza e do encadeamento desses princípios: de racionalidade, de sentido, de compreensão primeira das coisas, das questões humanas e até dos mistérios divinos fundamentais. A segunda virtude intelectual será a *Ciência*, comportando a conotação da competência para elaborar e articular os conhecimentos, chegando a uma visão doutrinal de algum campo do saber. A *Sabedoria* é como a virtude rainha de todo o conhecer, partindo da afinidade profunda com todos os princípios e estendendo-os harmoniosamente em conclusões e aplicações ajustadas a todos os campos do ser, do agir, do viver e do conviver, tudo aclarando com as luzes da verdade.

Nesse projeto ideal da realização do ser humano, a começar pelo seu conhecer, um amplo espaço será oferecido às virtudes intelectuais voltadas

---

12. Especialmente no livro X da *Ética a Nicômaco*, fonte predileta da doutrina aristotélica sobre o prazer, a felicidade e a contemplação, para mestre Tomás.

para a ação a esclarecer e orientar. São as virtudes da inteligência prática. Elas visam dirigir racionalmente o agir. Olhando de bem alto esse universo do agir, Tomás distingue as duas dimensões mais gerais: a primeira é fazer[13], produzir, fabricar; é a função transitiva e fecunda do trabalho, que multiplica utilidades e serviços, que modifica as coisas e o mundo. Mestre Tomás vê o aperfeiçoamento dessa função do conhecimento prático realizando-se sobretudo no saber *técnico*[14]. Distinguindo-se da *técnica* e também fraternizando com ela, vem a qualificação do agir enquanto brota da liberdade, orienta e qualifica humanamente a pessoa. Teremos então a virtude, que será a norma racional e ética do agir: é a virtude da *prudência*. Ela é simultaneamente virtude moral e intelectual. Eis um belo exemplo da distinção e da mútua inclusão da inteligência e da vontade, de modo mais geral do conhecimento e da afetividade, que constitui um traço típico da antropologia filosófico-teológica de Tomás de Aquino.

Essa pequena caminhada pelas alamedas da *Suma* vai nos permitir destacar três dessas virtudes intelectuais que nos introduzem diretamente no diálogo com as correntes da modernidade e mesmo da Nova Era. Não podendo escolher tudo, selecionamos a sabedoria, a prudência e a técnica.

Pouco se fala hoje em sabedoria e menos ainda em prudência, e ainda assim esses termos perdem toda a sua nobreza. A prudência exprime uma atitude cautelosa, um cuidado com o risco. Compreende-se que Kant lhe tenha arrancado a auréola de virtude, que não pode coroar esse tipo de mesquinhez, que domina boa parte da vida moderna, mas nada guardou da sua primeira dignidade ética. Para Tomás, prudência é o discernimento que brota do amor. É a virtude da coragem e da lucidez de decidir, buscando o bem e o direito. A sabedoria ainda surge aqui e acolá, com o qualificativo de sabedoria humana, desejada quando falham os recursos técnicos ou as informações científicas. Aí surge um tímido desejo interrogativo e condicional: um conselho de "sábios" não poderia talvez obviar a tantos desmandos e à tamanha corrupção? A modernidade que desqualificou a prudência e aposentou a sabedoria tem uma imensa satisfação para tudo compensar: é o triunfo uni-

---

13. O "fazer" (*facere*) é distinguido do "agir" (*agere*) por Sto. Tomás. Na atividade humana, ele destaca o aspecto interno, a "ação" em sua dimensão imanente, enquanto procede da liberdade e se torna uma qualidade que modifica o ser humano em bem ou mal moral. É a ação que pode ser virtuosa ou viciosa, pois procede da liberdade. A mesma atividade é vista sob o ângulo da produção, da capacidade, da competência de fabricar algo, de trabalhar produzindo um efeito, uma mercadoria, um serviço. É o lado transitivo da atividade humana, suscetível de uma qualificação *técnica*. Aristóteles falava de *technè*, que os latinos traduziram por *ars*. Hoje, voltamos a Aristóteles, para o uso da "técnica", reservando a "arte" ao domínio estético. É uma das dificuldades que oferece a leitura das qq. 57 e 58 da I-II, da *Suma Teológica*.

14. Tomás fala expressamente na "arte" (*ars*), desdobrando diretamente o que corresponde à noção moderna de "técnica". Deu muito relace ao "belo"(*pulchrum*), dele fazendo um "transcendental", uma "propriedade do ser", ao lado da "Verdade", da "Unidade", da "Bondade". Faltaram ao Mestre a ocasião ou o estímulo para desenvolver uma filosofia ou uma teologia da arte. Foi preciso esperar por Jacques e Raïssa Maritain, para se realizar esta proeza: uma filosofia da arte e da estética na linha dos princípios tomistas.

versal e crescente da técnica. Ela não deixa de ser bem-vinda. Mestre Tomás tinha razão de saudá-la como uma irmã muito serviçal ao lado da sabedoria e da prudência. Entendendo a prudência como a sabedoria no domínio prático, chegava a simplificar mais ainda, indicando apenas a sabedoria e a técnica como o duplo modelo do agir plenamente racional.

Exaltando a técnica, que deixa de lado os objetivos propriamente humanos ou éticos, a modernidade valoriza assim o aprimoramento da racionalidade dos meios, postos a serviço do utilitarismo individual e social. Chega-se à apoteose da inteligência *instrumental*. Esta última precisa urgentemente da ajuda, digamos, de uma irmã que tenha algo de racional, que faça as vezes da ética, que anda sumida, e da prudência, que caducou. Nesta hora, a modernidade talvez se tenha inclinado para a pós-modernidade. O certo é que está querendo relegar o tal QI (o quociente de inteligência), que só estava servindo para medir habilidade e esperteza com o fito de escapar do emaranhado da tecnologia superavançada; e está fazendo apelo para o QE (o quociente emocional). Entenda-se: a nova e imprescindível habilidade de controlar suas emoções, pois já não se conta com o refúgio da família, com o amparo do casamento e a salvaguarda ou a retaguarda da religião. Os primeiros que passam com armas e bagagens para o partido do QE ganham é muito dinheiro e alguma celebridade. Tal é o caso de Daniel Goleman, PhD (sic), com seu *best-seller*: *Inteligência Emocional*, que se apresenta sem complexo de inferioridade e caprichando nas muitas maiúsculas: "A Teoria Que Redefine O Que É Ser INTELIGENTE"[15].

Tentando seguir Mestre Tomás no que parece mais fácil, seu empenho de notar e anotar as correntes de pensamento que brilhavam no seu tempo, digamos que a modernidade está com jeito de se encaminhar para a pós-modernidade arvorando dois tipos de inteligência: A "inteligência instrumental" e a "inteligência emocional". São deveras irmãs, ao menos por parte de mãe, pois ambas nascem da tecnociência. E uma e outra dão a primazia ao conhecimento prático, buscam resolver o problema da felicidade, entendida no sentido do utilitarismo individual e social. A inteligência instrumental domina e governa os grandes sistemas, sobretudo o sistema econômico. Atiça e até fabrica desejos artificiais para fazer marchar o consumo, encarregado de puxar e orientar a produção. Mas como a "estratégia do desejo" (título de um velho *best-seller* de Ernst Dichter!) vai engendrando pela publicidade uma forma de consumismo superaquecido e às vezes delirante, é preciso contar com a inteligência emocional. Esta parece deveras um tipo de inteligência chamada a intervir e a dominar lá onde reina a inteligência instrumental.

Alguns setores da Nova Era não enjeitam coabitar com a inteligência emocional. Valorizam, com razão, o corpo, o prazer, os pensamentos e sentimentos positivos, a busca e os sonhos de felicidade. Por que não aceitar a

---

15. Cf. Daniel GOLEMAN, PhD, *Inteligência Emocional*. A Teoria Revolucionária Que Redefine O que É Ser INTELIGENTE, Ed. Objetiva, Rio de Janeiro (original inglês, 1995).

teoria dessas práticas, tão bem formulada sob o rótulo e no estilo da "inteligência emocional"? Tanto mais que esta utiliza com maestria a técnica casuística do que dá ou não certo, e condensa com muita vivacidade uma imensidade de exemplos tocantes e grande número de informações científicas,

Esses caminhos andados pela pós-modernidade e por setores da Nova Era nos afastam sem dúvida do Eldorado teológico que vislumbramos em companhia de Tomás de Aquino. No entanto, aprendemos com esse teólogo que "antigos" e "modernos" são romeiros a trilhar os mesmos caminhos seguindo a mesma Via Láctea. Nenhuma corrente doutrinal ou ideológica é dona da história, como nenhum banco mundial pode pretender tomar conta da economia das nações e continentes.

A interrogação aí surge de pleno direito: a pós-modernidade não poderia enriquecer-se com os dados culturais e espirituais dos tempos antigos, desfazendo-se do que na modernidade é problemático senão danoso? A Nova Era não teria muito a ganhar recuperando aquele amor da inteligência e aquele gosto da verdade de um Agostinho, de um Francisco de Assis, de um Domingos de Gusmão, de um Boaventura, de um Tomás de Aquino, de um mestre Eckart ou de uma Catarina de Sena, de uma Teresa de Ávila ou de Calcutá?

A pergunta vai na linha de certa visão da inteligência e da verdade que Mestre Tomás completa e alarga de maneira por vezes surpreendente.

"ATÉ SAINDO DA BOCA DO DEMÔNIO, A VERDADE VEM DO ESPÍRITO SANTO"[16]

Já houve quem lançasse a dúvida e até sentenciasse o veredicto: esse professor medieval é um intelectual ou até um racionalista passeando com desenvoltura pelos logradouros da cristandade.

Que ele acreditasse deveras e firmemente na força da razão, a começar pela dele, sem descrer da acuidade mental dos seus objetantes, está aí um fato inegável. Mas, para ele, a verdade é mesmo preciosa e esquiva. É preciso conquistá-la dia e noite, a ela se dar, para que ela também se dê. Que esse linguajar meio galante não nos iluda. A verdade para Tomás é sagrada. É o supremo dom de Deus. E temos ocasião de ver aqui como esse frade professor vivia, no seu dia-a-dia, a convicção de que estava mesmo dentro de uma Nova Era do Espírito.

Um interlocutor ou um parceiro de suas constantes discussões lhe objeta que uma fonte tradicional, uma "autoridade" proclama: "Toda verdade, proferida seja por quem for, vem do Espírito Santo". Uma sentença tão universal

---

16. Cf. S.T., II-II, 172, 6, obj. e resp. 1. Esta citação é atribuída a Sto. Ambrósio. Desde Erasmo, se reconhece que se trata de um autor desconhecido, a quem se deu o nome de Ambrosiastro. Sto. Tomás acolhe e explica essa sentença já em II Sent. Dist. 28, q.1, art. 5, obj. e resp. 1, prosseguindo em De Ver q. 1, sed contra 1, em 1 Cor 12, 3, n. 718, In Joa, VI, n. 1250; XIV, n. 1916.

deveria embaraçar o mestre. Essa presença indiferenciada da verdade, como que se exibindo em toda parte, acabaria por desmerecê-la, dela afastando toda atenção especial. Para Tomás, a presença universal do Espírito está longe de ser indiferenciada. Ele é Espírito criador e santificador, tornando-se presente mediante uma imensa riqueza de dons. A docilidade ao Espírito se traduz para Tomás em uma atenção constante a todos os dons que o mesmo Espírito prodigaliza à infinidade de criaturas através dos tempos, em vista da perfeição do universo das coisas visíveis e invisíveis. A verdade proferida por um físico sobre a constituição da matéria vem finalmente do Espírito. Este é honrado pela seriedade e verdade da pesquisa. É ofendido pela impostura, pela mentira e pela negligência na busca do conhecimento das coisas mais humildes.

Bem se compreende a paciente e minuciosa investigação a que se consagra sempre Mestre Tomás para decifrar os enigmas de que estão tecidas a história e as estruturas de nosso universo. E mais ainda para entrar em comunhão com o mundo espiritual dos seres humanos e angélicos e do próprio Espírito divino que é o Amor primeiro, fonte de verdade e de bondade.

Tomás aceita e justifica outra forma do axioma, que o torna mais audacioso na sua radicalidade: "Mesmo passando pela boca do demônio, a verdade vem sempre do Espírito Santo". Decerto não esquece a lição que aprendeu do Evangelho de João, cujo comentário lhe pediu muito carinho e um esforço concentrado. Lá está proclamado quase com nervosia: "O demônio é o pai da mentira". Evocando ainda uma vez o axioma, sempre atribuído a Sto. Ambrósio, Mestre Tomás se compraz em analisar as vicissitudes da verdade, que em Deus está como em sua fonte primeira, e que vem de Deus em uma generosa corrente de difusão e de participação. Há quem se feche em seus limites e faça desse egocentrismo, ostensivo ou matreiro, um poço corrompido de erros e mentiras. É o triste caso do demônio e de seus sequazes. Porém, o mal e a mentira não têm jamais a última palavra. A verdade e o amor são os valores humanos de base para a construção da pessoa e da sociedade. Mas são antes de tudo a energia divina, o dinamismo do Espírito em ação suave e incansável no íntimo dos corações e no desenrolar da história.

"Ame a inteligência!" Insiste Tomás retomando e aprofundando a inspiração de Agostinho e de Aristóteles. Viva sempre atento à verdade que resplandece por toda parte. Não ande preocupado com quem está falando. Abra os ouvidos, a inteligência e o coração aos elementos e parcelas de verdade de que todos lábios humanos são os servidores, mais ou menos diligentes e dedicados. Daí a expressão paradoxal de que se apoderou o bom mestre medieval: você acha que este que está falando tem parte com o demônio? Não perca seu tempo em multiplicar os exorcismos. Há verdade no que está sendo dito? Acolha e venere a verdade, tire dela o melhor proveito. Ponha-se a serviço dela. E assim estará colaborando para o bem do universo e para o esmorecimento das forças do mal e da mentira.

Essa posição doutrinal e prática de quem mereceu o título de "Doutor comum" ou universal da Igreja permanece sempre válida em todos os tempos.

Era mais do que oportuna em sua época, que via surgir a Inquisição uns trinta anos antes da composição da *Suma Teológica*[17]. No entanto, hoje é que revela a atualidade maravilhosa dessa paixão pela verdade, se traduzindo em busca infatigável junto de todo interlocutor, seja qual for o rótulo que se lhe dê. Mesmo que tenha ou se diga ter parte com o demônio. Não se há de exigir títulos de identidade, mas estudar e examinar as mensagens, fazendo valer o melhor de nós mesmos para entrar em comunhão com o melhor que o outro nos possa oferecer.

Não é este o verdadeiro ecumenismo que nos encaminha deveras à Nova Era do Espírito? O mundo pluralista que vai entrando no terceiro milênio não nos há de levar à intolerância, menos ainda ao descaso da verdade. Na escola de Mestre Tomás, crer no Espírito que nos habita e nos impele é primeiramente consagrar-nos à busca da verdade. O amor à verdade se traduz na estima da própria inteligência e na valorização de todas as inteligências que fazem da humanidade a grande confraria do Espírito.

O caminho da esperança passa pela prática de um diálogo, pleno de deferência e até de gratidão, com todos aqueles que por aí batalham e penam na procura da maravilhosa e custosa verdade: sobre as coisas, sobre o ser humano e sobre a transcendência e o dom do Amor. A verdade nos salva na medida em que nos purifica e dilata nossa capacidade de amar.

---

17. Diga-se de passagem, não há qualquer afirmação ou alusão de Mestre Tomás em abono a essa instituição, a que muitos de seus irmãos dominicanos prestaram (relevantes!) serviços.

Capítulo 4
AVENTURAS E DESCOBERTAS NAS COLINAS DO AMOR

Falando-nos da verdade e dos caminhos do conhecimento, Mestre Tomás já vai indo além do prometido. Introduz-nos em certos recantos onde a inteligência não pode se aventurar, sem contar com a suave força do amor.

Esta é uma de suas originalidades, a que nos vamos acostumando. Faz questão de bem distinguir as funções e mesmo o que ele chama as faculdades ou potências da alma. E, com a mesma insistência, procura mostrar o perfeito entrosamento delas, a partir da unidade do sujeito, do princípio responsável da ação, que vem a ser a pessoa. Na realidade, para ele, conhecer e amar inauguram a íntima comunhão do ser humano com o outro, com o vasto mundo das coisas e sobretudo das pessoas. Conhecimento e amor são duas formas diferentes e complementares de alguém existir em relação com o outro: passar a existir nele e para ele, fazendo-o também existir em uma nova criação do próprio espírito de quem conhece e ama.

Seguindo agora as aventuras e descobertas de Tomás nas colinas do amor, dos desejos e demais tendências que o cortejam, iremos sempre aprofundando nossas informações sobre as ligações da afetividade e do conhecimento.

AMOR: PAIXÃO E VALOR INCOMPARÁVEIS

Um primeiro dado, destinado a abrir clareiras na selva, mas que vem ainda carregado de ambigüidade: o amor é a "paixão fundamental". Um acordo fácil sobre essa tese, que está na base de toda a construção de Tomás de Aquino, poderia levar a um equívoco e a um ninho de equívocos. Falamos hoje de paixão, da "felicidade de estar apaixonado". Mas nem se define paixão nem mesmo se considera que semelhante esclarecimento seja problema para quem está ou não apaixonado. Em vez disso, um belo e amplo tratado sobre as paixões constitui uma peça-chave do que se poderia chamar a ética geral, integrada no grande edifício que é a *Suma Teológica*. O amor é aí analisado como paixão fundamental, que sustenta e anima todo o dinamismo do ser humano, em sua capacidade psicossomática de se inclinar para o bem sensível ou espiritual, para algo de desejável ou para alguém que desperta um bem-querer.

Encarado de maneira tão profunda e abrangente, o amor surge como o valor dos valores. Como a verdade, ele está no começo, no meio e no fim de tudo, quer se busque alguma compreensão das aventuras, sonhos e projetos humanos, quer se perscrutem os planos, desígnios e mistérios de Deus. Tendo essa visão e essa ambição de conjunto, Tomás quer começar pelo que lhe parece o mais simples e o mais seguro: elaborar uma doutrina do amor a partir do que cada um de nós sente e pode verificar em sua afetividade, tal como se manifesta em suas expressões mais sensíveis. O terreno próprio e imediato da inteligência humana, de que ela busca o sentido e a explicação com mais segurança, é o domínio da experiência sensível. Talvez não se exagere muito dizendo que o mestre medieval pratica, sem o nome e a seu modo, certa fenomenologia das percepções e das emoções mais comuns em nosso dia-a-dia. Não é que vá ancorar tranqüilo em uma espécie de "inteligência emocional". Seu empenho será de apoiar-se no que há de mais fácil e seguramente verificável, com o fito de ir construindo todas as formas e graus do saber e do amor.

Aquilo que admiramos como seu país das maravilhas se vai agora desdobrar e estruturar, qual variado e gracioso universo do amor. O intento mais do que ambicioso do teólogo é chegar a uma visão completa, a mais perfeita, a mais realista e coerente dessa realidade tão familiar, mas tão complexa e movediça. Há de abranger as experiências simples do verbo amar, envolver todas as formas mais eminentes do amor humano e ver se dá para vislumbrar, enquanto se pode, todo o mistério do amor divino. É o exemplo mais fascinante dessa famosa audácia de Tomás de Aquino. Seu empenho será mostrar a unidade do amor e a variedade essencial de suas formas de realização. E recorre então ao seu proceder de base, que é o apelo às idéias de "participação" e de "analogia". Vai burilá-las em definições bem precisas e utilizá-las em modelos de aplicações bem estudadas e muito flexíveis. Já conhecemos este seu estilo, que o mostra de mãos dadas, entre Platão e Aristóteles.

Para um moderno, semelhante caminhada tem tudo de uma corajosa pesquisa interdisciplinar, tecida de filosofia, de teologia, de espiritualidade, mais um feixe de ciências humanas. Antes de nos embrenhar nessa aventura com Mestre Tomás, seria interessante realçar o que está mesmo em jogo, lançando os olhos sobre o que se vai passando nos domínios da cultura às voltas com a definição do amor.

Um primeiro olhar sobre o atual estilo de vida, de pensar e de comunicar surpreende o amor humano presente em todo tempo e lugar. É mencionado, exaltado e cantado em um discurso segmentário, esquivando-se a qualquer definição. Há alguns anos tínhamos uma ilustração significativa dessa onipresença do amor e do seu caráter indizível, senão inacessível. Roland Barthes brilhava (em Paris!) como o profissional e o teórico da comunicação. Convidaram-no a descrever e a analisar a linguagem com que a cultura tem falado e está falando do amor. O autor enfrenta o desafio, parecendo no entanto enjeitá-lo pela metade. Pois acaba escrevendo um livro sobre *Fragmentos de um discurso amoroso*[1]. Compõe e comenta uma antologia bastante ampla,

---

1. Roland BARTHES, *Fragments d'un discours amoureux*, Paris, Seuil, 1977.

sem dúvida representativa, de autores antigos e modernos, que falaram do amor, em geral com amor. Procura colher, na história e na atualidade, as provas do que lhe parece inexorável evidência, a linguagem do amor está mesmo despedaçada.

Fala-se muitíssimo do amor. Ele é cantado, de todos os modos e em todos os tons. Mas só se destacam umas pontas isoladas e desconexas, o mais das vezes conflituais, dessa ampla e buliçosa realidade humana. Ela parece vivida de maneira intensa. É exaltada como infinita, todo mundo estando certo de que ela permanece sempre acima e fora dos conceitos. Envolve a humanidade como uma espécie de imenso tecido, deslumbrante, que ora dá para leve ora para pesado demais. Às vezes, cola na pele, inoculando prazer ou tormento, mas logo se esvai, em nuvens de mágoas, de pesar, de ressentimento, de ciúme, de nostalgia, de saudade, para renascer em anseios, desejos e esperanças de novas aventuras. Será que a amostra agradou? É mais ou menos o conteúdo e um pouco o estilo de R. Barthes, que se faz amplamente apoiar por escritores de todos os tempos e lugares.

Essa visão do amor, sempre presente e sempre inacessível, leva a reflexão ética a postular hoje a urgência de reconciliar o amor com a liberdade e com a inteligência. A aliança do amor e da liberdade é a grande aspiração da modernidade. Ela deve ser cultivada, ampliada, completada pela plena realização da liberdade na responsabilidade e pelo encontro com as formas de viver e comunicar de nossa civilização. O homem e a mulher de hoje conseguirão servir-se dos infinitos recursos da tecnociência, para abrir-se à compreensão da realidade e dos caminhos do amor, doce e forte ternura, que caminha e leva para a felicidade?

O QUE VEM A SER AMAR?

Acreditamos que Mestre Tomás pode ser um bom companheiro nessa pesquisa, para quem aceita o seu feitio leal e austero de abordar o que há de mais sério na vida. Começa por reconhecer que amar é "querer bem" em todos os sentidos dessa rica expressão da experiência humana. "Querer bem": querer "o bem de alguém", "querer alguém como bem", querer um objeto (uma coisa) como "bem", seja para mim seja para o outro (amado).

Essa primeira experiência de amor é explicada inicialmente como uma *presença interior* do ser amado naquele que ama, atraindo-o, solicitando-o, *inclinando-o à união efetiva* com este bem-amado.

O amor é, em sua raiz, uma *transformação* ou *mudança íntima*, produzida pela percepção de um ser como bondade, como perfeição, em afinidade com o sujeito dessa doce ou sofrida experiência. Amar é começar a vir a ser interiormente o outro, é uma afinidade que se inscreve no apetite ou na vontade. Sem deixar de ser o que é, quem ama sai de si para ir ao encontro do amado, para nele existir. Para Sto. Tomás, o amor se compreende como uma *forma de ser*: como nova e eminente forma de ser de quem ama, pela nova *forma de existir que dentro dele começa a ter o amado*.

A originalidade do amor encontra aqui uma formulação que visa diferenciá-lo de outras experiências, especialmente da experiência do conhecer. Ela é uma elaboração profunda de uma experiência universal. Será belamente desenvolvida pelos místicos, especialmente por S. João da Cruz. Evoquemos apenas: "... a amada no Amado transformada" ("Canção da Noite Escura"). Aliás, essa identificação do amado e da amada, um e outro transformados pela maravilhosa alquimia do amor, é o bem comum da poesia italiana, da espanhola, da portuguesa em toda a época do Renascimento.

Para o simples prazer da leitura, relembremos o lirismo de Camões. Ele não hesita em assumir e transfigurar a linguagem escolástica, talvez em uma reminiscência do próprio Tomás de Aquino e por sugestão de algum dominicano português:

> *Transforma-se o amador na coisa amada,*
> *Por virtude do muito imaginar.*
> *Não tenho logo mais que desejar,*
> *Pois em mim tenho a parte desejada.*
>
> *Se nela está minha alma transformada,*
> *Que mais deseja o corpo de alcançar?*
> *Em si somente pode descansar,*
> *Pois consigo tal alma está liada.*
>
> *Mas esta linda e pura semidéia,*
> *Que como acidente em seu sujeito,*
> *Assim com a alma minha se conforma,*
>
> *Está no pensamento como idéia;*
> *E o vivo e puro amor de que sou feito,*
> *Como a matéria simples busca a forma*[2].

Não dá para comentar esse encontro nas alturas da filosofia e da poesia do amor. Na primeira (e sublime) estrofe, o Poeta joga a maravilhosa definição do amor que Petrarca já introduzira no convívio das musas: "Transforma-se o amador na coisa amada..." E então o soneto se desenvolve, como a fluência de uma discreta lamúria sublimada, de uma doce repreensão à impertinência do desejo: "Se nela está minha alma transformada, que mais deseja o corpo de alcançar?" A resposta é insinuada com fineza e uns toques de humor e em termos técnicos da filosofia aristotélica. A "linda e pura semidéia" tem tudo

---

2. Luís de CAMÕES, *Lírica*. Sonetos, Odes, Redondilhas, Organização José Lino GRÜNEWALD, Nova Fronteira, Rio de Janeiro, 1992, Soneto 96, p. 62.

do "acidente em seu sujeito", da "idéia no pensamento", mas há uma carência que atiça o desejo e o tormento do "amador" insatisfeito, que geme sua condição da "matéria simples" em busca de sua "forma".

É o paradoxo do amor, que canta a ventura, "pois consigo tal alma está liada", e a desventura, já que o "vivo e puro amor" padece e suspira "como a matéria simples busca a forma".

Mestre Tomás insiste: O amor emerge como a paixão ou a emoção fundamental. O filme começa a se desenrolar em câmera lenta. O sujeito, digamos concretamente, o coração, é atingido por algo de amável, de atraente, se vê diante da situação de ser algo de "passivo": é picado, aliciado ou incitado a ceder à sedução. Esse surgir do amor, esse inclinar-se do afeto para um bem, que começa a ser um bem-amado, é explicado por Sto. Tomás como o fruto de uma afinidade ou de uma conaturalidade, que os vai instaurando ou avivando. A qualidade, a intensidade, a duração dessa afinidade podem ser as mais variadas na história dos seres humanos. Podem ser nada, pouco ou muito dependentes de uma responsabilidade pessoal. Daí esse dado primordial, desde o começo e em todo o seu desenrolar o amor é espontaneidade, e é responsabilidade, com uma grande margem de fatores de necessidade e de probabilidade. Comporta para a experiência e a linguagem comuns um jogo de opção, de acaso e de aventura. O amor se afirmará qual triunfo, pronto ou lento, que chega a colocar todos os fatores ou ao menos os fatores dominantes de seu lado: a estima (elemento mais racional), a ternura, a concentração dos sentimentos, a capacidade de dar, de se dar (elemento mais responsável), de fazer o bem e de buscar a felicidade da pessoa amada.

Daí o sentido delicado e a viabilidade nem sempre fácil do mandamento: "Amarás!" A responsabilidade primeira se funda na apreciação, na estima e tende a mobilizar toda a riqueza e a complexidade da pessoa, para que se torne uma coerência total na consagração ao ser amado. Essa responsabilidade está no coração do preceito divino: "Amarás o Senhor teu Deus!" Ela é invocada, de maneira consciente ou inconsciente, nas queixas, nas candentes perguntas ou constatações sofridas: "Tu não me amas!" É como se o recado que diz o que se passa trouxesse embrulhado um outro bilhete mais íntimo: "Não vês que não dá para não me amar?"

Amar é o mais transitivo dos verbos. O que dá mais gosto e mais trabalho. Por isso, a teoria e a técnica de amar sempre ocuparam pensadores e escritores (*Ars amandi*, "Arte de amar" de Ovídio; *De l'Amour*, "O Amor" de Sthendal). Entre os espirituais, sobressai S. João da Cruz pela força da experiência, da análise e da coerência que ele põe a serviço da radicalidade do Tudo/Nada, como lei suprema do Amor. Para não se negar a si mesmo, ele há de se jogar na alquimia incandescente: desfazer-se de tudo, transformando-se e conformando-se à pessoa amada. Tem de chegar à perfeita identidade das vontades em um só querer, na perfeita união afetiva e na total dedicação efetiva, que leva a tudo fazer e nada recusar à pessoa amada.

UMA TIPOLOGIA DO AMOR

Essa noção geral — amar é vir a ser, é tornar-se aquilo, aquela ou aquele a que o coração se apega — realiza-se de múltiplas maneiras. Mestre Tomás procura analisar e pôr um pouco de ordem nesses mil sentimentos, nesses gestos e atitudes sem conta que explodem ou se escondem nas alamedas, nos cantos e recantos deste mundo do amor. E vai explicando: essa variedade do amor decorre da *diversidade dos bens* que se amam e da *qualidade da afeição*, da identificação entre o que ama e o que é amado.

A consideração dos bens que se amam sempre mereceu a atenção dos mestres espirituais, que insistem nas grandes antíteses: o amor do que é material ou do que é espiritual, da criatura ou do Criador. "Quem ama o lodo vira lodo, quem ama a Luz se torna Luz" (S. João da Cruz). Sto. Tomás simplifica sua classificação, restringindo-se a dois tipos de amor:
— o amor de *concupiscência* ou de desejo[3];
— e o amor de *benevolência* ou de amizade.

Essa simplificação supõe a análise preliminar das diversas formas ou experiências de amor: amor cobiçoso, possessivo, invejoso, ciumento; amor desinteressado, dedicado, partilha e promoção do bem, dom de si. A tipologia bipartida se funda na compreensão dessa complexa realidade psicológica, visa explicá-la, em vista de favorecer uma elucidação ainda maior dessa experiência de base, tão rica, polivalente e suscetível de falhas, de progresso e de perfeição.

O critério mais geral da distinção entre os dois tipos primordiais do amor se desdobra em uma série de interrogações: amar é *querer bem*; *querer o bem para quem*? Para quem ama? Ou para quem é amado?

---

3. Guardamos a expressão "amor de concupiscência" por fidelidade à linguagem de Tomás, embora com o risco de ocasionar uns tantos equívocos. A etimologia latina da palavra nos encaminha a ver na concupiscência um desejo forte, intenso, correspondendo à *epithymia* em grego. A concupiscência adquire uma conotação pejorativa nas grandes Cartas do apóstolo Paulo, especialmente na Carta aos Romanos. Ela designa aí o desejo forte, dominador e desordenado, em oposição à lei e sobretudo ao amor de Deus. Mais tarde, na tradição cristã, em particular com Sto. Agostinho, concupiscência passou a designar o "desejo carnal", com um matiz e uma conexão com a sexualidade e com o pecado original, que a teria atingido de modo particular. Sto. Tomás conhece essa acepção negativa da concupiscência. O mais das vezes, porém, no prolongamento de Aristóteles, ele emprega o termo no sentido simplesmente do desejo ou do desejo sensível. Falando do "amor de concupiscência", mestre Tomás tem em vista o "amor de desejo". Neste sentido, a esperança, virtude teologal, vem assumir e orientar o "amor de concupiscência", ao passo que a caridade será a realização perfeita do "amor de benevolência". Essa dicotomia de um "amor-desejo" oposto ao "amor-benevolência" será consagrada pelo teólogo sueco A. NYGREN, *Eros e Agape* (1930); e será retomada com maior ou menor originalidade por Denis de ROUGEMONT, *O Amor e o Ocidente* (Paris, 1935), E. BRUNNER, *Eros e Amor* (Berlim, 1937), M. C. D'ARCY, *A Dupla Natureza do Amor* (Paris, 1947), E. FUCHS, *O Desejo e a Ternura* (Genebra, 1979), R. ETIEMBLE, *O Erotismo e o Amor* (Paris, 1987). Merece especial relevo Octavio PAZ, *A Dupla Chama, Amor e Erotismo* (original 1993), Editora Siciliano, São Paulo, 2ª ed. 1995. Semelhante dicotomia que assinala no amor um duplo aspecto: um egocêntrico, de busca de si, e outro generoso, de saída ou de dom de si, parece um paradigma constante na reflexão moderna que prolonga a tradição de Agostinho e Tomás de Aquino (nota redigida em diálogo com a professora Adélia Bezerra de Meneses).

Amando, viso eu o bem para mim? É amor de concupiscência.
Amando, viso o bem de quem amo? É amor de benevolência.

Aprofundando a análise, diremos: no amor de concupiscência ou de desejo, o bem-amado é tratado como objeto, como uma coisa, não é querido por si mesmo, como um bem em si, como uma finalidade. Se é alguém que é amado desse jeito, não é amado como pessoa, como sujeito de dignidade, de amabilidade. Ele é visado qual objeto ou utilidade, qual fonte ou ocasião de prazer. Quem assim ama faz de si o ponto de referência, de finalidade, de orientação do amor. O amado é utilizado, é objeto de serventia mais ou menos preciosa. Às vezes, duas pessoas não podem mesmo se separar, precisam realmente uma da outra. A dependência chega a envolver a afetividade. Nas ausências, uma faz falta à outra, mas como quem presta serviço, resolve problemas e negócios, afasta medos e incertezas.

Mestre Tomás diria: que pena! Têm tudo para se amar com verdadeiro amor. Para viver a ternura que enlaça e abraça as pessoas, quando se olham uma para a outra bem nos olhos, e cada uma diz de coração: tanta coisa tu me dás, tanta coisa tu representas para mim, mas para além e acima de coisas e valores tu és o amor de minha vida: como eu sei, sabendo mesmo, que eu sou a pessoa que tu amas. Esse é o amor-felicidade, completaria mestre Tomás. E no seu jeito de brincar e esclarecer problemas com umas simples comparações familiares, terminaria: mais vale uma gota desse puro amor de total bem-querer do que toneladas de ouro de Ofir. É claro que hoje diria: do que centenas de carros zerinho-quilômetro.

Essa análise não deve esconder a realidade complexa da vida. No dia-a--dia, amor de concupiscência e amor de benevolência, o amor de mim mesmo e o amor do outro ou da outra, andam de braço dado. É uma questão de dosagem e de predominância. Qual deles tem a prioridade e o comando na vida e na afetividade de um casal, por exemplo? Ou nos paradigmas culturais? Ou no imaginário de nossa gente? Ou nas canções, nas novelas, nos noticiários da mídia? Pelo que acima se viu no exemplo das sondagens de Roland Barthes, a compreensão e a linguagem fragmentadas do amor nos oferecem um panorama imenso, virtualmente infinito em experiências e discursos. Assumindo todas as formas e suportes da cultura, o amor geme, canta, exulta, se bate, se debate, se enleia, se contorce, dança. Ele se compraz ou se angustia na possessão egocêntrica, na busca de si no outro e do outro em si. Mas também aspira à felicidade do puro bem-querer, na partilha do dom e da gratuidade.

Não seríamos induzidos a concluir que há perenidade, mas também novidade nas angústias e nos sonhos do amor em cada momento da história? E não seria esse desabrochar do ser, do vir a ser pelo amor, o grande "fenômeno humano", com suas constantes e variáveis, que seduziu a inteligência e fecundou a teologia de mestres do gabarito de Tomás de Aquino?

AMOR: FONTE OU CARÊNCIA DE HARMONIA?

O empenho constante do teólogo revela aqui toda a força de sua ambição. Ele quer abarcar, em uma compreensão integral e coerente, o que se descortina a seu olhar atiçado pelo Evangelho, qual oceano infinitamente amplo e movediço.

O mestre medieval acolhe então a grande tradição filosófica e teológica que, no decorrer dos séculos, se vê sempre às voltas com a questão crucial: a energia do amor é fonte ou carência de harmonia? É preciso pôr ordem no amor, ou buscar no amor o princípio e o critério de toda ordem?

O pensamento cristão, particularmente as escolas teológicas dos séculos XII e XIII, encontrava esse problema graciosamente suspendido ao texto do *Cântico dos Cânticos*. A Esposa bem-amada declara toda extasiada: "Em mim Ele pôs em ordem o amor" (Ct 2,4). O texto é a amostra mais do que interessante da verdadeira encruzilhada, em que a compreensão do amor desafia a meditação bíblica e a reflexão helênica e latina. Os latinos liam a exclamação da Esposa tal como a traduzimos: *Ordinavit in me caritatem*. Retomam e prolongam simplesmente a versão grega dos LXX. Lá onde o original hebraico falava de "um estandarte" ou de "uma faixa" com uma inscrição de "amor", os tradutores e comentadores gregos e latinos introduziram o tema básico de sua cultura; a "ordem", a harmonia das formas, das idéias, dos sentimentos, das atitudes e até das lindas anatomias.

Em seu comentário ao *Cântico*[4], Orígenes desenvolverá, ampla e carinhosamente, esse legado religioso e cultural, que se tornará o bem comum de toda a tradição patrística e medieval. E os grandes mestres passarão a repercutir e a recriar novas combinações de sentidos, aproximando em novas figuras o "amor e a ordem". Agostinho dirá de maneira abrangente e flexível: "A virtude é a ordem do amor". Mas essa virtude será a ordem que a razão impõe ao amor ? Ou, a ordem que vem do amor e se difunde harmonizando atividades e paixões do ser humano? O mesmo Agostinho caracteriza a virtude da prudência como sendo "o amor se tornando fonte de discernimento" (*Amor bene discernens*). A definição é muito do agrado de mestre Tomás, que dela faz o ponto de partida do seu estudo do discernimento e da prudência. Esta brota do amor ao bem, qual conhecimento racional conduzindo à escolha judiciosa e correta do bem agir[5].

No entanto, o que mais nos interessa é a opção fundamental que faz o teólogo Tomás de Aquino dessa junção *ordo amoris*, "a ordem do amor", que se desdobra na alternativa: estabelecer pela razão "a ordem no amor" ou "pelo amor introduzir a ordem" na razão e em todo o agir humano? Com o gosto

---

4. Esse comentário de Orígenes será ampla e mesmo universalmente lido e seguido pelos Padres da Igreja. Tornar-se-á uma fonte, uma "autoridade", quando se aborda o tema do amor. Em nosso texto referimo-nos à ORÍGENES, *Homilias sobre o Cântico dos Cânticos*, Homilia 2ª, § 8, Coleção Sources Chrétiennes, n. 37, pp. 92-94.

5. Cf. *Suma Teológica*, II-II, q. 47, art. 1.

e a lucidez que lhe são familiares, o Mestre vai exercer sua missão de sábio, que consiste precisamente em bem compreender e estabelecer a ordem nas idéias e nas coisas. Vai recusar a parcialidade da alternativa e escolher tudo, reconhecendo o amor em toda a parte, em jogo variado com a razão. Prolongando os dados ou as insinuações que lhe vêm de toda essa rica e complexa tradição, ele começa, portanto, por recusar qualquer exclusão ou ruptura: o amor é uma energia, um princípio interno que leva cada ser, especialmente o humano, a agir e a se realizar por si mesmo, na comunhão com o outro. Mas há um *amor ordinans*, o amor princípio de ordem, de harmonia, e um *amor ordinatus*, um amor subordinado, dócil em acolher a ordem que vem de mais alto, de um amor que se afirma como energia anterior e superior. Assim "a ordem do amor e no amor" significa todo o universo e todo o dinamismo da humanidade em busca de sua verdadeira realização.

Sem dúvida, quando a linguagem comum fala do amor, no singular e de maneira absoluta, nossa experiência se encontra diante da realidade de uma cascata de amores que se encadeiam e se impelem. Ou, quem sabe, é o caso mais freqüente: se debatem, se refreiam, se embaraçam, contradizem-se em conflitos mais ou menos violentos. O bom enredo de um romance ou de uma novela não consistiria grandemente em entrar nessa corrente ou nessa torrente de amores que se entrecruzam, enlaçam ou desenlaçam; ou então se rompem ou se ligam de maneira definitiva? Uns agem "por amor", outros no desamor, com todo um vaivém de aprendizes na "arte de amar". E a história se estende dentro daquela justa medida que o orçamento permite e que dá para legitimar o desfecho visado pelo autor da ficção ou a ele imposto pelas personagens ou pelo público.

Sensível ao legado e às indicações que lhe vêm da tradição, mestre Tomás percebe na linguagem mesma de seus predecessores uma dualidade muito significativa : a "ordem" é relacionada, quer de maneira precisa à "caridade", quer de forma mais ampla ao "amor". A caridade traduz o termo *agapé*, na versão latina do texto grego (LXX) do *Cântico*. O mesmo se dá com o Novo Testamento. Nele, *agapé* e caridade designam o amor em sua perfeição divina, qualificando o bem-querer de Deus a seu povo, e dos fiéis em relação a Deus e entre si. A palavra amor, em latim e em nossa língua, bem como os termos correspondentes nas línguas neolatinas, guardam toda a sua universalidade recebida da Bíblia e da tradição cristã. Evocam todas as formas da caridade divina, bem como as diversas acepções da afetividade humana.

Tomás estará atento a esses dados semânticos, na hora de realizar a perfeita articulação da "ordem" e do "amor". Ele propõe simplesmente tudo compreender na divisão bipartida: *amor ordinans* ("o amor que ordena") e *amor ordinatus* ("o amor ordenado").

A distinção entre essas duas modalidades de amor se entende de maneira geral como um dado comumente observável na história das existências humanas. Nelas se verificam um ou vários amores que dominam de forma despótica ou flexível, "ordenando", orientando a cadeia dos outros amores. Comandam com mais ou menos rigidez os desejos, as tendências, as opções, as atividades e relações, dando afinal uma qualidade e um destino à vida dos homens e das mulheres, "para o melhor ou para o pior". O teólogo Tomás tem em mira a livre vocação do ser humano à verdadeira felicidade por meio do amor. Para ele o *amor ordinans*, o amor perfeito que há de tudo bem ordenar, é a divina caridade.

DIVINA BELEZA DO AMOR

Em termos de romaria, de descoberta do país das maravilhas a que nos convida Mestre Tomás de Aquino, seria imperdoável passar ao largo dos belvederes mais atraentes e dar as costas aos mais deslumbrantes panoramas. Assim, não dá mesmo para deixar de lado a visão da Caridade, que está bem no centro e bem no alto da *Suma Teológica*.

Decerto, a palavra caridade anda desvalorizada na linguagem e na mentalidade comuns. Como que espontaneamente, evoca apenas gestos de beneficência ou sentimentos de compaixão. No entanto, a novidade da mensagem evangélica começou por forjar um termo novo: a *agapé*. Ela será traduzida, de maneira ainda inventiva, por *caritas*; de onde vem a caridade, amor carinhoso e eficaz àqueles que nos são *caros*. A primeira conotação da caridade seria um "querer bem", um amor caloroso que envolve as pessoas, estimadas por si mesmas e unidas em uma busca da felicidade recíproca.

Com Sto. Tomás, aprendemos que ela evoca o que é caro, o carinho, e nos leva a admirar as carícias maternas de Deus para com seus filhos, o afeto e a ternura, fundando relações de dom e de encontro. Para o teólogo, há uma primeira riqueza a resgatar: a caridade é amor profundo e universal, caloroso e ativo. É certo, nenhuma palavra, de si mesma, exprime essa novidade criativa da caridade. Já o evocamos, o termo *agapé* pertencia à linguagem corrente do grego comum, designando o amor em geral. E foi essa abertura ilimitada que permitiu assumir este termo, infundir-lhe sentido pleno e novo, para definir o amor mais perfeito e mais universal.

Sob a ação e à luz do Espírito, a Igreja apostólica inaugurava, de maneira vivida, aquele paradigma teológico que Sto. Tomás preconiza para elaboração da linguagem sobre Deus. Privilegiar os termos mais amplos, universalizá-los, levá-los à suprema perfeição no empenho de nos aproximar de um conhecimento sempre imperfeito, mas que visa o Infinito do Ser e do Amor em Deus[6].

"Deus me livre de receber um beijo inspirado pela caridade." A frase é mais ou menos a expressão de uma escritora, hoje venerável, mas efervescente e picante no verdor dos 20 anos. Reações desse tipo nos são mais do que úteis para marcar bem a mudança no registro de linguagem que se impõe a mim e

---

6. Cf. S.T., Iª, q. 13, especialmente artigo 11.

ao leitor, não só para saborear Camões, Dante ou mesmo Molière, mas para entrar no sentido de termos como fé, esperança e caridade. Para Mestre Tomás, uma das primeiras tarefas da teologia é de redescobrir e reafirmar a divina originalidade da Caridade. Aplicando sempre seu método de recurso à participação e à analogia, ele abre nossos olhos para bem compreender a revelação evangélica. Ela começa por valorizar o amor em sua dimensão humana, sob suas formas de ternura, de encontro com o outro e de dom de si; eleva ao infinito essa experiência fundamental, manifestando o amor que está em Deus, que é o próprio Deus, e que Deus nos comunica, fazendo-nos partilhar de seu mistério de Comunhão Trinitária.

Por isso, Mestre Tomás se esmera em definir a caridade, com o maior cuidado de manifestar o seu enraizamento na capacidade humana de amar e a sua sublimidade como dom divino por excelência.

Em toda a sua teologia, ele trabalha com os três paradigmas bíblicos que nos são dados para definir a perfeição do Amor, de que a Caridade é a plena realização: intimidade *filial*, relação de *amizade* e aliança *conjugal*. Destacam-se elementos comuns e particularidades em cada um desses paradigmas. Trata-se, com efeito, das formas mais universais e mais elevadas da experiência humana do amor. Em sua expressão mais simples e na sua realidade profunda, essas experiências se encontram em todas as culturas e podem assim servir de meio de compreensão do mistério propriamente divino que é a Caridade.

No entanto, em sua definição *teológica,* Tomás faz a opção pelo paradigma mais amplo, que vem a ser a amizade. Com a maior naturalidade deste mundo, ele faz apelo ao seu modelo englobante de fazer teologia. Essa noção, tão tipicamente bíblica, será elaborada, graças ao recurso à ética de Aristóteles, a qual é aproximada da experiência humana e dos dados da Escritura sobre a amizade. Assim se constrói a definição teológica da Caridade: "*A Caridade* é uma realização eminente da amizade, *uma amizade divina*"[7].

O ponto de partida dessa elaboração teológica é a busca de uma noção perfeita do amor, o que significa: a compreensão lúcida e fundada de sua realidade, de seus elementos constitutivos e de suas diferentes formas de realização. Com esses dados elementares, podemos chegar a uma melhor compreensão da definição da *Caridade* como *forma eminente de amizade* de Deus para conosco e de nós para com Deus e o próximo.

A amizade é explicada como sendo um *amor de benevolência, dotado de reciprocidade* e fundado na *comunhão* de um mesmo bem. Essas finezas da amizade humana são estilizadas e transpostas para definir a Caridade.

A *amizade* é entendida como a forma permanente e acabada do amor de benevolência. Este é mesmo chamado de "amor de amizade", pois que a realiza ao menos de maneira isolada, sem chegar a impregnar toda a existên-

---
7. Ver *Suma Teológica*, q. 23, artigo 1. A primeira elaboração da doutrina em: *Escrito sobre as Sentenças*, livro II, Dist. 27, q. 2, art. 1.

cia. A amizade designa o pleno triunfo, a *continuidade* desse *amor de benevolência*, mais as outras qualidades de *reciprocidade* e de *comunhão*.

Nesse amor de benevolência, poderíamos dizer de pura benevolência, de perfeito bem-querer, aquele que é amado é visado e estimado, como pessoa, como sujeito, como fim em si mesmo. Quem ama não se procura, não busca o seu próprio bem. Quer o bem, a promoção, a felicidade do amado. Esse amor de benevolência, inteiramente puro e gratuito, encontra-se na Caridade de Deus para conosco. Ele é participado na Caridade vivida pelas criaturas, que recebem a comunicação do Espírito de Amor. Mas, nelas, o puro desinteresse é impossível. Elas são feixes de necessidades, de virtualidades a desenvolver. Elas desejam muito justa e acertadamente, segundo a verdade de seu ser, tudo quanto lhes falta para sua realização no plano da natureza e da graça.

Em todo ser humano, ao lado do amor de benevolência, há o amor de concupiscência, o amor desejo. Iluminado pela fé, suscitado pela graça, motivado pelas promessas divinas, esse amor desejo será base da virtude teologal da Esperança. Ela será distinta da Caridade por seu objeto, por sua estrutura, por integração do amor de desejo, retificado, confirmado, elevado em Cristo. Ela será animada pela Caridade. Assim Deus é amado e desejado como nossa Felicidade e plena realização pessoal e comunitária. Tal é o objeto e o dinamismo da Esperança. Deus é amado, querido, buscado como Bem supremo, nele mesmo e por ele mesmo: é a realidade, a força, do amor desinteressado que é a divina Caridade.

Assim, a caridade será caracterizada como *amor de benevolência recíproca*. O amigo é amigo do amigo. A amizade, por este caráter de afeição mútua, estabelece uma certa igualdade. Na amizade, cada um faz a felicidade do outro. Essa é a dificuldade que embaraça alguns teólogos, especialmente entre os protestantes, e os impede de reconhecer na Caridade uma amizade entre nós e Deus. Ao contrário, os grandes místicos, como Sta. Teresa, S. João da Cruz, se comprazem em exaltar essa prerrogativa da Caridade. Por ela, Deus nos dá a capacidade de corresponder ao seu Amor, que tem a iniciativa, que começa por criar em nós pelo dom do Espírito a capacidade de amar a Deus de maneira divina, de entrar na corrente de amor que é a Comunhão Trinitária. Nesse sentido, pode-se falar de uma nova criação, de um novo nascimento de seres divinizados para entrar na família de Deus. É o sentido da filiação divina. E pode-se evocar a insistência da Sagrada Escritura mostrando que Deus estabelece aliança conosco, uma aliança que se personaliza em um paradigma de união e relação conjugal. Tema igualmente desenvolvido com preferência pela teologia mística.

Enfim, a caridade é compreendida como comunhão no Bem divino. É o que há de mais típico para fazer ver a realidade e o dinamismo da amizade: a comunhão. Ter e partilhar os mesmos bens e os mesmos interesses.

Quando há essa comunhão de bens, em um plano inferior, das coisas materiais, sensíveis, mundanas, pode-se falar de uma certa amizade. Mas a verdadeira amizade humana se funda na comunhão dos valores humanos. E uma amizade total é uma comunhão de tudo o que é humano, de tudo quanto integra a realização do ser humano ou para ela concorre. Assim a amizade matrimonial é uma comunhão nos bens divinos e humanos, que constitui a convivência espiritual e amorosa do casal[8].

A Caridade é uma amizade que se funda na comunhão do próprio Bem divino, de Deus mesmo, que se dá como fonte de Santidade e de Felicidade de todos os seus amigos. Essa comunhão funda a comunhão dos santos, tendo como objeto a participação nesse Bem e na sua difusão, em uma mesma vocação e consagração ao Reino de Deus. Assim a Caridade estabelece uma comunhão de interesses, de empenho, de dom de si, pelo Reino, tanto mais forte quanto essa Caridade é real e ativa.

Uma graciosa e forte imagem da Caridade é a esposa zelosa da glória do esposo, da promoção de seu Reino e do cumprimento de sua vontade, tal qual esse amor apaixonado e realista se manifesta na vida e nas palavras da grande Doutora da Igreja, Sta. Teresa de Ávila.

A HARMONIA DA PERFEITA RECONCILIAÇÃO

Essa visão da caridade dá uma primeira resposta à questão da ordem do amor, ao mesmo tempo princípio e efeito da harmonia para as pessoas e as comunidades. Ela visa estabelecer a intimidade de cada um com Deus e a comunhão profunda e real entre todos, penetrando toda a existência e transformando o mundo e a história.

Para pôr em relevo essa unidade e universalidade, Tomás destaca as "propriedades da Caridade", ou as finezas do amor que a caracterizam; embora insista que elas são em si indissociáveis, surgem e crescem juntas, sob o impulso da graça e pela livre acolhida dos corações e das comunidades, que a graça vem suscitar e fazer desabrochar.

Esse *Amor bem-ordenado* resplandece, portanto, pela *universalidade e pela unidade*, qualidades difíceis de conciliar e que a Caridade, amor divino partilhado e agindo na humanidade tal qual ela é, tem de inaugurar e ativar constantemente. Aqui encontramos um dado elementar da catequese cristã, mas que é hoje descartado ou mal-compreendido. A caridade abrange em um mesmo amor Deus e o próximo. Retomemos esta formulação bem tradicional: a Caridade quer ser o amor total de Deus nele mesmo e por causa dele mesmo, e o verdadeiro amor do próximo em Deus e por causa de Deus. Uma não existe sem a outra, ambas crescem juntas. É a grande insistência de todo o Novo Testamento, muito especialmente de Paulo e de João. Um mesmo Amor envolve: o Pai, o Cristo, os irmãos. Toda mística que pretende ir a Deus sem viver no amor verdadeiro e realista dos irmãos é uma ilusão. Conduz a

---

8. Veja-se uma bela e clara ilustração dessa doutrina no Concílio Vaticano II, Const. *Gaudium et Spes*, IIª Parte, cap. 1º, n. 49.

um grande desvio espiritual. Ou patológico. Ou os dois. Tal é o corolário dessa visão primordial da divina Caridade.

É algo de essencial, de vida ou de morte para o cristianismo manter esse laço íntimo entre essa dupla dimensão do amor-Caridade. E que ninguém se iluda. Não se trata de uma evidência ou de um plano caminho bem batido. Primeiro há aquele equívoco doloroso de quem vem com esta de "suportar os outros" ou de lhes "fazer o bem" por "amor de Deus". O tal do "próximo" (tão distante, na verdade) serve de gancho para se pendurar "méritos" e "boas obras" em termos religiosos mais ou menos manipulados. É pura ocasião para os ricos mostrarem que têm até bom coração. Talvez Mestre Tomás abanasse aquela sua imensa cabeça lombarda e entrasse com um pouco de ironia: olhem, nesse caso, quem sabe não seria melhor que se começasse por dizer logo que o Evangelho é mesmo mais do que chocante, é escandaloso. Pois se trata mesmo de "amar", de "querer bem". A lucidez evangélica há de levar a descobrir amabilidade em alguém visto e aceito como "próximo", como "irmão". E impele a partir para aquela de ajudá-lo a se tornar mais amável ainda, a se promover, a se realizar. Porque ninguém vai pretender apenas beneficiá-lo como um produto a que se quer acrescer valor no mercado. Ela, ele não são coisas, são pessoas. Aqui, a mensagem se torna mais que pós-moderna, pois declara essas pessoas absolutamente únicas e singulares, mesmo que se achem um tanto banalizadas e até completamente desfiguradas por conta de suas faltas ou das de outrem.

No contexto de Nova Era, a mensagem evangélica, realçada por Mestre Tomás com uns tantos requintes filosóficos, vai enfatizar a dignidade da pessoa, enquanto criatura e imagem de Deus, com sua identidade carimbada de filho de Deus, chamado à vida eterna. Por isso, acolhendo com imensa simpatia os movimentos que apregoam a ascensão espiritual, na base de evolução, de reencarnação, os mestres cristão de ontem e de hoje apontam para essa singular dignidade de cada pessoa. Não se vê como alguém possa revestir a personalidade de outro com uma roupagem mais preciosa ou distinta. Iremos notando que, no fundo, certas tendências espiritualistas relegam ou passam em silêncio o Deus pessoal em seus desígnios de amor; e com certa lógica coerente, coisificadora, relativizam também a responsabilidade propriamente pessoal, excluindo-a até da vida moral e do aprimoramento espiritual. Amar com toda a inteligência e todo coração a Deus e ao próximo em Deus e por causa de Deus, envolvendo-os em um amor pessoal, é um facho de luz levantado sobre o mundo e que está longe de já ter revelado toda a sua força renovadora e mesmo revolucionária.

Voltemos a uma leitura mais cerrada do texto mesmo de Mestre Tomás. Ele é tão atual que às vezes nossa exposição corre o risco de virar uma espécie de questão quodlibetal, enfrentando as questões da hora. Uma *segunda característica* que o Mestre destaca na famosa *ordem do amor* é uma espécie de fecundidade harmoniosa; a Caridade surge como a *constelação das virtudes mais elevadas*.

Nosso interesse vem despertado por uma contribuição inesperada. Vamos aprofundar nossa compreensão do amor. Pois essas virtudes são como o desabrochar do próprio amor em suas formas e atividades, visando a Deus e ao próximo, em uma afirmação e uma fecundidade do bem-querer. É o universo do amor teologal, que se desdobra em virtudes que são como as lindas faces de uma mesma Caridade. Esta se estende e se manifesta, sob noções diversas, porque atingem ou envolvem muitos campos. Mas traduzem a energia de um mesmo amor humano, tocado pela chama divina, buscando assumir e transformar a realidade, a vida, a convivência de todos os homens e de todas as mulheres.

Para compreender essa plêiade de virtudes, somos convidados a considerar a natureza e o dinamismo do amor.

Ele tem uma atividade própria, a atividade íntima do querer que se identifica afetivamente com o bem-amado. A essa atividade interior e própria do amor se prende um feixe de virtudes, que formam como o lado íntimo da caridade. Elas nos mostram o que há de mais típico em uma vida autenticamente evangélica, especialmente quando desabrocha plenamente na mística. Elas nos encantam quais virtudes do puro bem-querer.

Mas o amor é também uma força que se difunde, uma energia suave e poderosa que se exerce sobre todas as faculdades e atividades humanas. Dessa influência eficaz do Amor divino decorre um conjunto de virtudes, que manifestam sua eficácia na existência pessoal, comunitária e social. Elas são talvez mais vistosas, pois são as virtudes do bem-fazer.

As virtudes do bem-querer constituem o requinte de perfeição e fineza do amor-ternura. As virtudes do bem-fazer são o coroamento e o transbordar do amor-dom-de-si.

VIRTUDES DO PURO BEM-QUERER

Assim, no Amor divino que é a Caridade, distinguimos o que há de mais íntimo, e que Mestre Tomás chama simplesmente de *Dileção*, nem se encontra outro nome que diga melhor e não corra o risco de trair o Mestre. Em plena consonância com sua conotação latina, para Tomás de Aquino, a dileção só qualifica o amor entre pessoas. É o laço íntimo da própria afeição, prendendo e identificando as pessoas, queridas por elas mesmas e nelas mesmas. Ela surge e se vai tecendo qual pura relação de amor: um no outro, um para o outro, sem que mais nada nem ninguém intervenha. É o bem-querer recíproco, levando o amado-amante à identidade perfeita das vontades, dos afetos e desejos. Esta felicidade primeira e simples de estar um com o outro se exterioriza normalmente em uma multiplicidade de atitudes e gestos; mas consiste mesmo em uma experiência imediata e profunda, florescendo em uma braçada de relações íntimas, que se exprimem (como podem!) em doces e fortes preposições conjuntivas: ser da pessoa amada, ser para ela e por ela, ficar com ela e mesmo nela estar. Tal é o elã primordial desse amor de dileção: tornar-se uma pessoa toda relativa à pessoa amada[9]. A *dileção divina é como o coração da Caridade*. Bem se compreende a conseqüência que o Mestre nos ensina: ela é a fonte imediata da *contemplação*, "simples e puro olhar amoroso, encantado pela beleza, pela verdade e pela bondade de Deus"[10].

Dessa visão do amor em sua intimidade, decorre a compreensão de sua fecundidade, desdobrando como o elã mesmo desse amor. E assim, explica Mestre Tomás, da "dileção" emana a *Alegria* em Deus, no bem divino, nas pessoas ligadas a Deus. Essa alegria inspira o louvor e a ação de graças, alma do culto divino e da virtude de *religião*[11].

Outra dimensão da dileção divina ou outro seu efeito imediato é a *Paz*. Ela se define como perfeita "tranqüilidade da ordem", fundada na verdade e na justiça, realizando-se no encontro amoroso com Deus. Emerge da felicidade de amar e de ser amado, bem como da certeza do triunfo do amor, apesar de todo o mal e de toda a fraqueza, que envolve o dia-a-dia de cada um, a história das cidades, dos países e da humanidade.

A paz, nessa visão de Tomás de Aquino, de Mestre Eckart, de João da Cruz, é o eflúvio do amor que já faz saborear a vitória sobre o mal, os conflitos e angústias. Inaugura a antecipação jubilosa do triunfo total da justiça e do amor, e se torna uma fonte de coragem de viver, de conviver e de lutar por esse triunfo. A paz é um dom e uma felicidade, ao mesmo tempo que uma força serena que se empenha na luta, na plena consciência que só pelos caminhos da paz se pode marchar deveras para a paz.

Quando, portanto, se pergunta a Tomás de Aquino o que vem a ser o sentido e a exigência primordial do mandamento dos mandamentos: "Amarás o Senhor teu Deus", a sua resposta é de uma simplicidade desconcertante: tu viverás em perfeito e constante bem-querer, em um encontro íntimo e afetuoso contigo e com a Fonte de teu ser. Viverás em uma contemplação amorosa da beleza, da bondade e do amor do Deus que se revelou e se deu a nós, somente pelo gosto de amar e de ser amado. O dom e a realização deste "amarás" é a força salvadora que o Evangelho assegura a todo homem e a toda mulher. E, acolhendo e prolongando a mensagem do Apóstolo, aí vem o programa de base: libertem-se do jugo da "lei" e acolham na fé, na esperança, no amor, a ternura paterna-materna de Deus. Seria preciso inferir o lado negativo? Em teoria, corre-se talvez o risco de deslizar na redundância. No entanto, na prática, é preciso dizer, senão gritar: o desamor tem sido muitas vezes a apostasia dos cristãos, neutralizando o Evangelho, no decorrer da história. E, hoje, não

---

9. Ao tentar falar do mistério da Comunhão divina do Pai, do Filho e do Espírito Santo, Mestre Tomás dirá simplesmente que as Pessoas divinas são puras relações subsistentes de conhecimento e amor. Cf. *Suma Teológica*, 1ª Parte, q. 28: Sobre as Relações Divinas.

10. Como a caracteriza Sto. Tomás na II-II, q. 180.

11. A vida sendo o que ela é, com seus altos e baixos, aprendemos também de Mestre Tomás: a alegria em Deus e em seu amor será a fonte da *Contrição*, esse pesar de haver ofendido o Deus-Amor, levando à detestação do pecado, enquanto oposição ao Amor divino ou recusa desse Amor.

vivemos um contexto histórico de desqualificação de pessoas e de instituições cristãs, tidas por incapazes de responder a quem tem sede de contemplação, de alegria e de paz? No coração da mensagem de Tomás de Aquino, dando sentido e força à sua ética, à sua teologia e à sua mística, está o convite da Sabedoria: venham às fontes da água viva e mergulhem no Evangelho, bebam do Espírito, pois ser cristão é ser aprendiz de Deus, seguindo na vida sua escola de contemplação e de libertação.

Vamos enfrentando o desafio da Nova Era no que ela tem de mais profundo e naquilo que ela trará ao mundo como contribuição decisiva. Longe estamos de um encontro fácil. A questão que se levanta é a mais alta e a mais árdua. Nem mesmo é uma questão, mas é a questão pura e simples sobre o que é o ser humano, qual o seu destino, para que ele está programado. Muitos respondem que sua realização passa pela oração, qual forma de viver e de conviver em profundidade, ou pela contemplação, como encontro de si mesmo e com a realidade essencial do universo. É um bom pedaço de caminho andado. É um feliz ponto de encontro de quantos se salvam da alienação do economismo, do utilitarismo, do consumismo, do hedonismo e de outros ismos com que se conhecem uns tantos vírus de tristes efeitos e de vida longa, que assolaram a parte mais dinâmica da civilização atual.

A mensagem que a Nova Era pode encontrar junto de Mestre Tomás pode parecer até uma provocação para quantos foram atingidos pelo complexo de orfandade. Aceitam pajens, mestres, guias e gurus, contanto que não lhes falem que têm um Pai. E que não venham com essa que são por ele programados mesmo para amar e ser amados. Nem se diga, menos ainda, que o essencial desse programa é que um amor de encantamento, de contemplação jubilosa e enternecida, nos há de unir pessoalmente ao Deus Amor, que, para falar com todo rigor, é e excede em bondade Pai e Mãe.

Mestre Tomás, o que proclamaste no contexto da Nova Idade do Espírito dará para ajudar a Nova Era de Aquário? Ou a humanidade terá de progredir muito ainda para chegar a ouvir sem desconversar o supremo e suave, e, no final das contas, o único mandamento: "Amarás!"?

VIRTUDES DO GENEROSO BEM-FAZER

Até aqui, seguimos Mestre Tomás, considerando as virtudes que promanam da Caridade como formas ou aspectos do próprio amor que a constitui. É o lado íntimo do coração amoroso, a atividade da vontade que repousa ou se compraz no bem divino que ela ama. Agora olhamos para o amor em sua eficácia, em sua fecundidade, como força que impele a agir e engendra a capacidade de fazer o bem. É a Caridade inspirando e animando o *bem-fazer*. Essa é a face visível da Caridade, o seu lado mais ostensivo e para muitos a única forma que conhecem de Caridade.

Esse dinamismo da Caridade se caracteriza pela universalidade de sua eficácia. É uma força íntima e tranqüila que leva a fazer por amor todo o bem.

É interessante confrontar o projeto do Apóstolo Paulo e do teólogo Tomás de Aquino. Paulo se achava diante do desafio daquela que foi a Nova Era em sua forma primordial e exemplar. Após Pentecostes, as comunidades cristãs tinham a tarefa de pregar ao mundo, acessível para elas, o que era plena e perfeita revelação de Deus realizada na palavra de Cristo e no dom da graça do Espírito. O mundo acessível a essa mensagem era o mundo dotado de comunicação, em um primeiro tempo o mundo greco-romano.

Quando os intelectuais, sobretudo os do helenismo, se convertem em número suficiente para ambicionar a liderança, eles tentam excogitar e implantar uma versão agnóstica do cristianismo. Interpretam à luz de suas experiências antigas a nova experiência que se pode resumir nesta palavra: a experiência do Espírito de Pentecostes. Como pensam e o que pretendem essas elites? Partem do ter e querem nele se instalar. Recebemos as luzes do Espírito, temos tudo para alcançar uma perfeita gnose, uma ciência espiritual, e para confiar aos sábios a orientação dos pequenos e dos ignorantes. O Apóstolo Paulo não tem um instante de dúvida. O Espírito nos foi dado, temos a perfeita revelação e o dom perfeito do amor. Mas o que é o amor, essa palavra definitiva e esse dom perfeito de Deus?

Em resumo, Paulo explica: é o que há de mais excelente, o que é duradouro porque já é a perfeição do que Deus tem para nos dar. E passa a trocar tudo em miúdos, mostrando que a Caridade, esse amor divino difundido em nós pelo Espírito que nos foi dado, é um elã suave e incansável de fazer o bem, de fazer todo o bem possível a todos. Ela reveste todas as formas de bem-fazer que os discípulos conhecem e que estão simplesmente à disposição deles.

O Apóstolo lança mão de um processo descritivo, revelando que a perfeição do amor de Deus se torna uma capacidade de assumir o dia-a-dia, as tarefas, os problemas, os sofrimentos dos homens e das mulheres que aí estão. Mestre Tomás fará o mesmo, mas em outro contexto e com outros recursos intelectuais e culturais. Paulo não emprega a palavra virtude. Tomás está compondo uma ética de inspiração teológica cuja categoria de base é precisamente a virtude. A fecundidade total da caridade consistirá então em inspirar e suscitar todo universo das virtudes do bem-fazer.

Simplificando, Tomás traça como duas linhas que se juntam formando uma cruz. Uma primeira linha ou um primeiro critério estende o influxo da caridade de modo universal, abrangendo todo o ser humano, na sua consistência espiritual e corporal. A caridade leva a fazer todo o bem espiritual e corporal. Outra consideração tem em conta a condição existencial do ser humano: ele trabalha para ser bom, lutando contra o mal. A caridade, dirá Mestre Tomás, será eficaz na prática de todo bem e triunfará do mal que aflige e aliena o ser humano, comprometendo sua capacidade de amar e de promover o bem, no plano espiritual e corporal. Indiquemos de maneira sumária a aplicação desse modelo tão simples, tão do estilo do Mestre.

A energia da Caridade impelindo ao bem espiritual é o *zelo apostólico, princípio* de *edificação* (de *construção*, no sentido próprio) da vida e da comunidade. Ele é como a força íntima e eficaz da própria *dileção* divina, dela emanando em simbiose com a *contemplação*. O amor tende a espalhar o amor, em razão mesmo do que ele é e na medida da sua intensidade.

Em seu dinamismo conquistador e transformador das pessoas e do mundo, o amor esbarra com o mal. Diante do mal, espiritual, moral, a Caridade move à *compaixão* e ao *perdão*, bem como à *correção fraterna*. Ela se prolonga assim como imitação da misericórdia divina e elã da obra da Redenção, dentro da história e da condição humana que é busca de abertura ao outro e superação do egocentrismo e do narcisismo...

Diante do mal e da miséria corporal, a beneficência que a Caridade inspira e incita promove toda espécie de ajuda e socorro, a que a tradição evangélica dá o nome de *esmola*. Esse nome, desvalorizado hoje, formava no Antigo e no Novo Testamento, junto com a oração e o jejum, as três obras principais da justiça ou da religião verdadeira, vindo do amor e levando ao amor. É o projeto de perfeição que se desdobra na Segunda parte do Sermão da Montanha (Mt 6)[12]. Dentro do modelo limitado em suas particularidades pelas condições concretas de seu tempo, Tomás indica o imperativo de criar sempre programas adaptados de ação que respondam às novas necessidades humanas. A "esmola" não é a distribuição condescendente das sobras de nosso supérfluo e de nosso luxo. É uma exigência constante de atender ao outro, pois a condição humana é feita de dignidade e de precariedade. Todos são dignos e todos se encontram em muitas situações de penúria e carência. O intercâmbio generoso do dar e receber é a lei vital do amor.

TODA UMA ÉTICA DO AMOR

Aqui Mestre Tomás vai se mostrar pioneiro na arte e na coragem de abrir caminhos. Vai caracterizar o novo paradigma ético inaugurado pela palavra de Cristo, tornada luz e energia criadora pela graça do Espírito. Mas imprime, no entanto, a esse paradigma cristão uma expressão ética bem elaborada. E, segundo seu costume, o chefe de seu canteiro de obras, na hora de arquitetar construções, apela para o filósofo Aristóteles. Vejamos o trabalho feito, pode--se dizer bem-feito. No entanto, o que mais nos interessa é sua orientação e seu estilo, o modelo que nos pode servir de referência, diante de problemas semelhantes. A questão se esclarece: que sugestões nos faz o Mestre, quando enfrentamos esse feixe de problemas chamado hoje pluralismo ético.

Vestindo o dado evangélico segundo o figurino ousadamente aristotélico, Mestre Tomás lança esta tese: *a Caridade é a "forma" de todas as "virtudes"*. Realçamos entre aspas os dois termos que vêm da ética do Filósofo para o campo do Teólogo. No começo deste nosso capítulo, apreciamos a maestria

---

12. Sobre a fecundidade da Caridade e a constelação das virtudes que ela inspira, ver a *Suma Teológica*, II-II, q. 27-33, de que evocamos as grandes linhas.

de Camões. Ele introduz a pesada e fria linguagem escolástica na leveza e na quentura de sua poesia lírica. Com esmero, descreve a sua alma amorosa como a "matéria" suspirando por sua "forma". O fino galanteio do Poeta brilha com muita graça. Pois aprendeu que a "matéria" é feita para a "forma", é uma simples capacidade de ser e agir que a forma vem realizar e levar à perfeição. Ele diz portanto à sua querida "semidéia" que, sendo a "forma" dele, ela o faz existir e viver. Sem ela (assimilada à "forma"), ele pode vir a ser, vir a agir e a fazer algo, mas não dá para ser, agir e fazer de verdade. Não que o Poeta seja um simples nada. Ele é e tem algo em si, a "matéria", a "potência" ou a virtualidade, que vem do amor que o está "liando" à "linda e pura semidéia": assim ele surge do nada, pelo amor que ele já tem, que a ela consagra. Mas vai realizar-se de todo com a perfeita união, afetiva e efetiva, com ela. Esta "semidéia" revela sua criatividade divina em dois tempos: primeiro, deu-lhe ser "matéria", despertando sua capacidade de amar; e depois há de atender a súplica do amante, concedendo-lhe o ser em perfeição, a ele se entregando qual "forma" almejada, com que se levará a cabo o ser de amor e pelo amor no Poeta, enfim plenamente ditoso.

Passemos do Poeta ao Teólogo, com o risco de não ter nem a "matéria" e menos ainda a "forma": da graciosa estética do primeiro e da profunda sabedoria do segundo. Enfim, um pequeno exercício de leitura de Mestre Tomás, se não ajudar muito, pelo menos é certo que não atrapalha. Tomás joga aqui com os três elementos: a caridade, a forma e as virtudes, um pouco como Camões brinca com as realidades: a "semidéia", a "forma" e a "matéria" de seu ser amoroso. As virtudes têm um papel intermediário, guardando um aspecto de "forma" e assumindo outro de "matéria". A virtude realiza em si o que diz uma daquelas famosas cem palavras-chaves, com que Tomás abre e fecha todas as portas do seu mais famoso ainda Eldorado teológico. Essa palavra-chave é *habitus*. A virtude é um "*habitus* bom".

Ao acabar de pronunciar essa expressão, Mestre Tomás pode esfregar as mãos, pois já disse tudo. Poderia deixar a explicação a um de seus orientandos. Este, encurtando conversa, para não apagar o sorriso do rosto do Mestre, sintetizaria tudo, mais ou menos assim: nós todos, desde o começo da vida, temos capacidades de ser bons, de praticar o bem. É mesmo simples capacidade, uma mera potência ou virtualidade, assim como uma matéria pode receber uma forma. A virtude, a virtude de justiça, por exemplo, tão importante e mesmo fundamental, será como uma "forma", será em mim um *habitus*, um "*habitus* bom", dando-me a capacidade e até certa facilidade de fazer o bem, de dar a cada um o que é seu. Aí, Tomás completaria com aquela sua naturalidade: a justiça será em mim esse *habitus* bom, essa virtude fundamental, mediante o exercício que faz passar aquela capacidade inicial à verdadeira qualidade de bem agir.

A virtude realiza a noção de "forma", pois é uma qualidade que aperfeiçoa o nosso agir em um campo bem determinado e que tenha lá suas dificuldades, requerendo uma maestria, uma disposição firme e a mão adestrada para que a vida moral tenha qualquer coisa daquilo que constitui a beleza estética. No entanto, Mestre Tomás quer mostrar que a caridade é uma força de amor. Pois que firma e confirma todas e cada uma das virtudes na bondade própria a elas, e lhes acrescenta um novo sentido e lhes abre horizontes deveras divinos. Ela é a "forma" divinizante que assume de dentro e eleva pela força do puro amor todas as "formas", as perfeições próprias do nosso agir virtuoso.

A Caridade estimula o surgimento e o progresso de todas as virtudes, humanas e evangélicas, na "ordem da natureza e da graça", diz Tomás. E acrescenta: confere a elas a qualidade de "verdadeira e perfeita virtude". Ela lhes dá a orientação plena e desinteressada ao Bem Divino[13]. Bem se vê que mestre Tomás volta sempre àquela sua idéia de base. A Caridade é a virtude universal. Tem a sua missão própria e única de semear o amor de Deus nas vidas de todo homem e de toda mulher, que Deus criou e programou para amar. E em virtude das abrangências sem limites desse amor, a caridade se estende a todos os planos do querer, do agir, do fazer, do lutar, do sofrer ou do gozar. Assim se manifesta sua universalidade, sua presença ativa e ativante em toda a vida cristã, e ao mesmo tempo a valorização das outras virtudes. Mais profundamente, assim se evidencia a justa autonomia da ética ao mesmo tempo que sua teonomia. Cada virtude tem seu campo próprio e tem na razão a sua própria capacidade de guiar-se e de caminhar na linha do bem. Esse influxo da Caridade assegura, pois, a vitalidade e a consistência das virtudes, bem como sua elevação ao plano propriamente divino de busca do Reino de Deus e de marcha para a Vida Eterna.

Essa doutrina um tanto técnica em sua formulação era atual na hora que Mestre Tomás a elaborou na base de diálogos, debates e de um ensino ilustrado com exemplos e confirmado por toda espécie de "autoridades" filosóficas ou teológicas. Mas, como sua contribuição não entrou nem nas idéias nem na prática da cristandade, a atualidade de Tomás cresceu foi muito. Hoje, entra no campo das urgências urgentíssimas.

Uma simples ilustração mostra como problemas mal-enfocados levam a falsas evidências desastrosas. E pedem que se apele para a verdadeira sabedoria do conhecer e do agir. Quando surgiu a famosa "questão social" na segunda metade do século XIX, surgem cristãos da categoria de Frederico Ozanam, o professor universitário que lançou as chamadas Conferências de S. Vicente de Paulo. Eles levantavam os braços aos céus, para alertar a sociedade, e arregaçavam as mangas para enfrentar a labuta e a luta pelos trabalhadores mal pagos e pelas massas dos desempregados.

Cresceu a onda dos chamados "cristãos sociais". E vejam lá como eram edificantes os tais cristãos, que não se chamavam de coisa alguma, mas que eram os "associais". Em tom docemente piedoso, proclamavam: "A caridade basta". A "caridade é paciente", a "caridade tudo perdoa"... Profanavam o

---

13. O leitor está percebendo que estamos lendo juntos a q. 23, artigo 8, da II-II.

Hino à caridade do Apóstolo, tirando do contexto frases despedaçadas. E iam em frente: por que falar de justiça? Por que levantar esta questão de direitos, direitos ao salário, ao trabalho, a boas condições de trabalho? Se há gente passando necessidade, tenhamos "caridade"(?), sejamos generosos em nossas esmolas. O papa Leão XIII se viu na obrigação de intervir. E, depois de muito vaivém de consultas e reflexões, lançou a encíclica *Rerum Novarum* (15 de maio de 1891). Com muita serenidade, em um latim da melhor qualidade, o papa declarou que não havia motivos para desentendimentos. A doutrina cristã de ontem e de hoje é de uma clareza que lembra um meio-dia napolitano. E de fato citou simplesmente um napolitano, frei Tomás de Aquino, destacando o essencial de sua ética humana e evangélica: a caridade começa por exigir a justiça, levando-a à perfeição. Pois, para se chegar à paz, que é a concórdia do amor, é preciso passar pela justiça que afasta os obstáculos e reconcilia os seres humanos em sua plena dignidade.

Quando chamado a tempo, mestre Tomás não falha. Hoje, ele está aí para não deixar esquecer. Desenvolvimento "sustentado", "globalizado", Nova Era sob os melhores signos e os astros mais propícios, saindo de Peixes e entrando em Aquário, tudo isso merece lá sua atenção e seus estudos. Mas se não houver promoção efetiva da justiça, todos os direitos para todos, sem essa primeira e radical exigência do amor, os sonhos vão sendo sempre protelados. E a Esperança levantará os braços, como o bem-aventurado Frederico Ozanam: sem a justiça não dá para falar de uma civilização do amor nem de uma Nova Era de paz universal.

Temendo talvez que seus discípulos sigam seus exemplos e se exaltem um pouco na hora de passar os recados mais decisivos, Mestre Tomás insistiria que se concluísse com uma pequena síntese, como ele mesmo termina sua questão: a ação profunda da Caridade sobre o universo das virtudes se realiza sempre como uma "ordem do amor", como uma harmonia interior que assume as virtudes mestras, a Prudência e a Justiça. Como a Prudência e a Justiça, as outras virtudes têm sua "forma" específica; e são enriquecidas de uma nova "forma" pela Caridade que as eleva e orienta para o Fim último, divino, sobrenatural[14].

O AMOR DO HOMEM E DA MULHER

A sublimidade do amor divino assim enaltecida na energia fecunda e unificadora da caridade não nos levaria a interrogar nosso mestre sobre a

---

14. Na base dessa doutrina, encontra-se a distinção dos atos "elícitos", imediatamente produzidos pela vontade, e dos atos "imperados", comandados pela vontade, que exerce um influxo íntimo e eficaz sobre as outras faculdades e até sobre si mesma. Um ato primeiro de amor (ato "elícito" de dileção) exerce uma influência, dá uma orientação interior a um ato de justiça (ato de justiça "imperado", comandado pelo amor, movido pela Caridade). Seria um interessante exercício de leitura comparar o artigo 8 da q. 23 da II-II (que serviu de base à nossa exposição) com a q. 17 da I-II, onde se encontram os princípios de base da ética fundamental de Tomás.

sorte que ele reserva ao amor humano? A densa e humilde realidade desse amor, seus pendores e gestos mais terra-a-terra, não ficariam um tanto eclipsados pelos esplendores do amor divino?

Falando de amor humano, será que a mulher não ficou um tanto relegada no dia-a-dia, embora a sublimidade de sua missão seja exaltada até as nuvens, mas ficando mesmo somente nas nuvens? É sempre oportuno e enriquecedor voltar a sondar mais de perto a construção do Mestre, e até mesmo vasculhar a sua oficina com o intento de pôr à prova os seus materiais, seu método de trabalho e a qualidade dos resultados obtidos por sua imensa capacidade de síntese. É bem possível que cheguemos a conclusões um tanto matizadas em certos pontos delicados.

Com efeito, o empenho de abraçar a maravilhosa complexidade do amor humano e a infinita riqueza do amor divino se traduzem concretamente em um rude labor de coligir e confrontar todo um emaranhado de autores e de correntes doutrinais. O Teólogo dá às vezes a idéia de um esforçado juiz que se esbalda em acarear testemunhas de línguas estranhas e confusas, buscando entendê-las, destrinçar e apreciar seus depoimentos disparatados ou contraditórios. Vejam Tomás de Aquino às voltas com a conciliação da caridade e da concupiscência, todo atento ao linguajar, à problemática e às posições de S. Paulo, de Sto. Agostinho, de Aristóteles, dos neoplatônicos, dos estóicos, que não parecem nada fáceis de ajustar.

Para acompanhá-lo em suas aventuras, e por que não dizer também em suas desventuras, partamos de algumas evidências. Mestre Tomás não se limita jamais a acumular dados ou testemunhos. Menos ainda aceitará a problemática e os termos de uma questão mal equacionada, seja qual for a autoridade que a formule. Ele bem sabe que um problema mal colocado só pode dar em solução errônea e desastrada. Ele define ou redefine as noções e refaz pela base o questionamento. Nem lhe faltam cortesia e habilidade para interpretar no bom sentido os autores que não usaram do mesmo rigor ou da mesma exatidão para se exprimir.

Para mostrar o quanto a sua intervenção de sábio colaborou para a clarificação dos grandes problemas filosóficos e teológicos no que toca ao amor, seria preciso percorrer o conjunto de sua obra. Vamos tentar uma opção delicada, destacando um domínio que surgia diante dele como um labirinto, tecido de um emaranhado de tradições heterogêneas e mal delimitadas, de noções e valores mal definidos em torno do amor, da concupiscência e do matrimônio.

Já aludimos (no limiar do capítulo 2) à presença do problema na sociedade, ou melhor, nos castelos e casas-grandes da época. Nas rodas femininas do tempo de frei Tomás de Aquino e um pouco anteriores a ele, as mulheres discutiam com gosto e humor, perguntando-se em júris de salões se o amor é realmente compatível com o matrimônio. E respondiam com segurança e entre risadas que marido e mulher não deverão negligenciar os seus deveres no leito conjugal; mas o amor habita o país da liberdade e segue as normas tão somente do bem-querer. Cercadas e cortejadas por poetas e trovadores, essas damas e matronas davam uma expressão cultural e jocosa a uma singular situação do matrimônio na cristandade medieval.

E a teologia em toda essa visão do casamento? Um mestre como Tomás não ignora que o matrimônio é mesmo o sacramento do amor. Unindo-se em uma só carne, os esposos simbolizam o amor perfeito e total do Cristo e da Igreja, comunicam-se um ao outro o sacramento de que são deveras os ministros. Estes recebem as bênçãos e o testemunho oficial da Igreja (por meio do ministro consagrado). Essa é a boa doutrina, formulada de maneira um tanto teórica, sob a inspiração da mais bela mensagem bíblica.

No entanto, olhando para a prática e o decorrer da história, tem-se a ocasião quase sensacional de surpreender um mestre do gabarito de Tomás de Aquino tentando nadar contra a corrente. Ele busca reunir e articular todos os dados das diferentes posições tradicionais que acabaram por dissimular o lugar primordial do amor no matrimônio. Este virou mesmo um *matris munus*, "uma função materna", a instituição para que a mulher exerça a sua missão de ser mãe. O que se realça é a finalidade primária do casamento, definida como a "procriação e a educação dos filhos". A que se acrescenta para os esposos, qual finalidade secundária, o "mútuo auxílio" que se prestarão na sua vida comum e o "remédio" para a sua própria concupiscência, que encontrarão "cumprindo os seus deveres" no leito conjugal. Tal é a doutrina tradicional que Tomás encontrava na *Suma* das sentenças de Pedro Lombardo, manual obrigatório no ensino da teologia do século XIII ao século XVI. Ela perdurará sendo formulada tal qual no direito canônico até 1982 (quando se promulga o novo Código atual)[15].

Seria mais do que interessante estudar os fatores que levaram a doutrina oficial da cristandade a essas desastradas e desastrosas posições doutrinais e práticas sobre o casamento. O pior do agostinismo, aplicando ao ato conjugal uma visão obscura e infeliz da concupiscência, misturava-se a fragmentos de estoicismo, que enalteciam a razão, desconhecendo a riqueza da linguagem corporal em que se exprime o amor sexual.

Mestre Tomás fez o que pôde. Inaugurou um processo de revisão crítica de todo esse amontoado de verdades fragmentárias, donde resultava uma visão calamitosa do casamento e do amor. Não estava assim comprometido o que há de mais importante e central nesse país das maravilhas a que se dedica a sua "Sagrada Doutrina": a beleza e a verdadeira fecundidade do casal humano?

Seguindo seu método costumeiro de juntar e harmonizar os dados da mensagem bíblica e da reflexão filosófica, para ele representada em Aristóteles, Tomás abriu algumas pistas audaciosas, mas não teve tempo de realizar aqui o seu projeto inovador. De forma muito macia, sem arvorar suas inovações por cima dos telhados, ele conseguiu salvar a intimidade conjugal das

---

15. *Código de Direito Canônico*, Edições Loyola, São Paulo, 1984.

culpabilizações que lhe vinham do lado da danosa concupiscência agostinista. Insiste que não se hão de buscar escusas ou legitimações para a atividade sexual dos esposos. Torna-se quase provocante (para sua época e para a mentalidade fechada da cristandade), declarando em uma fórmula progressiva: *"O ato sexual entre esposos é bom, virtuoso, santo e meritório"*. Ele realça nas cartas do Apóstolo Paulo (aos Colossenses, aos Efésios) que o marido há de ter pela esposa um amor que vá até o fim, à semelhança do amor de Cristo pela Igreja. Destaca em Aristóteles que a comunhão total e plena de vida entre marido e mulher vem a realizar a forma mais perfeita e acabada do amor-amizade. E assim situa, explica e exalta o amor conjugal na sua grande questão que já conhecemos sobre "a ordem do amor" à luz e no elã da divina caridade.

No entanto, o Mestre não levou a cabo o seu intento. O seu tratado sobre o sacramento do matrimônio transmite o que conseguiu fazer, na sua juventude ainda, comentando Pedro Lombardo. Não chegou a dar-nos seu pensamento definitivo na *Suma Teológica*, que ficou inacabada, sem chegar ao tratado do matrimônio.

Por que não abrir mesmo o coração, em um ponto de tal relevância para a teologia e para a cultura? O discípulo de Sto. Tomás se queixará sempre de uma falha. O mestre não distinguiu em sua ética a virtude verdadeiramente básica do amor humano, do amor em sua consistência e seus limites humanos. Tratou do amor como a primeira das paixões, chegando a elaborar uma metafísica do amor e insinuando o seu lugar como valor ético fundamental. Abordou amplamente o tema do amor humano dentro dos quadros e perspectivas da caridade. A gente não pode deixar de lamentar: Mestre Tomás de Aquino não consagrou um de seus esmerados tratados à beleza, às promessas e às exigências do amor do homem e da mulher. Assim, não deu um desmentido cabal e fundado à risonha mas, no fundo, decepcionada certeza das damas e dos júris femininos que sentenciavam: com a tristeza e a rijeza dos seus deveres e culpabilizações, o casamento se tornou o sagrado túmulo do amor.

Não se tocaria em uma das falhas que comprometeram, na cristandade, o advento da Nova Era no Espírito, de que Tomás foi o teólogo e o arauto?

Os gênios têm lá os seus limites. E os próprios carismas do Espírito respondem a necessidades bem situadas e circunscritas de uma época. Tomás teve de enfrentar um machismo mais do que milenar, que impregnava e às vezes sufocava a cristandade medieval. Mas não será estimulante aceitar e verificar a hipótese de que há avanços audaciosos e limitações lamentáveis na atitude do grande mestre em relação ao "devoto femíneo sexo"?[16] Sem dúvida, sua própria experiência, seu contato pessoal com as mulheres foram muito positivos. Mesmo no momento em que a família Aquino tenta interceptar sua marcha para Paris, em busca da realização de sua vocação dominicana, vê-se

---

16. Expressão do ofício da "Bem-aventurada Virgem Maria", na liturgia dominicana, certamente utilizada por frei Tomás de Aquino.

a qualidade de suas relações com suas irmãs. Há uma troca de confidências entre elas e o irmão prisioneiro. E uma delas se deixa até conquistar pela beleza do ideal dele. E se faz também religiosa. Tomás admirou as mulheres que se afirmaram e sobressaíram na difícil tarefa política de governar reinos ou principados. Escreve para elas e lhes fala com a maior deferência[17].

Semelhantes experiências pessoais e as atitudes que elas inspiram contrastam com a influência negativa dos legados e mentalidades antifeministas que pesam sobre as posições doutrinais do Mestre Tomás de Aquino. A experiência pessoal, os sentimentos íntimos que dela decorrem não chegam a triunfar dessa massa imensa de testemunhos, de práticas, de doutrinas que afirmam de maneira unânime: a mulher é inferior ao homem. É naturalmente inferior, garantem os filósofos e Padres da Igreja. Inferior, portanto, em inteligência, em capacidade de decidir e de governar, a mulher é incapaz de ser promovida ao sacerdócio, que é uma função de mando e de superioridade. E quando uma "objeção", talvez maldosa, é jogada contra seu ensino: *"Um escravo, embora inferior, uma vez alforriado, pode ser sacerdote"*, recebe do Mestre esta resposta, bem coerente com a mentalidade da época, porém amargamente decepcionante: *"O escravo só é dependente em virtude de instituição humana; enquanto a mulher é dependente e inferior por natureza"*.

Aqui, contrariamente ao que vimos na concepção do amor, Aristóteles é um tropeço com sua embriologia inspirada pelo machismo. O "Filósofo" por antonomásia transmite a Tomás este axioma: *"A mulher é um macho malogrado"*. E explica com uma panca de cientista a idéia corrente em seu tempo: o princípio da geração é o macho, é o homem. Se o processo de geração é perfeito, dará ao homem a felicidade de gerar um filho semelhante a ele, um macho. Se houver alguma falha da parte da mulher que acolhe a semente masculina, ou por conta do rigor da temperatura, da umidade do vento, haverá um acidente, uma espécie de ato falho da natureza. E então nascerá uma mulher. Embora acrescente Aristóteles, para consolo das mulheres, que a natureza saberá reaproveitá-las nas necessárias funções da maternidade e da educação dos homens.

Diante desses firmes e valiosos testemunhos da história, da ciência e da filosofia de sua época, o teólogo Tomás de Aquino apela para a Palavra de Deus, busca na Bíblia os elementos positivos, tentando conciliá-los com os dados culturais, que não pode descartar. Ensinará então que a mulher tem como o homem a mesma dignidade de ser imagem de Deus, é igual no que toca à razão e à liberdade, é chamada à salvação e à santidade, parecendo mesmo corresponder melhor a essa vocação divina.

No entanto, sua teologia não escapa a uma dicotomia, que acaba entrando no jogo da mentalidade e da sociedade machistas: a mulher é maravilhosa no domínio da graça, da caridade e da glória celeste. Mas no plano da natu-

---

17. Pensamos particularmente em sua *Carta à Duquesa de Brabante*, Ed. Marietti, Opuscula philosophica, pp. 249-252. Ed. Leonina, t. 42, pp. 361-378.

reza, para as realidades e tarefas do dia-a-dia, ela é mesmo inferior e feita para a função de servir. E, sobretudo, ela é a auxiliar do homem na geração dos filhos, sendo aliás insubstituível e muito bem aparelhada para essa sublime missão.

O discípulo de Tomás de Aquino não vai imitar os filhos de Noé e se comprazer em descobrir a nudez do grande patriarca da filosofia e da teologia. Cabe-lhe hoje ir mais longe do que o Mestre, especialmente no capítulo do amor humano e do reconhecimento do verdadeiro valor da mulher. É a única maneira de ser fiel ao que há de mais central e profundo na mensagem do admirável doutor. É preciso prolongar a sua audácia crítica e inovadora. Imitar o que ele tem de melhor.

> — Façam como eu fiz. Mas não repitam sempre o que eu disse. Pois não fui jamais repetidor de ninguém. Nem de Aristóteles. Nem de Agostinho. Nem de Dionísio. A verdadeira fidelidade ao passado é a criatividade. A tradição é semente. É preciso plantar, regar, ajudar a germinar, a florir e a frutificar...

É o que frei Tomás nos diz com sua vida. Só podemos ser-lhe sinceramente agradecidos:

> — Obrigado, Mestre. Jamais prolongaremos os teus deslizes. Pois contamos com o apoio firme dos princípios fundadores e das linhas mestras de tua doutrina. Ela nos guia e encanta, que nem um mapa muito caprichado do Eldorado divino do Amor.

O ESPÍRITO DE AMOR, FONTE DE TODO AMOR

Essa fidelidade há de sobretudo reencontrar o princípio sempre fecundo dessa criatividade inovadora. Ele não deixou de abrir nossos olhos às maravilhas do Espírito, fonte de amor divino e de amor humano criador. Na sua linguagem um tanto austera, Tomás de Aquino gosta de relembrar o axioma que tudo valoriza e reconcilia: a graça do Espírito supõe, aperfeiçoa e supera a natureza. No que o Filósofo chama a natureza, o mestre Tomás reconhece a criatura de Deus. Ela surge como um dado para ciência, a técnica e a arte. Sem menosprezar a consistência e a riqueza desse dado, o teólogo pensa ir até o fim reconhecendo que o *dado* é deveras um *dom*, o primeiro dom que vem do Primeiro Amor.

Terminando o capítulo precedente, admiramos a ousadia serena que contempla o Espírito Santo qual fonte de toda a verdade, pensada e proferida seja por quem for. Quem irá estranhar que o mesmo se dê no campo do bem e do amor? O ser humano é, para Tomás, uma capacidade e um apetite de amor, porque tem parte com Deus. E, de certo modo, é algo de Deus e para

Deus. Pelo próprio ato criador que os faz existir, o homem e a mulher são como imantados pela energia íntima do amor. São imagens de Deus porque modelados para amar e ser amados. O Espírito criador é o Amor primeiro. É o Amor que constitui a comunhão de dom e intimidade, que enlaça o Pai e o Filho. A criação é a expressão do desígnio desse Amor primeiro, que suscita parceiros para estender, na fragilidade da carne e na contingência do tempo, a eterna aventura da comunhão divina, trinitária.

Essa visão teológica, capaz de reconhecer que o mesmo Espírito criador é o Espírito santificador, vem dar uma firme consistência e uma real coerência a todas as esperanças da Nova Era. Ela há de começar por exorcizar todas as vãs fantasias alienantes, que andam voltadas para intervenções ou eventos prodigiosos, vindos não se sabe de onde. A Nova Era do Espírito é a valorização da terra, da vida, de todo o conjunto de seres que a tradição cristã chama simplesmente a criação. Ela comporta, acima de tudo, a valorização do ser humano, do amor do homem e da mulher, do trabalho produtivo e partilhado. Ela se empenha finalmente em construir a sociedade terrestre no direito, na justiça, na solidariedade, para que se possa nela inscrever a promessa e até uma certa antecipação efetiva da comunhão com Deus.

Professando que o Espírito de Amor nos foi dado, Tomás aponta para a perfeita comunhão que há de vir; essa plenitude nos é garantida precisamente pela sua inauguração já esboçada em toda forma de amor humano.

Em todo amor humano, por mais humilde, frágil e incerto que seja em seus caminhos, vislumbram-se a promessa, o prenúncio e mesmo a presença começada do Espírito de Amor. Ele dá a capacidade de querer bem, para que o grande incêndio se abrase, a partir dessa fagulha que está mais ou menos recoberta de cinza e olvido em cada coração. O dom primeiro do Espírito, inerente e consubstancial à própria criação, anuncia e prepara a grande conspiração de amor, que, nas perspectivas históricas, se traduz em termos de Nova Era.

Fala-se da vinda do Espírito como algo, vento ou fogo, e hoje mais ainda qual energia, que vem de fora ou do alto, das coisas, do ar ou dos astros. Sem dúvida, o Espírito, na medida da eficácia de seu amor transformador, nos reconcilia na grande fraternidade de toda a criação. Mas ele não irrompe do exterior nem age à maneira das coisas, sob forma de correntes ou de energias estranhas. Ele é Amor semeando capacidade e gosto de amar, ativando e fazendo desabrochar tudo quanto já esparziu como germe, anseio ou anelo vivo de amor. Sem dúvida, Mestre Tomás não relega a linguagem imaginosa, apocalíptica ou pentecostal. Ele falará do advento do Espírito qual irrupção de fogo e mesmo de incêndio, qual tufão ou tempestade que se desencadeia, qual torrente impetuosa e incontida das águas do céu inundando o universo. Ele permanece fiel às Escrituras, nelas lendo a suprema novidade, a força triunfante e criadora do amor, como a realidade profunda descrita e prometida nessa constelação de metáforas tomadas de empréstimo aos abalos e catástrofes que prenunciam e inauguram as grandes transformações cósmicas.

Mas vejamos como o teólogo Tomás de Aquino, em sua própria linguagem, um tanto técnica, por vezes, mas que não deixa de ser acessível, nos fala do Espírito de Amor sempre presente e ativo na preparação da verdadeira Nova Era em nossa existência e na história.

Comecemos por uma simples dica, ajudando a compreensão do vocabulário. "Ir e vir", "marchar", "progredir" do homem a Deus e de Deus ao homem, tudo se entende de passadas de amor[18].

É o que o teólogo nos explica em termos da "missão" ou do envio do Espírito, como força suave e transformadora do amor:

> *O Espírito Santo é o Amor. Portanto, é o dom da caridade que assimila a alma ao Espírito Santo, e é em razão da caridade que se considera uma missão do Espírito Santo. O Filho é o Verbo, não qualquer um, mas o Verbo que espira o Amor. "O Verbo que procuramos insinuar", diz Agostinho (Sobre a Trindade, livro IX, cap. 10), "é conhecimento respirando amor". Portanto, não há missão do Filho por um aperfeiçoamento qualquer da inteligência, mas somente quando ela é instruída de tal modo que irrompe em afeição de amor, como se diz em João 6,45: "Todo aquele que ouviu o Pai e recebeu seu ensinamento, vem a mim"; ou no Salmo 38,4: "Em minha meditação, um fogo se acende". Também Agostinho usa de termos significativos: o Filho, diz ele, é enviado, quando é conhecido e percebido; o termo percepção significa, com efeito, um certo conhecimento experimental. É a sabedoria, ou ciência saborosa, segundo se declara em Eclo, 6,23: "A sabedoria da doutrina justifica seu nome" (ST I, 43, 5, r. 2).*

"Ela justifica o seu nome", pois a sabedoria do Espírito ao saber da doutrina ajunta o sabor mesmo de Deus, revelado em experiência de amor.

---

18. O tema será desenvolvido no capítulo 10.

Capítulo 5
LIBERDADE, CAMINHOS E DESCAMINHOS DAS PROFUNDEZAS

Nessa aventura audaciosa de palmilhar e balizar o seu país das maravilhas, Mestre Tomás enfrentou toda uma série de desafios cruciais. Saía de um e entrava em outro. Mas talvez o mais espinhoso tenha sido tecer uma noção clara, completa, coerente e convincente da liberdade. Seus verdes anos foram marcados pela grande experiência. Escolheu a liberdade para se aliar a um jovem grupo de estudiosos e pregadores itinerantes, que o prestígio de Tomás, de seu mestre Alberto e de outros acabaram elevando a um respeitável *status* de Ordem dos Pregadores. Nessa e em outras encruzilhadas de sua vida, talvez pudesse proclamar com Paul Elluard:

Nasci para te conhecer,
para gritar teu nome,
liberdade!

Ou, quem sabe, poderíamos jogar uma luz suave sobre sua mensagem e suas lutas, aproximando-as da graciosa poesia de Cecília Meireles:

Liberdade – essa palavra
que o sonho humano alimenta:
que não há ninguém que explique,
e ninguém que não entenda![1]

É hora de apreciar o empenho de Mestre Tomás em fazer conhecer e reconhecer o valor primordial da liberdade. Sua coragem foi estimulada pelas provocações que o levaram a posições inovadoras e o fizeram avançar afinando sempre a idéia da liberdade, analisando e deslindando os caminhos concretos de sua realização na vida individual e social. Em sínteses sucessivas, uma fenomenologia mais aguda e mais flexível se alia a uma reflexão teológica mais atenta à singularidade da ação divina no íntimo da criatura. E, como

---
1. Cecília MEIRELES, *Romanceiro da Inconfidência*, Nova Fronteira, Rio de Janeiro, 1953, p. 108. Foi Adélia Bezerra de Meneses quem me chamou a atenção sobre o encantamento de Cecília Meireles pelo valor supremo da liberdade.

alguém que vai abeirando a fonte bem escondida na selva, Tomás chegará a descobrir. A verdadeira e plena liberdade brota assim: as profundezas do espírito humano são ativadas e valorizadas pelo contato com as profundezas do Espírito divino.

Ao mesmo tempo que expõe e defende a liberdade com argumentos mais firmes e apropriados, cresce e avulta como o Doutor da Nova Era do Espírito. Vê e descreve o futuro da humanidade como a docilidade ao Espírito, que valoriza o ser humano, promovendo suas energias e ajudando-o a se encaminhar pela liberdade à reconciliação de seus conflitos.

ESSE ESCORREGADIO LIVRE-ARBÍTRIO

Mestre Tomás já vai nos acostumando com seu estilo de elaborar suas sínteses filosóficas e teológicas. Parte sempre de uma curiosa mistura de audácia e modéstia. Sobretudo quando enfrenta o estudo de um grande valor humano e cristão, parece arregalar os olhos e arregaçar as mangas, para realizar o seu projeto: reunir tudo o que foi dito antes dele e tudo o que se diz no seu tempo sobre o assunto. Procura constituir em feixes bem atados todos os dados da Bíblia e da tradição cristã. Assim, em torno do tema da liberdade emergem e sobressaem as grandes linhas da mensagem paulina, as teses de Agostinho ou dos agostinistas, que as exacerbam, as doutrinas de João Damasceno, de Máximo Confessor, de Nemésio (lido como Gregório de Nissa). Estes três últimos mestres da tradição grega já elaboram suas doutrinas em contato com Aristóteles. E finalmente vem o confronto com o próprio "Filósofo", reinterpretado com esmero, em um grande empenho de superar as dificuldades criadas pelas traduções latinas e pelas interpretações dos pensadores árabes (Averróis e Avicena) e seus discípulos arabizantes nas universidades do século XIII, os quais terão seu maior expoente em Sígero de Brabante.

Tomás ocupou-se da liberdade durante os vinte e dois anos que constituem sua carreira de ensino. Desdobrando a série de textos que testemunham a continuidade e o constante progresso de seu pensamento, dá para notar uma atitude muito significativa do seu estilo de fazer teologia. Como sempre, começa por bem situar a problemática, seriando uma antologia de textos autorizados e aceitos nos debates da Escola, digamos nos meios universitários. E aí empreende o seu trabalho de reflexão pessoal, dividindo-o em duas etapas. A primeira põe em realce o quanto a liberdade é um dado incontestável da experiência moral e da linguagem do senso comum que a exprime. Não é possível viver e sobretudo conviver de maneira racional e humana sem se apoiar nesse pressuposto que os seres humanos são responsáveis por seus atos, merecem aprovação ou censura, recompensa ou punição, uns buscando ser virtuosos, outros se deixando jazer por aí na mediocridade ou até no vício. Essa prática moral, mais vivida sem dúvida do que refletida e elaborada, é um atestado evidente de que a vida propriamente humana se esteia na convicção da existência e da necessidade da liberdade, mesmo para aqueles que não a mencionam ou a contestam com a maior firmeza. O partidário ferrenho do mais absoluto determinismo defenderá com toda a intransigência sua liberdade de ensinar que a liberdade é uma pertinaz ideologia ou uma vaporosa ilusão filosófica.

Mestre Tomás dirá o mesmo e com mais força ainda, ao olhar e analisar o dado bíblico, a revelação judeu-cristã, que é um tecido de dons e exigências, de promessas e mandamentos, formando uma aliança na base de amor e liberdade, da parte de Deus e da criatura humana. Ele concluirá com toda força que negar a liberdade é uma heresia que se choca contra a revelação divina e um erro total em oposição à razão.

Note-se mais uma vez esse seu estilo constante de construir sua sabedoria filosófica e teológica. Ele quer sempre decolar do campo firme da experiência. Maurice Blondel gostava de repetir: há mais riqueza no que está implícito na vida do que em tudo quanto se pode explicitar em elaborações doutrinais. I. Kant insiste em fundar a reflexão ética sobre os dados da experiência moral. E quando, em sua *Genealogia da Moral*, F. Nietzsche critica com certa aspereza o projeto de Kant é porque esse filósofo não teria cumprido esse seu programa, não teria estudado o fenômeno moral com toda a amplidão e realismo necessários. Bem se vê que Tomás de Aquino fraterniza com esses e outros grandes mestres da ética, tendo destacado e articulado antes deles os domínios da experiência moral e da reflexão ética, sobretudo no que toca à liberdade.

Assim, após evocar os dados essenciais da experiência moral que lhe parecem alicerçar a certeza comum da liberdade, ele passa a argumentar para justificar esse dado básico da vida humana e da práxis cristã. Constatamos, então, um progresso constante no seu pensamento, sempre estimulado pelas controvérsias e cada vez mais atento à complexidade do problema e à força dos argumentos avançados pelos adversários. E é aqui que Mestre Tomás nos parece deveras moderno. Ele encontra hoje parceiros de diálogo mais em afinidade com ele, pois fazem da liberdade uma opção de base para a vida individual e social. Desde o século XVIII, a liberdade é saudada como a gentil e garbosa porta-bandeira dos povos. Em todos os planos da ética, e também do direito, o mundo moderno não parece empreender uma caminhada para se desfazer do que tem feitio de repressão e apostar nas promessas da emancipação?

Tomás não foi um homem de ação. Nem se pode contar com seus exemplos e diretivas práticas na hora de lutar pela liberdade ou de enfrentar compromissos políticos e sociais[2]. Sua contribuição pode ser tida como mais va-

---

2. Semelhantes projetos não entram nas perspectivas de um doutor cristão do século XIII, que não parece questionar as qualidades das estruturas da cristandade, como o fazem os espirituais. A contestação da escravidão, por exemplo, foi tentada, ao menos de forma parcial, por Alcuíno, no século X. Mas infelizmente semelhante atitude de crítica social não teve prosseguimento. Ver algumas indicações sobre este tema no meu livro *Éthique chrétienne et dignité de l'homme*, Éd. du Cerf, Paris, 1992, pp. 13-16. Uma versão brasileira desta obra está em preparação.

liosa. Seu empenho é fundar em razão os valores que alicerçam a vida e a luta das pessoas e das sociedades. Quer ajudar a transformar em convicções as intuições e percepções mais ou menos generalizadas, mas nem sempre seguras de si, quando se confrontam as idéias e formas de viver. Não se poderia dizer que suas posições claras e argumentadas constituem a fraterna ajuda de que mais se precisa, em uma época em que se esquivam as discussões de base, e se pactua com o que dá certo, o que dá lucro e amplia o poder de mercado, sem esquecer o que dá ibope?

O QUE É MESMO SER LIVRE?

Poder-se-iam condensar assim os termos do debate para o Mestre Tomás de Aquino. A liberdade é objeto de confiança e de desconfiança. Sem dúvida é aceita e vivida de maneira pragmática, porém quase sempre como uma espécie de lugar-comum impreciso ou de evidência maldefinida. Tal é a atitude generalizada que observou em muitos setores da prática e da linguagem cristãs. Talvez mesmo se pudesse estender à liberdade o que Agostinho dizia do tempo, em momento de lucidez bem-humorada: como todo mundo, bem sei de que se trata, quando se fala do tempo. Mas fico embaraçado se me reclamam definições ou me pedem explicações.

Ora, Tomás aí está em busca de definições precisas, de explicações e argumentações bem-fundadas. Ele encontra posições parciais ou pouco elaboradas em seu conteúdo e em sua coerência. Empenha-se em clarear e delimitar as noções, em bem fundá-las em raciocínios lógicos e tudo articular em uma doutrina harmoniosa. Seu trabalho será estimulado e até mesmo ajudado pelos adversários de valor, que contestam as certezas fáceis, de caráter puramente pragmático ou escudadas no apelo preguiçoso ao simples senso comum.

O corpo-a-corpo dos gênios é mais do que interessante. Pode encaminhar-nos de maneira decisiva. Vejamos como Tomás de Aquino enfrenta Aristóteles. Com efeito, não se exagera aceitando simplesmente que a contribuição do Filósofo deve ser contabilizada entre as posições parciais que Tomás se esmera em completar e superar. Decerto, em todo o percurso dessa discussão, surge em bom lugar a definição aristotélica, assim libelada na tradição latina medieval: *Liberum est quod causa sui est*, "Ser livre é ser (por) causa de si mesmo". O axioma tomado ao cap. 2º do 1º livro da *Metafísica* será sempre citado e comentado, quando a noção da liberdade é explicada por Sto. Tomás[3].

---

3. O texto aparece na questão *Sobre a Verdade*, q. 24, artigo 1º, obj. 2. Será em seguida citado no III CG, cap. 48, obj. 2; na ST, I, q. 83, art. 1, obj. 3; I-II, 108, 1, obj. 2. É explicado no comentário ao Iº livro da *Metafísica*, cap. 2º. Aí, o axioma é compreendido no sentido que lhe dá Aristóteles: "Ser livre é ser por causa de si mesmo". Nas outras passagens, o *causa sui* é entendido como "ser causa de si mesmo", isto é, "ser causa de seu próprio movimento, de sua própria ação". Nelas, Tomás interpreta e prolonga o pensamento do Filósofo, estendendo-o das

Em seu comentário à *Metafísica*, mestre Tomás aceita e explica o texto no seu teor exato: "Ser livre é ser por causa de si mesmo" ou "para si mesmo", tendo em si mesmo a razão de ser, de agir ou de trabalhar[4]. De fato, a perspectiva aristotélica é essencialmente social e política. Ele opõe o cidadão livre ao escravo. Este vive, age e trabalha para aquele, em uma perfeita alienação, que o Filósofo, aliás, não critica nem contesta. Chega a afirmar com toda tranqüilidade que é "natural" que certos homens inferiores em capacidade de conhecer e de produzir sejam submetidos a quem os possa ajudar, com proveito de um e de outro e para o bem de toda a sociedade. Vê-se que o Filósofo servia aqui ao teólogo uma noção parcial e mesmo terrivelmente ambígua.

Tomás assume o dado positivo da visão aristotélica: ser livre é ter em si mesmo a razão ou a finalidade de seu existir, não ser de outrem ou para outrem, não entrar na categoria de simples objeto ou meio para que outro se realize, mas emergir como sujeito de seu próprio destino a se realizar por si mesmo. O curioso é que Mestre Tomás parece cair em verdadeiro mas genial contra-senso. Pois passa a entender o seu texto (latino), fazendo de "causa" um substantivo (no nominativo), e dizendo simplesmente: "Ser livre é ser causa de si mesmo". Mas não mais o entende no plano do ser, o que seria um evidente absurdo, mas no plano do agir. Explicará então: "Ser livre é ser causa de seu próprio movimento, pois o homem livre se move a si mesmo para agir". Essa nova leitura da sentença de Aristóteles é um deslize gramatical, mas corresponde a um passo à frente na visão da liberdade. Esta é compreendida em termos de uma autocausalidade, compreendida com muita fineza. O ato livre surge qual nova criação, qual produção, no plano da atividade, de algo de interior, que não está determinado no âmbito da causalidade física ou das simples coisas. Esse dado geral abre o campo das investigações do Mestre. Como teólogo, exaltando a excelência da liberdade, ele dirá que o ato livre só tem por causa o ser humano e Deus, pois a vontade é um santuário que só Deus pode penetrar e ativar, levando a sua criatura racional a se mover e determinar por ela mesma.

Mestre Tomás encontrará outra contribuição em Aristóteles, desta vez no campo da ética. Aí, o Filósofo não utiliza o registro da liberdade. Mas fala dos "atos própria e perfeitamente humanos". São os atos "plenamente voluntários", realizados de bom grado, brotando do mais íntimo do ser humano: tal é o sentido de *ekousion* no grego de Aristóteles, traduzido como "voluntário" no texto latino que Tomás tem diante de si[5]. Vai tentando sempre ver mais

---

relações "homem livre-escravo" (no plano social, político e econômico) ao plano da noção geral da liberdade, da sua constituição e seu dinamismo psicológico.

4. No grego, "por causa" é deveras uma preposição (*eneka*), que vira um ablativo, na tradução latina. Os leitores latinos de Aristóteles, e com eles Sto. Tomás, transformam o ablativo em nominativo. Assim, em vez de "ser livre é ser (existir, viver, trabalhar) por causa de si", ter-se-á: "Ser livre é ser causa de si (de sua ação, de seu movimento)".

5. Trata-se especialmente do livro III da *Ética a Nicômaco*, cujos dados essenciais são tomados, reestruturados e explicados na ST, I-II, q. 6 ("Sobre o voluntário e o involuntário") e seguintes. Dentro desse registro e nesse vocabulário, Sto. Tomás dirá: "Só na natureza racional,

claro e melhor articular os dados do Filósofo. Em sua plena maturidade, no momento em que elabora a *Suma Teológica*, digamos a partir de 1265, o conceito de liberdade ou de livre-arbítrio se afirma com toda sua riqueza e coerência. Essa atividade propriamente humana, que exprime toda a dignidade do ser humano, dele brota como de uma fonte interior. É como uma nova criação íntima pela qual o homem se realiza, se faz existir de maneira mais eminente, orientando-se em plena lucidez racional para seu fim, para a obtenção do destino que ele reconhece e se dá como seu.

Semelhante definição da liberdade como domínio de seu agir e de seu destino, como capacidade de auto-realização criadora, mediante a orientação racional e voluntária de si mesmo para seu próprio fim, não seria a expressão otimista de um belo ideal, senão de uma utopia? O mais das vezes, a liberdade não se afirma tristemente como escolha do mal ou pelo menos como omissão, negligência e descuido do bem? Mestre Tomás encontra não apenas a objeção assim formulada, mas toda uma reflexão que explora amplamente as diferentes facetas negativas da liberdade.

Sto. Anselmo (1033-1109), quase dois séculos antes, no limiar da filosofia escolástica, tentara uma síntese que não carece de audácia e de beleza. Ele tem consciência das falhas e fragilidades. Mais ainda, professa a condição de debilidade da liberdade no homem pecador. Mas o monge, ardoroso na sua fé e sequioso de clareza racional, termina a sua busca laboriosa sobre "a liberdade de escolha" por uma linda definição otimista:

> *A liberdade de escolha* (ou o livre-arbítrio) *é o poder de guardar a retidão da vontade por amor dessa mesma retidão.*

Como em sua definição da justiça, Anselmo a identifica com a "retidão da vontade querida por amor dessa mesma retidão", vê-se que a liberdade para ele é o poder chegar a essa plena e total retidão, é a qualidade de querer e praticar o bem levado pelo amor da bondade. A liberdade é mais do que a capacidade de escolher o que é bom ou o que é mau, em uma espécie de indiferença, acima do bem e do mal. Ela supõe um poder qualificado, um aprimoramento do querer, uma afinidade com o bem, amado em razão de sua bondade e firmemente querido por uma decisão total da vontade[6].

Surge assim um duplo conceito distinto, porém conexo, da liberdade: a liberdade de indiferença e a liberdade de perfeição. A primeira é para um ser racional a capacidade de orientar por si mesmo seus atos e seu destino, é uma

---

o voluntário se realiza em sua noção perfeita, realizando-se de maneira imperfeita nos simples animais" (I-II, 6,2, Solução). O voluntário designa aqui o que procede de um princípio interior, o que é espontâneo, podendo realizar-se no apetite do animal ("de maneira imperfeita") ou no desejo, na decisão do ser humano ("de maneira perfeita").

6. Ver Sto. ANSELMO DE CANTUÁRIA, *De libertate arbitrii (A liberdade de escolha)*, cap. III. Edição bilíngüe, latim-francês, sob a direção de Michel CORBIN, Ed. du Cerf, Paris, 1986, pp. 218 ss. Para o tratado *Sobre a Verdade*, ver pp.107-177; definição da *Justiça*, cap. 12 desse tratado, pp. 160 ss.

maravilhosa e terrível capacidade de se determinar para o bem ou para o mal. A segunda é dita de perfeição, porque é uma qualidade da vontade que de si mesma se identifica íntima e espontaneamente com o bem. É portanto o supremo valor, a plena realização do poder escolher em uma opção perfeita, brotando da conjunção da dupla bondade: do sujeito que quer e do objeto querido. Esta é a liberdade que Tomás reconhece e exalta em Deus, e que Deus confere a seus eleitos na glória. É a realização da plena capacidade de amar, o amor se definindo como ápice da perfeição, emergindo qual sinergia do bem e da liberdade. No entanto, jogando com seu método de analogia, Tomás reconhece que a liberdade de indiferença é uma verdadeira liberdade. É o imprescindível ponto de partida e a indispensável capacidade que nos é dada para a marcha até a perfeita liberdade que é o perfeito amor.

ETAPAS DE UMA RUDE CAMINHADA

A liberdade entra no tecido da *Suma Teológica* com toda essa polivalência que a caracteriza na vida humana individual e social. Ela se desdobra como o princípio, o meio e o fim de uma caminhada rude e exaltante, rumo a um pico que portanto se chama também liberdade, e mesmo plena liberdade. Tomás se compraz em repetir e aprofundar uma linda sentença de Santo Agostinho: para o ser humano, progredir é dar, firmar e acelerar passadas de liberdade e de amor[7]. A promoção das pessoas e o valor humano das sociedades vêm a ser o crescer simultâneo na liberdade e no amor do bem.

Está aí o centro do universo e como que o coração da história. No meio de mil e um condicionamentos, a aventura humana depende radical e essencialmente desse jogo da liberdade e das liberdades. Esse plural significa não apenas a multiplicação dos seres livres, mas as diferentes etapas ou graus da realização da liberdade até mesmo em um único indivíduo. A história em sua dimensão propriamente humana é o desenrolar das liberdades múltiplas, diferenciadas e também entrosadas, das pessoas e das coletividades.

Antes de tentarmos acompanhar mestre Tomás no que há de mais profundo e central de sua reflexão sobre a natureza e o dinamismo da liberdade, talvez fosse interessante notar que o livre destino do ser humano é para ele como o supremo cuidado amoroso de Deus[8]. No entanto, esse cuidado divino se concentra antes de tudo em associar a criatura ao plano do criador. Daí,

---

7. Tal é o tema amplamente desenvolvido a propósito do "crescimento e da perfeição da caridade". Ver, por exemplo, ST, II-II, 24, 4-8.
8. Sto. Tomás parece comprazer-se em mostrar o quanto a criatura humana é o objeto especial da providência divina. Deus cuida de cada pessoa, por ela mesma, como um fim em si mesma. É a bela doutrina que se encontra em III CG, capítulos 11-113. A pessoa é como um todo em si mesmo, chamado a associar-se para constituir sociedades que sejam comunidades de pessoas. Esse "personalismo comunitário" (Emanuel Mounier) está na base do tratado da Justiça (ST, II-II, 57-80), por mim comentado na versão brasileira da *Suma* (Ed. Loyola, São Paulo, 1998).

o risco enorme de fracassos humanos, pois a plena realização da liberdade no bem e pelo bem é a obra-prima mais fina e difícil chamada a coroar todo o universo da criação. Ora, o que é mais elevado e perfeito é o que se alcança mais raramente. Ao passo que o fracasso e a mediocridade são resultados mais freqüentes nos campos da arte, da ética, do esporte.

Não é de admirar que a elucidação dos problemas teóricos e práticos da liberdade esteja no centro das preocupações de Tomás de Aquino. A liberdade o seduz e conduz, fazendo com que sua *Sacra Doctrina* se desenvolva em um constante progresso na compreensão da liberdade. Talvez haja certo contraste entre a discrição dos teólogos e filósofos, mesmo de Aristóteles, em abordar o tema ou em enfrentá-lo à luz de alguns grandes princípios, em comparação com a infinita paciência com que mestre Tomas o trata, virando-o e revirando-o de todos os lados. É um vaivém incansável entre os dados da Escritura, a reflexão de caráter filosófico, a análise das experiências e fenômenos empíricos.

Não deixará de ser proveitoso abrir diante de nós os textos do Mestre e tentar levar em conta as etapas que vai percorrendo e os debates que vai afrontando nos seus dois decênios de ensino. Para começar do começo, ele devia partir como "bacharel sentenciário", lendo, comentando e confrontando as *Sentenças* de Pedro Lombardo com os problemas que iam surgindo. Em 1252, no verdor dos seus 27 anos, lá está frei Tomás cumprindo de maneira surpreendente uma tarefa um tanto corriqueira que era pôr seus alunos em contato com o essencial da tradição e da formação escolar. No IIº livro das *Sentenças* do Lombardo, o livre-arbítrio é apresentado em três distinções, bastante amplas. Usando uma linguagem já costumeira desde Clemente de Alexandria, digamos que é uma linda tapeçaria, ostentando largos e vistosos retalhos de Sto. Agostinho e inscrevendo as questões na problemática dos escritos antipelagianos do santo Doutor: liberdade, pecado e graça.

Mestre Tomás começa, portanto, por clarificar a dimensão teológica da liberdade. Tem diante dos olhos as grandes linhas do pensamento agostinista no florilégio elaborado por Pedro Lombardo. Possui, melhor do que ninguém, o essencial da antropologia filosófica de Aristóteles, muito especialmente a sua *Ética a Nicômaco,* que já havia aprofundado e anotado em seus primeiros estudos sob a orientação de Alberto Magno em Colônia. O jovem professor não vai se empenhar em provar a existência da liberdade. Vai situar e estruturar um tratado da liberdade no que chamaríamos hoje o seu novo paradigma teológico. À primeira vista, dir-se-ia que vai convidar a coabitar harmoniosamente Aristóteles e Agostinho, tentando de forma muito original destacar e articular o que cada um parece ter de melhor. Vai forjando assim uma antropologia teológica. Dá elaboração e linguagem filosóficas aos dados cristãos, que se enraizavam na Escritura e em uma venerável tradição de vida e de doutrina. Pode ser instrutivo seguir o vaivém do Lombardo entre "sentenças" a conciliar, e compará-lo com o método rigoroso de Tomás. Este emprega a famosa *philosophia naturalis,* que fazia medo ao papa Gregório IX, em 1228.

Imaginemos que estamos entre os alunos, os assistentes ou orientandos que acorreram para seguir os cursos do jovem professor. Eles têm uma sensação de novidade no método e no estilo dele. Lembra qualquer coisa de Abelardo, pela erudição, pela lógica, pela facilidade de seriar autores uns contra os outros e de desempatar o jogo, dando e confirmando a boa solução. Mas sobre os mesmos temas da liberdade, da estrutura e da qualidade do agir, que diferença. É que Mestre Tomás aderiu mesmo à tal "filosofia natural". Não negligencia os textos e as "autoridades". Mas o que visa é definir e clarear os problemas reais.

Vejam lá como o jovem Mestre vai indo em frente. O ser humano é reconhecido e analisado em sua "natureza" própria, em sua consistência corporal e espiritual, em continuidade vital com toda a natureza, bem como em sua originalidade e transcendência espirituais. A visão do livre-arbítrio como prerrogativa do ser humano, como a conjunção ou a sinergia da inteligência e da vontade, é a aquisição dessa entrada em jogo do jovem bacharel sentenciário. Mostra que a liberdade é algo de propriamente humano, em um sentido muito concreto. É a capacidade de se dominar, de se possuir e de se orientar, que convém a um apetite que tem algo de espiritual, que se guia por uma luz racional, mas emerge de um organismo e de um psiquismo em continuidade com o mundo vegetal e animal. Pela liberdade, o ser humano se afirma em sua autonomia, mas igualmente em sua conexão e em sua dependência das funções e tendências sensíveis. A liberdade é um dado, um dom inicial, mas há de ser conquistada e levada a sua plenitude e perfeição. Tomás assume o vocabulário do Filósofo, explicando que o livre-arbítrio é uma "potência", uma capacidade de autodeterminação; mas que ele terá de se firmar e afirmar como *habitus*. Há de se tornar uma qualidade permanente, uma força espiritual de domínio de si e de superação de todos os influxos ou inibições exteriores que pesam sobre o livre querer, com a conivência dos apetites sensíveis.

O Mestre medieval integra em uma antropologia filosófica rigorosa o dado tradicional cristão sobre a espiritualidade, a complexidade e a necessária progressividade de nossa liberdade humana[9].

Mas esta será objeto de um debate firme e minucioso, condensado e redigido na "questão disputada" *Sobre a Verdade*, e desenvolvida na q. 24, que podemos datar do ano 1258. Essa questão "Sobre o livre-arbítrio" se estende em quinze artigos amplos e bem estruturados. Assim o primeiro situa a problemática, levantando vinte objeções contra a existência do livre-arbítrio

---

9. Pedro Lombardo ilustrava essa doutrina com uma comparação que transmitia algo da mentalidade machista da época. Diz em síntese: em nossos sentimentos e atitudes, em cada um de nossos atos, estão presentes em cada um de nós o "homem", a "mulher" e a "serpente"; essa trilogia querendo significar, segundo o Lombardo: a "razão" (= o homem), a "sensibilidade" (= a mulher) e a "tendência ao mal" (= a serpente). Cf. II *Sent.*, dist. 24, no fim do 6º subtítulo do texto. Já notamos, no capítulo anterior, o quanto esse machismo milenar é uma constante armadilha para Mestre Tomás de Aquino.

e evocando sete outras no sentido contrário. O essencial da "solução" proposta é a elucidação da sentença aristotélica: *Liberum est quod sui causa est*, assim entendida: "Ser livre é ser a causa de seu agir". E o Mestre explica: ser livre é ter o conhecimento do fim e do que a ele conduz, é julgar por si mesmo, com autonomia, do agir e do não-agir. Reconhecemos sua intuição de base que será desenvolvida com um imenso trabalho ulterior. A universalidade da inteligência se comunica à vontade, dela fazendo uma capacidade também universal de dominar e orientar a escolha dos bens particulares.

Tomás é agora doutor e professor. Dá extraordinária importância à disputa como instância de verificação de suas posições doutrinais. Ele assume e faz avançar essa inovação universitária. O professor há de buscar a prova e submetê-la à contraprova da discussão, levando em conta todas as posições tradicionais e atuais sobre a matéria. Ele estuda e elabora a doutrina da liberdade trilhando caminhos de liberdade. Esta se inscreve e desdobra no tecido da vida, ao mesmo tempo que vai sendo descrita, analisada e comprovada pela pesquisa e a reflexão da inteligência. É uma das atitudes mais típicas deste frade professor Tomás de Aquino.

Em torno de 1262, ele nos oferece uma síntese bem viva e condensada no II livro da *Suma contra os Gentios*, capítulo 48. O caráter "intelectualista" da liberdade é fortemente acentuado. Parece uma evidência: se a inteligência julga de tudo, a vontade, que é um "apetite intelectual", é dotada de um domínio universal em suas escolhas de todo e qualquer bem particular. Outra síntese mais desenvolvida sobre o livre-arbítrio se apresenta na *Suma Teológica*, Primeira Parte, q. 83, e I-II, q. 13, sobre a escolha, cuja propriedade é a liberdade. Estamos em 1265-1266. Tomás parece começar a criticar o que se poderia chamar a tendência intelectualista de sua abordagem da liberdade. Dá maior importância à interferência da afetividade sensível no processo da escolha voluntária. Considera no entanto como uma objeção facilmente descartável esse influxo psicológico, uma vez que ele cai sob a apreciação da razão e portanto da vontade que a razão esclarece e guia. Tal é a insistência que se afirma na resposta à 5ª objeção do artigo 1º da q. 83 da Primeira Parte da *Suma Teológica*.

Mas o debate definitivo sobre o nosso tema se encontra na questão disputada *Sobre o Mal*, que versa sobre "A escolha humana". Já sabemos que é sobretudo nas disputas universitárias que Tomás dá mesmo a medida de seu gênio, de sua informação universal, da sua capacidade de dominar um tema, de ir ao essencial e de responder, ponto por ponto, a todas as dificuldades.

Essa disputa sobre a liberdade da escolha voluntária é bem típica de um desses debates corpo a corpo. Desenrola-se com toda probabilidade em 1272, dentro do contexto das controvérsias com os averroístas, que contestam as posições de Tomás, a partir sobretudo de outra interpretação de Aristóteles. O texto parece guardar os vestígios de uma discussão cerrada. As 24 objeções e as respostas são particularmente longas. Por vezes as dificuldades se encadeiam. Supondo uma primeira resposta, temos a insistência de uma segunda objeção.

Estamos longe das condensações estilizadas na quase totalidade das questões da *Suma*, pois esta foi em geral redigida fora dos quentes debates que marcam as questões disputadas, embora lhes seja às vezes contemporânea[10].

Nesta questão debatida em Paris, a amplidão do texto, seja da solução seja das principais respostas, é acompanhada de um encadeamento rigoroso, marcando um estilo direto que vai ao essencial de cada dificuldade. Tudo se concentra neste ponto crucial: a vontade humana faz suas escolhas em meio a múltiplas e profundas influências, vindas da complexidade movediça de um psiquismo e de um organismo sujeitos também a múltiplos influxos, dos astros por exemplo. Esses condicionamentos naturais ou adquiridos na história individual de cada um constituem um dado inegável. Situam e envolvem a escolha da vontade, sem lhe tirar a liberdade, porém marcando seu quadro concreto, indicando as exigências e os desafios que tem sempre de enfrentar, bem como as condições para lograr esse intento.

A liberdade se exerce em uma série de atos, em uma lenta e constante conquista. A realização efetiva da liberdade, em oposição à simples noção teórica da liberdade, se inscreve em um processo, naquilo que H. Bergson chamará a "duração interior". Estamos todos programados para a liberdade, mas o programa se executa com mais ou menos êxito, podendo se embaralhar e até emperrar, em virtude das sucessivas utilizações erradas dos condicionamentos exteriores ou comandos. O bom uso da liberdade inicial abre caminhos a uma maior liberdade. O mau uso e a simples omissão do que é necessário para encaminhar a livre e boa escolha instaura e reforça a alienação. Vai se tornando menos ou nada viável a efetivação da liberdade, pois se trata de uma reconquista, pedindo a difícil tarefa de demolir muros e despedaçar cadeias, que se identificam com o mau processo de construção da personalidade.

Será interessante retomar e examinar de mais perto essa posição definitiva de Mestre Tomás. Antes de aceitar este seu convite a um pequeno esforço de reflexão, quem não gostaria de lançar um olhar sobre o cenário e o desenrolar de suas disputas? Lá está ele, um frade um tanto forte, senão volumoso, dentro de seu hábito branco realçado pelo manto preto que o envolve, ampliando-lhe e marcando-lhe os gestos. Instalado em sua cátedra, está cercado de assistentes, de secretários e provavelmente de "orientandos", de jovens teólogos que se preparam para obtenção dos graus universitários. Vão e vêm à cata de objeções. Alguns rápidos debates sustentados pelos ajudantes do mestre já

---

10. É verdade que algumas questões da *Suma* chegam às vezes a ser prolixas, sem proporção com a pouca relevância do assunto. É que elas condensam justamente debates ainda quentes. Leia-se por exemplo a questão 189 *Sobre o ingresso no estado religioso*, a qual fecha a II-II. Dir-se-ia hoje um tema de menor importância teológica. Tomás se estende em um estilo nervoso, dando respostas amplas e caprichadas a quem pretende embaraçar a entrada de jovens na vida religiosa. Talvez se pudesse formular este critério hermenêutico: quando a questão já está decantada e redigida longe das controvérsias, ela será mais sucinta e mais enxuta. Questões prolixas podem testemunhar o clima ainda incandescente de disputas recentes.

vão desbastando as questões e encaminhando a intervenção, a *determinatio magistralis*, a palavra que será definitiva na medida que chegar a contentar a todos os interlocutores. O essencial vai sendo anotado em uma espécie de estenografia, que apela para a imensa quantidade de abreviações já convencionais e vai criando outras no calor dos debates.

Com essas notas e sempre contando com seus secretários, o mestre passará a compor em sua cela religiosa a "questão disputada", em sua redação final que ele nos deixará. Com essa imagem precisa que nos dão hoje os estudos especializados, se desfaz a figura lendária de um doutor que escreve a jato contínuo e meio arrebatado ou fora de si. Ela cede o lugar à realidade de um mestre que o amor da verdade transforma em um pesquisador, em um homem do diálogo, pessoalmente muito bem informado, plenamente equipado para a rudeza do seu labor intelectual e sobretudo trabalhando intensa e fraternalmente em equipe. Sua oração constante não realiza prodígios ou prestidigitações espetaculares. Mas faz algo mais. Estimula e orienta o pleno desabrochar de uma inteligência genial dentro de um convívio fraterno e de uma serena irradiação de paz. E, muito especialmente, ela mantém e ativa uma bela realização desta nossa difícil liberdade, desdobrando-se, mediante o estudo persistente da própria liberdade.

LIBERDADE, DINAMISMO DAS PROFUNDEZAS

Voltemos ao exame dos resultados dessa incansável pesquisa. Mestre Tomás vira e revira de todos os lados o enigma da liberdade. Confronta a liberdade e o mal, a liberdade e a lei, a perfeição da liberdade e sua evolução, seus tateamentos através do tempo. Confronta a liberdade, a razão, as inclinações da vontade ou das paixões. A liberdade refulge qual prerrogativa humana ao mesmo tempo que precioso e exigente dom divino. A sua originalidade racional, espiritual se afirma com tanto mais força quanto nela se confirmam a presença e a confluência de todos esses fatores. Ajudado pelas contribuições dos pensadores que o precederam ou que labutam a seu lado, chega a um conceito muito profundo, muito firme, muito sublime, mas também muito abrangente da liberdade. Reconhece e explica suas realizações mais perfeitas e transcendentes, mas igualmente suas formas embrionárias, acanhadas ou distorcidas.

Quem não reconheceria os encontros dessa teologia de Tomás com as aspirações, os ideais e os imensos embaraços da democracia no limiar do Terceiro Milênio? Há, sem dúvida, uma clara diferença de registros e de conceitos. Mas *a* liberdade não deixa de estar bem no coração de uma e de outra. No entanto, com exceção pouco seguida de um Màritain, em geral os discípulos de Sto. Tomás não o abordaram pelo lado da liberdade nem se interessaram pelas liberdades modernas, senão para aparar-lhes as asas ou tentar domesticá-las, quando viram que não dava para enfeixá-las em jaulas bem seguras. Bem se vê que a chance de um encontro frutuoso supõe que se aceite a liberdade como o valor primordial para a realização ética e espiritual do ser humano. Mas é preciso aceitar o paradoxo: a liberdade é um dom que se deve desenvolver em doação. É prerrogativa, mas é também exigência. Dada como capacidade nativa, jamais se acaba de alcançar em sua plena realização. Será que a gente se engana vendo nessa convicção a inspiração e a energia constante que anima a caminhada teológica de nosso Mestre?

Paga a pena tentar seguir mestre Tomás por essas veredas pouco freqüentadas, mas que levam às questões humanas de base. É nas profundezas que se pode esperar que o diálogo seja proveitoso. O grande risco da Nova Era seria esquivar esse encontro em torno do essencial, o que exige uma reflexão um tanto despojada, senão austera. Tomás de Aquino pode servir de Guia. Pois consegue reconhecer e explicar a liberdade e as diferentes formas da liberdade, mostrando-a como um fenômeno das profundezas em cada ser humano; ela se enraíza no encontro íntimo dos seres humanos; e, de maneira mais radical ainda, ela emerge da compenetração das profundezas do espírito humano e do Espírito divino. Os textos e debates já evocados parecem sugerir-nos uma marcha progressiva do Mestre correspondendo ao desdobrar de etapas do fenômeno humano da liberdade.

É encarada inicialmente como uma prerrogativa sem dúvida importante, mas parcial na vida das pessoas e das sociedades; porém se revela cada vez mais como a totalidade da pessoa, no seu dinamismo mais profundo e em um intercâmbio fecundo, criativo, porque estabelece o encontro das profundezas, empenhando a identidade de cada um. Com efeito, aceitando a análise de Aristóteles, Tomás destaca este primeiro aspecto da liberdade, que é a recusa de toda alienação no plano das relações e condições sociais. É a dialética do homem livre e do escravo. O ser livre é reconhecido e exaltado, de maneira complexa e dinâmica: como ser, agir, trabalhar para se realizar plenamente por si mesmo. Ao mesmo tempo que se constata que o escravo é o homem e a mulher alienados, acomodando-se a ser despojado do que é seu e de si mesmo, em proveito do enriquecimento e da valorização do outro. Essa análise inaugurada, de forma tranqüila e quase neutra, por Aristóteles, radicalizada e propagada como centelha revolucionária por Karl Marx, guarda hoje todo o seu valor e toda a sua pertinência.

Vimos que Tomás aceitou a definição do ser livre como prerrogativa de se possuir e de dispor de si, fazendo do ser humano o sujeito de seu destino. E reformulando a sentença aristotélica: "Ser livre é ser causa de si mesmo", deu-lhe um novo sentido dinâmico e mais abrangente: ser livre é ser o princípio interno de um movimento que promove a vida; pois esta, de início, surge como um dado apenas potencial. Ela só se realiza em sua qualidade humana, quando, na liberdade e pela liberdade, a pessoa chega a reconhecer e a dar-se a si mesmo o sentido e a finalidade que lhe são absolutamente próprios. Até aqui a caminhada de Tomás é um belo prolongamento da tradição ética, explicitando e conciliando a sua dupla vertente cristã e helênica. Mas chega o momento em que a originalidade criadora de Mestre Tomás emerge sem alarde. Bem conhecemos seu jeito de tudo renovar, mas escondendo suas próprias invenções sob a forma discreta de amplos inventários das contribuições de seus predecessores.

A novidade de sua contribuição surge desse propósito, aparentemente preparado pelo ensino cristão e pela reflexão do Filósofo: como compreender e explicar a liberdade como *causa sui*, como causalidade jorrando de si para mais e melhor se realizar? Como reconhecer e definir em si essa fonte de bondade, que brota de quem e para quem aceita viver a sua identidade como um caminho apenas esboçado para um termo apenas entrevisto? Vamos nos deixando arrastar por este fraterno e genial andarilho do já conhecido país das maravilhas. Bem pode ser que a gente apenas vislumbre o que ele nos mostra como esplêndidas evidências. Para atenuar, sem dúvida, as eventuais decepções de seus alunos, mestre Tomás gostava de repetir: *mais vale saborear umas raras e pequenas gotas das verdades mais altas do que se empanturrar de fartas banalidades e frivolidades sem valor*[11].

Uma dessas sublimes verdades a que o Mestre nos conduz como quem puxa (talvez pesados) companheiros de alpinismo vem a ser a presença em nós da liberdade, precisamente como fonte de um novo ser a partir do íntimo do nosso ser. Ela se caracteriza qual força criadora de bondade (ou infelizmente de maldade), surgindo lá das profundezas do espírito. Pois brota da razão, do querer; digamos de toda a mente, envolvendo em seu amplexo universal: emoções, paixões, tendências e instintos, e sendo gentilmente envolvida por esse universo da sensibilidade.

Instaurando um processo que tem algo de uma fenomenologia do espírito, Tomás começa por mostrar que é possível escolher livremente. Não convém se empolgar logo em grandes entusiasmos otimistas. Essa escolha pode bem consistir em se deixar simplesmente levar pela sedução ou pelo peso de algo que nada tem de sublime. A omissão, a demissão, a acomodação são moedas correntes, cunhadas em profusão por esse banco poderoso e versátil que guarda sempre o nome de liberdade. A realidade, o poder da liberdade são inegáveis, explica nosso Mestre. Mas a qualidade de suas escolhas está longe de ser garantida. Está aqui justamente o paradoxo da liberdade, sua grandeza sem par, coabitando com o risco de fracasso e acarretando até a miséria mais lastimável. Dotado de inteligência, de um olhar universal lançado sobre a particularidade das coisas e pessoas, o ser humano pode emergir como um senhor, tudo apreciando à luz da razão e dominando seus desejos, discernindo e escolhendo os bens que o solicitam. Em um primeiro momento, Tomás insistia com visível satisfação sobre este contraste tão favorável para a criatura racional: sua inteligência e seu querer são dotados de amplidão universal, o que lhe assegura um poder igualmente universal para escolher os bens parti-

---

11. Essa máximà de Aristóteles já é citada na 1ª q. da Primeira Parte da *Suma*, artigo 5, resposta 1ª.

culares, confrontando-os e ponderando-os em referência à noção e ao valor do bem propriamente humano, da felicidade.

Mas sua análise se aprofunda, suas posições se tornam mais matizadas e suas conclusões, mais realistas. O fato de ser universal não significa que o conhecimento racional domine as tendências e inclinações afetivas que impelem à escolha de um bem particular. O jogo das influências não se decide no confronto do conhecimento universal e do bem particular. E sim no plano da maior ou menor afinidade do próprio querer com o bem que o solicita, que o seduz ou deixa indiferente. Um marido, vamos dizer honesto, tem a oportunidade de uma loira aventura com uma criatura encantadora e fácil. Tem o conhecimento claro de que esse perfumado feixe de uma linda anatomia não se pode comparar ao amor que tem à sua esposa, ao bem de sua família, ao futuro de seus filhos. Essa apreciação racional será a mais forte? Até nos lembramos da discussão que abriu o capítulo 2 deste livro: "o que pesa mais em hora da decisão: o perfume do vinho, o encanto da mulher, a autoridade do rei, a excelência da sabedoria?"

A resposta teórica que nos dá Mestre Tomás é simples de formular, mas sintetiza o drama da vida humana. No primeiro momento, o que mais pesa e conta são as disposições de quem vai se decidir. A qualidade de sua escolha vai depender inicial e radicalmente da sua lucidez em compreender a situação e de se compreender dentro dessa situação. Essa lucidez há de ser seguida pelo empenho em ver o bem em si (o bem real e duradouro do tal marido, de sua família, de sua esposa, de seus filhos), como bem a predominar aqui e agora na decisão. Tomás chega a explicar que na raiz de toda falta ética, de todo pecado, há uma fria desatenção e uma atenção concentrada. Os olhos se abrem para o bem sedutor e se fecham para o bem verdadeiro. Desse abrir e fechar de olhos, surgem aventuras, estouram tragédias, brotam lágrimas e infelicidades que nem dá para chorar. Ou então (e é a ventura que lhes desejo!) jorram lindas e fortes opções pelo verdadeiro amor. E uma felicidade se vai tecendo, como um rosário de bênçãos, orvalhando o difícil e precioso dia-a-dia do homem e da mulher. A marcha e a qualidade da liberdade, desse processo de livres escolhas que se vão seguindo e encadeando, vão depender daquele jogo de olhares da inteligência e da predominância de bens que eles privilegiam. Há muita coisa encantadora no país das maravilhas de Mestre Tomás. Mas o segredo dos bosques, a limpidez das fontes, a magia ondulante das colinas e montanhas nos enviam à profundeza das profundezas, donde jorra toda beleza, todo bem, toda alegria, toda felicidade: o coração que escolhe com lucidez e com amor, vivendo e criando-se na liberdade. Um primeiro germe de liberdade crescendo e desabrochando em contínua libertação.

Sobretudo em seus comentários bíblicos, Tomás aproxima liberdade e libertação[12]. Ele dá assim um nome a um processo constante que vem a ser

---

12. Em uma perspectiva espiritual, desenvolvemos esse tema em *Contemplação e Libertação*, Ed. Ática, São Paulo, 1995, pp. 71-74.

a lenta e paciente conquista do amor, que leva à posse e ao dom de si mesmo. No prolongamento da perspectiva e da linguagem paulinas, a libertação se apresenta como a plena realização do livre-arbítrio, dom inicial e germinal com que Deus dota a criatura humana e que a graça vem completar e elevar, precisamente por uma tríplice libertação: da lei, do pecado e da morte. A graça surge assim como uma energia agindo no coração mesmo da liberdade, levando a fazer o bem pelo gosto mesmo do bem, e não por uma coação externa. Tal é a servidão típica que Mestre Tomás atribui à lei, seguindo as pegadas do apóstolo Paulo. A lei tem de se manifestar e ser acolhida como exigência do amor e da livre valorização do ser humano. Do contrário, tornando o bem odioso, ela é uma terrível aliada do pecado.

Tomás, sempre em uma fidelidade dinâmica ao ensino paulino, se compraz em ver na graça a presença transformadora e libertadora do amor que vem do Espírito, difundido nos corações e nas comunidades[13]. Como se Aristóteles estivesse mesmo a serviço do Apóstolo, o Teólogo se empenha em afinar e ampliar as noções da antropologia e da metafísica do Filósofo para melhor elucidar a liberdade do espírito humano realizando-se plenamente sob o influxo do Espírito divino.

A LIBERDADE DO ESPÍRITO. TOMÁS E JOAQUIM DE FIORE

A esse ponto, ninguém vai estranhar. Vamos ver do alto esse imenso e delicado universo da liberdade. Teria dado para nela reconhecer a mais linda porção do país das maravilhas que Mestre Tomás se empenha em palmilhar e balizar com artigos, questões e tratados para constituir sua "Sagrada Doutrina"? Tudo converge para o Espírito. Ele é a fonte primeira da liberdade, que se há de difundir em todos os recantos da pessoa e da sociedade, como o dom divino por excelência, e como a qualidade mestra que há de valorizar todo o agir, o viver e o conviver dos seres humanos.

O Espírito da liberdade era a grande esperança da nova idade, que foi a ocasião, senão a inspiração, daquele núcleo de questões que estão no coração da *Suma Teológica*: a *Lei do Evangelho, que se chama a Lei Nova*[14]. Ela será caracterizada e enaltecida com a Lei do Espírito. Essa aproximação paradoxal da lei e do Evangelho, da lei e do Espírito manifesta a fineza de Mestre Tomás. Ele bem conhece as oposições que separam esse duplo casal de forças antagônicas, nos textos do Novo Testamento, particularmente na doutrina do apóstolo Paulo. E ele sabe que o Espírito é dado para nos introduzir no perfeito discernimento e na plena reconciliação.

A lei é necessária mas tem algo de ambivalente. Ela traduz e concretiza as exigências do bem geral, do bem da sociedade e dos indivíduos, a ser

---

13. Ver Romanos 5,5 e o comentário que nos dá Sto. Tomás dessa passagem na sua *Leitura das Epístolas de S. Paulo*.
14. Cf. ST, I-II, q. 106-108.

realizado no dia-a-dia. Mas ela aparece feito norma que vem de fora, que vem de cima e se impõe ao dinamismo espontâneo e por vezes gostoso dos nossos desejos e tendências. Sto. Tomás consagra à lei e aos vários tipos de leis um estudo muito bem fundado, muito coerente e muito atento aos cuidados de sua aplicação. Ele aborda, com os recursos exegéticos de seu tempo, a parte legislativa da Bíblia, pondo em relevo a pedagogia divina na utilização da lei a serviço da aliança com o seu povo. Essa seção da *Suma* (I-II, 90-105) precede e prepara o tratado da Lei Nova, Lei do Evangelho, Lei da graça, Lei do Espírito.

É o momento privilegiado de precisar e de melhor compreender o grande empenho dos espirituais, que, sob a inspiração desse simpático "Conselheiro", o abade Joaquim de Fiore, por uma espécie de cruzada toda espiritual, pretendiam apressar a derrocada da cristandade e despertar a aurora da Idade venturosa do Amor. Em profundidade, as questões 106-108 da I-II estão em diálogo com esses joaquimitas que, desde 1254, brandiam contra os muros da cristandade o vigor do *Evangelho Eterno*. Em síntese bem simplificada, pode-se dizer que a cristandade se afigurava como o triunfo da lei e da autoridade. Esse rijo triunfo está aí, bem estruturado, apoiado por todas as forças do poder, do dinheiro, das instituições. Por isso mesmo está condenado a esboroar ao sopro do Espírito e a ceder o lugar à Nova Idade desse Espírito de amor, de paz e de liberdade.

Sem dúvida, a cristandade — a realidade e o nome — é exaltada desde Inocêncio III como a vitória de Cristo no plano da própria sociedade e não apenas nos corações. Os espirituais não opunham um não absoluto a essa pretensão de conectar a Cristo e a seu evangelho a realidade e a grandeza da cristandade. Como bom número de reformadores da Igreja, anteriores e posteriores a seu projeto, esses partidários da Nova Era nos séculos XII e XIII não recusam o princípio da necessidade das instituições. Não põem em dúvida ou pelo menos em discussão o fato de que venha de Cristo esse mundo de igrejas, santuários e mosteiros que aí estão. Já Orígenes, no seu comentário ao Evangelho de João, o "Evangelho espiritual", proclamava: com a vinda de Cristo a "lei foi mudada em Evangelho", ela não se impõe como um código de normas, mas se torna exigência de amor.

Tal pode ser o ponto de encontro e desencontro. Para os espirituais, a cristandade teria feito exatamente o contrário do que preconiza Orígenes. Transforma até o Evangelho em lei. Impõe o Evangelho pela força, literalmente a ferro e fogo, quando se apela para o poder secular com as cruzadas contra os infiéis e sobretudo contra os hereges ou para aplicar as sentenças capitais da Inquisição. Os espirituais radicalizavam uma crítica constante feita à cristandade no decorrer dos séculos. Não tinham dificuldade em aceitar que Cristo é o fundador da Igreja. Deu-lhe o Evangelho e com o Evangelho os dons e o Dom do Espírito. Mas a Igreja teria acabado virando essa cristandade bem estabelecida. Nela se prega o Evangelho e se anuncia o Espírito. No entanto, o que predomina e governa é a autoridade eclesiástica e civil, em um acordo bem cimentado, que se volta contra os que crêem e esperam no *Evangelho eterno,* força divina animada e agindo pelo Espírito.

Como se vê já pelos processos intentados contra Joaquim de Fiore, há precisamente oito séculos, em 1198, logo após a eleição do papa Inocêncio III, ele tem a consciência de ser um "profeta", à semelhança dos profetas do Novo Testamento. Aqui está uma simples amostra da explicação que ele dá de sua missão ao representante do papa:

> *Joaquim respondeu que não recebeu nem profecia, nem predição, nem revelação. Mas Deus me deu o espírito de discernimento, diz ele, para que no Espírito de Deus eu entenda com toda a clareza todos os mistérios da Sagrada Escritura, como a entenderam os santos Profetas que no-la transmitiram.*

E dava o tom de suas mensagens renovadoras:

> *Chegou o fim das festas do mundo. Estão iminentes as provações. O Reino dos Céus está à porta. Com a rudeza de meu estilo inculto, mas com argumentos certíssimos, posso provar o meu testemunho*[15].

Pela luz profética, ele manifesta a certeza de interpretar a Bíblia, especialmente o Apocalipse, em proveito da renovação da Igreja. Muitos desses discípulos da nova idade evangélica do Espírito viviam e testemunhavam tranqüilos a sua fé. Outros mostravam rostos e projetos menos pacíficos. Acabaram todos sendo excluídos pela força inexorável do sistema ou tragados por projetos de reformas mais acomodadas.

Com o recuo de mais de sete séculos e com olhos voltados para a fria acolhida que a cristandade de aquém e de além-mar deu à mensagem renovadora do Espírito, o comentário atual é curto e simples: que pena! Há quem pense que uns ecos das palavras e gestos de Joaquim de Fiore tenham passado a Portugal. E de lá teriam vindo ao nosso país. Algo do messianismo dos espirituais joaquimitas ainda ressoaria nas festas do Divino, lá no coração do Brasil, em Minas e Goiás. Um tema a estudar, tanto mais que as festas do Divino e dos Santos Reis constituem um rico e belo testemunho de nossas tradições religiosas[16].

---

15. Ver o texto e comentário em Henry MOTTU, *La manifestation de l'Esprit selon Joachim de Flore,* Neuchâtel, Paris, 1977, pp. 24-26. Para o estudo da exegese de Joaquim de Fiore e de seu movimento, ver H. DE LUBAC, *Exégèse médiévale* (4 vol.), Paris, 1959-1969. Para o nosso tema: vol. III, pp. 461 ss.

16. Entre seus valiosos estudos de etnologia, antropologia e folclore religioso, destacamos a obra de Carlos RODRIGUES BRANDÃO: *O Divino, o Santo e a Senhora,* FUNARTE, Rio de Janeiro, 1978. Com excelente bibliografia. Sobre as possíveis origens portuguesas da Festa do Divino, que teria entrado no Brasil com os primeiros missionários, e sobre a ligação desses festejos com o próprio movimento de Joaquim de Fiore, C. R. Brandão consagra as notas 49 e 50, amplas, bem documentadas e matizadas. Ver pp. 142-144.

É certo que os primeiros missionários, animados de uma grande fé, muitas vezes se sentiam também empolgados pelos sonhos messiânicos e milenaristas. Estudiosos chegaram a falar do "Reino milenarista dos Franciscanos no Novo Mundo"[17]. Entre os franciscanos é que os sonhos dos joaquimitas mais se prolongaram na história. No entanto uma especialista francesa das descobertas, de Cristóvão Colombo, da evangelização e da colonização da América, condensa assim seus estudos:

> *Fossem dominicanos ou franciscanos, os missionários desejavam implantar nas Índias* (=na América) *uma Igreja nova que fosse a réplica da Igreja dos tempos apostólicos.*

E transmite-nos o testemunho de um deles, Jerônimo Mendiela:

> *Nenhuma época igualou a nossa, desde o começo da Igreja primitiva.*

E a mesma historiadora acrescenta:

> *Aqui intervém de maneira muito ostensiva a influência do joaquimismo* (embora o nome de Joaquim de Fiore não fosse mencionado), *"suspeito nesses tempos de Contra-Reforma*[18]*".*

Mas voltemos a Tomás de Aquino. Que fez e disse o Mestre em meio a tudo isso?

Quanto ao essencial, ele é um "espiritual". Ele aposta toda a sua vida e toda a sua teologia na vinda do Espírito como um Dom de amor, que tudo renova em uma criação de amor. Destaquemos as teses de base de sua dou-

---

17. Tal é título do livro de John Leddy PHELAN, publicado (em inglês) em Berkeley-Los Angeles, University Cafifornia Press, 1970, pp. 180. Baseia-se principalmente nos escritos de um missionário franciscano, Jerônimo de Mendiela (1525-1604). Mendiela sonha ver um dia os índios (a população primitiva da América) agrupados em "ilhas espirituais", servindo a Deus, à luz do Evangelho, mas a servidão colonialista. O tema das "ilhas" é uma curiosa referência à utopia das "ilhas" maravilhosas, a esses Eldorados surgindo no meio do mar.

18. Marianne MAHN-LOT, "Millénnarisme et mission au Nouveau Monde", em *Las Casas moraliste*, Paris, Éd. Du Cerf, 1997, p. 106. A monografia mais completa e mais acessível vem a ser: J. I. SARANYANA – A. de ZABALLA, *Joaquín de Fiore y América* (1ª ed. 1992; 2ª ed. 1995), Ediciones EUNATE, Pamplona, 182 pp. As conclusões são bastante matizadas. Uma influência joaquimita sobre os missionários vindos à América não vai além da probabilidade. Cf. op. cit., Epílogo, pp. 145–174. Ao invés, dominam sobre alguns dos missionários as tendências messianistas, milenaristas, apocalípticas. Constituem uma espécie de vaga de uma outra "nova idade", mas fora do quadro doutrinal e das referências explícitas ao Espírito Santo que caracterizam o joaquimismo. Essas vagas sucessivas de "novas idades" ou de "novas eras" me parecem um fenômeno constante na história ocidental. Nessa hipótese a atual "Nova Era" é a última vaga desse processo histórico, mas em um contexto secularizado, pluralista, neognóstico e altamente influenciado pelo advento da mídia e da planetarização da economia. Cf. neste livro a introdução do capítulo 8.

trina, que recapitulam tudo quanto temos dele aprendido e nos preparam a compreender sua visão do Cristo, da Igreja, do destino histórico e eterno da humanidade. A cristandade medieval prega sem dúvida a vinda e o dom do Espírito. Do contrário, teria rompido com a mensagem fundamental do Evangelho. No entanto, a floresta das instituições escondia a árvore da vida que se devia destacar, sem equívoco possível, bem no centro do maravilhoso jardim, que é o plano salvador de Deus. Mestre Tomás rompe tranqüilamente com toda acomodação, proclama e explica em todas as letras:

> *O que é primordial, o que constitui essencialmente a nova lei — que deve reger a Igreja — é a graça do Espírito Santo, que nos é dada pela fé. Tudo o mais, todos os mandamentos, até o texto do evangelho, até os sacramentos, vem a ser secundário embora necessário e instituído por Deus*[19].

Essa "nova lei" da graça é a lei da "liberdade".

E sempre com a mesma serenidade continua a tecer sua mensagem evangélica: a liberdade verdadeira e plena é a liberdade do Espírito.

E conforme seu costume e no seu estilo recorre a Aristóteles para elaborar a teologia do que lê com lucidez e humildade na Palavra de Deus. Retoma, pois, o axioma aristotélico que sempre aprofundou e confrontou a todos os problemas teóricos e práticos de sua moral teológica: *Liber est causa sui*. "A verdadeira liberdade é ter em si a fonte de seu próprio ser e agir."[20] Pois é precisamente o que há de fazer em nós a docilidade ao Espírito Santo. E o enraizamento permanente e fecundo dessa docilidade, dessa presença criadora e santificadora do Espírito se realiza portanto (sempre na linguagem precisa mas transfigurada de Aristóteles) sob a forma de *habitus*. O que significa uma nova "natureza", pela qual somos "conaturalizados" a viver, pensar, sentir e agir como "novas criaturas"[21].

Veremos, no capítulo seguinte, as conclusões e aplicações dessa doutrina à prática e sobretudo à necessária reforma da Igreja. O primado do Espírito se há de traduzir no respeito das pessoas e das consciências, tendo como conseqüência uma igreja menos autoritária e todo um sistema de leis mais leves e de instituições mais transparentes[22].

---

19. Tal é, em síntese a doutrina do art. 1 da q. 106 da I-II, enfaticamente repetido no art. 1 da q. 108. Esses textos são apresentados no capítulo 11 deste livro.

20. Ver acima nota 8, p. 101.

21. Tal é, em síntese e num fraseado um tanto filosófico, a doutrina audaciosa e evangélica da q. 108 da I-II, artigo 1º, resposta 2, que leremos no capítulo 8 deste livro.

22. Veja-se sobretudo o artigo 4 da q. 107, sempre da I-II: "A nova lei deve ser mais pesada do que a antiga?" Tomás conclui sua *Solução* citando a famosa queixa de Sto. Agostinho: "A misericórdia de Deus quis que nossa religião fosse livre, constando de claríssimos e pouquíssimos sacramentos comemorativos. No entanto, vem sendo sobrecarregada de fardos tão onerosos que a condição dos judeus é bem mais tolerável, pois estão sujeitos aos mandamentos da lei, e não às presunçosas imposições humanas".

Liberdade, caminhos e descaminhos das profundezas

Vamos caminhando para uma conclusão talvez inesperada para quem está tomando um primeiro contato com Mestre Tomás. Aparentemente, ele foi aceito no seu conjunto pela cristandade. No entanto, a sua doutrina decisiva sobre a "lei nova" não mereceu a atenção que se impunha nas épocas de crise ou de reforma da Igreja. Sua mensagem de espiritual renovador foi também grandemente "tragada" pelas correntes autoritárias e legalistas que continuaram e acentuaram o predomínio das instituições e do poder.

Uma leitura simples, objetiva e responsável não nos levaria a entrever que Tomás de Aquino não ficou para trás? Não estaria à nossa frente, como sereno e corajoso Doutor da Nova Era do Espírito?

Capítulo 6
DEUS NA CARNE E NO TEMPO

Como reconciliar e abrigar na mesma tenda de Deus a imaginação, a história, a mente e a carne, essas filhas do homem, tão lindas, mas de gênio tão diferente? Para Tomás, o mestre que crê no Espírito criador e santificador, não seria esse, no final das contas, o desafio crucial da teologia? E ele o aceita e enfrenta de bom grado, porque está persuadido de que esta reconciliação vem manifestar precisamente o plano de Deus em toda a sua verdade e em seus requintes de fineza. Aí se revela também a viabilidade desse plano no desenrolar dos tempos e nos meandros de cada existência humana.

O BEIJO NA LEPROSA

Há quem pense e aceite a transcendência de Deus brilhando na elevação da inteligência, no esplendor racional do *logos* e até mesmo nas vestes leves e transparentes dos mitos, dos arquétipos. Mas Deus junto de nós, companheiro de estrada com a gente? Não falta quem tome a defesa da suprema grandeza do Altíssimo: como reconhecer e acolher o mesmo Deus que é Espírito e luz dos espíritos assumindo a humildade da carne e misturando-se às baixezas e miudezas da história?

Toca-se na "essência do cristianismo", naquela originalidade do Evangelho que, desde a primeira hora, dele fez uma pedra no meio do caminho para as elites do saber, do ter e do poder. Mas então foi exaltado qual escândalo salvador pelo Apóstolo, que desdobrou até com ufania a mensagem cristã diante da fina flor da inteligência em Atenas e em Roma[1]. Aceitar e viver esse escândalo é a fé que impele a prostrar-se diante de Deus, em uma reles cocheira em que quis nascer, para alegria de pastores. E se tem de começar logo a decifrar e a reconhecer sua revelação na estreiteza dos modelos culturais em que foi envolvida por uma equipe de iletrados. Renan se considerava finamente inteligente, estranhando que o Deus da Bíblia tenha falado tão mal o grego. Diga-se de passagem que o mavioso escritor, até o fim de sua vida, jamais entendeu que o povo (ignorante!) tivesse algo a ver com democracia. Buscar

---

1. Sto. Tomás, em seu prefácio às Cartas de Paulo, nelas reconhece uma só mensagem, a doutrina da graça, encarada e ordenada em seus diferentes aspectos, em relação com a história da salvação realizada em Cristo, difundida pelo Espírito, realizando-se na Igreja e na humanidade, mediante os sacramentos, no decorrer da história.

compreender esse Deus no seu sotaque de camponês, nos trejeitos e na loucura de um amor crucificado, e não na força todo-poderosa de saber e poder, no prestígio elegante da Acrópole e da gnose — tal o projeto humilde e audacioso que se chama teologia evangélica.

Mestre Tomás passou a vida pregando essa fé, ensinando e escrevendo essa teologia. Para ele, a Nova Era haveria de ser antes de tudo um apelo a voltar à nudez da cruz como manifestação e dom da plenitude do Espírito. Chegou a hora de perguntar: em suas tentativas gnósticas do passado, em seus projetos neognósticos de hoje, a Nova Era não correria o risco dos riscos, que vem a ser entrar pela alienação do imaginário e se perder na transcendência de um céu vazio? É humano, humano demais, projetar nosso egocentrismo individual e coletivo em entusiasmos religiosos que descartam a cruz e todas as rudezas da vida. A beleza de um Olimpo fantástico dispensa de ir ao encontro da realidade, toma o lugar do humilde dom de si e da fraterna partilha na singela caridade. Tudo isso se soma à tentação de buscar sair de nossa solidão entregando-nos ao culto anônimo das coisas e energias cósmicas. No entanto, sem pai e sem mãe, o mais belo casarão não passa de um pretensioso orfanato. A Nova Era se há de realizar de verdade, acolhendo na ternura o Pai de toda a ternura, que a nós se dá e revela de seu jeito realista no Seu filho e no Seu Espírito. Deus vem na carne e na história, para divinizar o humano sem o renegar.

A salvação é o incrível beijo de Deus à sua criatura. Ainda que ela mesma não se agüente diante da tentação de se esbaldar em prostituições requintadas, ou beire a depressão, vendo-se na extrema indigência ou incuravelmente leprosa.

O CRISTO, DEUS NA CARNE E NO TEMPO

O Cristo é Deus que vem até nós na carne e no tempo. Vem para tornar efetivo todo plano e até todo sonho de bondade, de felicidade, de amar e de ser amado, que habitam essa estranha raça humana e que ela, no entanto, se vê na incapacidade de realizar. Os sonhos são promessas e germes da graça.

Tal é o sentido desse curto Prólogo da Terceira e última Parte da *Suma Teológica*:

> *Nosso Salvador, o Senhor Jesus Cristo, ao realizar a salvação de seu povo libertando-o de seus pecados, mostrou-nos em si mesmo o caminho pelo qual possamos chegar pela ressurreição à felicidade da vida imortal. Portanto, para levar a termo todo o nosso projeto teológico, após termos estudado o nosso fim último, as virtudes e os pecados, é necessário que concentremos finalmente nosso olhar sobre o próprio Salvador de todos e sobre os benefícios que trouxe a toda a humanidade.*

Confrontemos esse prólogo com aquele, também bastante curto, que abre a Segunda Parte, a seção propriamente ética da *Suma Teológica*. Já contemplamos, diz em resumo Mestre Tomás, a Deus em si mesmo e à criação brotando do poder, da sabedoria e do amor de Deus. É a hora de voltar-nos para a criatura mais excelente de Deus, sua imagem, este ser humano que tem a prerrogativa de produzir obras de liberdade, de ser senhor do seu agir e de seu destino.

De fato, toda a parte moral da *Suma* é como a descrição desse canteiro de obras, brotando da liberdade humana. A humanidade está se fazendo, qual artista que tem o dom maravilhoso de se plasmar em uma imagem viva, à semelhança da suprema Beleza e do primeiro Amor[2].

Compreendemos melhor, senão o plano, ao menos o movimento interno que anima esse poema de fé e racionalidade que vem ser a *Suma Teológica*. Deus, o primeiro e incansável Amor, está sempre criando, diríamos, se engendrando em filhos e filhas que sejam sua imagem. Não imagem da imagem que dele fazemos. Seria um ídolo, resplendendo pretensões de saber, de poder, de força, de imposição, de valorização de si, na concorrência, na ambição de ter sempre mais e de se afirmar pela opressão ou supressão do outro. Isso qualquer criatura pode fazer por si mesma, no apego esterilizante a seus limites, falsamente entendido como estima e amor de si mesmo.

"Cristo vem mostrar em si mesmo o caminho da verdade, da felicidade, da vida imortal"... A Terceira parte da *Suma* é a descrição desse "caminho" concreto que torna realizável o projeto ético, os sonhos de felicidade e de amor, cuidadosamente definidos e analisados na Segunda Parte da síntese do Mestre Tomás. Sartre tem razão de qualificar ou de desqualificar o ser humano, ao término do *Ser e do Nada*[3], colando-lhe o rótulo desprezível de "projeto inútil", quando o vê devanear na pretensão de ser igual a Deus. Esse ressentimento existencialista é o avesso da grande verdade sobre o homem, da verdade que é o homem. Este é mesmo um projeto divino, de ser o que Deus é: amor, capacidade de amor, apelo ao verdadeiro e puro amor. Será deveras "projeto inútil", se permanece em sua onipotência infantilista, porfiando em ser sem os outros e contra os outros, em ser sem o Outro, que está em todos os outros, em uma comunhão virtual de compreensão e partilha de amor.

Cristo é a confirmação de que o ser humano não é uma vaidade que se esgota e se esvai em nuvens de ideais ou de ambições. Reencontramos a primeira certeza que empolgou o jovem Tomás e que está nas fontes da sua *Sacra Doctrina*: o desejo natural de ver a Deus, em sua Essência, não pode ser vão. Vem de Deus e é garantido por Deus. Essa garantia de Deus, esse "Amém" de Deus, o teólogo o aprendeu do Apóstolo, é Cristo[4]. Ele é Deus

---

2. Essa visão da ética comparada à oficina de um artista que se esculpe a si mesmo na liberdade, à imagem do Bem, é desenvolvida sob forma de um mito em nosso livro *Moral, Amor e Humor*, Ed. Nova Era, Record, Rio de Janeiro, 1997, p. 43.
3. Jean-Paul Sartre, *O Ser e o Nada*, Vozes, Petrópolis, 1997.
4. Cf. 2 Coríntios 1,20 e o Comentário de Sto. Tomás, n. 42. Ed. Marietti, p. 446.

vindo no tempo e na carne, para poder abraçar sua criatura, e ouvir com ouvidos humanos o seu supremo pedido apaixonado:

Beija-me com o beijo da tua boca (Cântico dos Cânticos 1,1).

A Terceira Parte da *Suma* é o realismo coerente de uma teologia que assume e explica toda a realidade do Evangelho da Encarnação do Logos. O Logos que estava em Deus, que é Deus, se faz "Carne". "Vem e estabelece sua tenda entre nós." Tomás leva às últimas conseqüências a verdade de Deus, a verdade da vinda, a verdade da história e da carne. Para ele, a verdade do mistério tem uma consistência que se desdobra em uma reflexão teológica de tipo intelectual, de rigor racional, sem deixar de nutrir uma contemplação mística. A sabedoria teológica e a sabedoria mística se distinguem e se articulam na mente e no coração daquele que se apresenta como o "Doutor da Verdade católica". Tal é o título e a função que ele se atribui, no limiar das *Suma*s de teologia[5].

A parte da doutrina sagrada que ele consagra à pessoa e à ação de Jesus Cristo é a corajosa abordagem da verdade realizada e sempre se realizando. São 59 questões, umas são simples como uma leitura singela e lúcida do Evangelho, outras pedem boa informação histórica e doutrinal, alguma familiaridade com os concílios, com a antropologia e a metafísica de Aristóteles. No entanto, o dado de base é bem outro. O teólogo quer mostrar-nos qualquer coisa que não é comum ao aparato religioso, e que não se vê nem mesmo no templo de Jerusalém. Em meio a eventos corriqueiros, envolvido de amor ou de incompreensões, de um jeito muito tranqüilo, dando tempo ao tempo, sabendo esperar a sua hora, Cristo, verdadeiro Deus e verdadeiro homem, é a discreta presença da Misericórdia do Criador, empenhada em recuperar para o amor e no amor a sua criatura que estava perdida no egoísmo do pecado.

Em época de muito racionalismo, mais ainda de um iluminismo rico de teorias capazes de tudo explicar, sobretudo os dados e fatos da Escritura, foi mérito de F. Hegel reconhecer que a verdadeira revelação do Absoluto se faz na história. Ela se desdobra qual força presente e transformadora da história. Deus não se manifesta em explosão de prodígios, desconcertando o mundo e embasbacando a humanidade. Evocamos esse filósofo porque, em Cristo, Tomás vai nos ajudar a ver a Deus na carne e na história. É o Infinito em sua relação mais profunda com o finito. Quer dizer, com os homens e mulheres de seu tempo e com todos nós que vamos nascendo (pelo menos por enquanto) a partir da feliz conjunção de dois genes humanos. Com o profundo e difícil pensador germânico, somos levados a reconhecer que o Infinito se revela dando-se na história, penetrando e transformando o finito, influindo-lhe razão e liberdade,

---

5. Releiam-se as primeiras palavras do Prólogo geral da *Suma Teológica* e os capítulos 1 e 2 do livro I da *Suma contra os Gentios*, em que Tomás mostra certo gosto em descrever sua missão de Doutor da Verdade católica.

ativando-o e promovendo-o com os valores de justiça, de amor entre pessoas e de solidariedade social. E assim Aquele que as "representações religiosas chamam Deus", explica Hegel, mas que é o Infinito, o Absoluto, se manifesta e se esconde no finito, só mostra que é e o que é mediante a história da humanidade em sua continua ascensão. Nisto, o Filósofo parece um dos precursores de alguns setores da Nova Era. É um genial intérprete e o possante porta-voz de todos aqueles que despersonalizam a Deus, na hora mesmo em que exaltam a pessoa como a mais excelente realização humana.

Estamos com um olho em Mestre Tomás, outro em Hegel. E, como se trata dos olhos do espírito, sobra um pelo menos para dar uma piscadinha para a Nova Era. Muitas das esperanças e dos sonhos que ela desperta exaltam energias e efeitos divinos, mas tendem a dissimular ou mesmo a suprimir a personalidade em Deus. Deus é relegado discretamente à penumbra da consciência ou do inconsciente. Ele incomoda, talvez porque o Amor com rosto pessoal é um dom que tem também suas exigências. Seja como for, é humano, muito humano, mas tristemente humano, esse jeito de descartar as pessoas e sobretudo a Pessoa de Deus. É aqui que diremos que os filósofos podem ser mais cômodos do que os profetas. E diremos também, apesar da bela palavra de Pascal, que não opomos os filósofos aos profetas, nem jogamos "o Deus dos filósofos" contra o "Deus de Abraão, de Isaac e de Jacó", contra o "Deus de Jesus Cristo". Pois olharmos para Deus, sendo ajudados pelos filósofos, mas iluminados pelos profetas, é a lição que estamos sempre aprendendo de Mestre Tomás. E agora ela se torna mais insistente e luminosa, quando ele quer mostrar-nos o perfeito Deus e o perfeito homem em Jesus Cristo. E pretende introduzir-nos na Nova Era acolhendo os dons de Deus, os dons da criação e da graça, no Dom por excelência que nos faz, vindo pessoalmente até nós em seu filho Jesus Cristo.

"VERDADEIRO DEUS, VERDADEIRO HOMEM"

Essa fórmula solene consagrada pelos primeiros concílios cristológicos vai revelando sempre, no decorrer dos séculos, novos sentidos à sociedade e à reflexão cristãs. Ela dá a chave do mistério a Mestre Tomás, que nos comunica uma maravilhosa doutrina e nos torna possível ir mais longe do que ele.

Sua arte de fazer teologia lhe sugere como uma dupla entrada, que vai corresponder a duas partes em sua exposição. A primeira é um trabalho de pura inteligência, muito bem munida de metafísica, que alguns julgam árdua e requintada. Ela se traduz em um intrépido esforço de elucidar o ser do Cristo, em termos de natureza, de pessoa, de faculdades e perfeições do conhecer, do querer, do sentir e do agir. A segunda é inspirada por um visível encantamento pelo Jesus da história e por uma releitura dos dados evangélicos na linha da tradição espiritual e teológica.

Cristo se ergue majestoso em uma espécie de Corcovado um tanto íngreme, se imaginarmos como colinas e montanhas as duas séries de questões que se vão desdobrando e articulando, com o fito de a ele nos encaminhar. Vinte e seis questões, sem dúvida as mais escarpadas, abordam o mistério da Encarnação com todo rigor doutrinal. Outras 33 questões vão contando e analisando a história de Jesus, de maneira mais concreta, sem jamais deixar de se interessar pelas razões dos fatos, dos feitos, das palavras e dos símbolos.

Tem-se aqui uma ocasião privilegiada de melhor conhecer o que chamaríamos o paradigma teológico de Tomás de Aquino, tentando desmontar uma ou outra das peças da sua construção e vistoriando mais de perto o seu canteiro de obras. A novidade de seu paradigma resulta de uma aposta que ninguém talvez teve a coragem de fazer depois dele. Apostar, de uma vez e para valer, no mistério, na razão e na história. Primeiro, apostar no mistério de Deus e do Cristo, tal qual vem apregoado na revelação evangélica. Sem a retórica de Sto. Agostinho, mas com a mesma convicção, ele joga em cima do negador da divindade de Cristo: *Crede Evangelistae,* "Creia no Evangelista". O Evangelho de João está proclamando "O Verbo, o Logo se fez carne". Aceite a palavra dele ou vá ler alhures as lendas religiosas do seu gosto. Mas a aceitação e o sentido do mistério não excluem o rigor da inteligência, seja na atenta análise e leitura do texto, seja na compreensão do que se há entender pelo Verbo divino e pela carne humana. As exigências da inteligência brilham finalmente na coerência de uma doutrina que leva em conta e procura harmonizar os diferentes registros da linguagem e as formas diversas do pensar.

O leitor que sem dúvida não esconde suas simpatias por esse jeito sério e fino de tratar as coisas do espírito está sem dúvida cansado de saber que o estilo de Mestre Tomás não teve seguidores a sua altura. Chegou até a provocar ferrenhas oposições. No que toca precisamente à cristologia, à compreensão da pessoa, da vida e da ação salvadora de Cristo, a contestação nervosa de Martinho Lutero, o grande reformador protestante, pode ser muito instrutiva. Tanto mais que, com o recuo do tempo e o espírito ecumênico que nos anima hoje, podemos melhor apreciar o que está em jogo nesses projetos teológicos. Tudo indica que Lutero não teve ocasião de tomar um conhecimento direto da doutrina de Tomás de Aquino. Mas o que lhe chegou aos ouvidos durante sua formação monástica e escolástica, especialmente do seu contato com as correntes nominalistas, foi o suficiente para levar esse temperamento fogoso a detestar de alma e coração as posições de base de Mestre Tomás. Não escolheu muito o seu vocabulário para esconjurar as construções teóricas e os recursos ao pagão Aristóteles, tão do gosto de Tomás.

Que me interessa saber se há em Cristo uma pessoa, duas naturezas? Não me importa o que ele é, mas o que fez e é para mim[6].

---

6. Essas expressões foram muito enfatizadas por Melanchthon e vêm como epígrafe ao último livro (t. III) da *História dos Dogmas* de Adolf Harnack. Mas sobre o verdadeiro contexto e o sentido positivo e profundo dessas palavras de Lutero, veja-se Paul TILLICH, *História do Pensamento Cristão* (1968), trad. de Jaci C. MARASCHIN, ASTE, São Paulo, 1988: "Doutrina de

Essa atitude existencial, esse jeito prático de fazer da fé uma pura relação afetiva com Cristo, terá um futuro imenso. Pelo que ela afirma, essa posição luterana não constitui uma ruptura com a doutrina de Tomás de Aquino. O que este pretende é fazer a junção da dimensão existencial e da dimensão intelectual, primeiro já no ato de fé e depois na reflexão teológica que se enraíza na fé e a prolonga em um saber de tipo racional. Acolher o mistério se torna, ao mesmo tempo, uma fonte de confiança na competência e no trabalho próprio da razão. Como quem fala de experiência, mestre Tomás explica com muito gosto:

> *Quem tem a vontade bem disposta para crer, ama deveras a verdade que crê: ele se debruça sobre ela, perscrutando-a com carinho e comprazendo-se em abraçar as razões que consegue encontrar para elucidá-la*[7].

Desde os começos de seu labor teológico, Tomás acolhe, aprofunda e prolonga essa visão integral da fé que recebe de Sto. Agostinho. O crer é a atitude que envolve e dinamiza todo o ser humano, levando-o a aceitar Deus ou Cristo como verdade, a confiar na autoridade divina como critério dessa verdade e a orientar a existência para Deus, como sumo bem, fonte de todo sentido e de todo valor da existência. Tendo em conta a muita água que tem corrido debaixo das pontes das Igrejas cristãs, por vezes divididas na compreensão primordial do que seja crer, é bom assegurar que a teologia de Tomás se funda no jorro forte e constante de uma fé intelectual, fiducial e existencial. Por que complicar as coisas, nos diria o mestre, talvez sorrindo? Vejam como é simples. Agarrem-se ao *slogan* que já nos vem de Agostinho: "*Credo Deo, Deum, in Deum*", ou: "*Credo Christo, Christum, in Christum*"[8]. E, quem

---

Cristo", pp. 228-230. E para o aprofundamento do tema recomendam-se, em uma perspectiva objetiva, serena, ecumênica: Y. CONGAR, "Regards et Réflexions sur la christologie de Luther", no livro *Chrétiens en dialogue*, Ed. du Cerf, Paris, 1964, e a obra magistral de Marc LIENHARD, *Luther, témoin de Jésus Christ*, Ed. du Cerf, Paris, 1973. Em profundidade, Lutero confrontou a cristologia com o problema crucial: do significado existencial ("Jesus Cristo para mim") e doutrinal ("Jesus Cristo em si, na verdade de sua pessoa e de sua obra"), dando prioridade ao sentido existencial como porta de entrada ao doutrinal. Cf. LIENHARD, op cit., pp. 181-182. Nessa perspectiva, poderíamos aproximar a posição luterana do axioma de Tomás: "A vida precede a doutrina (*Prius vita quam doctrina*...), pois ela conduz ao conhecimento da verdade". Cf. *Leitura de Sto. Tomás ao Evangelho de S. Mateus*, n. 458, Ed. Marietti, 1951, p. 74.

7. *Suma Teológica*, II-II, q. 2, artigo 1, resp. 2. Essa conjunção constante da inteligência e do amor, prolongando-se na teologia, que quer ser o aprofundamento racional da fé, é típica do paradigma teológico de Tomás. O ser humano sobe todo inteiro para Deus, na diversidade de suas formas de conhecer, amar e agir, em harmoniosa sinergia que respeita e valoriza cada uma das dimensões da pessoa.

8. Quando começa seu ensino, Tomás tem diante de si essa fórmula agostiniana, já tradicional, no livro III, Distinção 23 das *Sentenças* de Pedro Lombardo, consagrando-lhe uma rápida exposição na q. II, art. 2, qlla. 2. Irá abordando e aprofundando o tema: na q. *Sobre a Verdade*, q.14, art. 7, resp. 7; na *Leitura de João*, 6, lição 3, n. 901, dando-lhe aí uma fórmula muito sugestiva; e na *Leitura da Carta aos Romanos*, 4, lição 1, n. 327. Mas a elaboração completa e definitiva se encontra na ST, II-II, q. 2, a. 2.

sabe, saltando em auxílio ao comum dos mortais, um de seus assistentes ou orientandos viria explicar no dialeto romano, napolitano ou parisiense, conforme a Universidade que estava hospedando frei Tomás, e marcaria bem a que equivale aquele *Deo, Deum, in Deum*: "Creio, a Deus me fio (por causa de sua veracidade); creio (a verdade de) *Deus;* creio *em Deus* (nele está todo o meu amor). E o gentil tradutor esclareceria que as filhas da língua latina não guardaram a simplicidade e a densidade da mãe delas. Mas têm, sem dúvida, outras muitas belezas e utilidades.

E, assim, um jovem teólogo ou uma jovem teóloga de hoje condensaria, do seu jeito mais derramado, toda a concisão desse ensino venerável: Mestre Tomás embarca mesmo em uma certeza total e coerente, colocando na base de sua cristologia esta profissão abrangente da fé: creio que o Cristo é verdadeiro Deus e verdadeiro homem, confio na sua palavra e no testemunho de sua vida, e, em um mesmo elã, a ele me apego com toda a força de minha capacidade de amar.

O MAIS BELO MOSAICO DE IDÉIAS E IDEAIS

É hora de contemplar a imagem de Cristo, que Mestre Tomás nos oferece com carinho, juntando todos os recursos de inteligência e de história de que dispunha. Vai primeiro mostrar-nos o rosto e os lábios humanos nos quais resplandece a Glória invisível e nos vem falar a Palavra inefável, que Deus profere de si e para si mesmo no silêncio da eternidade e pela qual cria e conserva o universo. Essa visão grandiosa da Encarnação que se acha no limiar do Evangelho de João, da Carta aos Hebreus, das doxologias evangélicas[9], constitui como a inspiração e o fundamento da primeira seção da cristologia que abre a Terceira Parte da *Suma*, formada das questões 1-26. Ela vai penetrar e iluminar a segunda, que se estende da questão 27 à 59.

Está aí uma opção teológica da maior importância. A "Glória do Verbo" se manifesta em Jesus de Nazaré. O Pai é visto, e só pode ser visto, no Filho. É um dado evangélico incontestável e primordial. É o sentido do drama da vida e da morte de Jesus, expresso qual canto de louvor e de ação de graças, nos grandes textos proclamados e cantados no momento da plena maturidade da fé da Igreja apostólica. Mas qual é o modo de manifestação da glória divina na fragilidade da carne humana? Os grandes concílios professarão que Cristo é verdadeiro Deus e verdadeiro homem, perfeito Deus e homem perfeito.

Mas qual é a verdade e a perfeição dessa humanidade, unida à divindade e assumida na Pessoa do Verbo? Aqui se insere uma opção radical, que, levada até o fim, vai dar na teologia da glória ou na teologia da cruz. É uma primeira compreensão do Cristo, que se estenderá à compreensão da Igreja,

---

9. Ver, por exemplo: Jo 1,2-18; Hb 1,1-14; Fl 2,5-11; Rm 1,2-5; 9,5; Mt 11,25-27; Lc 10, 21-22.

a qual terá uma repercussão decisiva na visão da reforma da própria Igreja, e muito particularmente na consideração de uma possível Nova Era do Espírito. Paga a pena lermos a difícil teologia de mestre Tomás com o mesmo carinho com que a compôs[10]. Lancemos um olhar sobre o que se pode chamar o paradigma teológico, os princípios e noções de base bem como a arte caprichada com que são tecidos artigos, questões e tratados. Depois será a hora de nos perguntar sobre a utilização prática e até mesmo ideológica que se pode fazer dessa ampla e profunda teologia.

Tomás empreende a composição da Terceira Parte em Nápoles, em 1272. Está na plenitude da forma. Possui como ninguém uma excelente informação sobre a tradição cristã e guarda uma familiaridade surpreendente com as correntes filosóficas, bem articuladas à luz e em torno de um aristotelismo grandemente pessoal. O ponto mais alto de sua doutrina teológica resultará dessa síntese muito cuidadosa, que seu gênio e seu carisma vão efetuar, juntando o que há de sólido e esclarecedor na antropologia dos filósofos e o que há de mais central e sublime na revelação evangélica.

Comecemos pelo mais fácil e menos discutível. O pleno êxito de seu trabalho se afirma em um núcleo incontestável de grandes teses teológicas que vêm estruturar e alinhar de maneira firme e até graciosa as grandes alamedas dogmáticas do cristianismo. O teólogo ocidental dá de trabalhar feito o jardineiro-mor dos primeiros grandes concílios orientais. Toda Igreja conservou e conserva, sem grandes diferenças entre as confissões cristãs, tudo quanto essas veneráveis assembléias, com muita garra e muita lucidez, conseguiram definir. Eles punham fim às controvérsias que abalaram os primeiros séculos da Igreja, que, liberta das perseguições, passou por um bom período de dissensões internas. Os concílios professaram e ensinaram a professar em uma linguagem solene e precisa este feixe de dogmas de base: o Filho consubstancial ao Pai, a divindade do Espírito Santo, a distinção, a igualdade e a comunhão das Três Pessoas em uma mesma Essência divina, bem como as duas naturezas, divina e humana, de Cristo, subsistindo na única Pessoa do Verbo. Tomás será o doutor da fidelidade perfeita, da penetração mais profunda, da formulação lapidar e da coerência total ao elaborar essas doutrinas conciliares em uma teologia da Trindade e da Encarnação. O menos que se pode dizer é que chegou a uma forma de pensar e de dizer enxuta, breve e exata, recorrendo a uma dúzia de conceitos filosóficos, bem definidos, bem cinzelados, abrindo e afinando ao máximo a palavra humana para que venha a apontar com justeza para as verdades divinas. A lógica, sobretudo, é tratada com carinho e esmero para se pôr a serviço do mistério.

Quem consegue erguer-se nas pontas dos pés para olhar com toda a sua inteligência o que Mestre Tomás chegou a fazer em sua oficina teológica só

---

10. Esse carinho assume até uns ares de ternura na q. 1ª, *Sobre a conveniência que Deus se encarnasse*. Sem renunciar ao rigor de sua linguagem teológica, mestre Tomás não esconde sua admiração contemplativa diante dessa forma de comunhão total e perfeita que só pode convir ao Deus que é puro amor, e se revela plenamente no completo dom de si à criatura.

pode é admirar a sua incomparável destreza em aparelhar as relações do infinito e do finito, dos atributos divinos e das prerrogativas humanas. Mostra, assim, em todas as minúcias como Jesus Cristo é, vive, age com a inteligência, a liberdade, a sensibilidade de verdadeiro e perfeito Deus, de verdadeiro e perfeito homem. Mais do que o poeta latino, Tomás poderia dizer, se sua modéstia deixasse passar: "Consegui erguer um monumento bem mais perene do que o bronze". Tanto mais que Horácio, Ovídio e Virgílio formavam o maravilhoso trio atacante da poesia latina para os monges e clérigos medievais.

No entanto, esse monumento tem a marca do tempo e os inevitáveis limites de um projeto teológico. Alguém poderia já buscar a fonte de umas tantas reservas no caráter tão bem acabado dessa obra-prima do pensamento. A admirável imagem de Cristo surge qual mosaico refulgente e bem ajustado de puras idéias e de puros ideais. Bem se vê que o Cristo é nosso Deus, nosso mestre, nosso modelo exemplar. Mas se tem alguma dificuldade em nele reconhecer o nosso irmão. Diríamos que Tomás de Aquino está longe de ter omitido os ensinamentos evangélicos e a insistência sobre Cristo "verdadeiro homem". A dificuldade embaraçosa vem da compreensão que nos é proposta do *"perfeito* homem".

Tomás faz uma opção plena e decidida pela perfeição absoluta de Cristo em sua vida mental e espiritual, desde o momento de sua conceição no ventre materno. Ele foi desde o começo, sempre e em tudo perfeito, para nos conduzir à perfeição. O Mestre reconhece sem dúvida e o prova amplamente que Cristo tinha um conhecimento experimental, pois a experiência é, sem contestação possível, uma perfeição humana. No entanto, ele jamais teria aprendido algo de ninguém, porque a verdadeira perfeição é aprender por si mesmo sem dependência de qualquer ensino. Cristo, desde seu primeiro instante, é dotado da visão imediata de Deus e bem provido de todas as formas de ciência infusa de que dispõem os anjos (a quem Cristo não poderia ser inferior). Sem dúvida, fica sempre aberto um espaço ao exercício e à aquisição de uma ciência experimental. Mas ele parece bem limitado, e mais se afirma por uma questão de princípio do que de uma verdadeira necessidade para o "perfeito ser humano", tal como o postula a teologia de Mestre Tomás.

Tudo indica que a opção pela perfeição absoluta do ser humano em Cristo leva Sto. Tomás a se aproximar bem mais do idealismo platônico, com certo detrimento do realismo aristotélico, que ele sempre professou e praticou. Muito provável também nos parece que as prerrogativas gloriosas do Cristo ressuscitado já são por ele antecipadas, no que diz respeito à alma, em Jesus de Nazaré, ainda peregrino e sujeito às condições de todos os seus irmãos peregrinos. Não seria mais conforme aos evangelhos reconhecer que Cristo é perfeito homem precisamente nesta sua condição de servo paciente e sofredor, para professar depois que Ele será em toda a plenitude o perfeito homem em sua condição de Senhor da Glória? A mesma leitura simples e rigorosa dos evangelhos não nos levaria a dizer: para sua missão de salvador, Jesus é agraciado com todos os dons que Deus concede aos seus profetas, aos sábios, mestres, aos taumaturgos e líderes espirituais de seu povo. Esses dons lhe são prodigalizados na profusão e na perfeição conveniente à plenitude de sua missão e à sua condição singular de Filho na casa de seu Pai (Hb 3,6).

Aqui, em toda a sua vida e em toda a sua obra, a verdadeira grandeza de Tomás como mestre é de nos abrir caminhos que jamais descobriríamos. E de permitir aos seus discípulos ir mais longe do que ele, como criancinhas que vêem mais longe que o pai, quando jeitosamente assentadas nos ombros possantes dele[11].

CENTRO DA HISTÓRIA E DA VIDA

Lendo a Terceira Parte da *Suma* e seguindo o convite do Mestre de prolongar o seu pensamento, caminhando com a humanidade e tirando proveito dos progressos da cultura, podemos falar do seu encantamento pelo Jesus da história. Ele consagra 33 questões à vida, à atividade, à paixão e glorificação do Salvador, muito provavelmente caprichando na escolha deste número, em discreta alusão à idade tradicionalmente atribuída a Jesus[12].

No entanto, o gosto de Tomás em retomar e meditar de maneira minuciosa e por vezes carinhosa a vida do Salvador é fortemente marcado por seu projeto teológico. Ele se preocupa em perscrutar o sentido divino, as razões de necessidade ou de conveniência que pode encontrar a inteligência iluminada pela fé no seu intento de descobrir e compreender o mistério da salvação se desdobrando no tempo, através do desenrolar da vida, das atividades, do ensino ou dos sofrimentos de Jesus.

Assim, essa teologia tão logicamente elaborada, mas acompanhando o fio condutor da história, guarda uma real afinidade com o feitio da Bíblia, com a "leitura" que tende a explicar-lhe pormenorizada e metodicamente os textos. No momento da composição da *Suma*, Tomás se dedica muito especialmente à exegese de Mateus, de João, das Cartas de Paulo, bem como dos Salmos. Estes são lidos freqüentemente com muita fineza simbólica, buscando desvendar o rosto de Cristo, velado nas imagens e anseios do povo de Israel. A vida de Jesus é encarada, contemplada e explicada como a misericórdia do

---

11. A comparação, com seus ares modernos, remonta na verdade ao século XIII, pois é de João de Salisbury: "Vemos mais longe do que nossos antepassados, pois estamos montados em seus ombros de gigantes". Citado com visível satisfação por M.-D. CHENU, *Introduction à l'étude de Saint Thomas d'Aquin*, 2ª ed., Paris, 1954, p. 59. O mesmo João de Salisbury nos informa que, em seu tempo, Aristóteles é designado como "o Filósofo por antonomásia". Prática adotada por Sto. Tomás, sem que seja, portanto, originalidade exclusiva sua.

12. Inclinamo-nos a crer que Mestre Tomás, com certo humor, às vezes rende uma homenagem discreta à numerologia de sabor agostinista, arredondando os números de algumas de suas centenas de questões, de modo a insinuar o caráter do tema estudado, como neste caso do número 33. Assim, a questão da Felicidade (I-II, 1-5) é tratada em 5 questões, todas de 8 artigos, o que perfaz a totalidade ditosa de 40 (exaltada por Agostinho no seu comentário ao Evangelho de João, cap. 5, vers. 5, onde, "ao 38, falta o 2, para chegar à perfeição").

Pai revelando-se no zelo amoroso do Filho, desvelando-se pela nossa salvação e realizando-a com todo esmero de perfeição. Encontra-se no desenrolar dos fatos aquela mesma marca de perfeição que Tomás assinalou nas primeiras questões (1-22), em que perscrutou com todo cuidado a Pessoa do Verbo, a união hipostática da natureza divina e da natureza humana, todas as perfeições de saber, de poder, de santidade que convinham ao Salvador.

Cajetano, o célebre comentador, deixa um pouco de lado a seção histórica desta Terceira Parte da *Suma*, recomendando-a, com alguma condescendência, à meditação piedosa dos principiantes. Essa atitude curiosa de preterição, que já encontramos na sua abordagem da lei evangélica (I-II, 106-108), testemunha certa dificuldade de seguir Mestre Tomás na dupla dimensão, intelectual e histórica, de seu paradigma teológico[13]. Hoje, diríamos que, para ser deveras fiéis a Mestre Tomás, havemos de praticar, de maneira criativa, uma abordagem racional, histórica e simbólica para que a mensagem e a vida de Cristo inspire uma teologia ativa e original, em simbiose com a cultura e a marcha da humanidade atual.

Dois grandes temas parecem marcar a originalidade e prenunciar a fecundidade, especialmente nos tempos modernos, dessa teologia que Tomás elabora com os olhos abertos ao Jesus do Evangelho. O primeiro nos mostra a solidariedade profunda e universal de Cristo com toda a humanidade, em sua qualidade de Cabeça da Igreja. O outro indica em um ato livre de perfeito amor a verdadeira natureza e a força salvadora da redenção.

A união estreita de Cristo com os homens e as mulheres de todos os tempos e de todos os lugares, exposta com uma minúcia carinhosa na questão 8 da Tericeira Parte, é como a plena manifestação da Encarnação, compreendida como a graça de união perfeita da humanidade com Deus. Nesse ponto, a cristologia de Tomás de Aquino é um facho de luz evangélica e um feixe de esperanças. Ela despertou apenas lampejos de coragem criativa em certos momentos da história. Mas guarda imensas reservas de energias para uma Nova Era de reconciliação da humanidade e de um ecumenismo efetivamente universal, anunciador e antecipador dos novos céus e da nova terra. A primeira originalidade dessa cristologia é contemplar a Encarnação como desabrochar da graça, como amor cuja razão e cujo dinamismo é simplesmente o gosto de dar, de dar-se sem limites. Deus, o ser infinito, é o infinito amor infinitamente dadivoso. Esse mistério, que não é obscuridade desafiando a razão, mas que é revelação de um amor que supera toda lucidez do pensamento e todos os sonhos mais loucos do coração, está no centro da pregação do Evangelho. Ele foi cantado e orquestrado como a explosiva alegria dos anjos e qual anúncio de felicidade para toda a terra.

---

13. Após seu encontro com Martinho Lutero (em 1518), ao contato com os anseios e problemas da Reforma, Cajetano, já cardeal da Igreja romana, se volta ao estudo das Escrituras e descobre um paradigma teológico menos escolástico e mais orientado para a sensibilidade e as necessidades de seu tempo.

Portanto, a originalidade de Tomás, "doutor dessa verdade católica", está em tudo concentrar e explicar à luz desse mistério da Graça, que só se explica, para além de feitos e conceitos, como simples Graça, qual suave e suprema experiência do amor. Em Cristo, Deus une a si a humanidade, em puro dom de amor, em uma graça de união, que eleva essa humanidade transformando-a e mergulhando-a no Amor infinito. O infinito entra nos quadros e limites da história, apoderando-se do finito, levando à perfeição este ser limitado e suas limitadas capacidades de conhecer e amar, iluminando-o e incandescendo-o no incêndio infinito do amor. Essa Graça de amor incandescente é dada para abrasar o mundo. Retomando a metáfora comum, já reelaborada pelo ensinamento do apóstolo Paulo, o teólogo Tomás dirá e explicará: a graça infinita da União de Amor de Deus e da humanidade em Cristo faz deste novo primeiro homem o chefe, a cabeça que há de unir, reconciliar, fazer viver e conviver no amor a toda a humanidade. Na plenitude de sua graça de Filho Eterno, agora gerado no tempo, Jesus vem para ir atrás de tudo quando estava longe de Deus pelos limites da criatura e pelos obstáculos do pecado.

O sonho de uma Nova Era do Espírito, na perfeição e na felicidade do amor, não é um devaneio ou a projeção de um desejo bobamente derramado. Um belo e curioso exemplo aconteceu no primeiro encontro de Tomás de Aquino com a América. Pois ele aqui desembarcou com seus discípulos, com seus irmãos dominicanos. E, por eles, a sua doutrina da graça capital, do Cristo cabeça dos Índios da América, foi erguida como um estandarte e ecoou como um toque para a luta. Primeiro em Cuba, nas vésperas do Natal de 1511, na voz tida como tonitruante de frei Antônio de Montesinos, apoiado por sua comunidade, dirigida pelo prior frei Pedro de Córdoba. E depois a mensagem de Tomás foi redigida como primeira expressão latino-americana da teologia da libertação por frei Bartolomeu de Las Casas.

A América refulgia como o Eldorado, luzente de ouro e pedrarias, e mais uma abundante mão-de-obra gratuita, escrava, para servir aos conquistadores. Uma Nova Era deslumbrava os olhos e os corações ambiciosos dos (chamados) descobridores. Eles que viravam colonizadores por conta de suas cobiças e pretensões, e começavam a invadir e devastar, em nome do pseudopoder, do pseudodireito, da pseudoteologia e de uma desvairada cristandade. Mas nesta hora a América nascia para si e para o Evangelho, anunciado em uma verdadeira pregação e justificado pela verdadeira teologia da universalidade da graça. Foi apregoada e erguida como um facho de luz a questão oitava da Terceira Parte da *Suma Teológica*.

"O primeiro padre da América Latina", como frei Bartolomeu de Las Casas chamava a si mesmo, formou-se como um amoroso da América, lendo e estudando a doutrina do Corpo místico de Cristo, aplicando aos habitantes da América a doutrina da questão 8 da Terceira Parte da *Suma*. A teologia o ilumina e anima, qual palavra que brota do amor e conduz ao amor. E, levado pela lucidez do amor, foi até mais longe do que mestre Tomás. Escreveu o tratado *Da Única Maneira de Conduzir todos os Povos à Verdadeira Reli-*

gião. Para quem ama a América Latina, para quem se abre à compreensão do outro e se coloca na perspectiva do outro, está aí o verdadeiro manual ecumênico da Nova Era[14].

Sto. Tomás de Aquino, tu entraste em nossa América, não dentro dos alforjes dos conquistadores e dos dominadores, como aqui entraram castiçais de prata, missais dourados e outros apetrechos de sacristia. Tu vieste como tu és, um missionário, um simples frade mendicante, pobre entre os pobres. Tua doutrina ecoou aqui como tua pregação popular ressoava, no dialeto napolitano, para a gente humilde de teu país. Frei Bartolomeu de las Casas, que se orgulhava de ser o primeiro padre ordenado neste nosso continente, retomou e prolongou o teu ensino. Como teu primeiro irmão americano, escorou-se em tua doutrina e em tua autoridade. E proclamou que os índios da América eram membros do Corpo místico de Cristo. À luz de tua luz, argumentou que Cristo agia neles por sua graça, bem antes que cristãos aqui chegassem. Esses deveriam, sem dúvida, ensinar as maravilhas e a universalidade do amor de Cristo, mas também saber aprender dos índios muitas boas formas de viver e de agir. Pois, apoiando os cotovelos sobre a tua *Suma*, chegava a bradar que de Cristo os índios tinham aprendido costumes e virtudes superiores aos dos pretensos evangelizadores, que eram antes fanáticos adoradores do bezerro de ouro. Sto. Tomás de Aquino, pela voz e a vida destes três irmãos teus: Pedro de Córdoba, Antônio de Montesinos e Bartolomeu de las Casas, tu foste o mensageiro da Nova Era e do verdadeiro Eldorado para esta Pátria grande que é a América.

A NOVA HUMANIDADE NASCE DO AMOR LIBERTADOR

O que se chama soteriologia, a visão teológica da salvação divina realizada para a humanidade em e por Cristo, chegava à reflexão de Mestre Tomás qual amplo e maravilhoso tecido de doutrinas, de imagens, de expressões vividas e cultuais. Toda essa mensagem tradicional se poderia condensar em uma proposição abrangente assim:

Cristo se ofereceu em sacrifício a Deus pela humanidade, merecendo e efetuando, por sua morte e ressurreição, a salvação e a reconciliação universais dos seres humanos com Deus e entre si.

A riqueza e o risco dessa formulação decorrem da conjunção de diferentes formas de linguagem: simbólica e lógica, jurídica, ética, religiosa e ritual. Essa complexidade de elementos semânticos se manifesta muito especialmente na terminologia da "redenção", do "resgate", do preço pago (a quem e por

---

14. Para um primeiro contato com o tema, ver meu livro *Contemplação e Libertação*, Ed. Ática, São Paulo, 1995, pp. 124 ss.

quem?), da libertação de uma escravidão do pecado, da morte, do demônio e do inferno.

Tomás acolhe essa mensagem em suas diferentes formas tradicionais, umas sancionadas diretamente pelo Novo Testamento, outras litúrgicas, patrísticas ou teologicamente elaboradas. Ele as explica, na clareza de sua linguagem e procura fundá-las em uma argumentação sólida, articulando-as em uma doutrina coerente. Tal é o conteúdo e o significado desse bloco de questões (46-56, sempre da Terceira Parte). Nele se expõe o que a Escritura ensina sobre a salvação, o que se inclui nesse núcleo irrecusável da Palavra de Deus ou dele se deduz de maneira "necessária", "conveniente" ou simplesmente "provável". Sem dúvida, é difícil encontrar semelhante trabalho de informação, de síntese, de reflexão, levado a esse grau de perfeição, em qualquer outro doutor ou teólogo da cristandade.

Mas essa originalidade de Mestre Tomás, como "Doutor da Verdade católica" e testemunha fiel e lúcida da tradição, é realçada por outra, que nos parece uma prerrogativa ainda mais especialmente sua. É propriamente teológica. E consiste numa compreensão do dado da fé com uma qualidade de inteligência e de linguagem, que faz apelo ao que há de mais profunda e universalmente humano. Poderíamos condensar essa doutrina em umas tantas proposições simples que apenas sintetizam e atualizam de leve a densidade do pensamento daquele que merece deveras o mais importante dos títulos, o de "doutor comum" do povo cristão.

Antes de mais nada, nos ensina ele, Cristo nos salvou, a todos os homens e mulheres de todos os tempos e lugares, mediante o seu agir humano, elevado à dignidade e ao valor propriamente divinos. O verdadeiro homem e o verdadeiro Deus, a qualidade perfeitamente humana e perfeitamente divina, contemplados e explicados como o centro do mistério da Encarnação, manifestam-se aqui em toda sua verdade e em toda a sua irradiação prática. Em Cristo, homem-Deus, em seu amor humano e divino, que o impele até a morte de cruz, todos os homens e todas as mulheres estavam presentes e reunidos em um ato de perfeito amor, de dom total e filial submissão a Deus. Nele e por ele, toda a humanidade merece e realiza sua salvação. O merecimento é especialmente atribuído à sua morte, expressão máxima do livre e total dom de si; a realização efetiva, a causalidade que produz a nova vida em nós é referida em particular à ressurreição, que é a homologação ou a aceitação divina do esvaziamento do ser humano de Cristo e de todos os mais seres humanos unidos a ele[15].

A nova humanidade nasce como nova criação do Amor libertador. A visão teológica de Sto. Tomás se afirma e destaca nessa prioridade dada aos elementos da perfeita solidariedade de toda a humanidade com Cristo: todos — homens e mulheres — vinculados em um laço de amor a Cristo, e por ele

---

15. Essa visão da doutrina de Sto. Tomás foi desenvolvida com rara felicidade por um teólogo brasileiro, em sua tese de doutorado em Estrasburgo, na França, em 1964, infelizmente ainda não traduzida em português. Ver Bernardo (Francisco) CATÃO, *Salut et rédemption chez S. Thomas d'Aquin*, Col. "Théologie", 62, Aubier, Ed. Montaignes, 1964.

e nele, são unidos a Deus e entre si. As categorias, primitivamente e primordialmente éticas, de liberdade, de amor, de dom de si, de solidariedade assumem uma realização transcendente e religiosa, transfiguradas pela revelação do Deus, manifestando-se qual comunhão e difusão de pura bondade. Assim a profissão de fé na redenção é antes de tudo o reconhecimento e a aceitação de Deus na fé, na esperança e no amor, mas inclui como princípio de compreensão e como modelo de realização: a visão da humanidade como projeto de liberdade, de solidariedade, de partilha dos mesmos dons, do mesmo destino, da busca de uma Nova Era.

A Nova Era já foi dada em Cristo, vai sendo realizada e se consumará no Espírito.

IGREJA DO ESPÍRITO, COMUNIDADE DE RECONCILIAÇÃO E DE SERVIÇO

Sto. Tomás não compôs o que foi feito e se chamou mais tarde um tratado da Igreja. Tal como foi realizado, de maneira eminente, por S. Roberto Belarmino, semelhante projeto teológico respondia direta e especialmente às necessidades e desafios brotados das controvérsias. Mais ainda, enfrentava as tentativas de reforma nascidas dentro da comunidade eclesial e muitas vezes realizadas fora dela. Sem entrar nos meandros da história, pode-se dizer que os primeiros tratados do que se denomina hoje eclesiologia visavam, antes de tudo, preservar ou defender os aspectos institucionais da Igreja, encarada como uma "sociedade perfeita". Entenda-se: em simetria com o Estado, a Igreja é compreendida qual entidade soberana e autônoma, tendo seus objetivos próprios e os meios apropriados para consegui-los.

Não faltaram a Mestre Tomás ocasiões oportunas para tratar, sob este ângulo, o lado institucional da Igreja. Na *Suma*, por exemplo, ele o descarta com o que se pode chamar uma preterição elegante e significativa: "Fique por conta dos legistas", declara ele no prólogo da questão 184 da II-II. Propõe-se, então, abordar as funções e os ofícios eclesiásticos, inclusive dos bispos, sob o ângulo da perfeição e dos sacramentos, relegando da teologia e passando aos canonistas a missão de descrever, explicar e justificar as estruturas e mecanismos do poder. Não lhe interessam as questões que ocuparão amplamente os especialistas do que se designará mais tarde como a "Igreja hierárquica"[16].

Nota-se, ao contrário, no feitio tranquilo de Tomás, a prática constante de uma crítica firme, lúcida e serena dirigida contra os abusos eclesiásticos.

---

16. Na primeira de suas "Regras para sentir verdadeiramente com a Igreja ortodoxa", Sto. Inácio de Loyola nos ensina: "Depois de suprimir todo julgamento próprio, cumpre ter sempre o espírito disposto e pronto a obedecer à verdadeira Esposa de Cristo e nossa santa mãe, a Igreja ortodoxa, católica e hierárquica". *Exercícios Espirituais*, texto definitivo de 1548. Traduzimos da versão francesa de Jean-Claude GUY, Ed. du Seuil, Paris, 1982, p. 149. "Y. Congar nota que Inácio é o primeiro a empregar essa expressão" (Igreja hierárquica), ajunta o mesmo autor, na p. 172, enviando a *Ecclésiologie du haut moyen âge à l'époque moderne*, p. 369.

No seu primeiro ensino, consignado no *Escrito sobre as Sentenças*, dá grande relevo ao tema da simonia (cf. q. 3, da dist. 25), apenas indicado em suas grandes linhas por Pedro Lombardo. Com seus colegas, os teólogos do século XIII Guilherme de Auxerre, Alexandre de Hales, S. Boaventura, S. Alberto Magno, João Teutônico, ele se mostra muito sensível aos males que assolam a Igreja. Concluindo o estudo sobre a virtude de religião (q. 81-103, da II-II), o Mestre consagra uma questão ampla e minuciosa à simonia (q. 100), definida como "compra e venda de coisas sagradas ou a elas ligadas"[17]. A teologia trabalha em seu nível de reflexão crítica no sentido de manter e ativar o esforço de reforma do "último Concílio" (para Tomás, tratava-se do IV Concílio de Latrão de 1215, já velho de meio século, mas não ainda praticado de maneira satisfatória!). Mas esses doutores, sobretudo os mais ligados às ordens mendicantes, prolongavam e aprofundavam de maneira lúcida os grandes sonhos e anseios dos espirituais, desencantados da Igreja do poder e do dinheiro, que acabava se tornando um mercado na mão dos poderosos e dos ricos. Bem se vê que o clamor pela reforma da Igreja é acompanhado de tentativas parciais, cerceadas pelos abusos clericais e entravadas pela dominação de um sistema político que apelava para a religião como a aliada preciosa das ambições e das desigualdades sociais.

NO HORIZONTE, RESPLANDECE E ATRAI A UTOPIA DA NOVA IDADE DO ESPÍRITO

Dois elementos, realçados e mesmo isolados por essa utopia, parecem encontrar uma acolhida consistente na eclesiologia de Mestre Tomás e buscar pontos de apoio para influenciar movimentos de reforma no seu tempo e nos séculos seguintes. O primeiro é a afirmação da necessidade de uma real mediação da Igreja para o bem de todo o povo. Mas insiste-se mais ainda no caráter leve e transparente que essa mediação eclesiástica há de assumir. Ela se deve concretizar em instituições mais comunitárias e em legislações menos onerosas. Tais são as aplicações e as repercussões práticas da teologia da Lei Evangélica, da Lei do Espírito, condensadas nas questões 106 a 108 da I-II. Elas deixam suas marcas em muitas das orientações mais concretas da parte moral da *Suma*. Sempre que Mestre Tomás comenta um preceito eclesiástico, como o jejum, ou o dízimo, não deixa de insistir sobre esses critérios: essa legislação deve visar ao bem do ser humano. Ela há de ter em conta a natureza humana, sua dignidade e seus limites, bem como as condições concretas de vida das pessoas e das populações, e pautar-se finalmente pela misericórdia evangélica[18].

---

17. Ver o meu breve comentário a esta questão na tradução francesa da *Suma Teológica*, Éd. Du Cerf, Paris, 1984, e na tradução brasileira, Edições Loyola, 1998.

18. Ver por exemplo na II-II a q. 86, sobre as oblações e as primícias; a q. 87, sobre os dízimos; e a q. 147, sobre o jejum. Questões dessa ordem nos permitem verificar como Sto. Tomás distingue os três planos: o que é "lei natural" e convém a todo ser humano: o que era "prescrito

Outro elemento de base é teologia dos sacramentos, da graça, dos dons e dos carismas do Espírito. Assim, a Igreja se caracteriza antes de tudo pela presença e a ação do Espírito. Ela é mesmo definida e enaltecida como o grande sacramento da reconciliação e da renovação. O Espírito age nos sacramentos que constituem a estrutura e o dinamismo santificador da Igreja. Ela não se constitui como uma sociedade regida pelo poder, mas dotada de um ministério a serviço da graça. Esse ministério se constitui e se hierarquiza em vista dos sacramentos e mediante os sacramentos, que não têm finalidade em si mesmos, mas na graça que santifica e faz viver os fiéis e as comunidades. Pois a Igreja é a comunhão da graça, que inaugura o conhecimento, a esperança e o amor, vindos de Deus pelas virtudes teologais elevadas pela docilidade ao Espírito, estabelecida pelos seus dons. A plena eficácia da Igreja na busca do Reino de Deus e de sua difusão é garantida pelos carismas de conhecimento, de comunicação e de ação, que fazem da Igreja, dócil à graça, a força profética do Espírito na história. Assim, a igreja aparece na sua integralidade quando a situamos na Segunda e na Terceira Partes da *Suma* de mestre Tomás.

Ela é mostrada qual corpo místico de Cristo, animada pela graça do Espírito. Ela se estrutura e articula para viver e difundir essa graça por meio dos sacramentos e pela pregação do Evangelho. O poder de governo não é destacado por Tomás, tal como ele existe e tem tanto relevo na sociedade profana. Há na igreja uma autoridade apostólica, que tira seu fundamento e sua força dos objetivos de evangelização e santificação da Igreja. Em seu caráter institucional, em suas formas concretas e históricas de realização, essa autoridade eclesial é da alçada do direito canônico, foi o que aprendemos de Mestre Tomás. Este não fala a linguagem, sem dúvida muito pobre para ele, que hoje afirma e insiste neste dado: o Espírito dá sua "assistência" ao "magistério" da Igreja. Ele reconhece e proclama que o Espírito é a vida desta comunidade que é a Igreja, que se torna assim o sacramento total e abrangente da reconciliação e da renovação, no seio do mundo ao qual é enviada.

Mas, se não menciona explicitamente a assistência do Espírito ao magistério ou à autoridade da Igreja, Sto. Tomás descreve e analisa como em câmera lenta o maravilhoso universo dos carismas do Espírito[19], com que Deus enriquece de maneira exuberante os fiéis, as suas comunidades e os seus pastores

A hierarquia eclesiástica seria então ignorada ou diminuída? Bem ao contrário, é assumida e valorizada, mas precisamente no sentido que lhe dá

---

no Antigo Testamento" e se adaptava pedagogicamente às condições do Israel antigo; e o que devem ser os "mandamentos da Igreja", levando em conta a lei de perfeição e de liberdade, trazida pelo Evangelho e animada pelo Dom do Espírito.

19. Empregamos o termo "carisma", utilizado pelo apóstolo Paulo, sobretudo na 1ª Carta aos Coríntios, cap. 12-14, e hoje, especialmente após o Concílio Vaticano II, comumente em voga na Igreja. Para exprimir a mesma realidade, Sto. Tomás recorre ao termo "graça grátis dada". Cf. I-II, q. 111, onde se define o termo, e II-II, q. 171-178, onde se descrevem e analisam as diferentes espécies de "carismas" ou de "graças grátis dadas". Ver esses textos abaixo, cap. 11, n.º VII.

Dionísio (Areopagita)[20]: ela é a disposição bem ordenada de serviços, de "diaconias", inspirados pelo amor e em benefício da graça, da santificação dos fiéis. No término da II-II, entre os carismas, os ofícios e os estados de perfeição, situa-se a missão e o ministério dos bispos. Eles ocupam o degrau mais elevado em uma hierarquia de perfeição. Hão de ser "perfeitos" e "aperfeiçoadores", na linguagem ainda de Dionísio. Entenda-se a perfeição no sentido da consagração, do total e permanente dom de si ao serviço da comunidade. Tal é a missão, a dignidade, a prerrogativa dos Apóstolos, de que os bispos são os sucessores. São os especiais imitadores de Cristo, pois por amor dão a vida pela Igreja, para que "seja pura e sem mancha". Portanto, o apostolado e o episcopado, que o perpetua na Igreja, são colocados acima dos carismas, dos outros ofícios e estados de vida, não em uma perspectiva de poder mas de amor e de serviço[21].

Deparamos assim um duplo paradigma teológico visando à compreensão da Igreja e um duplo modelo histórico de sua realização efetiva. O primeiro paradigma e o primeiro modelo que lhe corresponde, nós os admiramos na teologia de Mestre Tomás. É a Igreja, corpo místico de Cristo, comunhão da graça, dos sacramentos, dos dons e dos carismas do Espírito. O outro paradigma e o outro modelo valorizam a igreja "sociedade perfeita", formada sem dúvida pela comunhão dos fiéis na mesma doutrina, na recepção dos mesmos sacramentos e na submissão aos legítimos pastores, assistidos pelo Espírito Santo. É a tal definição da Igreja elaborada na época das controvérsias e da chamada contra-reforma, isto é, do esforço de reforma católica em oposição à reforma protestante.

O primeiro paradigma e o primeiro modelo não se opõem ao segundo paradigma e ao segundo modelo por uma exclusão de elementos, mas pela prioridade que é dada a uns elementos com relação a outros. A predominância do segundo paradigma e do segundo modelo, que põem em destaque uma Igreja da autoridade concentrada e da submissão das massas, foi a grande provação que levou ao Calvário homens e mulheres espirituais como Savonarola e Catarina de Sena. E, mais ainda, impeliu ao desespero, à revolta multidões de dissidentes. Mas, em uma terrível lógica do poder (que Maquiavel formulará para os "Príncipes"), a realização extrema desse modelo duro chegará a recorrer, de forma ampla e duradoura, à Inquisição, ao legalismo e à repressão.

---

20. Trata-se de Dionísio Areopagita, tido por discípulo imediato do Apóstolo Paulo, mas na verdade um autor neoplatônico do século VI. Apesar de seu platonismo, reconhecido e deixado de lado por Sto. Tomás, Dionísio exerceu considerável influência sobre nosso doutor, especialmente por seus escritos *Sobre a hierarquia celeste* e *Sobre a hierarquia eclesiástica*. Sobretudo este último é amplamente citado como fonte doutrinal nas questões mencionadas acima na nota anterior e na seguinte.

21. Essa doutrina, exposta de maneira sistemática na *Suma Teológica* (II-II, q. 84-85), é linda e profundamente ilustrada por Tomás, no comentário ao "Exame de amor" a que Pedro foi submetido por Cristo, antes de receber o cajado de Pastor da Igreja. Cf. *Leitura do Evangelho de S. João*, XXI, lição III.

Verdadeiro espiritual, privilegiando a justo título a presença e a ação do Espírito na Igreja, Tomás de Aquino nos deu uma imagem e uma visão evangélicas da Igreja. Ela é a comunidade que já antecipa, de certa forma, mas que sobretudo espera, deseja e busca em sua marcha a Nova Era do Espírito.

A PRIMITIVA IGREJA APOSTÓLICA E A IGREJA ATUAL

Seria interessante analisar uma abordagem mais concreta da realidade da Igreja, que temos considerado na exposição doutrinal de Mestre Tomás. Ele mesmo o faz sem dúvida muitas vezes.

Assim, a questão é por ele tratada de maneira simples, reduzida ao essencial no *quodlibet* 14, art. 2[22]. É a interrogação persistente, no decorrer da história: há uma identidade entre a Igreja que sai das mãos de Cristo, a Igreja dos Apóstolos, a Igreja de Pentecostes e a Igreja de hoje? Radicalizando a questão: é a mesma a Igreja perseguida e martirizada e a Igreja dos poderosos, que reprime, se não chega a perseguir seus adversários? Tudo parece girar em torno da concepção e da utilização do poder. E, de maneira mais incisiva, o problema se cristaliza nesta interrogação: pode a Igreja recorrer ao poder civil para combater seus adversários?

O *quodlibet* sintetiza a posição clássica desde Agostinho. Este grande doutor tinha hesitado em sua juventude, inclinando-se à atitude que chamaríamos de diálogo ecumênico. Semelhante atitude lhe parecia mais evangélica quando, jovem bispo, buscava convencer e reconduzir os donatistas à unidade. Mas cedeu diante da posição contrária de bispos mais experimentados e ao que lhe pareceu o resultado de sua própria experiência. Os hereges donatistas eram violentos e usavam da força para manipular o povo simples. Tal foi sua conclusão. E passou a reclamar contra eles a atitude de repressão das autoridades[23]. E legitimava esse recurso à força da lei e da polícia por uma teologia da história, bem construída. A Igreja permanecia sempre a mesma. Era a Igreja dos mártires, da pobreza e da mansidão. O que tinha mudado era a função dos reis, digamos, do poder civil. Uma vez convertidos, os reis, os detentores da autoridade, deviam servir à Igreja, protegendo-a contra os hereges, impedindo-os de levantar obstáculos à fé. Esse estatuto cristão dos reis é bem condensado por Sto. Agostinho em sua correspondência com o tribuno Bonifácio, a quem o santo Bispo incitava a cumprir sua missão protetora com diligência[24].

---

22. O mesmo cujo artigo 1º foi citado no início do capítulo 2 deste livro. Ver capítulo 2.

23. O próprio Agostinho condensa sua posição inicial de benignidade: "Não me agradava ver os cismáticos constrangidos a abraçar a comunhão pela força do poder secular". E explica a razão dessa atitude e por que a abandonou ulteriormente: "Eu não tinha ainda aprendido por experiência todo o mal a que eram levados pela impunidade e quanto poderia contribuir para a conversão deles a vigilância da autoridade". STO. AGOSTINHO, *Livro das Revisões (Retractationes)*, Livro II, cap. 5º.

24. Tal é o conteúdo essencial da carta 185 de Sto. Agostinho (do ano 417). Cf. *Obras de San Agustin*, Tomo XI, Biblioteca de Autores Cristianos, Madri, 1953, pp. 607 s.; especialmente, p. 627.

Tomás (infelizmente!) se prevalece, em parte, dessa compreensão do poder elaborada na fase antidonatista por Sto. Agostinho. Ela predomina na Idade Média e aparece em outras passagens da *Suma Teológica*[25].

Reencontramos mais uma vez essa noção e essa realidade da Igreja que escandalizam os espirituais e os levam a suspirar pela nova idade do Espírito. Eles se sentem até mesmo impelidos a apressar o despontar dessa aurora salvadora. Não se pode esquivar o embate entre duas visões da Igreja e da qualidade de sua mediação, o que corresponde a duas compreensões antagônicas da missão do Espírito e de sua ação renovadora.

A posição radical dos espirituais exclui toda instituição autoritária, toda intervenção coercitiva de uma comunidade eclesial. O Espírito anima essa comunidade e a orienta por meio de guias espirituais, daqueles que são suscitados e movidos pelo Espírito para essa missão de amor e de serviço. Tomás e, com ele, o pensar comum da Igreja católica afirmam a necessária mediação da Igreja hierárquica, ligando a seu próprio fundador a instituição divina de uma autoridade colegial de bispos, tendo à sua frente o papa, bispo de Roma.

Convém avaliar a amplidão desse pomo de discórdia e toda a extensão do desafio lançado a todos os crentes e mesmo a todos quantos encontram problema semelhante em qualquer religião ou instituição. Trata-se de precisar por onde passa e até onde vai a linha de divisão. O que está em jogo é o próprio caráter institucional da Igreja e, de modo geral, da religião. Seriam necessárias essa presença e essa intervenção mediadoras? Tal é a questão. Há uma espécie de grande vaga ecumênica, sem fronteiras e mesmo sem contorno. Ela não pretende congregar necessariamente adeptos, contendo-os em uma forma concreta e portanto limitada de sociedade, mas os impele para frente e aponta para o alto, convidando-os a abrir seus caminhos para a transcendência.

Em atitude diametralmente oposta, dentro e fora das religiões, muitos se batem pela defesa e pelo fortalecimento das instituições e das autoridades. São designados hoje pelo termo impróprio de fundamentalistas, como o foram pelo de tradicionalistas ou de sectários ou partidários do ortodoxismo. O Absoluto teria entrado na história e nela permaneceria em formas estáticas e absolutas. Nem podem imaginar o Absoluto qual força viva e transformadora, criadora de formas sempre mais adaptadas ou menos imperfeitas para ser acolhido no desenrolar da história. Mesmo chamando-o de Deus e até de Pai, esses duros fundamentalistas se mostram incapazes de dar ao Absoluto um rosto amável e gracioso, vendo-o como amor, fonte de liberdade e de solidariedade. Parecem apegar-se a um feioso desmancha-prazeres, ao espantalho de um ditador terrível, que semeia opressão e embirra em impor o bem pela força, tornando-o assim detestável e destruindo pela base a própria moral que se apregoa.

---

25. Destacamos particularmente os artigos 8 e 9 da q. 10 e o artigo 3 da q. 11 da II-II, a completar com a q. 108 também da II-II, especialmente art. 1 e 3. Note-se, por exemplo, a resp. 3ª, no artigo 1 dessa q. 108.

Paradoxalmente há ideologias secularistas que aproveitam da força de coesão e de coerção da religião, mesmo do fundamentalismo, a serviço dos interesses e sistemas dominadores. Não crêem em qualquer verdade ou valor absoluto, mas se batem para que as massas, especialmente os menos favorecidos, sejam mantidos em quadros e leis de absoluto rigor e que as Igrejas se façam respeitar para impor respeito e garantir uma moral pública e uma ordem social que firmem e sacralizem a segurança dos privilegiados.

Se nos voltamos para aqueles que preconizam hoje a renovação na Igreja e da sociedade, apelando para os valores éticos ou espirituais, duas famílias de espírito parecem se confrontar, nem sempre reconhecendo espaço para diálogo ou discussão serena. Há os que chamaríamos os simples reformadores. E há os difíceis de catalogar: chamemo-los renovadores; são aqueles que apontam para o feixe dos ideais e valores fundadores, querendo-os suficientemente fortes e enraizados, para suscitar modelos históricos e progressivos, capazes de estruturar na liberdade e no direito as sociedades humanas e as comunidades evangélicas. O reformador tenta detectar um ponto de encontro para casar a realidade e o ideal. O renovador intenta soerguer a realidade e fazer atracar o ideal mediante aplicações viáveis e variáveis.

O risco será grande de partir da busca de reforma e até de mais alto, e terminar em acomodações rasteiras e sem grande alcance. Lutero aspirava e suspirava por uma fidelidade radical ao Evangelho. Não visava tanto denunciar desvios e falhas na Igreja, indicar o ponto ou o momento de infiltração dos elementos corruptores. Arvorava o critério, o *articulius stantis vel cadentis ecclesiae*, "artigo pelo qual a Igreja é ou não é" a Igreja de Cristo. Mas acabou sendo envolvido por todos quantos se contentavam com a reforma da Igreja, e mesmo com algo menos, contanto que fosse fora das estruturas romanas. Não seria uma atitude típica da conciliação, de um meio caminho, entre o ideal e o princípio de realidade?[26]

Algo de semelhante se deu com o Concílio Vaticano II. Não quis ser um Concílio de reformas, menos ainda de condenações e anátemas. Visou a uma Igreja de comunhão, de diálogo, de participação. Apontou para o projeto idealizado e esboçado nos Atos dos Apóstolos: uma Comunidade que fosse uma rede fraterna de comunidades, guiada pela solicitude colegial dos Pastores. Semelhante ideal puramente evangélico assustou, se é que não apavorou, os conservadores e as autoridades centrais da Igreja. Passou-se a buscar uma espécie de reforma, que não exclui certo estilo autoritário, uma forte tendência concentracionária, mais o recurso a condenações e, em menor escala, a excomunhões[27].

---

26. "Testemunho" do Evangelho e não "Reforma" da Igreja, tal é o projeto que anima inicialmente Lutero, como realça com felicidade Harding MEYER, no livro *Lutero e Luteranismo Hoje*, publicado em parceria com E. ISERLOH, Ed. Vozès, Petrópolis, Rio de Janeiro, 1969, pp. 41 ss.

27. Os capítulos 3º e 4º de meu livro *Moral, Amor e Humor*, Ed. Nova Era, Record, Rio de Janeiro, 1997.

Tal é o contexto histórico e doutrinal, e estão aí os imensos problemas teóricos e práticos suscitados em torno da livre discussão: "Sobre a Igreja primitiva e a Igreja atual", de que mestre Tomás nos dá o exemplo. Os espirituais de seu tempo, particularmente os partidários ardorosos da "Nova Idade do Espírito", apontavam para o puro ideal evangélico. Esperavam uma implosão da cristandade ao sopro de um novo Pentecostes. Era uma utopia maravilhosa. Neste *quodlibet*, nessa questão aberta, Tomás esboça, em uma síntese bem sucinta, a doutrina desenvolvida nas suas grandes obras, especialmente na *Suma*, I-II, q. 106 e 108.

Mas, em sua resposta a uma questão que vinha do público universitário, já se vislumbra uma tendência pronunciada ao realismo, à defesa da instituição contra as audácias inovadoras. Sem dúvida, o teólogo reage contra elementos de seu público seduzidos pelo que ainda restava dos sequazes ou sonhadores da "Nova Idade". Essa reação de defesa da cristandade assume certos feitios conservadores, estendendo-se às formas de repressão, que prolongavam e até exacerbavam o velho antidonatismo agostinista. Esses pontos fracos das posições de Tomás hão de ser compreendidos e superados à luz dos princípios fundadores de sua doutrina. Infelizmente eles perduraram e foram agravados em situações ulteriores de controvérsias e de lutas pelos interesses temporais da Igreja.

O projeto de Tomás, na sua visão integral, racional e evangélica, que chamamos hoje a Nova Era do Espírito, vai se revelando assim na sua exigência deveras crucial: privilegiar a graça, os dons, os carismas do Espírito, mas, ao mesmo tempo, ater-se à necessidade de instituições, legitimando-as e valorizando-as, precisamente enquanto estão a serviço do Espírito. Tal é o significado do realismo de sua teologia. Não é um compromisso alinhavado do Espírito e das instituições. Não é uma concessão do céu que viesse permitir algo de ambíguo e de mundano em meio ao Reino de Deus. Busca-se uma comunidade humilde e responsável, tendo o sentido do essencial, do provisório e do progressivo a serviço desse Reino.

No entanto, em alguns elementos de sua aplicação histórica, Tomás, seguindo a Agostinho, faz uma opção mais do que problemática. Ainda aqui, apoiados nos princípios e na inspiração de sua síntese, havemos de tentar ir mais longe do que o Mestre. Contamos com os fachos de luz que nos vêm do seu grande axioma de base: a graça, que anuncia e antecipa a Vida Eterna, eleva a natureza, assumindo-a e valorizando-a em suas realizações pessoais, sociais, terrenas e temporais. E, longe de suprimir ou mesmo de atenuar a nossa responsabilidade, a força renovadora da graça vem confirmá-la, tornando-nos atentos aos riscos de equívocos e de passos em falso. É uma fonte de coragem, de criatividade, mas também de vigilância crítica, professar, com Tomás de Aquino: o mesmo Espírito da santidade é o Espírito criador do universo e guia da história.

Capítulo 7
FELICIDADE NA TERRA E NO CÉU

É o tema mais abrangente, o horizonte de promessas e esperanças, talvez o mais apropriado para levar-nos a uma visão global e a atitudes mais concretas diante dos desafios da Nova Era de hoje. O sonho de uma felicidade completa, mas em relação com as vicissitudes do tempo, não seria o traço comum de todo Eldorado, de todo messianismo, de todo milenarismo, das diferentes formas de Nova Era, que vão povoando os caminhos da história?[1] Sobretudo, a esperança da felicidade parece o elemento capaz de aproximar a teologia de Tomás de Aquino e as aspirações da Nova Era de hoje. Para Tomás, a felicidade é a plena realização, prometida e esperada, de todos os desejos humanos e da totalidade do plano divino. Mas ela já é uma realidade esboçada, humildemente presente, como antecipação e antegosto, dando ânimo para marchar rumo ao Dom perfeito e ao encontro definitivo de Deus.

TUDO COMEÇA COM A CRISE DA JUVENTUDE

Após os bons estudos que vêm sendo feitos, ninguém aceita hoje que a *Suma Teológica* seja uma espécie de síntese intemporal e definitiva dos dados da tradição. Ela surgiu de um intento inovador, estimulado pelos desafios e pelas controvérsias suscitadas por esse empenho de ir ao encontro dos projetos modernos. Tomás fala dos "antigos" e dos "modernos", ao discutir a história das doutrinas. Ele leva em conta os "antigos", mas, nem se duvide, trabalha com a problemática e no jeito dos modernos[2]. É deveras decisiva a importância das crises e controvérsias na carreira, na orientação e nas reorientações que deu à sua existência. Esse quadro de sua vida e de sua obra dá certo realce à sua missão de doutor e ajuda a manifestar o sentido dos projetos de Nova Era hoje.

A crise escatológica é a primeira e a mais radical. É a interrogação intelectual e existencial sobre o sentido da vida, sobre a vocação e o destino,

---
1. O tema tem ocupado os historiadores. Ver especialmente Jean DELUMEAU, *Mil Anos de Felicidade*, Companhia das Letras, São Paulo, 1997.
2. Os "modernos" designam a geração ou os contemporâneos de Tomás de Aquino. Os "antigos" compreendem seja os representantes da alta Antiguidade cristã ou pagã, os santos Padres, os filósofos gregos e romanos, seja os mestres escolásticos, das duas ou três gerações anteriores a Sto. Tomás. Ver M.-D. CHENU, *Introduction à l'Étude de Saint Thomas d'Aquin*, 2ª ed., 1954, p. 116, e seus estudos anteriores aí indicados.

sobre a esperança e a responsabilidade. Pondo em dúvida a possibilidade da visão de Deus, filósofos e teólogos levantavam a questão da capacidade do ser humano de conhecer e de amar a Deus. Cortavam a ligação do Criador e da criatura, e relegavam a humanidade ao lado finito do mundo. Para eles, este seria sem dúvida o país maravilhoso, o paraíso da vida e do prazer, em que a humanidade pode vislumbrar a glória de Deus, sem ambicionar no entanto o encontro face a face com ele. Enfrentando essa crise, o jovem Tomás vai tentar justificar a promessa bíblica da "visão imediata e direta de Deus" como sendo a plena e única felicidade para a criatura humana. Para isso, aceitando a própria linguagem da controvérsia, elabora uma antropologia teológica, uma visão do ser humano habitado pelo "desejo natural de ver a Essência divina". Mas se, na sua realidade profunda, ele está suspendido a esse desejo "natural", é que ser homem é abrir-se ao apetite universal da verdade, do bem e do amor. A partir daí, temos seguido a vida de Tomás. Ela será como uma cascata de interrogações e de opções, buscando sempre respostas intelectualmente fundadas e dignas do ser humano.

Ele aceita discutir sobre a forma de vida que abraçou, sobre sua vocação, sobre as chamadas ordens mendicantes que buscam um lugar ao sol, sem fazer concorrência às abadias e aos mosteiros, patrocinadas pelos nomes veneráveis de Sto. Agostinho, S. Bento ou S. Bernardo. Anda atento para não se deixar jamais enfeixar pela estreiteza dos contextos históricos e pelas problemáticas limitadas das controvérsias. A propósito das disputas entre clérigos e religiosos, sorri talvez com ironia e uns laivos de tristeza, vendo que o clero de Paris e certas famílias religiosas lutam pelos pontos ou pelos santuários mais rendosos, em uma boa e saudável diocese da cristandade. Tentando defender, com eqüidade e sentido do sagrado, os direitos e prerrogativas dos seus irmãos mendicantes, Mestre Tomás reflete sobre a realidade e o mistério da Igreja, procura ver as funções eclesiásticas à luz da perfeição evangélica e tenta inspirar alguma saudade dos belos tempos da despojada Igreja apostólica.

Defende com vigor os valores da modernidade de então: o estudo, a inserção dos religiosos nas cidades, a itinerância, o contato com o povo, a pregação e a discussão dos temas atuais, a presença dialogante da teologia no ensino universitário e nos debates das grandes questões culturais e humanas. Levado pela dinâmica das controvérsias e pelo seu gosto de ensinar e aprender discutindo, Tomás irá aceitando e aprofundando os debates sobre a boa maneira de ler, de interpretar os mestres e as tradições do passado. E irá mais longe, pois seu tempo levanta questões de fundo: como chegamos a pensar juntos, tendo cada um suas idéias e comungando todos em uma visão geral das coisas e dos valores?

Mestre Tomás não enjeita os desafios vindos especialmente dos pensadores árabes e judeus, acirrados e penetrantes ledores de Aristóteles. Enfrentará então os árduos problemas sobre a própria forma de pensar, de buscar a verdade e de fraternizar nessa busca.

Evocando essa importância decisiva das controvérsias na carreira de Tomás de Aquino, vê-se melhor como sua existência vai sendo vivida e compreendida como o projeto da verdade total, como a procura teimosa e humilde da verdade da inteligência, do amor e da própria vida. E esse projeto é animado e impulsionado pela questão primeira: por que existimos? Qual o sentido e qual o destino do homem e da mulher? Entram neste mundo pelo escondido caminho da geração animal e se vêem envolvidos nas mais altas questões sobre o Ser e os seres, sobre o Infinito e o finito, a vida e a morte, o amar e o ser amado. Se mestre Tomás, na boa hora e de maneira pertinente, entrou nessa longa procissão através da história que vem a ser a Nova Era, é que ele desde jovem vivia, curtia e meditava a questão da Felicidade como sendo o grande problema humano e o centro do plano amoroso de Deus para os homens e as mulheres.

FELICIDADE E FELICIDADES

A originalidade de Sto. Tomás parece bem simples de se dizer: a Felicidade é um ramalhete de felicidades frágeis e miúdas, que vão germinando no nosso dia-a-dia, até desabrochar na Felicidade da Vida eterna. Decerto, o fácil de dizer coincide quase sempre com o difícil de fazer. Pois o fácil é juntar as evidências mais simples na coerência de um só olhar. Mas o difícil do fazer é ajustar, na coesão de um abraço, pessoas, coisas e situações. Uma vovó quase que se zanga, ao reclamar do netinho: dá para enfiar a linha na agulha? A vovó sabe e quer acertar, mas não enxerga. O netinho tem bons e lindos olhos. Mas é azougado demais. Saber ver, ter vontade, ter empenho, ter jeito e paciência, esses apólogos reais de agulha e de linha (meu querido Machado de Assis!) nos estão sempre presentes no tecido da vida.

Tomás quer que esse tecido tenha como medida o prazer, uma série constante de prazeres que ele chama *delectatio*, o "deleite", que brota das coisas, das situações, das ações e relações que dão certo. Pois ele não deixa por menos. O ser humano foi feito para dar certo. E o prazer em todos os planos do conhecer, do agir, do produzir, do amar é a boa prova de que a vida está dando certo, qual delicado e comprido caminho rumo à felicidade. O homem e a mulher não foram feitos para se machucar, hoje diríamos para se estressar, menos ainda para se destruir, privando-se do gosto de viver. Vendo no ser e no agir humanos uma série hierarquizada de apetites e desejos, Tomás, como cada um de nós e talvez com mais fineza e perspicácia, bem sabia que há os inevitáveis e dolorosos fracassos. Já tivemos ocasião de notar uma questão sua, muito esmerada e minuciosa, "sobre os remédios para a tristeza e a dor". Essas propostas de uma terapêutica não deixam de insinuar que há situações sem remédio.

Examinando com certo cuidado os cinco "remédios" que nosso doutor propõe para a tristeza e a dor, notam-se coisas simples que hoje catalogamos como formas de repouso e *relax*, e outras que apontam para a sabedoria humana e evangélica: a harmonia do amor e da amizade, a contemplação da

Verdade, que dá sentido aos nossos êxitos e fracassos, ao que vemos e ao que está para além de nosso olhar.

Aqui Mestre Tomás vai se tornar exigente. Parecerá talvez difícil ser aceito em sua visão total e coerente, jogando com uma sabedoria que pretende iluminar e guiar nosso destino. Ele recusa, antes de tudo, qualquer acomodação fatalista. Sem dúvida, gostaria da musicalidade suave da conhecida canção, mas proporia uma inversão otimista: "Felicidade não tem fim; tristeza, sim". As tristezas podem ser mais freqüentes e insistentes. O organismo e o psiquismo humanos, a que Tomás consagra uma delicada atenção e um constante esforço de análise[3], surgem como uma série de ofertas e chances de prazeres e alegrias. Está programado para dar certo e para cultivar o gosto de viver. Quando se olha o mimoso corpo de uma criança, que chega a realizar a definição abrangente que a Unesco propõe para a saúde, a gente fica encantado com o ramalhete de prazeres, de alegrias, de felicidades que ali está se debatendo, todo risonho no berço ou no tapete. Mas a definição da Unesco é um projeto generoso que infelizmente nem a família nem a sociedade têm possibilidade ou vontade de assegurar.

O que Tomás assegura é que esse menino ou menina, como todos os seres humanos, não estão aí destinados ou programados para uma vida de tristeza. Há uma questão que ele consagra à apreciação dos prazeres, capaz de surpreender a quem tem uma visão dolorista do Evangelho. À luz da razão e à luz da fé, o Mestre declara que o prazer (*delectatio*) é bom em si mesmo, tem um sentido positivo no plano da natureza e da Providência divina. O que é natural e bom não é a dor, a tristeza, a frustração. Bom, legítimo, energia que desabrocha o presente e o futuro, é o prazer dos sentidos, da inteligência, do coração. Nem se hesite em ajuntar: do sexo, em que se há de realizar a sinergia harmoniosa dos demais prazeres humanos.

Tomás se mostra aqui inovador. Infelizmente os caminhos que ele rasgou nos matagais da cristandade nem sempre foram seguidos e acabaram sendo sufocados pelos velhos tabus e preconceitos. Na noite ou na penumbra desses tabus, o Mestre vislumbrou um certo desprezo pelo prazer sexual. E na sua audácia e no seu gosto de enfrentar as questões picantes ele aborda a seguinte:

No Paraíso terrestre, Adão e Eva teriam prazer ao se unirem sexualmente?

Vejam lá o sentido da pergunta em seu contexto histórico. Muita gente então (só então?) ligava prazer e pecado. O prazer sexual é pecado, ou vem

---

3. Fica-se surpreendido ao tentar agrupar e sintetizar todos os elementos contidos nas dezenas de questões da Primeira Parte que formam a antropologia descritiva e filosófica, integrada em sua teologia da criação por Mestre Tomás (cf. I, P. q. 75-102; 117-119) e toda a ampla e cuidadosa antropologia dinâmica, que elabora na perspectiva de sua ética fundamental: I-II, q. 6--47. Merece destaque o chamado Tratado das Paixões, q. 22-47. Quem lê isoladamente suas exposições sobre os aspectos éticos e espirituais de sua síntese terá a impressão de uma elaboração abstrata, não ligando, como faz o Mestre, a ética e a antropologia.

do pecado ou leva ao pecado. Apreciações desse tipo lá estavam ou aí estão habitando e perturbando a consciência e o inconsciente da cristandade. Daí a fineza e o interesse da questão de Mestre Tomás: no Paraíso, feito segundo o figurino da divina perfeição, o homem e a mulher, no pleno viço e na linda inocência que acabam de receber de Deus, vão se unir no gosto do amor e na busca da fecundidade. Haveria conveniência ou precisão de prazer sexual nesse primeiro Eldorado sem pecado nem imperfeição? Aqui vai a resposta de Tomás de Aquino, na tradução mais literal possível do delicioso latim da *Suma Teológica:*

> *No estado de inocência, nada haveria que não fosse moderado pela razão. Não que fosse menor o prazer dos sentidos, como dizem alguns. Pois tanto maior seria o prazer sensível, quanto mais pura era a natureza e o corpo mais delicado. O apetite concupiscível não desviaria o prazer sexual, que seria regulado pela razão. Esta não exige que o prazer seja menor, mas que não haja desordem no prazer, fora do que convém à razão. A pessoa sóbria não tem menos prazer no alimento do que o glutão, só que ela não se entrega desordenadamente ao prazer do jeito dele*[4].

Note-se aquela indicação "como dizem alguns". Frei Tomás se separa aqui do seus irmãos franciscanos, S. Boaventura e Alexandre de Hales. Explicando a distinção XX do II livro das *Sentenças,* S. Boaventura seguia a posição negativa de Sto. Agostinho, em seu *Comentário Literal ao Gênesis*. Há sempre algo *de* menos digno e pouco honesto na sexualidade. O Paraíso comportaria um outro modo mais angélico de propagar a espécie humana. Alexandre de Hales, cuja *Suma Teológica* é um dos modelos que Tomás segue e supera, contenta-se em retomar as posições de seu confrade Boaventura. Mestre Tomás, já em seu *Escrito sobre as Sentenças,* assume a sua posição constante de valorizar a sexualidade. Ele é fiel ao princípio aristotélico da bondade ética daquilo que é natural, no caso a sexualidade; e, mais ainda, se inspira em uma teologia da criação e da providência divina em que a natureza humana é vista e exaltada como criatura, como obra-prima do Artista divino.

A posição de Mestre Tomás, tomada em sua juventude, como comentador das *Sentenças,* é condensada na *Suma contra os Gentios,* livro III, cap. 126, e será desenvolvida na *Suma Teológica*. Ela é deveras reveladora da orientação geral de sua sabedoria filosófica e teológica. É a valorização do prazer, do sexo, do corpo, da vida terrestre, da missão histórica do ser humano, de toda a ordem da natureza (na linguagem filosófica), da criação (na perspectiva teológica). Pois, longe de suprimir ou diminuir a criação, a graça a supõe, confirma e a eleva. O mesmo Espírito santificador é o Espírito criador. A teologia de Tomás de Aquino era maravilhosamente inovadora, retificando

---

4. Cf. I, q. 98, art. 2, resp. 3. O leitor sem dúvida gostará de ler toda a questão.

certos aspectos negativos, marcados por excessos de platonismo e de estoicismo, assumidos e apenas parcialmente criticados pelo agostinismo. No entanto, a consciência e o inconsciente da cristandade, no que toca à ética sexual, não se deixaram empolgar e renovar pela audácia de Tomás de Aquino.

As posições inovadoras desse Mestre podem ajudar-nos grandemente a ver de maneira mais clara e positiva o tema da felicidade. Ele mostra a felicidade terrestre e a felicidade eterna como uma só vocação humana realizada, como a dupla face do mesmo projeto do Amor criador e salvador. Dentro desse projeto, aprendemos a articular a virtude e a felicidade. A virtude será o caminho da felicidade enquanto é o respeito lúcido e ativo da natureza, da terra e da vida, reconhecidas como criação de Deus, ao mesmo tempo que a virtude guia a busca do prazer, o êxito, o gosto de viver e conviver na solidariedade, em conformidade com a amorosa providência do mesmo Deus que se revela como Pai pelo seu Filho e em seu Espírito.

Olhando para a complexidade e as virtualidades do ser humano, para as promessas e riscos de sua plena realização, somos convidados por nosso Mestre a reconhecer que nossa existência é um dom e uma exigência de felicidade. Trata-se mesmo de um canteiro de felicidades, de "um Paraíso de delícias", já estava na Bíblia. Mas são felicidades em germe, a cultivar. Existir é uma graça, é um ramalhete de graças, vindas do amor e levando à alegria do amor. E que, no entanto, a recusa, a inércia, o desamor transformam em desgraças. Como viver as humildes felicidades de um amor paciente e responsável, que desabrocha em virtudes gentis e serviçais? Tal já era o programa proclamado pelo Apóstolo no seu hino à caridade (1Cor 1,13). Tal é o projeto de ética teológica desenvolvido por Tomás, na Segunda Parte da *Suma*, a partir do famoso tratado sobre a felicidade em cinco questões de quarenta artigos da I-II (q. 1-5).

Um discípulo francês de Sto. Tomás não teve dificuldade em ler esse seu projeto em confronto com Immanuel Kant e Sigmund Freud, procurando mostrar que o Mestre ensina uma ética do prazer e não do dever[5]. Sem discordar, quanto ao essencial, um discípulo ou um orientando mineiro proporia talvez uma formulação mais ampla: Tomás de Aquino propõe uma ética da felicidade, nela integrando, primeiro, o prazer e a virtude e, depois, na área de serviço, o dever.

ANTECIPAÇÃO CONTEMPLATIVA, AMOROSA E ATIVA

Está aí uma das palavras-chave da "Sagrada doutrina" de Mestre Tomás: a antecipação. Ela é bem típica do realismo de sua sabedoria racional e evangélica. Seu pensamento quer sempre casar com a realidade, aceitando e respeitando carinhosamente todos os seus jeitos variados de ser. Busca acolhê-

---

5. Cf. Alberto PLÉ, OP, *Par devoir ou par plaisir?* Ed. Du Cerf, Paris, 1980.

-la na densidade do presente e da presença, na virtualidade do futuro e da promessa. Pois ela se dá agora em algo de acabado, ou se anuncia em um simples sinal, reservando-se para um encontro definitivo. A realidade das coisas e do ser humano acontece como o que já é, o que vai sendo, o que bem mais tarde será.

Tomás se esmera em bem distinguir todo esse feixe do que já é atualmente dado e do que é virtualidade mais ou menos garantida. Já sabemos o seu empenho mais do que minucioso em distinguir em categorias bem claras e conexas: o ser e o agir, o ato de ser, de agir e a potência de ser e de agir, a simples capacidade de ser e de agir, a qualidade permanente do ser e do agir, a falha pontual ou habitual do ser e do agir. Usa a linguagem mais comum e mais simples, não poetiza como o fazem às vezes Agostinho e Boaventura, Henri Bergson ou Emanuel Lévinas, empolgados ao falar das belezas da sabedoria. O intento de Tomás de Aquino é aceitar e mostrar a realidade do jeito que ela é e nos moldes ou nos trajes com que aí vem.

E aqui está o sentido, a serventia da *antecipação,* uma palavra que tem seu equivalente na *prolepsis* dos filósofos gregos[6], introduzida na teologia por Clemente de Alexandria. Mas para Tomás reveste um significado típico e muito denso. A antecipação é a realidade que se dá discreta e veladamente em algo de presente e por ele empenha a promessa de se dar às claras e totalmente. Com essas insinuações de uma linguagem de amor, Mestre Tomás vai tentar explicar a situação e o destino do ser humano, em sua itinerância pelos meandros da história, rumo a Novas Eras no tempo e para além do tempo. E então multiplica as definições, jogando sempre com a riqueza de sentido e de certeza que transbordam da antecipação que tudo recebeu da fonte da Felicidade.

Assim, perguntem a Tomás: o que é a graça? Ele responde com sua famosa tranqüilidade: é a antecipação da Vida Eterna, o dom da Presença escondida em nós e que se revelará face a face na Luz. Nesse estilo e com simplicidade definirá a fé: é a antecipação da bem-aventurada contemplação de Deus, já inaugurada no inabalável e amoroso conhecimento que dele temos dentro da noite. Bem se vê, a antecipação na mensagem cristã, estilizada por mestre Tomás, vem a ser: a presença velada do Amor em um dom que impele a marchar até chegar à doação plena e recíproca do Amor. Por isso convém

---

6. O termo é muito usado pelos estóicos, sendo vulgarizado entre os latinos por Marco Aurélio, como uma espécie de postulado na teoria do conhecimento. Nossos juízos e nossas convicções se fundam em *praenotiones* (= *prolepses*). Essas "prenoções" são conceitos, percepções ou intuições de base, um esboço de pré-entendimento ou de pré-compreensão em um domínio do saber. Clemente de Alexandria introduz essa doutrina na teologia, fazendo da fé a *prolepsis* (= *antecipação* esboçada) da inteligência e da sabedoria espirituais. A essa tradição se liga Sto. Tomás, que a completa e elabora na perspectiva de seu realismo. A "pré-compreensão" abre novos espaços na filosofia de Heidegger e na teologia de Bultmann. Para o dado essencial da entrada da *prolepsis*-antecipação na teologia, ver o IIº livro dos *Strómatas* de Clemente de Alexandria, Col. Sources chrétiennes, n.º 38, Ed. du Cerf, Paris, 1954, com o notável estudo de Th. CAMELOT, "Une théologie de la foi", pp. 12-19. Ou do mesmo autor: *Foi et gnose*, Vrin, Paris, 1945.

explicitar bem, multiplicando os qualificativos: a antecipação é contemplativa, amorosa e ativa. Para Tomás seriam uns pleonasmos. Para nós podem servir de balizas provisórias, se ainda não nos familiarizamos com os relevos deste seu país das maravilhas.

A antecipação é o conceito-chave com que ele nos introduz nos segredos da felicidade, primeiro, porque ela vem abraçada à contemplação: esse "olhar afetuoso, firme e ternamente fixado no Bem-Amado". A contemplação não é uma meia certeza. É a plena certeza do amor, mesmo que seja dentro da noite. Não se vê o Rosto. Mas se ouve a Voz. Percebem-se os sinais da Presença. Experimenta-se algo que vem como gestos de seu carinho, prenunciando o abraço e o beijo de sua boca. Chega-se a um ponto em que a teologia e a mística se socorrem mutuamente, nesse esforço de balbuciar o que "os olhos jamais viram, a inteligência não entende, nem mesmo o coração chega a adivinhar", mas está prometido e garantido como definitivo desfecho de nossa história de amor.

A antecipação do Dom do próprio Deus e dos dons divinos inaugura a contemplação que torna consciente a presença velada desse Amor dadivoso. Mas a presença velada do amor se torna força de amor. Com o risco de pleonasmo, qualificou-se a antecipação de amorosa para bem aclarar a sua qualidade mais típica: ela é ativa. Ela difunde uma esperança, segura da graça que já veio e da promessa que garante o que há de vir. A esperança não fica na expectativa indolente, é coragem para marchar, para enfrentar, para agüentar e para combater. Os dons acolhidos no reconhecimento não engendram a inércia de um contentamento na linha do narcisismo ou do egocentrismo. Levam a sair de si. O dom que vem do amor, recebido no amor, suscita a doação do amor. Nada de mais contrário ao Evangelho do que a alienação e a evasão ensimesmadas, com pancas de religiosidade, de espiritualidade e de misticismo.

Parece oportuno completar essa advertência que acolhemos de Mestre Tomás, em seu confronto com a Nova Idade de seu tempo e que nos serve no diálogo com a Nova Era de hoje. Ele fala de Felicidade e de felicidades. Essas são elementos, aspectos ou etapas da felicidade total. Toda espécie de êxito, de coisa ou ação bem-sucedidos, de realização humana na busca e na prática do bem são apresentados e acolhidos como felicidades parciais e incitações à procura da Felicidade plena e total. Esta é a contemplação amorosa de Deus inaugurada já nesta vida e desabrochando na perfeição da comunhão total e íntima com Deus.

Daí surge o projeto ideal que Mestre Tomás começa a desdobrar desde o limiar da parte moral da *Suma* (a I-II). Esse projeto é a busca e a partilha de felicidades, de realizações harmoniosas da vida e da atividade humanas, encaminhando à Felicidade perfeita que se vislumbra para além do horizonte como o esplendor da Vida Eterna. O realismo desse projeto leva em conta sofrimentos, dores e fracassos, que são reconhecidos sem disfarce como verdadeiros males para o ser humano. Não ficam, porém, no rol das infelicidades sem remédio, na medida em que são assumidos pelo amor como desafios à capacidade de amar. Por outro lado, as felicidades, os prazeres, os êxitos, as realizações nos planos do ter, do poder, do valer, do aparecer, estão mais próximos dos nossos desejos imediatos. São fortes concorrentes da Felicidade plena e total, que nos é prometida e se dirige à nossa capacidade de um desejo mais alto, e até elevado pela graça, mas permanecendo sempre como algo de transcendente, de ideal a conquistar.

É interessante, é quase tocante o zelo de nosso Mestre em consagrar grandes seções de suas duas *Sumas* a explicar minuciosamente toda a série dos bens criados, mostrando o que têm de positivo: são verdadeiros bens. Mas nossa capacidade de amar é maior do que eles, somos seres finitos mas feitos pelo Infinito para o Infinito, e estamos sequiosos de o amar e de ser por ele amados, mesmo que outros amores mais acessíveis neutralizem essas energias profundas do amor. E Tomás vai em busca de todos os recursos da razão que lhe oferece o Filósofo, para colocar em plena luz o grito amoroso de Agostinho: "Tu nos fizeste para Ti, Senhor, e nosso coração anda inquieto até que em Ti venha repousar".

ELDORADO DO CÉU, REPOUSO ETERNO?

Toda essa linguagem da felicidade seria satisfatória? Às vezes, é necessário confrontar uns com os outros os dados da doutrina do Mestre, para que tudo resplandeça, feito uma gostosa festa de luz. Fiéis à sua prática de não enjeitar debates e questões, havemos de saber questioná-lo também a ele, até o fim.

Seguindo Aristóteles e, ao que parece, o modo comum de falar, Sto. Tomás define a felicidade perfeita como a obtenção ou o gozo do Sumo Bem, no qual se incluem todos os bens. De maneira equivalente, ela seria a satisfação ou a pacificação de todos os desejos. Essa linguagem parece receber a confirmação das preces da Igreja e o costume piedoso ou rotineiro de desejar aos que se foram desta que "repousem em paz" ou alcancem "o descanso eterno". Essas fórmulas, mais ou menos convencionais, e a elaboração caprichada da noção de felicidade que nos dá Tomás parecem coincidir em certo pendor um tanto problemático: caracterizar a felicidade por uma cessação do desejo e da atividade. E talvez aí se dissimule risco maior ainda: insinuar que a felicidade seja uma posse, uma obtenção, acomodando-se, no final das contas, dentro da categoria do ter e do gozar.

Para o discípulo que toma Mestre Tomás a sério, a questão é deveras crucial. Ela está bem ligada àquela má compreensão que leva a ver na religião o ópio do povo. E, mais radicalmente, tocamos na atitude consciente ou inconsciente de uma cristandade ou de uma religiosidade que se refugia no repouso em Deus, e joga na lixeira do "deixa pra lá" o amor que é zelo incansável e luta sem tréguas contra o mal e a injustiça. Essa luta seria um *intermezzo* ou uma simples preparação para o esperado "repouso eterno". Desbastamos logo o caminho, afastando um equívoco freqüente. Quem considera o desejo como um mal, um desassossego, como a "perturbação da alma" correndo e se acorrentando atrás das coisas, é claro que a felicidade coincidirá com a cessação dos desejos, com a tal da apatia ou ataraxia dos estóicos ou com a representação (aproximativa e ocidental) do nirvana budista. Note-se que nada nos leva a desqualificar essas correntes filosóficas, se para elas se trata de chegar ao perfeito domínio de si e à perfeita paz no Sumo Bem. Mas elas serão incluídas em nosso debate com frei Tomás, sobre o que vem a ser a "posse" do Sumo Bem.

Esse nosso querido doutor não é avaro em explicações: a Vida eterna prometida, a Felicidade definitiva se realiza plenamente na "visão perfeita, direta e imediata de Deus", contemplado "face a face" em sua "Essência divina", pela inteligência da criatura espiritual, elevada pela própria "luz da Glória de Deus". Esse conhecimento perfeito de Deus é a obtenção do Sumo bem, na qual consiste a essência da Felicidade ou da Beatitude eterna, e donde prorrompem como conseqüências maravilhosas: o amor perfeito e a alegria ou o gozo inefável desse Bem soberano.

Chegado a este ponto que toca a razão de ser de nossa vida e a própria missão do teólogo, que tem os olhos voltados para o Mestre Tomás, o discurso vai virando para a segunda pessoa, vai tomando feitio de uma interrogação direta. É como se fôssemos um dos alunos em meio a suas aulas ou disputas movimentadas:

> *Frei Tomás, tu falas sempre da Felicidade dentro da problemática da Esperança, dessa virtude teologal, dessa força divina que nos faz andar, enfrentar as lutas e pacientar nas dificuldades. Ela vem ao socorro de nosso mais alto amor-desejo, de nossa busca do Sumo Bem. A Felicidade que virá de Deus, a felicidade que é o próprio Deus se dando a nós, virá saciar e pacificar todos os desejos. Sem dúvida, à linguagem do desejo responde a linguagem da "posse", da cessação de todo anseio, do "repouso", da "perfeita paz". Mas aqui bate o ponto, meu irmão e meu Mestre. Por que não foste até o fim, fiel a ti mesmo, sem concessão à linguagem comum, mesmo consagrada pelos maiores mestres e por um certo uso eclesiástico?*
>
> *Tu nos ensinas, e com que insistência, que o amor perfeito é o amor-dom de si, o amor que qualificas de amor de amizade, de amor--benevolência, em contraste com o amor-concupiscência, o amor-desejo. Tu nos mostras tão forte e lindamente que a caridade, a rainha das virtudes, o dom mais perfeito que vem do Espírito de Amor, é em nós uma amizade divina, um amar e ser amado em um puro bem--querer e na total gratuidade. É comungar em um dom recíproco. A felicidade será mais dar do que possuir. É o leve balanço de um ditoso vaivém, exultação de dar-se a quem também gostosamente se dá.*

> *Tu mesmo completaste esse ensino, que em sua elaboração teológica é uma originalidade tua, introduzindo-nos discretamente na contemplação dessa Rosa desabrochada que é a comunhão dos santos, colocada no centro do Paraíso por este teu irmão em engenho e arte, Dante Alighieri. Com aquele teu cuidado, explicaste que Deus que nos une a si pela sua graça e sua glória é puro Amor. Ele vive o Dar-se infinito e perfeito. Unir-nos a Deus é entrar no oceano do Amor que se dá. E, com Ele e por Ele, ser feliz não é partilhar essa capacidade divina de amar e de dar-se com a totalidade e a profundidade de nosso ser? Os santos de Deus não mergulham no repouso eterno. Não cessam de viver, agir e lutar, pois estão inteiramente possuídos pelo amor que os animou, aqui embaixo, a viver, agir e lutar. Mas não mais os agitam e perturbam outros desejos, menos ainda preocupações com seu próprio eu. Entram no plano amoroso de Deus, querendo o que Deus quer, empenhando-se com ele em espalhar a comunhão de seu Amor. Tornam-se uma oração viva e total: "Ó Amor, lá embaixo, eles não têm vinho, andam deprimidos, ressentidos, desatinados no triste desamor. Venha em tudo e para todos o Teu Reino de verdade e de vida, de justiça, de amor e de paz!" Está ou não está certo, Mestre?*

Muitas vezes deparamos com esta grandeza de Tomás de Aquino: ele nos permite e até nos manda ir mais longe do que ele. Pois podemos juntar em uma nova síntese as pontas de seus ensinamentos, que as circunstâncias e as influências contextuais não lhe deram a oportunidade de conectar de maneira acabada.

Os desafios da Nova Era, o sufoco de tanto estresse e de tanto sofrimento podem levar os homens e as mulheres de hoje a buscar em Deus uma espécie de Eldorado do doce repouso, da plena posse de bens e prazeres, um arremate perfeito da civilização do ter, do poder, do valer, do aparecer, do consumir e do gozar, a canonização definitiva, eterna do utilitarismo individual e coletivo.

Mas a Nova Era do Espírito não há de ser o sonho e a busca de uma civilização do amor? Ela tem então de visar o Deus Amor que nos ensina que somos felizes em acolher os seus dons. Mas há "maior felicidade em dar do que em receber"[7]. E a felicidade perfeita é ser transformado pela alquimia do amor na alegria divina de dar-se sem limites, entrando em comunhão com o Doador de tudo e de Si mesmo. "Ao Sumo Bem é próprio o comunicar-se à sua criatura de modo sumamente perfeito."[8]

---

7. Essa sentença maravilhosa se encontra em um dos mais tocantes discursos do Apóstolo Paulo, segundo a narração de S. Lucas. Na perspectiva de sua partida desta vida, o Apóstolo resume sua mensagem: "É preciso cuidar dos necessitados, recordando as palavras do Senhor: Maior felicidade é dar do que receber" (At 20,35).

8. O princípio é evocado para manifestar a "conveniência" da Encarnação. Cf. ST, III, q. 1, art. 1, solução.

"O BEM COMUM, O MAIS DIVINO"

Neste ponto, mais do que em qualquer outro, a originalidade de Mestre Tomás pode parecer até chocante para certo tipo de modernidade. Mas será que ele está atrás ou à frente dessa modernidade?

Dentro de sua visão das felicidades terrestres e da Felicidade Eterna, ele realça com muita energia que modelo de sociedade pode se coadunar com a dignidade e a responsabilidade do ser humano, tal qual ele é em sua natureza e tal como Deus o programou como parceiro de sua comunhão divina. Quando se abre qualquer grande síntese teológica, digamos assim, ao léu da fantasia: S. Boaventura, Sto. Alberto Magno, Karl Barth, Karl Rahner, Paul Tillich, e se estabelece uma comparação com a *Suma Teológica* de Tomás de Aquino, verifica-se muita coisa de comum, no conteúdo e na ordem das questões. Mas uma das maiores surpresas é o lugar amplíssimo e o tratamento esmerado que Tomás consagra à justiça, em contraste com o espaço reduzido ou a simples omissão que encontramos em seus (eminentes) colegas. Essa originalidade se prende a uma primeira opção, também singular: a *Suma* visa integrar a totalidade da ética pessoal e social dentro da construção teológica, assegurando a consistência e autonomia humana dessa ética em uma sabedoria de inspiração evangélica.

Mestre Tomás dá um sentido pleno, uma espécie de ênfase cristã, ao projeto de justiça, de ética política e econômica tentado por Aristóteles. Este retomara em empenho de realismo, quase pragmático às vezes, a linda empresa de Platão de idealizar uma "cidade", governada pelos sábios, segundo as quatro virtudes cardeais: a temperança, a força, a prudência e a justiça. Aparentemente o idealismo platônico vai mais no sentido dos sonhos de uma Nova Era. Sem pretender, nem de longe, ofuscar a glória de Platão, a quem somos todos imensamente devedores, como não reconhecer que a beleza de sua utopia encampa, se não consagra, as desigualdades sociais e culturais de seu tempo? Aí temos um legado cultural importante, embora a doutrina ética nem sempre consiga desfazer-se das influências ideológicas e do contexto histórico, comportando exclusões e discriminações profundas e permanentes[9].

No entanto, o grande filósofo dá muito relevo à justiça, virtude universal, ao passo que a temperança vai mais recomendada aos trabalhadores, a força compete aos defensores da cidade, e a prudência é o apanágio dos chefes

---

9. Para os pensadores gregos, e em geral para os romanos, o "direito" pleno e perfeito, a verdadeira "igualdade" são prerrogativas a assegurar ao "cidadão", grego ou romano, concretamente ao chefe da família. Os escravos, os filhos e a mulher são objeto de um "direito diminuído, imperfeito". São membros da família, sujeitos a seu chefe, e só mediante a comunidade familiar se integram na sociedade civil. Semelhante doutrina é exposta e apenas atenuada por Sto. Tomás na q. 57, da II-II, artigo 4. É verdade que Tomás enceta a correção de Aristóteles, declarando que o filho e o escravo "são considerados como homens", e, como tais, "de certo modo entram no domínio da justiça" (loc. cit., resp. 2ª). Como é profundamente lamentável que o Mestre não tenha levado sua crítica até as últimas conseqüências. Ver o meu comentário a essa questão na nova versão brasileira da *Suma Teológica* lançada por Edições Loyola.

filósofos. Aristóteles quer ter os pés na terra. No entanto, exalta até com certo lirismo o primado da justiça, e este seu elã poético, aliás raro, é destacado com muito gosto por mestre Tomás[10]. Este prioriza de maneira enfática o que poderíamos chamar de justiça política e que Tomás denomina a justiça legal. Ela visa ao bem comum, ditando que este bem exige e orientando para ele o conjunto das atividades do cidadão. Ainda jovem, frei Tomás, junto de Alberto Magno em Colônia, comenta a *Ética a Nicômaco* de Aristóteles, e aí encontra essa exaltação da atividade política, que visa "ao bem comum que é diviníssimo"[11]. Semelhante superlativo atribuído à política é muitíssimo significativo, levando em conta a conhecida sobriedade de quem escreve. A política é colocada por Tomás no pico das atividades humanas, tendo acima de si apenas a contemplação divina[12].

Esse axioma: "O bem comum é o mais excelente, é o mais divino" dentre os bens propriamente humanos, estará presente na reflexão de Mestre Tomás desde o *Escrito sobre as Sentenças*, e lhe servirá de ponto de referência em seus juízos de valor, na comparação das virtudes. Acima da justiça, só as virtudes teologais. Em meio às formas de justiça, emerge a justiça política, que não tem Deus por objeto, como a fé, a esperança e a caridade; mas se assemelha tanto à providência divina, que seu objeto é qualificado de diviníssimo, ou mais ordinariamente de "o mais divino". Não seria exagero concluir: quem menospreza a política, considerando seu domínio e suas atividades como menos dignos, opõe-se da maneira mais radical e direta à sabedoria do Mestre Tomás de Aquino. Sem dúvida, para ele os abusos e malversações dos políticos são abomináveis, são profanações do que é "diviníssimo".

De modo geral, seguindo e aprofundando Aristóteles, ele aborda a justiça como virtude e como valor social, pois é princípio de retidão para os indivíduos, e para as relações e para as instituições da sociedade. Desdobra as

---

10. Encontra-se uma calorosa exaltação da justiça na q. 58, artigo 12 da II-II: seria a justiça a mais eminente de todas as virtudes morais? A resposta afirmativa se apóia em Cícero e sobretudo em Aristóteles, para quem "nem a estrela da tarde nem a estrela da manhã refulgem com tanto brilho como a justiça" (citação no corpo do artigo). É sugestiva a comparação da virtude de força e de justiça. A força (admirada nos militares) é útil na guerra. A justiça, na paz e na guerra. É a posição de Tomás, apelando para os dizeres do Filósofo (artigo citado, fim do corpo e resposta 3ª).

11. Veja-se a Exposição de Tomás sobre a *Ética a Nicômaco*, livro X cap. VII, lição 11 (= de Sto. Tomás), Ed. Marietti, n. 2099. Esse livro X aborda o tema da felicidade e da vida contemplativa e ativa. No pico da vida ativa, Tomás situa a política, como a mais excelente, pois visa precisamente o "bem comum".

12. Tomás recebe de Aristóteles as grandes linhas de seu paradigma ético, que será integrado e transfigurado em seu projeto teológico. Esse paradigma ético, propõe a plena realização e a felicidade humana, mediante o agir livre e virtuoso, compreendendo a dupla dimensão pessoal e social. A plena perfeição pessoal se realiza na contemplação, qualificada como "bem divino", pois cumula na visão de Deus, do sumo Bem; e a perfeição relacional e social encontra sua perfeição acabada na justiça social, política, cujo objeto é o bem comum, exaltado igualmente como "divino", porque assemelha a Deus em sua providência. Sobre a inteligência e a contemplação, em sua nobreza ou dignidade "divina", como "bens propriamente divinos", ver acima, começo do capítulo 3, com as referências na nota 15 do cap. 2, p. 68.

normas dessa retidão no interior do duplo critério conexo da "igualdade" e da "legalidade". Insiste sobre o caráter objetivo da justiça, que estabelece para a prática de cada um e para o quadro legal da cidade normas de retidão efetiva, fundadas na realidade das coisas, das mercadorias, dos preços, das ações, dos intercâmbios e dos contratos.

Tomás assumirá o essencial dessa ética aristotélica, acentuando-lhe os contornos realistas e ajuntando-lhe uma maior exigência na firmeza dos princípios e uma maior fineza na sua aplicação. Nas mãos dele, a ética teológica, já temos notado essa característica, cola bem rente à realidade humana, analisa os fatos e as situações, ao mesmo tempo em que permanece atenta às exigências da dignidade da pessoa e do bem geral. Mas recebe uma inspiração, uma agudeza e uma sensibilidade maior, que lhe vêm do sopro dos profetas e do Evangelho.

O encontro do senso de justiça de Aristóteles com este suplemento de solidariedade que vem da Bíblia manifesta-se em um ponto central que tem hoje a maior atualidade. Apresentando e analisando a justiça como o princípio de igualdade nas ações, relações e instituições, o Filósofo denuncia o grande inimigo dessa justa igualdade sob o nome de *pleonexia,* o vício, como indica a etimologia, que leva a querer "ter sempre mais". É uma espécie de libido social, que degenera em princípio de corrupção, tendendo a concentrar riquezas e poder em detrimento da virtude pessoal e do valor social da igualdade. Ora, o Novo Testamento não apenas condena esse vício, traduzido e atenuado sob o nome de "avareza" ou "ambição", mas estigmatiza na "pleonexia" uma raiz de pecados e uma verdadeira idolatria. Mestre Tomás integra todos esses dados no mais amplo e mais bem estruturado de seus tratados na *Suma*, pois a Justiça é estudada em mais de sessenta questões (q. 57-122 da II-II). No entanto os textos do Filósofo e os comentários do Teólogo sobre a pleonexia merecem um grande destaque[13]. São da maior atualidade, quando

---

13. A integração da "pleonexia" na síntese de Sto. Tomás é reveladora de sua capacidade de superar os limites da linguagem e das falhas das traduções. Aristóteles e o Novo Testamento dispõem deste termo preciso para designar a ganância acumuladora e concentradora de riquezas. Empregada uma dúzia de vezes no Novo Testamento, junto com o adjetivo correspondente *pleonectés*, "o ganancioso do cada vez mais" para si, a *pleonexia* é essa libido insaciável de bens, de enriquecer, que exprime a oposição frontal e total à caridade, ao Reino de amor que vem de Deus. "O *pleonectés* é o idólatra" (Ef 5,5). Tomás em seu latim não dispõe de um termo equivalente. As traduções de Aristóteles e do Novo Testamento lhe dão umas aproximações apenas: o "ambicioso", o "avaro", sobretudo. Mas, para além do vocabulário, ele reencontra o sentido profundo de uma ética fundada na justiça e na solidariedade. Percebe então que se trata de uma atitude de oposição à *koinonia*, à "comunhão". A *pleonexia* é a anti-*koinonia*. Note-se que, ao definir a caridade como "uma amizade fundada na comunhão", Tomás encontra e supera uma dificuldade semelhante. Aristóteles, falando da amizade em geral, a vê fundada na comunhão. E emprega o termo *koinonia*. Paulo, ao referir-se à união divina a que somos chamados (1Cor 1,9), emprega também (em grego) o vocábulo *koinonia*, que o latim traduz pelo termo genérico *societas*, "sociedade". Pois bem, vendo as coisas em profundidade, Tomás reúne o Filósofo e o Apóstolo, reconhecendo que, apesar da diversidade de linguagem criada pelas traduções, o Novo Testamento e Aristóteles visam à mesma realidade: a "comunhão", esse encontro dos que se

se tenta enfrentar com lucidez e coragem os desafios conjuntos da globalização e da Nova Era[14].

PROJETO DE SOCIEDADE JUSTA E SOLIDÁRIA

No entanto, na perspectiva mais ampla que nos sugere uma teologia da Felicidade na terra e no céu, o que mais nos interessa é o projeto de uma sociedade justa e solidária para a qual aponta mestre Tomás, sem que ela tenha dado todos os seus frutos. A visão abrangente e precisa da justiça que ele elaborou tem seu lado contextual, mostra-se bem inserida na mentalidade e na civilização medieval. Todavia, ela se universaliza, encara a sociedade em si mesma, sem se prender aos problemas dos "príncipes cristãos" ou do sistema feudal. Toma como referência o bem comum e a autoridade, seja ela de que tipo for, a quem atribui a competência e a responsabilidade de zelar por esse bem comum.

Define com precisão a noção e as espécies de direito, funda o que modernamente se chamará o "Estado de direito", mostrando que os "príncipes" são os primeiros a estar sujeitos à prática e à salvaguarda desse direito, de si inviolável e inalienável. Tomás quase abandona sua serenidade ao exprobrar aos tais príncipes suas rapinas e violências, extorsões e outras formas de corrupção daquela época. E sentencia: "Estão obrigados a tudo restituir como ladrões que são. Aliás, pecam tanto mais gravemente que os ladrões, quanto suas malversações vão de maneira mais universal e mais danosa contra a justiça pública de que são os guardas constituídos"[15].

No que toca à noção mesma de direito, convém salientar uma evolução importante ocorrida após Sto. Tomás e que é particularmente relevante para nosso empenho de ler e utilizar nosso Mestre de maneira deveras atualizada. Tomás, com Aristóteles e com o direito romano, dá à noção de direito um significado sobretudo objetivo: "É aquilo que é justo"; que é "conveniente e devido"; que é "conforme à natureza das coisas", "ordenado pela lei", "decorrente de um contrato ou convenção" ou de "uma ação efetuada na devida situação". O direito não é primordialmente uma prerrogativa. Defendendo e

---

amam, na reciprocidade da doação e na intimidade de uma mesma felicidade partilhada. Releia-se o artigo 1º da q. 23 da II-II. Aí se verá que pequenas discrepâncias de tradução não embaraçam a capacidade criativa de síntese que caracteriza Mestre Tomás.

14. Alargando um pouco a perspectiva, pode-se ter por certo que o triunfo da *pleonexia*, como tendência concentracionária de capitais, de tecnologia, de poder de mercado, vem marcando o processo atual de globalização. E com esse império e esse sufoque da *pleonexia* a Nova Era será no máximo a frágil veleidade de uma nuvem de incenso sobre um mundo irrespirável, corrompido e opressor.

15. Cf. II-II, 66, 8, r. 3. No que diz respeito à feliz incidência dessa doutrina sobre as primeiras lutas pela justiça na América Latina, leia-se BARTOLOMEU DE LAS CASAS, *História de las Índias*, livro II, cap. 38. Encontram-se algumas indicações em meu livro *Contemplação e Libertação*, Ed. Ática, São Paulo, 1995, pp. 126-131.

buscando "meu direito", não viso a meus interesses mas a que se faça justiça. A partir do século XVIII, prevalece uma noção sobretudo subjetiva do direito, que se reivindica como a prerrogativa da pessoa, do grupo, da categoria social. Nessa acepção são declarados os "direitos do homem" e se tende a avançar na especificação dos direitos das crianças, das mulheres, de tal minoria racial, social, cultural, sexual ou religiosa.

A informação histórica nos ajuda a realizar uma síntese. Havemos de assumir a defesa e a promoção dos direitos, no plural e no sentido dinâmico moderno, mas atentos ao conteúdo objetivo daquilo pelo qual nos batemos. A compreensão objetiva e subjetiva do direito poderá assim fundar e guiar a necessária mobilização pela justiça e a solidariedade hoje[16].

Em uma perspectiva mais ampla ainda de uma ética fundamental, Tomás estuda a natureza e as funções das leis, seu vigor e sua caducidade, sua necessária adaptação a serviço do bem comum nos diferentes contextos históricos[17]. Com essa visão ampla, profunda e flexível da justiça, ele abria novas perspectivas para a cristandade. Ela se via às voltas com novos problemas e com uma velha herança heteróclita de diferentes direitos e quadros políticos pouco ajustados. Cedia mesmo à tentação de pender para a repressão dos dissidentes, criando a triste novidade da santa Inquisição. Mestre Tomás oferecia-lhe ao contrário as grandes linhas para a criação de modelos de uma sociedade justa e solidária.

A inspiração evangélica e profética de sua ética pessoal e social se manifesta em dois pontos da maior importância em seu tempo e mais ainda em nosso contexto atual, tocado pelo pesado preço da globalização socioeconômica e pelos leves sonhos da Nova Era.

O primeiro desses pontos diz respeito à propriedade, especialmente à propriedade da terra. E o outro nos confronta com as situações de extrema miséria. Na medida mesma em que o teólogo Tomás de Aquino conseguiu plainar acima do estreito contexto medieval, inspirando-se na mensagem bíblica e encarando a dimensão humana dos problemas, atingiu um valor universal e vai sendo cada mais atual diante da exacerbação das questões econômico-sociais.

Comecemos pela doutrina da propriedade, sobretudo imobiliária. Como já o fizeram os Padres da Igreja, particularmente Agostinho, Mestre Tomás

---

16. Para uma informação documentada e completa sobre a evolução mencionada, indo da concepção clássica, helênica, romana e tomista, à visão moderna dos direitos humanos, a fonte mais segura e cômoda nos parece o prof. MICHEL VILLEY, *Le droit et les droits de l'homme*, PUF, Paris, 1983. No entanto, quanto à avaliação dessa evolução e à tomada de posição que ela sugere, inclinamo-nos a uma síntese, que junte a visão clássica e objetiva do direito à visão moderna, subjetiva e dinâmica dos direitos do homem. O que talvez não coincida inteiramente com as sugestões do citado mestre da história e da filosofia do direito. Nossa própria sugestão, que parece oportuna ao celebrarmos, em 1998, as bodas de ouro da Declaração Universal da ONU, visa ao aspecto mais ético do que jurídico da questão.

17. Referimo-nos às q. 90-92 e 95-97, no tratado Das leis, I-II, da *Suma Teológica*. Esse tratado é um dos mais belos exemplos da perfeita integração das dimensões ética, jurídica, bíblica e histórica em um mesmo projeto teológico coerente.

recusa o comunismo utópico de Platão. Posto em prática, esse sistema levaria à imposição obrigatória e universal da coletivização dos bens. Seguindo e aprofundando o realismo da ética econômica de Aristóteles, Tomás guarda certo laço com o ideal platônico, mas sobretudo se inspira no sentido de justiça e solidariedade que lhe vem dos profetas e do Evangelho. Temos aqui mais um exemplo luminoso do que caracteriza seu evangelismo nos campos da ética: ele realça o caráter universal do que é e deve ser humano, partindo de uma fé em Deus que é o criador de todos os seres e a providência solícita para com todas as criaturas humanas. Uma ética de inspiração evangélica nada tem de confessional, quando aborda os problemas humanos nos domínios da pessoa, da família, do direito, da economia e da política.

A propriedade é estudada em seus fundamentos, em suas exigências e conseqüências, quando Tomás comenta a *Política* de Aristóteles. A doutrina será sintetizada nos dois primeiros artigos da questão 66 da II-II da *Suma Teológica*, uma das passagens que merecem o maior destaque na história da ética social. O teólogo tem diante de si uma tarefa aparentemente simples. Deve justificar e explicar o preceito do decálogo: "Não furtarás". Tomás de Aquino não se contentará em dizer: Deus o ordena; pois o Mestre sabe que os mandamentos de Deus são ricos de sentido e se fazem aceitar pela consciência esclarecida e imantada pelo amor do bem. Seria ainda fácil dar a razão: o furto é a violação do direito universal e absoluto de propriedade. O que já seria correr o risco de incidir no rigorismo de uma ética sem saída e nos exageros de uma ideologia que sacraliza uma ordem estabelecida, tecida de desigualdades e exclusões. Para Tomás, um direito universal comporta sempre uma responsabilidade universal. Ele vai abordar o direito de propriedade sob o aspecto propriamente ético, inscrevendo-o neste triângulo: as coisas, especialmente a terra, a pessoa e a sociedade. A propriedade, especialmente deste bem privilegiado que é a terra, tem sempre uma dimensão pessoal e social.

A argumentação tem um feitio descendente. No alto, no artigo 1º da questão, uma consideração, primordialmente teológica, parte da visão da propriedade no plano de Deus, da criação e da destinação das coisas. Não se pense que a adesão a Deus criador, que reforça a firmeza absoluta dos princípios, signifique ou acarrete qualquer estreitamento das perspectivas ou qualquer restrição confessional dos direitos. Todas as coisas são confrontadas e referidas a todos os seres humanos. Tudo é de todos. O que quer dizer: as coisas são para as pessoas. Há uma lei de utilidade, de serventia que autoriza e impõe ao homem, entenda-se: a todos e a cada um dos seres humanos, a utilização racional das coisas para o proveito de todos. Nesse plano de generalidade, que ainda não inclui a questão e os modos da propriedade, firmam-se e afirmam-se os princípios e valores absolutos e imprescritíveis que regerão todo e qualquer sistema ético e jurídico de apropriação da terra e do que ela encerra. Esses princípios normativos de base podem ser seriados assim:

— Princípio de universalidade. Todo o necessário deve ser assegurado a todos. Nenhuma prática ou lei e nenhum sistema podem legitimar a exclusão de quem quer que seja do que é necessário à plena realização de sua vida humana. O ser humano é reconhecido como finalidade e senhor do universo.
— Princípio de reserva (ecológica). O ser humano não é senhor absoluto da "natureza das coisas", não as pode destruir, gastar e modificar, como se fosse o "autor delas", mas utilizá-las para sua utilidade, respeitando a "natureza das coisas," sobretudo dos seres vivos e sua sobrevivência. Exclui-se radicalmente a compreensão do "direito de usar e abusar", a seu talante, da criação, arruinando-a, poluindo-a e rompendo-lhe o equilíbrio (diríamos hoje violando as leis do ecossistema). Em uma leitura atenta e lúcida dos dois primeiros capítulos da Bíblia, Tomás destaca os fundamentos de uma ética ecológica racional, envolvida em uma inspiração e uma motivação religiosa.

Esses princípios básicos ainda não incluem mas preparam a determinação do direito de propriedade particular. Pois, ao professar que todas as coisas devem estar a serviço de todos, longe de inferir a coletivização da propriedade dos bens, mestre Tomás proclamará: para a obtenção desse objetivo, é conveniente e mesmo necessário que se assegurem a apropriação e a partilha das coisas. Garantido a todos, o acesso à propriedade particular é a forma mais adequada para promover a proveitosa utilização das coisas para o bem comum. Mas, longe de ser um direito absoluto em si, a propriedade tira sua legitimidade do fato de ser em princípio e de realizar de fato a forma apropriada de assegurar o necessário para todos.

Sto. Tomás é talvez o primeiro a se preocupar em elaborar uma fundamentação rigorosamente ética do princípio de propriedade. Ele não se apóia apenas no utilitarismo de Aristóteles, que está hoje na base de muitas justificações de toda espécie de privatização: cada qual cuida mais do que é seu e descura o que pertence à comunidade ou é possuído em comum. Sem esquecer essa evidência bem humana, Mestre Tomás volta seu olhar para a dignidade da pessoa e sua liberdade. A propriedade das coisas decorre como uma exigência da dignidade e da autonomia da pessoa. Ela é a garantia efetiva e a condição normal de exercício da liberdade. Ela assegura melhor a prática da virtude (como também ocasiona a proliferação do vício e da corrupção, o que é o triste reverso de toda medalha ética!). Note-se que já para Aristóteles e mais ainda para Tomás de Aquino só o cidadão "virtuoso", leal, honesto, correto e solidário, é o sujeito de uma sociedade verdadeiramente humana, digamos democrática, na acepção ética do termo.

Esses princípios, deveras universais e formulados fora da consideração concreta de sistemas econômicos, são esclarecidos pela aplicação a um caso crucial: é a situação de miséria extrema. Tomás recebeu da tradição cristã, especialmente dos santos Padres mais eminentes, a formulação do caso e a solução ética para ele. No entanto, a elaboração doutrinal de nosso Mestre é tão lapidar que paga a pena lê-lo nem que fosse pelo simples sabor de seu denso fraseado. E valerá para testar nosso grau de afinidade com ele. O problema é lançado como uma interrogação provocante: *É lícito furtar por necessidade?* O choque do "furto" e da "necessidade" suscita a questão, quase o suspense, provocando o jogo de razões pró e contra, até que a solução venha a brilhar: no caso de necessidade certa e evidente, não há furto, mas o direito e o dever de tomar o que (antes) era alheio, mas que se torna "comum" e finalmente justa propriedade para o necessitado.

Seria lícito furtar movido pela necessidade? (II-II, 66, art. 7)
Objeções. *Parece que não.*
1. A penitência só se impõe a quem peca. Ora, está prescrito em um cânon: "Se alguém, impelido pela fome e pela nudez, furtar comida, roupa ou gado, fará penitência por três semanas". Portanto, não é lícito furtar por necessidade.
2. O Filósofo nota na Ética: "Certas coisas, apenas nomeadas, evocam a malícia". E, entre elas, coloca o furto. Ora, o que é mau em si não se pode tornar bom por causa de um fim bom. Logo, não se pode furtar licitamente para satisfazer à própria necessidade.
3. Deve-se amar o próximo como a si mesmo. Ora, não se pode furtar para socorrer o próximo com esmola, como ensina Agostinho. Logo, também não é lícito furtar para acudir à própria necessidade.
Em sentido contrário. *Na necessidade todas as coisas são comuns. E, assim, não parece haver pecado, se alguém toma a coisa de outrem, pois dela a necessidade fez para ele um bem comum.*
Solução. *O que é de direito humano não pode derrogar ao direito natural ou ao direito divino. Ora, pela ordem natural, instituída pela providência divina, as coisas inferiores são destinadas à satisfação das necessidades dos seres humanos. Por isso, a divisão e apropriação das coisas, as quais resultam do direito humano, não impedem que, servindo-se delas, se satisfaça às necessidades humanas. Portanto, os bens que alguns possuem em superabundância são devidos, em virtude do direito natural, ao sustento dos pobres. Daí o que Ambrósio diz e se acha nos Decretos: "É dos famintos o pão que tu deténs, as roupas que tu guardas são dos que estão nus, o resgate e a libertação dos miseráveis é o dinheiro que tu enterras no chão". Ora, sendo muitos os que padecem necessidade nem se podendo com uma mesma coisa socorrer a todos, é à iniciativa de cada um que caberá dispensar os próprios bens para vir em auxílio aos necessitados.*
Contudo, se a necessidade é de tal modo evidente e urgente, que seja manifesto que se deva obviar à instante necessidade com os bens ao nosso alcance, quando por exemplo é iminente o perigo para a pessoa e não se pode salvá-la de outro modo, então alguém pode

licitamente satisfazer à própria necessidade utilizando o bem de outrem, dele se apoderando manifesta ou ocultamente. E esse ato, em sua própria natureza, não é furto ou rapina.
Respostas às objeções, *trazendo mais esclarecimentos à solução dada:*
1. A Decretal citada não visa ao caso de extrema necessidade.
2. Servir-se alguém do bem alheio, tomando-o ocultamente, em caso de extrema necessidade, não vem a ser um furto, falando propriamente; pois a extrema necessidade tornou seu aquilo de que ele se apoderou para sustento de sua própria vida.
3. Em caso de semelhante necessidade, pode também alguém apoderar-se do bem alheio para socorrer o próximo que se encontra na mesma indigência.

Sem dúvida, Mestre Tomás não é um casuísta. Não propõe aqui um modelo ordinário de ação. Mas, por esse caso extremo, visa clarear toda a doutrina e toda a atitude ética, à luz do primado de uma economia do necessário. Esse primado ditará as prioridades no uso dos bens, na gestão e na orientação de todo o sistema econômico. No caso de um sistema econômico concentracionário, que acumula riquezas, tecnologia, poder de mercado, onde detectar, denunciar e reparar antes de tudo o furto e a rapina? Para garantir a legitimidade e a consistência de um sistema econômico-social, a primeira condição não será precisamente eliminar os casos de "necessidade extrema, evidente e urgente"? São essas as questões a ser "disputadas" hoje, se quisermos prolongar a lealdade, a coragem e a lucidez de Sto. Tomás de Aquino.

JUSTIÇA, SOLIDARIEDADE E NOVA ERA

Tentemos alargar o balanço dessas contribuições de Mestre Tomás a fim de clarear a nossa atitude positiva e construtiva de acolhida à Nova Era.

Merece destaque, em primeiro lugar, o laço estreito que ele reconhece entre a felicidade, a justiça e a solidariedade. O contexto de Nova Era nos há de livrar de estarmos amesquinhados por aquilo que Emanuel Mounier desqualificava como *les petites peurs*, "os acovardamentos miúdos", que acabam condenando os ambiciosos triunfantes a curtir isolados a sua opulência, cercados de cães e de guardas, dentro de altos muros e grades reforçadas. Passam os regimes da segurança nacional, e dão lugar à insegurança social. A felicidade das pessoas e a paz das sociedades brotam da solidariedade que inspira e promove a justiça.

Não estamos tão longe dos próprios textos de Tomás de Aquino que tratam longamente da paz e da guerra, da concórdia e da discórdia, analisando minuciosamente os vícios que destroem a comunhão e se comprazendo em meditar sobre todos os bens e bênçãos que vêm da caridade, amor transformador dos corações e das sociedades[18]. Já admiramos (no capítulo 4) alguns dos lindos painéis em que o Mestre celebra e explica as maravilhas do amor divino e humano. Seria interessante desdobrar com ele as dimensões e as conseqüências da presença do amor ou do desamor na história das sociedades.

É oportuno e mesmo urgente reler a mensagem evangélica e teológica de Tomás de Aquino sobre os grandes temas da guerra e da paz[19]. Tanto mais que uma teologia medíocre e uma moral acanhada só guardaram desse ensino amplo e profundo a reflexão isolada e anêmica sobre a teoria da "guerra justa". Na *Suma Teológica* (II-II, 40,1), indicam-se e explicam-se os três títulos que legitimariam uma guerra: a autoridade do "príncipe", a justa causa e a intenção reta dos beligerantes. O essencial da doutrina remonta a Agostinho, em seus escritos antidonatistas, e já vinha codificado no *Decreto* de Graciano.

A originalidade de Tomás consiste no rigor em precisar as condições da legitimidade da guerra como mal menor. Isso significa na verdade que ela é o recurso a uma série de flagelos e de calamidades que vão crescendo com os progressos na "arte de matar". Donde a conseqüência evidente: só se pode apelar para a guerra como *ultima ratio*, quando todos os outros meios pacíficos fracassaram. E tudo se há de fazer para fazer cessar essa monstruosidade desumana.

Nos últimos cinqüenta anos, desenvolveram-se estudos e pesquisas em torno da "polemologia", uma disciplina científica que tenta analisar as causas das guerras e dos conflitos, com o fito de evitá-las. Em triste sintonia com outros empobrecimentos da visão ética e teológica, as teorias da "guerra justa" legitimaram todas as guerras de conquistas ou movidas pelos interesses econômicos, a começar pelas guerras colonialistas. Esse mesmo atraso ético e cultural, que contrasta com os avanços tecnológicos, continua a impedir que se limpem e se abram as consciências e os inconscientes coletivos à necessidade de concentrar todos os esforços na construção da paz. A essa tarefa se devem consagrar todos os recursos disponíveis, com a conseqüente redução das despesas em armamentos e com o amplo desenvolvimento do serviço servil em prol da paz, da saúde e da educação.

Para muita gente, a Nova Era é um gracioso convite a sonharmos lindos sonhos de paz para toda a humanidade. Há quem garanta que podemos contar com a prazerosa cumplicidade dos astros e signos amigos, para que a paz desça dos céus, para ventura de todos os povos. Tomás de Aquino nos diz, em um tom a não deixar pairar qualquer dúvida: a paz é a perfeita concórdia que brota do amor e se prepara pela justiça. Em termos de caminhada realista (o famoso realismo de Mestre Tomás!), tudo começa por fazer cessar as injustiças e por promover a justiça. Assegurar todos os direitos para todos é o único meio infalível de garantir a segurança nacional e internacional. E é o primeiro passo para a perfeita concórdia que introduz a paz.

---

18. Ver especialmente na ST, II-II, no tratado da Caridade, as q. 37-43.
19. Particularmente na II-II, q. 29 e 40.

A maior heresia em ética social de nossos tempos foi a proclamação pomposa de um célebre economista: a justiça social é uma miragem perniciosa[20].

Mas não se poderia encurtar o caminho pregando e até promovendo a concórdia, a cessação dos conflitos e das reivindicações? Nada de lutas pelos direitos, mas aceitemos todos de bom coração que o essencial é cumprirmos, isto sim, todos os nossos deveres. Busquemos a concórdia no mundo que aí está. E ponto final. É curioso: afora umas ligeiras notas de atualização, vindas deste seu secretário, é Mestre Tomás que se faz essa objeção, revirando pelo direito e pelo avesso essa nossa questão da concórdia e da discórdia. Como condenar simplesmente a discórdia, diante dos exemplos eminentes, do Apóstolo Paulo por exemplo, semeando discórdia entre seus adversários? Com a sua costumeira sobriedade e clareza, Tomás nos dá a resposta luminosa:

> *Promover uma discórdia pela qual se destrói uma verdadeira concórdia, fundada na caridade, é, sem dúvida, um grave pecado. Mas causar uma discórdia que venha eliminar uma falsa concórdia, isto é, aquela que vem de uma vontade perversa, é uma atitude louvável. Assim, foi louvável que Paulo semeasse dissensão entre aqueles que estavam concordes no mal; e o Senhor diz de si mesmo (Mt 10,34): "Não vim trazer a paz, mas a espada"*[21].

Tentar apaziguar os oprimidos, os defraudados, os privados do direito ao trabalho e à sua justa remuneração, os sem-terra, sem-teto, sem-voz e sem-vez, sem combater a injustiça e a opressão, sem rasgar caminhos para assegurar todos os direitos para todos, não é merecer a bem-aventurança dos que promovem a paz. Mesmo que se apele para os valores da paz, da concórdia, do amor e da piedade. Comentando aquela maldição que Jesus lança contra os fariseus hipócritas: Ai de vós, que devorais as casas das viúvas e encompridais vossas orações (Mt 23,14), Mestre Tomás comenta:

> *Eles pecam mais do que os outros, porque se alguém rouba com as armas do demônio peca, sem dúvida; mas se rouba com as armas de Deus (com artimanhas de piedade) então pecará duas vezes*[22].

É o elegante e terrível pecado da ideologia. Apela-se para os valores da paz social para encobrir e reforçar as injustiças que fazem corpo com as instituições e os sistemas.

Falou-se no limiar deste livro do seqüestro (ideológico) de que foi vítima Mestre Tomás. Ampliando as perspectivas, parece que se vai vendo que há

---

20. Veja-se o teor, o sentido e o contexto dessa afirmação em meu livro *Moral, Amor e Humor*, Ed. Nova Era, Record, Rio de Janeiro, 1997: justiça social, "miragem perniciosa"?, pp. 262-270.

21. Leia-se ST, II-II, q. 37, art. 1, obj. e resp. 2.

22. Cf. *Comentário de Sto. Tomás ao Evangelho de S. Mateus*, Ed. Marietti, Roma, 1951, n. 1860, p. 288.

uma imensa dificuldade de compreender e aceitar sua doutrina em sua integralidade e em sua coerência. Ele enfeixa felicidade, justiça, solidariedade, paz, como valores fundamentais de sua ética humana de inspiração evangélica. No entanto, é possível que se apele para o "tomismo" como princípio de moralidade individual e de ordem social, sem qualquer atenção à insistência de Sto. Tomás no capítulo da justiça. É a hipocrisia farisaica muito corrente mesmo e sobretudo na *intelligentzia* secularizada. Por outro lado, no plano religioso, os movimentos de renovação que invocam até o Espírito de Amor, buscando sentir os entusiasmos pentecostais e carismáticos, o que pode ser muito louvável, mostram-se avessos ou alérgicos a todo compromisso social.

A sabedoria de que Tomás se fez servidor vai ao encontro desses movimentos espirituais e da imensa vaga da Nova Era. Mas propõe um critério exigente, para todos, especialmente para os cristãos e para a Igreja. À luz de sua teologia, trata-se do teste decisivo. É a questão crucial de estar ou não estar na verdade do amor em sua dimensão universal, qual força transformadora dos corações, tendo uma influência real na qualidade humana das formas de relação, de organização, de estruturas e dos próprios sistemas.

Há conivências visíveis ou disfarçadas que acabam neutralizando toda mensagem realista do Amor. O grande risco para a Nova Era não seria ficar no vazio grandioso dos sonhos, das palavras e dos sentimentos?

Para Tomás, o Dom do Espírito nos leva a entrar ativamente no plano de Deus, apostando tudo na justiça e na solidariedade, na busca efetiva e universal da felicidade na terra e no céu.

Capítulo 8

A NOVA ERA, ONTEM, HOJE E AMANHÃ

Daria para situar a Nova Era na marcha do tempo e das idéias, sem correr o risco de ceder demais aos encantos da filosofia da história? Há quem pense que ela é uma espécie de pau de sebo com uma nota falsa na ponta. Isso naturalmente para quem busca escorar teses e sobretudo ideologias em eventos, textos e documentos. Vamos, pois, avançando sem muita teoria, apreciando o que parece mais significativo para nosso propósito.

É muito comum, na história da cultura, que os grandes pensadores entrem em cena sem excessos de modéstia, dando um balanço um tanto negativo nas tendências e escolas passadas. A liquidação é levada a cabo em algumas páginas de introdução. Aí, constatam com toda a simplicidade: até hoje surgiram projetos, tentativas, esboços, por sinal nada desprezíveis. Agora, porém, aqui está o novo método, a nova abordagem, a nova doutrina, o novo sistema. O que poderia parecer empáfia vem de mãos dadas com uma visão objetiva e humilde da evolução histórica. Culpa não têm de emergirem como a última vaga do progresso. O inventário talvez decepcionante das heranças passadas é apenas o jeito mais rápido para aquilatar a contribuição original do pensador caçula.

Bem pode ser que nossa caminhada com Mestre Tomás no-lo tenha mostrado como uma exceção ou um caso atípico. Pois parece quase se esconder atrás da porta, para dar entrada a quantos já trouxeram suas contribuições à história das grandes questões humanas. E a solução dele quer ser uma síntese sem pretensões, que venha realçar as diferentes posições dos que labutaram na busca da verdade. Depois de escutar outros mestres e pontífices da verdade, a gente acaba se agradando desta espécie de refrão teológico que ele repete com certo humor, como sendo uma sentença tradicional: "Proferida seja por quem for, a verdade vem do Espírito Santo". No entanto, à revelia de Tomás, o tomismo nasceu. E houve quem quisesse, em seu nome, invadir o campo e se tornar dono da bola.

Deixando de lado casos particulares e dando o desconto de certas vagas de pessimismo, seria extrapolar demais contar com esta lei geral: cada geração tem a sua tendência, mais ou menos pronunciada, de ser a ponta de todos os valores modernos? Para maior felicidade de todos, tudo indica que a novíssima geração já descobriu essa fraqueza (das outras). E já se considera com inteligência, aliás emocional, que aí está para realizar a pós-modernidade definitiva e globalizante. Não estaria arvorando a pretensão de ser mais que as outras, as vaidosas de ontem. Vai ser simplesmente a síntese que adiciona, aprimora e supera as parcelas e as parcialidades das precedentes.

A NOVA ERA ATRAVÉS DA HISTÓRIA

Mas, afinal, estender a Nova Era no tempo, dando-lhe um hoje, um ontem e um amanhã não seria um contra-senso? Ela não seria evidentemente única, a grande e inaudita surpresa nesta virada do milênio? Alguém pode ir logo encurtando a nossa conversa, adiantando que até o termo milenarismo já caducou de tão velhinho. Mas quem sabe a própria questão não encerraria senão uma lição, ao menos um bom começo de solução?

Apenas para esquentar o debate, sugerimos que se tenham em conta os sonhos periódicos com o Eldorado e os surgimentos de novas eras, balizando etapas de crises e de grandes esperanças coletivas através da história dos povos. A humanidade é levada cada vez mais a fraternizar ao menos na aspiração à fraternidade. Aceitando a existência de traços ou dados comuns nessas vagas sucessivas de sonhos e esperanças, não se poderia reconhecer que elas vão se somando e se alargando, e apontam o mesmo horizonte onde refulgem umas tantas utopias, suave e teimosamente humanas? Mas nota-se a insistência: a Nova Era hoje tem algo de absolutamente novo e inédito. Primeiro, porque é a nossa, é a nossa vez de sonhar e de marchar. Não é uma evocação do passado dos outros ou das imagens que nos deixaram de sua caminhada. Nós a sentimos, analisamos e vivemos como a nossa experiência. E por que não aceitarmos que vindo depois somos mais jovens, mas também somos herdeiros agradecidos de todos os grandes sonhos e conquistas daqueles com quem estamos em comunhão cultural e espiritual?

Com todos esses matizes, aí fica hipótese provável. A Nova Era desliza por sobre as ondas da história humana, ostentando um ontem, um hoje e um amanhã. Sem dúvida para maior eficácia de uma mensagem e sobretudo em termos de promoção de mercado, convém insistir sempre no hoje e no amanhã. Aqui, embarcamos um pouco na sabedoria de H. Bergson, que lançava a jovial e imaginosa definição: o presente é a ponta do passado rasgando o futuro. E aplicamos a sentença na leitura que propomos de Tomás de Aquino. Cremos que viveu em clima de Nova Era, no que esta tem de essencial, como torrente de sonhos e esperanças ativando a história; e também no que apresenta de contextual, na sua configuração de vagas e mais vagas de homens e mulheres que apelavam para o Espírito, suspiravam pela Idade do Espírito Santo, para enfrentar o intolerável mormaço ou o fardo opressor do que se chamava cristandade.

Uma vez que o Espírito está em marcha sempre à nossa frente, não se vê por que não aceitar que somos a ponta desse passado, tentando rasgar os caminhos do futuro. É preciso dar o desconto de tudo quanto persiste de estreiteza seja nas experiências da Nova Era dos espirituais seja na contribuição doutrinal de mestre Tomás. Este empenho de viver o hoje da Nova Era voltado para o amanhã, mas tirando proveito dos acertos e desacertos de ontem, aumenta o interesse de nossa romaria através da história. As conquistas democráticas, os avanços, por vezes lentos e muito sofridos, dos direitos humanos, foram iluminados e ativados por auroras que ostentavam outras bandeiras e outros nomes. Mas, em sua realidade profunda, surgiam e marchavam como novas eras de liberdade, de igualdade, de solidariedade, de justiça. A utopia inspirava projetos de buscar todos os direitos para todos, a começar pelo direito fundamental de viver e de ser feliz.

Para ilustrar com mais precisão este ontem que ainda trazemos em nossos sonhos de hoje. Olhemos para nosso continente. Já evocamos a Nova Era que resplandeceu como alvorada da América, quando esta surgia, linda e sedutora, aos olhos e para as ambições dos conquistadores. O exemplo nos empolga porque dele temos um conhecimento mais seguro. E porque muito do que nos trouxeram e fizeram os colonizadores perdura por aí para o melhor e para o pior. Essa primeira Nova Era foi o primeiro encontro da América com Tomás de Aquino. Ele veio com uns frades dominicanos, portanto seus irmãos e sobretudo verdadeiros discípulos seus. Pois acreditavam e apostavam na força renovadora do Espírito. Para eles, a *Suma Teológica* não era aquele calhamaço pesado, afivelado e solene que se tornara pesadelo opressor para o Brás Cubas de Machado de Assis. Era mensagem inspiradora ou confirmadora de um manifesto de libertação: "Estes, os índios escravizados, não são homens?" O brado de frei Antônio de Montesinos, no 4º domingo do advento de 1511, ressoava como novidade provocante. A novidade não vinha tanto de qualquer texto. Todos conheciam e recitavam praticamente os mesmos textos. Ela brotava da força do Espírito em quem tudo apostava no Espírito.

Esses missionários eram espirituais, herdeiros dos espirituais da Idade Média. Pertenciam a um ramo da reforma dentro da família dominicana. Tentavam romper com os envolvimentos da cristandade espanhola. Os "Reis católicos", em 1492, levavam a cabo a Reconquista, tomando Granada aos árabes, expulsavam e pilhavam os judeus, contavam naquele ano bendito com uma nova gramática para impor o castelhano e com a santa Inquisição para assegurar a unidade da ortodoxia. E para tudo coroar e abençoar recebiam de um papa espanhol a divina missão de evangelizar (e colonizar!) a América. O Eldorado refulge no horizonte deles e estão radiosos de alegria com a Nova Era (do ouro!) que vai começar.

E então, com esses tais descobridores, lá vêm uns missionários naquele estilo dos chamados frades mendicantes do século XIII. Mas já dão com uns rastos de profetas marcando os caminhos deles. Voltam os olhos para Raimundo Lúlio (1235-1315), catalão, teólogo, poeta, alquimista, que buscou dialogar com os muçulmanos. Mereceu o título de Procurador dos Infiéis, como Las Casas assumirá o seu: Defensor dos Índios. Sentem-se mais ligados ainda a

Catarina de Sena e a Jerônimo Savonarola, que penaram, nos séculos XIV e XV, sonhando reformar a Igreja, tão agarrada, senão mancomunada com os reis, os príncipes, os nobres, os notáveis e os banqueiros. E lá surgem eles, como umas pequeninas ilhas de luz, cercados de todos os lados por colonizadores e exploradores. Levantam a voz do jeito dos profetas, que nem Joaquim de Fiore. E apontam também para um Eldorado e uma Nova Era, mas da fraternidade, e pensando sobretudo na felicidade dos índios, quer dizer, dos povos da América.

Olhando bem dá para ver: o Eldorado e a Nova Era têm uma história. Ou uma série de histórias encantadoras ou de fazer medo, que se entrelaçam, se sucedem, se escondem ou se revelam, sem deixar de ser ambíguas. E finalmente nos desafiam e interpelam nesta Nova Era que é a nossa. Esta talvez tenha dobradas e guardadas no seio todas as promessas, ameaças e ambivalências das suas vovós, tão sedutoras em seus tempos de viço e beleza.

GLOBALIZAÇÃO E NOVA ERA

Por enquanto, a Nova Era está conseguindo estender hoje sobre o mundo seu lindo véu de sonhos, esperanças e utopias. Ao mesmo tempo, a globalização recobre os mesmos espaços da terra, pois as distâncias vão sendo encurtadas e quase supressas pelo milagre da comunicação. Lança suas redes bem forjadas da tecnologia, tentando enfeixar todas as formas de pensar, de sentir, de falar e de influenciar. Vai sobretudo conectando os sistemas econômicos, políticos, culturais, comunicacionais. Haveria coincidência, afinidade, concorrência entre a Nova Era e a globalização? Há, sem dúvida, a primeira coincidência da universalidade. O mundo que se vai construindo em um só e grande mercado não se encontra logo na partilha dos bens e na comunhão dos valores. Mas já há um começo de encontro: todos se deixam levar por umas mesmas vastas e impetuosas correntes de desejos, aspirações, interesses, ambições.

Surge, assim, um primeiro jogo de contrastes e de semelhanças, quando a análise aproxima a Nova Era e a globalização. Elas envolvem toda a humanidade em um halo imenso de idéias, de ideais, de afetividade. Cada uma, no entanto, apela para um tipo de racionalidade diferente, senão inteiramente oposto. A Nova Era se liga ao que se vende hoje como "inteligência emocional". É a razão em suas formas mais suaves, que anda de braços dados com a imaginação, que não prova, não verifica, não exige provas nem verificação. Seduz, se deixa seduzir e ensina a seduzir. Pode ter suas belas realizações artísticas. Mas aí não basta ir à deriva da facilidade. Há de haver alguém, soerguido, ao menos um pouco, pelas asas do gênio e dotado de forte vontade de trabalhar, modelando as coisas ou se modelando segundo os maravilhosos e exigentes cânones da beleza.

Pois, com a linda mas custosa modelagem estética, com seus métodos, metros e balanças, já começamos a passar do lado da outra forma de racionalidade, a racionalidade dura e custosa, que busca verificar, provar, analisar realidades, ajeitar formas e anatomias, apreciar idéias, projetos e sistemas. A globalização recorre a essa racionalidade consistente e resistente, de que a economia, servida pela técnica, é o campo privilegiado. Em todos os seus ramos de promoção e de mercadologia, a economia faz apelo à racionalidade macia e sedutora; mais, no entanto, para uso externo, para envolver consumidores de produtos e de serviços. Mas para ela mesma, para produzir, para guiar os negócios, para montar e untar suas empresas, pequenas, médias e sobretudo grandes, a economia recorre à racionalidade dura e pura. Com a razão bem equipada de ciência e técnica, ela busca o máximo de resultados com o mínimo de despesas. Joga, então, com todos os planos: do pensar, do fabricar, do distribuir, do investir, do poupar, do empregar ou do desempregar. E até, para maior desgraça e desassossego do mundo, pratica ou deixa praticar a especulação, manipulando dinheiro, informações ou desinformações, sem nada produzir.

Mirando-a de certa distância, na perspectiva ética e espiritual de nosso Mestre Tomás, seria possível discernir traços precisos e persistentes no fenômeno da globalização, sem ceder aos engodos ideológicos que ela segrega ou aos ressentimentos que suscita naqueles que ela machuca? Parece evidente que a universalização que a caracteriza se enraíza na planetarização da economia. Na medida em que a globalização prolonga e leva a todos os pontos da terra o sistema econômico do velho liberalismo sem peias, dando eficácia e fineza aos velhíssimos processos de colonização, ela merece ser chamada de internacional (sem marca e sem nome) do capital (sem pátria e sem alma). Não há exagero em proclamar: a planetarização da economia (sem aqueles parênteses que lhe afivelam certos computadores mal-humorados!) é em si um bem incalculável e uma promessa jubilosa de fraternidade real e efetiva entre todos os seres humanos e entre todos os povos e nações. E aqui vislumbramos e saudamos a afinidade entre a globalização e a Nova Era.

A Nova Era sonha com essa fraternidade universal, que só poderá envolver e alegrar o planeta Terra se a globalização for levada a unir os valores humanos, de liberdade, de justiça, de solidariedade e responsabilidade aos valores econômicos da produtividade, da rentabilidade, da concorrência, da inovação, da criatividade. A nossa reflexão tenta aplicar aqui um proceder que Mestre Tomás sempre praticou e apregoou. É preciso estender e universalizar as aquisições da inteligência à medida que se ampliam os horizontes da história. Relembremos o que ensina o Mestre sobre o direito de propriedade, como base do trabalho livre e produtivo em benefício de todos. Eram os germes do que o padre Lebret dizia expressamente ter aprendido de Sto. Tomás. E que espalhava pelo mundo, nas décadas de 40 a 60, como sendo a necessária e urgente "economia humana".

Ainda no prolongamento dos ensinos e exemplos de Mestre Tomás, talvez se pudesse colher uma lição preciosa da aproximação da Nova Era e da globalização. A Nova Era recorre grandemente à chamada "inteligência emocional", essa jeitosa dosagem de inteligência, imaginação e afetividade, que salva tanta gente da endemia do estresse, da chatice de um trabalho puramente executivo, das angústias semeadas pela falta ou pela insegurança do emprego. A inteligência emocional ensina a dar a volta por cima, a se salvar pelo divertimento e pelo consumo nem que seja virtual ou simplesmente imaginário. A globalização como planetarização da economia busca ser o triunfo da rentabilidade e do poder de mercado graças aos bons serviços da tecnociência, o que vem a ser o apelo à inteligência rigorosa e bem equipada, mas em sua função instrumental. É o saber fazer, o saber produzir e distribuir utilidades, se olhamos para a economia como se define e como deve ser, e fechamos por um instante os olhos à especulação que parasita a economia mundial hoje. Simplificando um pouco, se poderia dizer: o empregador trabalha com a inteligência instrumental, com os rigores da técnica e das inexoráveis leis econômicas. Que o empregado se agarre às barras da saia da inteligência emocional. Domine sua afetividade, ficando bem-comportado, se não pode estar bem-humorado, já que não dá para intervir eficazmente na orientação do sistema econômico.

Ora, entre a inteligência emocional e a inteligência instrumental, ou melhor, acima delas, ergue-se a pura inteligência que visa à verdade, à apreciação do bem e do belo, à compreensão do ser humano e ao discernimento dos valores para além dos interesses e utilidades. É dela que Tomás de Aquino foi desde cedo o grande apaixonado, seguindo à letra e nos passando aquele corajoso imperativo: "Ame muito mesmo a inteligência!" Mais ainda, Tomás nos explicou com paciência: a inteligência é a luz de nossa vida, ela entra em tudo, ela abre todos os caminhos, é fonte de êxito, de prazer, de felicidade. Mas começa por ser busca da verdade por ela mesma, essa identificação do espírito com a realidade. A inteligência foi feita para ir ao encontro das coisas, das pessoas, do mundo e de Deus mesmo, tais como eles são.

A inteligência é a capacidade e a prerrogativa dada ao ser humano de acolher todas as coisas na leveza das idéias, das formas que a atividade intelectual começa por colher delicadamente nesse processo maravilhoso de conhecer. Portanto, antes de andar atrás de vibrar na emoção ou de modificar seja o que o for neste mundo, o ser humano tem esta dignidade e esta responsabilidade: veja o que é ou quem é mesmo que está diante de você, e quem é você, capaz de captar esse mundo e de fraternizar com ele. Consagrar a inteligência à verdade, à pura e simples verdade, é entrar encantado pelo país das maravilhas. Mas é sobretudo aceitar a mais bela e difícil das tarefas, viver e respeitar a dignidade do ser humano.

O que acaba de ser retomado do ensino de Mestre Tomás sobre a inteligência em sua nobre função de verificar, de se consagrar à verdade como valor primordial da existência, está longe de excluir a inteligência emocional e a inteligência instrumental. Pois um dos primeiros dados que o ser humano verifica é que ele está por ser acabado e que lhe cabe a missão de assumir a plena e total realização de si mesmo. A verdade será então o seu guia, pois sua tarefa será chegar a se conhecer como projeto de felicidade, como alguém feito para ser feliz e para fazer outros felizes. Ou retomando o mito transparente da Bíblia: o homem e a mulher são os jardineiros de Deus, cultivando com alegria o paraíso da felicidade. É nesse cultivo de seu ser e das coisas para a felicidade que o homem e a mulher encontram hoje a inteligência emocional e a inteligência instrumental como as duas formas modernas do que Tomás de Aquino chamava austeramente de inteligência prática. Elas jogam como as duas pontas avançadas da globalização e da Nova Era.

SEUS MAIS LINDOS TRAÇOS E ENCANTOS

Por que, então, não abraçar com simpatia a Nova Era, qual imenso projeto abrangente de acolher a felicidade com todas suas promessas, mas também com todas as suas exigências? Na mesma aceitação generosa, não será oportuno nela incluir a globalização do jeito que ela vem, um incontornável fenômeno histórico, igualmente com todas as suas promessas, ambivalências, riscos e muitas distorções herdadas do passado? É claro que o primeiro cuidado há de ser acabar com o mau pensamento e o mau propósito de fazer globalização rimar com neocolonização.

Parece que essa atitude de confiança e coragem não faz mais do que atualizar, do nosso jeito, a sabedoria de Mestre Tomás, tentando abrir-se com discernimento à Nova Idade de seu tempo. Olhemos, pois, para o rosto da Nova Era, tal qual ela vem vindo de braços dados com a globalização. Quais são os traços mais marcantes e sobretudo mais promissores de sua fisionomia, de seu perfil, de seu andar, que parecem cada vez mais sedutores e até, para alguns, excessivamente provocantes?

Há um primeiro traço de sua figura que já vai indicando as razões dessas divergências no modo de olhar para a Nova Era. Ela vem vindo, como que desfilando, colhendo sorrisos e aplausos. Pois se exibe qual extraordinária confluência de tudo quanto é esperança de felicidade, de sabedoria, de amor, de compreensão, de reconciliação, de alegria e de paz. Quando se tenta discernir e ordenar um pouco o conteúdo de todas as mensagens difundidas por todos os escritos e através de todas as ondas, a Nova Era surge como convergência de movimentos, de tendências, de doutrinas e mestres que tentaram abrir caminhos.

Caminhos para onde? Pode-se arriscar uma resposta global, contando que ela acabe se clareando com indicações mais concretas. Digamos, pois, para começo de conversa, que são caminhos para a transcendência, para algo de maior, de melhor, de mais alto do que tudo o que aí está. Mas a transcendência, mesmo que se apóie em leituras, em ensinos, em mestres e gurus, que por sinal pululam, abrindo tendas ou caindo de pára-quedas, só é aceitável se vem com o jeito de experiência muito vivida e bem pessoal. Ela fala do alto e leva para o alto, mas brotando do íntimo. Quem já andou mexendo um pouco com filosofia diria que a transcendência e a imanência são as duas faces dessa nova busca de felicidade.

Há de fato uma riqueza imensa de experiências que são vividas, irradiadas e por vezes malsinadas sob o signo abrangente de Nova Era. Parece esclarecedor partir dessas experiências, pois poderão ser uma chave de compreensão para os outros seus aspectos, mais doutrinais ou construídos, mais artificiais, em geral importados sob o rótulo de terapias, sabedorias, métodos certeiros ou boas maneiras de meditar, de contemplar ou simplesmente de respirar.

Dentre as atitudes existenciais que parecem caracterizar essa Nova Era, destacaríamos: a busca de paz e tranqüilidade. Vasculhando um pouco a parte mais vistosa e talvez a mais guarnecida das livrarias, que hoje vão sendo batizadas com o nome sagrado de *shopping center*, descobre-se o prestígio de tudo o que seja auto-ajuda, animada, sem dúvida, do bom propósito de levar à autoconfiança. Aqui bate o ponto. O ponto forte do comércio, a que corresponde, em correlação perfeita, o ponto fraco do necessitado consumidor e virtual comprador da mercadoria cultural. Há um vazio a preencher. Mas está aí a cova onde vem se implantar e enraizar a transcendência da Nova Era. Porque a autoconfiança tem de agarrar-se a uma experiência de autovalorização. Havemos de chegar a desmentir o que estão querendo fazer ou desfazer do que nós somos. Experimentamos que somos feitos para muito mais, muito maior e melhor. Se a necessidade ressentida de auto-ajuda mostra que se estava abaixo de zero, não basta nivelar, para que renasça e triunfe a autoconfiança. Daí todo um universo de belos sonhos e lindas esperanças que vêm a ser a aurora da Nova Era, quando se olha do íntimo do nosso eu. Por isso, se os consumidores dos *shoppings* culturais se tornam praticantes dos catecismos que adquirem, vão partir sobre as asas da imaginação para as encostas do Tibete, para as margens do Ganges, enfim, para viajar.

Vamos tentar oferecer um suporte imaginário e um tanto plástico a experiências que querem, no entanto, fugir a toda convenção? Imaginem lá uma imensa planície, pontilhada de oásis de cores suaves, focos de luz ou lampejos de velas lacrimejantes, recantos de penumbra, atapetados, guarnecidos de almofadas, até de genuflexórios, móveis baixinhos, funcionais, mil símbolos e objetos religiosos. Ou então pense num recanto bem gostoso, longe da chatice ou do peso do dia-a-dia. Tudo há de respirar harmonia e convidar ao encontro consigo mesmo, do melhor de meus sonhos com meu eu transfigurado.

Essa busca da paz ou tranqüilidade interior, pelo menos quando atinge uma certa profundidade, se abre à aspiração ou à procura do que seja a reconciliação universal, a mais ampla e profunda, consigo, com os outros, com a vida, com os desassossegos e incertezas do trabalho, ou da falta de trabalho, com o mundo das coisas e dos humanos. Não se estranhe, portanto, que a Nova Era, mesmo de feitio mais religioso, mostre alguma afinidade com tratamentos, regimes, exercícios, terapias que apelam para o naturismo, a macrobiótica, a hipnose, a eutonia, a sofrologia, as teorias ou medicinas psicossomáticas. Com muita freqüência, a busca da reconciliação com os outros e consigo mesmo passa por uma descoberta do corpo, encarado não como uma parte, mas como a totalidade da pessoa em sua relação com o mundo e com o outro. Vêm, a justo título valorizados, o prazer, a alegria e o gosto de viver.

Essa sabedoria visa compensar ou remediar os estragos, os estresses e desgastes causados pelas modernas formas de um trabalho escravo apenas dissimulado. Mas ela vai se casar facilmente com um utilitarismo social que não se afadiga em reivindicar nem contestar, mas se refugia em práticas mais ou menos apropriadas de pacificação interior. Por outro lado, ela assume, em geral, comportamentos e até uma visão refletida de tolerância e de aceitação das diferenças. Essa compreensão das vantagens do pluralismo, pelo menos como forma prática de conviver sem atritos ou conflitos, é coroada por certo ecumenismo religioso. Este pode ser uma homenagem à liberdade como elemento primordial da fé. Se é que não traduz o descaso pelo conteúdo intelectual da religião, sempre um tanto trabalhoso, quando se busca repouso para os olhos, para os nervos, para a inteligência.

Ainda um dado bastante positivo que felizmente integra muitas vezes a visão e a prática da Nova Era é a abertura à ecologia, levando até a certa mística da terra, a uma espiritualidade de fraternidade universal abrangendo todos os viventes e envolvendo o ecossistema, estimado em suas espécies variadas e em seu equilíbrio global. A natureza vai recebendo qualquer coisa como uma consagração, quer seja venerada como um imenso templo vazio, quer seja reconhecida como o mais amável convite à oração, ao encontro discreto com Deus.

A Nova Era parece recobrir algumas ou todas essas atitudes de busca da felicidade, na valorização da vida e da experiência, da terra, do corpo, do prazer, abraçados como caminhos da transcendência, professada de maneira mais ou menos explícita. Mas é inegável que a Nova Era é um fenômeno cultural de grande amplidão e de alguma profundidade[1]. Seus líderes, em especial, procuram enraizar e alimentar suas posições em doutrinas religiosas e sobretudo filosóficas de certa consistência intelectual. Essas doutrinas têm justamente um conjunto de princípios e orientações capazes de fundar e encorajar as grandes atitudes de base da Nova Era. São sistemas que apregoam um ecumenismo abrangente e mesmo universal, convidando ao entendimento inter-religioso, empenhando-se em dar-lhe uma base racional. Procu-

---

1. A Nova Era é deveras um fenômeno cultural muito típico. Ele tem uma base de sustentação no livro. A leitura exerce uma influência muito grande, senão decisiva, na formação e articulação das diferentes correntes de pensamento que confluem na Nova Era. Daí a importância do fator editorial, que no entanto depende da procura como elemento regulador da oferta no mercado do livro. Só uma análise estatística, quantitativa e qualitativa, nos permitiria uma apreciação fundada sobre o volume e as formas de pensamento que integram hoje o fenômeno sociocultural da Nova Era. Ele reitera hoje, de maneira incomparavelmente mais ampla, a importância da imprensa na difusão e consolidação da reforma, no século XVI.

ram tomar às diferentes religiões os princípios de uma moral de fraternidade e de condescendência, contestando ou deixando entre parênteses seus aspectos dogmáticos, sobretudo se estes apelam para a autoridade e a tradição. Entre as doutrinas de caráter filosófico que parecem sustentar e guiar boa parte, talvez a mais intelectual, da Nova Era, destacaremos a teosofia e a antroposofia.

De modo geral, a Nova Era se aproxima da visão holística e, pelo menos em parte, faz apelo aos autores e doutrinas que se inspiram nessa visão.

Semelhante concepção abrangente leva os mestres e líderes da Nova Era a se inspirar nas ciências, especialmente nas ciências humanas, privilegiando a psicologia, utilizando-as em uma abordagem interdisciplinar. Essa contribuição científica entra em jogo em dois campos de suma importância para a humanidade moderna, às voltas com o famigerado estresse e as diferentes modalidades de depressão e angústias que abatem os agentes e as vítimas da industrialização apressada e do urbanismo anárquico. Diante desses males endêmicos ou de suas ameaças, sente-se a urgência de cultivar idéias e sentimentos positivos, tanto mais aconselháveis quanto não se vê como tornar positivos e saudáveis as realidades e os sistemas sociais. Quando não se pode modificar o *hardware* dá-se uma ajeitadinha no *software*. Essa reflexão vá por conta do computador, tanto mais que ele sabe: o *Aurélio* já aceita este seu vocabulário de contrabando.

Mas há outro recurso talvez um tanto *hard,* mas sem dúvida o mais das vezes *soft*. Vem a ser a confiança sempre mais nutrida nas energias, que andam espalhadas por toda parte: no sereno da noite, na doce influência da lua, no verde dos bosques, ali nas plantas do jardim, nas relvas, sobretudo frescamente orvalhadas, no sal que ainda guarda saudade do mar, nos riachos (ainda limpos), nas rochas, nos metais sobretudo preciosos, nas pedras preciosas ou não, sem deixar de lado os pedregulhos ou cascalhos, se colhidos bem longe das megacidades. Haja confiança, confiança muita e constante, e as energias da mãe natureza se mostram extremamente benéficas. Ao constatar esse fenômeno, vejam lá se somático ou psicossomático, o teólogo se vê tomado de um sentimento, que se pode atribuir certamente à chamada "inteligência emocional", de que ele felizmente não se vê de todo desprovido.

Pois, quando dá com a "energia", hoje tão mimada pela modernidade ou pela pós-modernidade, logo a saúda como velha conhecida sua, muito venerável. Nos textos do Novo Testamento, na tradição dos Santos Padres de cultura helênica, a *energia* designa com certo carinho a força divina agindo ou trabalhando no íntimo de nós. É a graça, elã de amor, vindo do coração de Deus e ativando o coração humano. Não se vê por que se haveria de separar a ladina modernidade e a venerável tradição. Mestre Tomás pode dar-nos a sua sugestão. Ele não anda repetindo que o mesmo Deus que nos santifica pela graça é o Criador que nos brinda com os bens e as forças da natureza? Aí fique, por conta dele, a discreta sugestão: não se menosprezem as energias da natureza, mesmo que entre no jogo um pouco de sugestão; esta também é muito natural. Mas, nas energias da natureza, por que não ver uma analogia, um degrau ou um impulso para acolher a divina energia da graça?

Dir-se-ia algo de semelhante deste lindo vocábulo que é *alquimia*, muito do gosto de setores vivos da Nova Era. Mas tem outra história. Em seu sentido simbólico, espiritual ou esotérico, não poderia ser apadrinhado diretamente pelos Padres da Igreja e pelo doutor Tomás de Aquino. Simplesmente porque não chegaram a situar os sonhos, as chamas e as proezas da alquimia nas perspectivas dos símbolos e dos caminhos da transcendência. É verdade que Mestre Tomás mostra uma inegável simpatia pelo labor e pelas esperanças dos alquimistas. Enfrentando uns áridos problemas de justiça, ela aproveita ocasiões para declarar que, se os alquimistas chegassem a fabricar o ouro, este metal artificial teria o mesmo valor que o ouro das minas[2]. Veremos que os alquimistas gostaram do Mestre. E lhe atribuíram um lindo e longo tratado sobre os caminhos secretos e simbólicos da Sabedoria.

VALORES E DOUTRINAS

Em conexão mais ou menos estreita com os sonhos, com dados científicos, filosóficos, astrológicos, alquímicos, as publicações mais significativas que exaltam hoje a Nova Era destacam toda uma constelação de valores éticos e religiosos, como objetivos ou ideais que hão de resplandecer com o advento do novo milênio

Já salientamos que há algo de importante e mesmo de fundamental na inspiração e nas grandes tomadas de posição dos homens e mulheres que ostentam sua identidade de cidadãos da modernidade. É a opção pela experiência pessoal, mais valorizada ainda quando partilhada. Ela é o critério de base para apreciar a autenticidade ética e religiosa. Muitos dos autores que propagam e defendem a Nova Era procuram justificar e ampliar essa atitude existencial e personalista, insistindo sobre a caducidade da moral legalista e autoritária.

Em perfeita coerência com essa primeira opção radical, exaltam-se os valores de liberdade e de tolerância. Esta é entendida como o respeito das liberdades para todos, o que é um princípio ético de base para a convivência social e uma exigência primordial da democracia. Os adversários da tolerância nela estigmatizam o relativismo moral, o nivelamento descabido da verdade e

---

2. "Se pela alquimia se conseguisse fabricar ouro verdadeiro, não seria ilícito vendê-lo como ouro natural, pois nada proíbe que a arte use de meios naturais para produzir efeitos naturais e verdadeiros". E Tomás apela para a autoridade de Sto. Agostinho. Cf. II-II, 77, 2, r. 1. Está aí o máximo que se chega a conseguir, bateando a *Suma Teológica* e todos os riachos desse país das maravilhas, onde habita e trabalha frei Tomás. Buscar em sua obra, ou entre os escritos de Alberto Magno, algum estudo de alquimia, "a arte secreta", pode ser tarefa meritória, porque trabalhosa mesmo. Mas parece condenada de antemão ao insucesso. Vejam-se, abaixo, os parágrafos sobre teosofia, antroposofia e alquimia.

do erro, do bem e do mal. A leitura que esboçamos nos capítulos centrais deste livro não nos teria mostrado o quanto Mestre Tomás preza os valores de liberdade, de estima da consciência, de abertura à verdade, venha de onde vier? Tivemos ocasião de notar que, para bem marcar sua veneração pela verdade, junto com a estima por toda inteligência, ele não hesita em aceitar a máxima paradoxal: "Mesmo saindo da boca do demônio, a verdade vem do Espírito Santo".

Tocamos aqui na questão essencial e deveras crucial. É o critério dos critérios nesta encruzilhada de idéias, doutrinas e tradições, em que vêm se inserir as aspirações e as reivindicações da Nova Era. Sob o aspecto ético, ela é o ponto alto de um vasto processo histórico. Uma primeira evidência é que se chegou a um pluralismo que atinge não apenas os comportamentos ou as normas concretas do agir, mas a compreensão mesma dos valores fundamentais da ética, seja secular seja religiosa. O pluralismo está longe de se identificar com o relativismo moral, com a acomodação na imoralidade ou na amoralidade, com a indiferença ou o ceticismo religioso. Ele pode ser parasitado por esses e outros desvios. É a sorte de todos os valores éticos e democráticos. Estão sujeitos a se ver ameaçados por excessos ou por deficiências em suas aplicações. No entanto, a Constituição brasileira de 1988 proclama com serenidade e justeza que ela vem assegurar ao nosso país uma "sociedade pluralista". O pluralismo é uma situação de fato, comportando ao mesmo tempo um feixe de direitos e de valores, ameaçados de distorções, mas exigindo ser respeitados e promovidos como fundamento e condição de viabilidade de outros direitos e valores sociais.

Muitas das interrogações que pairam sobre a Nova Era provêm dessa interrogação primeira que atinge o pluralismo. Ele é uma etapa na marcha da sociedade que deixou para trás um modelo de organização onde reinava certa unanimidade. Mas não se venha com a mania de sacralizar o passado. Na verdade, esta famosa unanimidade, de que se tem tanta saudade, era grandemente fundada sobre a pressão e a repressão. As novas formas modernas de civilização tomam os caminhos da emancipação e buscam um consenso construído em torno do reconhecimento das liberdades, da procura da satisfação dos interesses e direitos de todos. Os partidários mais fervorosos da Nova Era, com os olhos voltados para as religiões tradicionais, denunciam certa tendência ao fundamentalismo e mais que tudo ao dogmatismo e à intolerância. Mostram alguma desconfiança em relação às posições políticas de grupos religiosos, nelas vislumbrando ambições de dominação e de poder.

A ética de inspiração teológica — mas essencialmente humana em seu conteúdo —, que se inspira em Mestre Tomás de Aquino, não leva a recusar os valores para os quais se apela na modernidade e nos setores mais dinâmicos da Nova Era. Mas convida a reclamar a compreensão e a aplicação desses valores de maneira mais ampla e até mais exigente. Assim o amor e a busca da verdade não induzem ao dogmatismo, à intolerância e menos ainda à violência. Impelem, ao contrário, a uma abertura, acolhedora e crítica, às diferentes formas de presença da tradição ética e religiosa, à sua confrontação séria e leal com as aspirações e exigências das novas gerações. Em um primeiro momento, os ocidentais são levados a um encantamento fácil com o que lhes chega das veneráveis religiões e culturas do Oriente, em geral simplificadas pelo processo de desenraizamento e pela vulgarização expeditiva. Ao invés, o cristianismo e, até certo ponto, o judaísmo são submetidos a uma desvalorização sistemática, tanto mais que são apreciados em seus subprodutos culturais ou em suas formas menos expressivas de religiosidade.

Tal é a vantagem de voltar nossa atenção para os grandes mestres do porte de Tomás de Aquino. Ele praticou e propôs, como convinha a seu tempo, uma ética do diálogo, da discussão generalizada, mas rica de discernimento. Tentando prolongar sua atitude prática e sua doutrina, será sempre interessante destacar os valores humanos universais que podem ajudar o confronto proveitoso com a vanguarda da Nova Era.

SONHOS, MENTALIDADES E IDEOLOGIAS

A universalidade dos problemas e desafios humanos, emergindo de maneira intensa em uma época, apela para o despertar e a mobilização também universal da inteligência em toda a riqueza de suas potencialidades, de suas formas de pensar, de criticar, de reagir. Pede muito especialmente a coragem de se empenhar em novos modelos de modificação e de adaptação do mundo e da humanidade. Tal não seria o quadro ou o contexto cultural em que entramos desde o começo de nossa caminhada com Mestre Tomás? Inicialmente, esboçamos uma definição provisória da Nova Era. Ela nos pareceu um momento histórico, amplo e intenso, a nebulosa de sonhos e esperanças, mobilizando e fazendo marchar rumo a um Eldorado mais ou menos bem definido e localizado.

Reconhecemos, no entanto, uma originalidade na Nova Era de nossos dias, sobretudo porque ela revela certo efeito cumulativo, que vem da soma de informações sobre o passado e sobre a atualidade. O fenômeno da informação juntando, aglutinando mensagens, idéias, sentimentos, anseios e esperanças, está de parceria com o fenômeno da comunicação que reúne e confronta pessoas, grupos, movimentos e tendências diversas. Dessa confluência não resulta uma síntese doutrinal orgânica. Essa síntese tem algo de impreciso e de cada vez mais abrangente, na medida mesmo em que se universaliza e para isso se torna menos rígida. É o que sugere a imagem da nebulosa que se expande se adelgaçando. Perde em consistência o que ganha em extensão.

A Nova Era hoje não seria essa nebulosa de sonhos e esperanças, dotada de uma grande força de expansão? Ela correria então o risco de enlanguescer e de se extenuar, se olhamos para o conteúdo preciso de sua mensagem. Mas teria ao contrário um grande futuro como corrente ou correntes de influências, que se propagam e impregnam de maneira duradoura, porém com maior ou menor profundidade, as camadas mais dinâmicas da modernidade ou da pós-modernidade. Para encaminhar nossa análise, seria interessante destacar algumas noções de uso bastante comum, mas já bem estudadas nas diferentes disciplinas, especialmente na história, na sociologia, na hermenêutica da comunicação e da linguagem. Convém estar especialmente atento à concorrência ou ao entrosamento das convicções, das doutrinas, das mentalidades e das ideologias.

Olhemos para a formação e a marcha histórica de movimentos e tendências como a Nova Era e mesmo para uma obra ampla, bem enraizada em seu contexto histórico-cultural e dotada de uma influência ampla e duradoura, como a de Tomás de Aquino. Aí discernimos, com mais ou menos clareza, núcleos consistentes de doutrinas, de convicções, de posições bem definidas, fundadas em razões e argumentos. Ao lado do que chamaremos esse núcleo duro de doutrina, bem conectada com ele ou a ele justaposta, vemos brotar toda uma floração de formas menos firmes e menos precisas de pensar. São aceitas e integradas no conjunto, menos porque passaram pela prova e contraprova da argumentação, mas porque fazem parte do contexto cultural da época e do ambiente geral. Assim as idéias e convicções, bem comprovadas, de um autor ou de um movimento podem ser parasitadas por uma chusma de mentalidades, preconceitos e ideologias, que não passaram pelo crivo da reflexão crítica. Não apenas empanam o brilho, mas comprometem o valor da mensagem.

Não é sem certa hesitação que se entra nesses assuntos. Pode-se assim fornecer mais armas para que algum crítico menos benévolo tenha mais facilidade de demolir o que o coitado de nosso computador vai inserindo, conectando e formatando como pode. Algum confrade mais experiente talvez sugira que se haveria de seguir mesmo o exemplo do gato daquele apólogo exemplar. A um felino de maior porte e de intenções duvidosas, o nosso simpático bichano não teria logo ensinado todos os tipos e toda a habilidade de seus saltos. Reservou os mais precisos e preciosos justamente para situações melindrosas, eventualmente criadas por seu interlocutor.

Mas vamos em frente, com os olhos em Tomás e na Nova Era. Tentemos uma pequena ilustração dos riscos de contaminação por mentalidades, preconceitos e ideologias, reabrindo a *Suma Teológica* de Mestre Tomás de Aquino. Ele poderia ter se tornado o teólogo da Inquisição, que se organizava e já funcionava bem dentro do contexto ideológico de seu tempo. Graças a Deus, escapou do perigo, mesmo quando trata do tema da tolerância ou do rigor diante dos acusados de heresia. A sua sensibilidade teológica foi mais forte. Predominaram seus princípios, suas doutrinas e convicções bem enraizadas.

Ao contrário, já demos um exemplo deveras impressionante. Quando se pergunta o que pensa ou ensina o grande Teólogo sobre a mulher, certa ambigüidade desponta na obra do mais claro dos mestres. O que não deixa de ser um fenômeno grandemente revelador. Em teologia, no plano de sua doutrina, do que chamamos o núcleo duro e bem estruturado de seu pensamento, sua mensagem sobre a mulher é maravilhosa. A mulher é em tudo igual e complementar ao homem, na ordem da natureza e da graça. O Mestre acredita mesmo que ela se tem mostrado e se mostra mais predisposta para entrar no caminho da perfeição e da contemplação. Mas será diferente se olharmos para o lado das mentalidades, dos preconceitos e ideologias medievais.

Aqui, desculpe-me, meu irmão frei Tomás, não há negar, o antifeminismo fez os seus estragos, e não deu para você evitá-los ou repará-los inteiramente. Mas conte com a gente. Para isso irmão mais novo tem lá suas serventias, mesmo nas famílias que só ostentam os brasões de seus primogênitos. Um antifeminismo terrível, tecido de ideologias e preconceitos insensatos, minava as mentalidades dos antigos e dos medievais. E não se sabe se o trabalho de antiminas já tem sido concluído, limpando os pensamentos, dizeres, atitudes e escritos dos modernos e pós-modernos. Assim, na base dessas mentalidades, Tomás estava bem "informado" sobre a inferioridade universal e natural da mulher. Era só vasculhar seus manuscritos de psicologia, de antropologia, de sexologia, de embriologia, bem como os textos da história religiosa e profana. O Teólogo teve de incorporar todo esse acervo de dados ou de "autoridades" na sua síntese, que pretendia ser universal.

Em geral, os despautérios antifeministas entram sob forma de objeções. Assim, o objetante sai com esta: *"A mulher é naturalmente inferior ao homem, pois a fêmea é um macho malogrado, diz Aristóteles. Logo ela não é imagem de Deus..."* Tomás sabe que o Filósofo diz mesmo isto e que todo mundo (do seu tempo!) está de acordo com ele. Qual será sua resposta: *"Apesar do dito incontestável de Aristóteles, a mulher tem a mesma razão e a mesma vocação que o homem. É verdadeira imagem de Deus"*[3]. É o que pôde fazer, dentro do contexto histórico e cultural, envolvido pela mentalidade, pelos preconceitos e ideologias machistas daqueles tempos.

Querem ver, ainda uma vez, o que um de seus irmãos mais jovens pôde fazer e fez? Já conhecemos o dominicano frei Bartolomeu de Las Casas. Ele foi convidado para estar do nosso lado, qual ilustração exemplar de uma leitura atual e atualizante de Mestre Tomás. Vejam mais esta, digna de sua coragem e lucidez. Está a discutir com um adversário de grande vulto, defendendo a liberdade dos "índios", quer dizer, dos nativos da América, escravizados pelos colonizadores espanhóis. O tal adversário argumenta: "Aristóteles ensina que há homens naturalmente escravos..." Las Casas grita na hora: "Jogue fora esse filósofo pagão e pegue aí o Evangelho, que ensina a fraternidade universal..." Grande frei Las Casas! Infelizmente milhões de "cristãos", durante séculos, seguiram como evidência o escravismo pagão de Aristóteles. No entanto, Las Casas podia relegar Aristóteles como pagão. Pois, no século XVI, Aristóteles não era mais "o Filósofo" por antonomásia, como para Sto. Tomás e a universidade de seu tempo. Era um dos filósofos pagãos, podia ser descartado.

---

3. Tomamos esse exemplo da *Suma Teológica*, Iª Parte, q. 92 e 93, sintetizando as objeções e as respostas nas duas. Ver em meu livro *Moral, Amor e Humor* (Ed. Nova Era, Record., Rio de Janeiro, 1997) "Tomás de Aquino e a mulher", pp. 219-224.

O exemplo tomado ao que pôde acontecer com Mestre Tomás nesse capítulo das mentalidades, ideologias e preconceitos há ser interpretado à luz de seu incondicional amor à verdade. É assim que havemos de enfrentar a Nova Era, tentando discernir o que são dados científicos e o que vêm a ser mentalidades cientificistas, preconceitos não-controlados ou ideologias acolhidas como firmes ou saudáveis evidências. Porque, afinal, quem contestará que preconceitos e ideologias de modernos e pós-modernos são velharias a descartar, do mesmo jeito que todas as mentalidades caducas dos antigos?

TOMÁS E A ASTROLOGIA[4]

Mas há um ponto em que o encontro de Tomás e da Nova Era é mais positivo. É o vasto domínio da astrologia. Comecemos pela Nova Era, cujas posições são mais amplas e mais convictas, se não são mais convincentes. A Nova Era partilha uma atitude amplamente difundida hoje, que vem a ser a crença e a prática da astrologia como fonte de indicações sobre os acontecimentos, sobre os temperamentos e, até certo ponto, sobre os comportamentos e destinos humanos. Aceita-se certa influência dos astros, de suas conjunções e configurações, especialmente no momento preciso do nascimento.

As previsões e predições fundadas nas constelações e signos do zodíaco descortinam mais vastos horizontes. Por conta da saída de Peixes e de nossa entrada em Aquário, somos brindados com os jubilosos anúncios de uma era de felicidade, compreensão, liberdade, tolerância. Esse lado otimista, essa inundação de pensamentos e sentimentos positivos são sempre bem-vindos nas mensagens astrológicas como em todas as outras. Contanto que não desarmem os espíritos e desmobilizem os cidadãos, arrefecendo-lhes o sentido da responsabilidade e a garra para enfrentar os imensos desafios da globalização. Aliás, a astrologia sempre parece ter professado que os astros "influenciam, mas não determinam os comportamentos e destinos humanos".

No entanto, em certos setores da Nova Era, a interpretação da marcha do zodíaco levanta questões bem mais problemáticas. A mensagem da felicidade total garante o advento de uma nova humanidade finalmente libertada das religiões da intolerância e da repressão, o desaparecimento do cristianismo e a volatilização dos tabus judeu-cristãos. Estes teriam afligido demais homens e mulheres, jogando o interdito sobre o fruto da árvore da vida e trancando a porta do jardim das delícias. Com essa crítica das religiões, não teríamos saído da inocência da astrologia, para entrar em uma visão parcial da história, como compreensão do passado e antecipação do porvir? A filosofia um tanto fixista e sectária do sentido da história é sempre uma ameaça. Em outro contexto e em outro registro, não teria sido um dos pontos fracos

---

4. Para ajudar a compreensão desse tema, ajuntamos alguns textos à antologia de Tomás de Aquino, que constitui o capítulo 11 deste nosso livro, embora o conjunto dos outros textos vise à teologia do Espírito Santo. Ver capítulo 11, n. IX.

A Nova Era, ontem, hoje e amanhã

do marxismo, que precipitaram o fracasso de certas correntes do socialismo comunista? Compreendem-se os ressentimentos que inspiram o repúdio dos malsinados tabus judeu-cristãos[5]. A Nova Era do Espírito, cujo sentido e cuja viabilidade nos vêm ocupando na boa companhia de Tomás de Aquino, há de ter a audácia das profundas revisões históricas, de sérias autocríticas ou mais simplesmente de leais exames de consciências, a começar pelas religiões e seus responsáveis. Mas será que a astrologia e a história nos vão logo autorizando a jogar pela janela o Evangelho de Jesus quando se comemora o segundo milênio de seu nascimento? Ou não seria boa ocasião de tomar a sério a mensagem do amor universal que é a grande e promissora bandeira da Nova Era?

No que toca à compreensão e ao valor da astrologia, Tomás de Aquino nos oferece um feliz ponto de encontro. O Teólogo medieval dela se ocupou em toda a sua vida, mostrando uma boa informação, fornecida pelos mestres da Antiguidade e pela reflexão de seus contemporâneos. Suas conclusões testemunham a solidez e abertura de sua síntese teológica, especialmente quando se trata de enfrentar as questões de fronteiras com outras disciplinas do saber e com as aspirações ou anseios da humanidade. Seu estilo teológico de abordar a natureza e a influência dos astros nos pode servir de referência e de modelo, para apreciar os outros pontos dessa nossa confrontação.

Já estamos acostumados a ver desfilar certos problemas através das etapas de seu ensino, de suas pesquisas e dos escritos que dão permanência a seu incansável labor. A astrologia de Tomás faz parte de sua cosmologia, diríamos até de sua cosmovisão. Em sua compreensão do universo, este é visto e valorizado como cenário, mais ainda como elemento integrante do plano divino. Semelhante compreensão abrangente lhe vem inicialmente de Aristóteles, que sintetiza a visão científico-filosófica dos gregos. Ela é completada com a contribuição de Dionísio Areopagita, que lhe permite conciliar o saber helênico com a teologia da criação e da providência.

Já em seu primeiro ensino, consignado no II livro do *Escrito sobre as Sentenças,* o jovem doutor Tomás de Aquino aborda e discute com pleno domínio o duplo tema da natureza e da influência dos astros, elaborando uma doutrina que será desenvolvida em sua obras seguintes, especialmente na *Suma contra os Gentios* e na *Suma Teológica*. Destaquemos um primeiro testemunho indireto, mas significativo. É a grande estima que os antigos, os filósofos particularmente, têm dos astros e da astrologia. Tomás se dá ao trabalho de mostrar que os astros não são deuses, nem se devem equiparar aos puros espíritos, aos anjos. Mas, com seus predecessores, mestre Tomás aceita que eles ocupam o mais alto grau no universo corpóreo, são constituídos de matéria incorruptível e contam provavelmente com a atenção e o cuidado muito especiais dos espíritos celestes. Em um mundo bem ordenado, perfeitamente hierarquizado, segundo os ensinamentos do neoplatônico Dionísio, os astros coroam a série dos corpos como os anjos coroam a série dos espíritos.

---

5. O tema é tratado mais amplamente em meu livro *Moral, Amor e Humor,* Ed. Nova Era, Record, Rio Janeiro, 1997, "Tabus judeu-cristãos", pp.155-162.

Quanto à influência dos astros, prolongando e ordenando o pensamento dos antigos, Tomás se mostra grandemente afirmativo e diríamos até prazeroso em reconhecer a realidade, a importância e universalidade dessa influência. Como esses corpos celestes estão à frente de todos os outros corpos, seu influxo, sua "moção" e "ação" nesse plano material são gerais e constantes. Os espíritos celestes ou humanos escapam à ação direta dos astros. Mas o que se dá com o ser humano, que é corpo e é espírito na perfeita unidade da pessoa? Já se adivinha a resposta que está na lógica do pensamento e da doutrina de Tomás. O ser humano, em seu corpo e por seu corpo, está sob a influência imediata e direta dos corpos celestes. Mas, por seu espírito, em sua razão e em sua liberdade, foge à influência dos astros. Mais ainda, por sua inteligência e livre-arbítrio, poderá discernir, apreciar e orientar os efeitos e conseqüências, diríamos somáticos e psicossomáticos, vindos dos astros, como acontece com todo o conjunto das comoções, paixões e emoções que possam surgir no organismo e no psiquismo humano.

Não se pense que o famoso realismo do Mestre fique nessas generalidades. Ele parte do princípio: o que é pura e simplesmente corpóreo está totalmente submisso à influência astral. Atribuam-se portanto à influência dos astros, a começar pelo sol, todo o processo de geração e corrupção (ou putrefação) dos animais inferiores, vermes, mosquitos e insetos. O mesmo se passa com os organismos e os psiquismos instintivos dos animais. Na medida em que o ser humano permanece encerrado na pura animalidade, estará como as plantas e os bichos, completamente submetido ao influxo dos astros e por eles inteiramente determinado. Olhem os pobres lunáticos, diz mestre Tomás, acrescentando que já essa linguagem comum confirma a triste realidade do quanto dependem da lua e das suas fases. Tomás vai mais longe e mexe mais diretamente com nossos problemas cotidianos. O ser humano pode viver na dependência de suas tendências e paixões, escravo de seus apetites e instintos. Nesse caso, as influências dos astros serão um fator a mais a que estará submisso, pois só a liberdade lhe assegura a prerrogativa de superar essas servidões internas e externas. É nesse contexto que Tomás de Aquino profere a sentença que citamos acima, atribuindo-a aos astrólogos deveras bem informados e conscientes da realidade e dos limites de seu saber: os astros "influenciam, mas não determinam os comportamentos e destinos humanos"[6].

Mestre Tomás prolonga esses dados, aplicando-os à possibilidade das predições dos comportamentos futuros do ser humano pelos astrólogos. Enquanto livre, o agir humano não pode ser determinado por nenhuma causa ou influência de qualquer outra criatura. No entanto esse agir pode estar sujeito a toda uma rede de condicionamentos, que lhe tolhem ou restringem a liberdade. Não será difícil prever e predizer as reações de alguém, conduzido pela exaltação

---

6. Essa proposição condensa a conclusão do cap. 85 do II° livro da *Suma contra os Gentios*. O conjunto das passagens sobre a astrologia são dados no cap. 11, junto com os demais textos da antologia de Sto. Tomás.

ou a depressão do alcoolismo, pelo delírio do ciúme, de qualquer vício ou paixão exacerbados ou vividos na rotina do dia-a-dia. Levando em conta a lei de probabilidades, sem lhe fazer a teoria, Tomás nos propõe dois critérios cuja convergência permite a previsão do que farão os seres humanos "na maioria dos casos" (*ut in pluribus*), quando considerados em grande número.

Sigamos o raciocínio do Mestre, já estendendo seus exemplos ao quadro da modernidade. Se alguém, em uma perspectiva promocional, oferece a um grande público uma mercadoria de grande preço e muito desejada a um preço mínimo, digamos simbólico, poderá contar com uma aceitação maciça. Mestre Tomás explica, sem dúvida meio sorridente e contando com a nossa capacidade até de nos antecipar a seus silogismos: diante de semelhante oferta, todos os interesses vão no sentido de acolhê-la com presteza; quem é bem informado em economia, quem trabalha com a razão se renderá movido por ela; e os que vão no rumo de seus apetites e ambições farão o mesmo, talvez com maior alvoroço, pois não são muito do feitio de pensar muito antes de agir. Imaginemos, ao contrário, que um governo democrático proponha um projeto de forte aumento de impostos ao voto de seus cidadãos contribuintes, dando-lhes de maneira clara e objetiva todas explicações sobre as razões dessa medida penosa, mas necessária e salutar. Toda a probabilidade de aceitação por parte do povo, assim consultado em uma democracia direta, toda a previsibilidade de que ele responda sim, depende do grau de cultura cívica, de formação na política econômica que exista no conjunto da população.

Jogando, pois, com os dois fatores que entram na decisão de um ser humano, o elemento racional de apreciação da escolha e o elemento afetivo, que se inclinará quer do lado da razão (no caso do ser humano virtuoso) quer dos apetites e interesses próprios, temos aí a teoria do que é previsível, nas escolhas, em princípio livres, mas de fato mais ou menos livres, dos grandes conjuntos humanos. Daí igualmente o tipo e a intensidade do trabalho necessário para induzir ou modificar essas escolhas, procurando atingir certa elite que pensa antes de agir e os que se deixam facilmente condicionar pelos apetites e paixões. Uma empresa moderna mobiliza suas campanhas promocionais mediante uma informação econômica bem orientada, ou pelo condicionamento publicitário, ou pelos dois.

À luz desses dados que lhe parecem simples evidências, Tomás concluirá sempre com certo humor: é assim que os astros agem sobre nós. Por ela mesma, essa influência não comporta um determinismo que se exercesse sobre o livre-arbítrio. Mas ela será tanto mais forte quanto o ser humano que a recebe está sujeito aos condicionamentos de seus instintos, de suas tendências e paixões. Se ele se acha em um estado de dependência total em relação a esses condicionamentos, as influências dos astros, à semelhança das outras influências, vindas de pessoas, de grupos, do ambiente familiar e social, podem tornar-se absoluta e totalmente determinantes.

Tendo em conta essas posições sobre a astrologia, Tomás procura realçar os dados essenciais da visão cristã: sobre a Providência divina, insistindo sobre seu modo de governar o mundo no respeito à natureza das coisas e em uma espécie de deferência para com a dignidade do ser humano. A influência real dos astros sobre o mundo é descrita e analisada com os matizes que lhe impõem sua visão da liberdade e a responsabilidade humanas. Seu realismo na compreensão da complexidade do nosso organismo e do nosso psiquismo leva-o a ter na maior conta as faixas de dependências que envolvem os comportamentos dos indivíduos e coletividades. Esses elementos de sua teologia são confrontados com as informações ou posições dos filósofos, gregos, latinos e árabes, bem como dos astrólogos. Em astrologia segue a Ptolomeu, como em filosofia é discípulo de Aristóteles. Aos astrólogos, portanto, deixa a incumbência da observação e da pesquisa, bem como a responsabilidade de diagnósticos e prognósticos à luz dos astros, de suas configurações e influências. Dentro de nosso contexto cultural, a atitude de Tomás é uma boa indicação do que chamaríamos um modelo pluridisciplinar.

Semelhante modelo e as grandes orientações assumidas pelo Mestre estão longe de levá-lo ao conflito com os astrólogos competentes e nos abrem espaços para um diálogo sério e bem-humorado com os pesquisadores e estudiosos do que há sem dúvida de mais belo neste mundo visível de Deus.

TEOLOGIA, TEOSOFIA E ANTROPOSOFIA[7]

Alargando as perspectivas, a consideração da Nova Era nos envia a um momento de reorientação da cultura ocidental. Ela não se liga a um evento e a uma data determinados. Há uma convergência de acontecimentos, de tomadas de posições, de novos movimentos ou de reativação de movimentos antigos, tudo coincidindo com as grandes invenções que dariam um novo rumo e uma nova face ao mundo moderno.

Situaríamos simbolicamente o epicentro desse imenso terremoto entre 1895 e 1905. Não sobressai aí qualquer fato preciso. É antes a fase de gestação discreta, mas bem visível da modernidade. A primeira industrialização chega a seu ponto alto, provocando a "questão social", o surto do socialismo revolucionário, sem despertar as consciências para a verdadeira crise das estruturas. Grandes invenções anunciam a mudança e a inovação radical dos sistemas de comunicação das pessoas, das mensagens, imagens e mercadorias. Na passagem do século XIX ao século XX, vão surgindo a telegrafia sem fio, o cinema, o rádio, o automóvel, o avião. No campo das ciências, se afirma aquilo que mais tarde (em 1962) Thomas Samuel Kuhn chamará um novo paradigma. Com as marcas também da mobilidade do pensamento: consolida-se a teoria da evolução. E Sigmund Freud propõe um novo modelo de compre-

---

7. Os nossos dicionários, o *Aurélio*, por exemplo, escrevem: "teosofia" e "antropossofia". No entanto a "Sociedade Antroposófica do Brasil" adota a ortografia mais lógica de "antroposofia". Vamos segui-la?

ensão do homem a partir e à luz dos abismos do inconsciente e da sexualidade. Com uma pitada de humor, ele declara que, para escândalo dos que estão no alto e apelam para o céu, o trabalho da psicanálise é mesmo soltar as forças do inferno[8].

No que toca à religião e à moral, o Ocidente, que ainda manda missionários acompanhando os exércitos conquistadores e colonizadores, anda desencantado com o cristianismo e começa a padecer de sério complexo de inferioridade diante da sabedoria que vem do oriente. F. Nietzsche tonitroa para que se saiba que "Assim falou Zaratustra". Helena P. Blavatsky exibe "Ísis desvelada". Com ela, apoiada por uma plêiade de ativistas e pensadores inconformados, vemos surgir a Teosofia.

É a desafiadora rival de toda teologia, pois oferece o conhecimento de Deus, no prolongamento da gnose, sem fé, mediante os caminhos da iniciação. E para além de toda mística cristã promete o encontro pela inteligência e pela experiência com os mistérios da Índia. Sua discípula e continuadora, Annie Besant, tem o porte de uma revolucionária, militando pela causa tão simpática da independência da Índia. Mas sobretudo realiza a síntese ou pelo menos o sincretismo de diferentes formas do ocultismo, do esoterismo, com as redes de sociedades secretas, ao mesmo tempo que prossegue e completa o encontro do cristianismo com o budismo, com o hinduísmo, com uma nítida tendência à suplantação do primeiro pelas religiões orientais. Deve-se frisar, como dado mais decisivo para o futuro, o casamento da teosofia com o espiritismo, consumado por Annie Besant. Já Helena Blavatsky estivera em contato com a primeira geração formada por Allan Kardec, mas acabou fazendo reservas às doutrinas deste último.

Com Annie Besant, as doutrinas espíritas se tornam o patrimônio da teosofia, que dá grande realce ao dogma da reencarnação, acolhido e propagado na perspectiva das religiões orientais como caminho de purificação, de iluminação e plena realização espiritual. Esse e outros pontos básicos integram a Nova Era. São com ela difundidos em grande escala, em exportação intensa e contínua da Inglaterra e dos Estados Unidos, chegando em traduções para nós, sobretudo a partir dos anos 80. Colocam a Nova Era em evidente relação de afinidade inicial e crescente com a teosofia. Mas estes dados: ocultismo, orientalismo, espiritismo, são uma espécie de bem comum a outras correntes doutrinais e espirituais, sendo difícil precisar os laços de causa e efeito. Há, sem dúvida, um grande entrosamento e uma influência mútua de correntes diversas, nesse oceano movediço da Nova Era.

---

8. Precisamente no limiar do século XX, S. FREUD coloca como epígrafe a seu livro *Interpretação dos Sonhos* os versos do poeta Virgílio: *"Flectere si nequeo superos, Acheronta movebo"* (En. VII, 313) "Não dá para dobrar os deuses do céu? Vou então sublevar o inferno". Com ironia muito fina, Freud faz suas as palavras da deusa Juno. Desesperada de não poder contar com Júpiter e os deuses do Olimpo, ela decide largar sobre os mares os deuses infernais. Não deixa de ser saboroso este bom humor de Freud, apontando na psicanálise a "sublevação das forças do inferno", para escândalo das elites do poder e do pensamento.

Uma corrente de bastante coerência doutrinal e grande vigor espiritual é a antroposofia. Se lhe aplicamos o critério evangélico: "Pelos frutos se conhece a árvore", diremos que a obra e os continuadores de Rudolf Steiner suscitam desde o início consideração e estima. Testemunham grandemente na prática a verdade da solidariedade que apregoam. Para um diálogo autêntico e proveitoso com os seguidores da mística de serviço ensinada por Rudolf Steiner, o cristão será convidado a tomar como referência o próprio Sermão da Montanha.

Discípulo inicialmente da teosofia, Rudolf Steiner rompe com ela por achá-la estreitamente enfeudada ao espiritismo e afastada da verdadeira inspiração cristã. Ele propõe uma abordagem racional da religião em geral e particularmente do cristianismo. Segue uma visão holística do homem e do universo, buscando viver e promover uma comunhão atenta à realidade profunda de todos os seres, dos diferentes corpos e do espírito que integram o ser humano, bem como das plantas, dos animais, dos elementos e dos ritmos que constituem o cosmos, procurando entrar, de coração e pela inteligência, em sua harmonia universal. Essa visão holística que se mostra atenta aos dados das ciências, às grandes tradições religiosas, em um constante esforço de conciliação, é fortemente inspirada pelo romantismo do poeta Goethe. A solidariedade preconizada pela antroposofia se traduz em uma pratica pedagógica, terapêutica, médica, farmacológica e espiritual, que se empenha em acolher os necessitados, os excepcionais, os atingidos por qualquer enfermidade ou carência, pondo ao serviço deles os recursos da melhor técnica e uma atitude verdadeiramente fraterna.

Há pontos de divergência entre a compreensão antroposófica e a compreensão católica em questões importantes, por exemplo na cristologia. Mas o diálogo ecumênico se mostra aqui não apenas possível, mas sem dúvida enriquecedor. No anúncio e sobretudo na prática de um Amor universal, a antroposofia aparece como portadora de esperança e abridora de caminhos, em contraste com aqueles que só vêem na Nova Era elementos negativos ou o convite à evasão imaginária[9].

Está aí o que torna necessário o diálogo, mas também põe em relevo toda a sua imensa dificuldade. Rudolf Steiner propõe uma nova "visão espiritual" do cristianismo, precisamente a partir do fato de Pentecostes. Muitas de suas críticas dos abusos e da mediocridade dos cristãos são pertinentes. Parece ter vivido e transmitido o sonho de convidar a humanidade a galgar as alturas da espiritualidade e de tender às formas de vida e de sociedade, inspiradas pelo amor fraterno. No entanto, a segurança com que propõe um "Quinto Evangelho", uma "nova cristologia", em que o "eu de Zaratustra" toma conta do "Menino Jesus de Lucas", ou Buda se reencarna no mesmo Jesus de Nazaré, não deixa de ser altamente problemática. Não se nega que essas valsas da imagina-

---
9. Esta apreciação se apóia não apenas em estudos e leituras (cf. bibliografia), mas no contato direto e no diálogo do autor com personalidades e instituições da Sociedade Antroposófica na Suíça.

ção através da história religiosa sejam sugestivas e talvez vertiginosas. E sabemos que não falta quem goste desses arrepios de montanha russa, e os saboreie como saudáveis experiências de altos vôos para a transcendência.

Na simples perspectiva de Mestre Tomás de Aquino, o amor da verdade e da inteligência se traduz em um verdadeiro e difícil respeito dos textos, das mensagens e de suas recepções tradicionais. O estudo das diferentes formas de vida e de pensamento há de andar junto com uma leal atenção aos contextos históricos, literários, doutrinais e culturais. Tal atitude austera não é muito do gosto de amplos setores da modernidade e da pós-modernidade. Há quem só se sinta bem com os leves e rápidos jogos de trapézios históricos. Aí, os gênios, os líderes religiosos, os grandes chefes ou artistas, que já se foram, ou simplesmente as figuras históricas conhecidas do grande público, saltam por cima de séculos e até de milênios. Embarcam em vidas sucessivas, navegam por entre civilizações, despem uma cultura e vestem outra, seguindo o gosto e o figurino do autor (ainda bem vivo!) que comanda a maravilhosa série de suas reencarnações. Mas a profunda estima pelas culturas, pelas religiões, pelos grandes gênios, toda essa atitude que aprendemos com um mestre como Tomás de Aquino leva a pensar que a Nova Era não ganhará muito com esses manejos inverificáveis e com o jogo fácil do sincretismno.

O verdadeiro diálogo pede informação e reflexão, a freqüentação das doutrinas e das práticas situadas em seus contextos, o confronto de suas mensagens, quando se é capaz dessa delicada operação, mais aquela diligente atenção às diferenças, às semelhanças, e sobretudo aos verdadeiros encontros em profundidade dos grandes mestres da sabedoria. Antes de avivar o gosto do público por uns tantos coquetéis, preparados não se sabe como nem por quem nos (supostos) restaurantes do além, não haveria uma oferta mais segura e proveitosa? Não seria mais oportuno favorecer simplesmente o acesso, digamos: a Buda, a Platão, a Aristóteles, a Sêneca, a Marco Aurélio, ao apóstolo Paulo, a Sto. Agostinho, a Maomé, a S. Boaventura, a Dante, a Lutero, a Calvino, a Gandhi, a Martin Luther King, mediante o contato direto e enriquecedor com suas obras e com o que realmente fizeram, quando ainda humildes pessoas encarnadas, neste nosso bom planeta terra?

Ora, na cultura de hoje e na prática dominante, mesmo na maioria dos cristãos, o que emerge e sobressai são os aspectos exteriores e secundários, e, por que não dizer, os subprodutos do cristianismo. O confronto que se estabelece, em perspectivas de Nova Era, compara esses desprezíveis subprodutos a uma visão ideal de religiões e filosofias prestigiosas, sem que faltem os tais coquetéis, com cardápios psicografados. Tudo isso resulta de um amplo contexto histórico, marcado por um anseio de emancipação e pelo ressentimento contra o cristianismo, semelhante àquele que a cristandade medieval inspirava aos espirituais que suspiravam por uma nova idade do Amor, da Liberdade e da Paz.

A Nova Era é um convite a alargar as fronteiras, a viajar o mais longe possível dos caminhos batidos. O risco é cair nas redes do turismo fácil e se esbaldar de correr mundo, se fartando de curiosidades, de banalidades e exotismos, vendo e sugando o passado com o apetite de novidades de hoje. O certo é que as viagens, os contatos, os encontros com os tesouros de espiritualidade e com os grandes mestres da humanidade só podem ser maravilhosamente valorizantes. É sempre a promessa de um Eldorado, de um mundo novo, para os homens e as mulheres, contanto que se busque confrontar em profundidade o melhor de si mesmo com o que há de melhor na experiência cultural e espiritual da humanidade.

Mestre Tomás de Aquino nos convida a apostar na ação, na constante "missão" do Espírito hoje como ontem. E insiste: "O essencial é a Graça do Espírito Santo..." Tudo o mais pode ser útil e até mesmo necessário. Mas é secundário, estando a serviço do que é primordial: o Dom do Espírito e a docilidade generosa à força transformadora do Amor. Essa mensagem não é estranha a R. Steiner. No mais profundo dele mesmo e de sua obra, há um encantamento pelo Espírito que começou a renovar o mundo em Pentecostes[10].

Buscando valorizar essas fontes cristãs, a antroposofia quis desvencilhar-se das tendências agnósticas da teosofia e abrir caminhos de ciência espiritual e de fraternidade humana. Uma primeira promessa, senão um começo de diálogo, encontra-se na confiança depositada na inteligência e no dom de si pelo amor. Mas os riscos e obstáculos surgem do agnosticismo que lá vem renascendo com suas construções imaginárias, com o apelo à multiplicidade de "eus", de "corpos", de "almas", de etapas evolutivas, de agentes intermediários. Toda essa exuberância, de sabor politeísta requintado, contrasta com o silêncio total sobre o Deus único e pessoal e sobre o encontro pessoal de cada um de nós (mesmo que seja dentro da noite!) com Aquele que é o Princípio, o Centro e o Fim.

ALQUIMIA E DINAMISMOS DO INCONSCIENTE

Uma terceira tendência, que se dá como uma escola de perfeição e de plena realização humana, parece rejuvenescer e aguerrir-se integrando a Nova Era: é a alquimia. De mistura com a busca da purificação e da transmutação

---

10. "É o acontecimento de Pentecostes, a vinda do Espírito Santo, o primeiro acontecimento que, de certo ponto de vista, se oferece à observação clarividente, estimulada pelo impulso crístico verdadeiro, no sentido antroposófico" (R. STEINER, *O Quinto Evangelho*, Ed. Antroposófica, São Paulo, 1996, pp. 23-24). Em seguida, o cap.1 aborda "A revelação de Pentecostes". Na perspectiva de nossa reflexão, em companhia de Tomás de Aquino, o que constitui a "observação clarividente" (= sinônimo de "ciência espiritual") ou o "sentido antroposófico" vem a ser um tipo de interpretação que vê nos fatos e acontecimentos simples fenômenos naturais e humanos, sem qualquer referência à realidade do Mistério de Deus, do Espírito e do Cristo; ou negligencia essa referência nas pessoas e comunidades que testemunham esses acontecimentos. Do ponto de vista metodológico, em sociologia ou fenomenologia das religiões "deixar entre parênteses", silenciar essa relação à transcendência é perfeitamente legítimo como opção de uma etapa da pesquisa ou da reflexão. Mas excluir, por princípio, toda referência ao Deus pessoal e apregoar essa exclusão como a "ciência espiritual", está aí um preconceito antimonoteísta, tão ruinzinho quanto outro qualquer.

de metais, usando os seus símbolos e jogando com suas propriedades, emerge desde a Idade Média, e se afirma, dentro da cultura ocidental, a alquimia espiritual[11]. Alguns indícios nos levariam a crer que a linguagem, os conhecimentos e talvez as práticas dessa sabedoria discreta, senão escondida, crescem, neste último quarto de século, revelando sua força de penetração e sua fecundidade literária.

Destacamos apenas dois traços de seu rosto, simpático, por que não. São conexos e vêm ajudar nossa caminhada. E se podem ligar ao nome de um psicanalista, que tentou alargar as alamedas da terapêutica e da ciência, para passear e nos conduzir pelos jardins da Sabedoria. A mais de um leitor ocorreu logo o nome de C. G. Jung. De fato, ele faz brilhar para nós os dois traços que nos atraem na alquimia. O primeiro, menos relevante em si, mas que não deixa de ter sua graça: celebraram o casamento (espiritual!) dela com Mestre Tomás de Aquino. O outro, para ficarmos sempre no registro afetivo, é que o próprio Jung tomou-se de amores (sempre espirituais) pela sedutora alquimia. Aqui, sim, poder-se-ia falar de matrimônio para valer e com total comunhão de bens. Pois o psicólogo-filósofo juntou aos legados, aos processos e projetos da alquimia, as descobertas, as práticas e os destinos da sua psicologia analítica. Jung publica *Psicologia e Alquimia* em 1944. E desde então não cessou de proclamar a convicção que incentivava todos os estudos volumosos que consagrou ao assunto. Desde o começo,

> *"eu tinha em vista apresentar a prova de que o mundo simbólico da alquimia de modo nenhum faz parte exclusiva do entulho amontoado no passado; muito pelo contrário está esse mundo relacionado de modo muito vivo com as experiências e os conhecimentos*

---

11. No estudo da Nova Era, destacam-se diversas correntes que a constituem e reforçam. Estas entram na história (do Ocidente) como vagas culturais sucessivas que se lançam em certo momento da história, utilizando os meios de comunicação, que se vão desenvolvendo em ritmo acelerado. A alquimia parece ter tido certa vitalidade na Idade Média, buscando escapar à vigilância especialmente da Inquisição. Mas ela se revela em pleno dia, graças à imprensa, justamente nos países ou cidades em que os editores gozavam de liberdade. As fontes, as obras de base da alquimia são publicadas, em latim, no século XVI, em Estrasburgo, Basiléia, Rosrchah, Frankfurt. Como a Reforma protestante, embora sob outras modalidades, a alquimia entra nessa imensa onda libertária, cuja força propulsora é o livro impresso. Ela faz parte desse grande movimento de emancipação, que caracteriza o mundo moderno, o qual utiliza primeiro o livro, depois o panfleto (bem típico na preparação da Revolução francesa), em seguida a imprensa periódica (começos do século XVIII), depois cotidiana, e finalmente assume todo o conjunto da mídia contemporânea. Esse movimento libertário, que visa desvencilhar-se da pressão e da repressão autoritárias e chegar à emancipação total, tem uma dimensão racionalista e uma dimensão profunda inconsciente. Esta se caracteriza pelo ocultismo, pelo esoterismo, vivendo e desenvolvendo o dinamismo do inconsciente, que encontrará seus "descobridores" e teóricos em S. Freud e C. G. Jung. Daí a significação do encontro da alquimia e do inconsciente na pessoa e na obra de Jung. Em minha tese de doutorado, procurei estudar o tema ainda inexplorado: do surgimento da imprensa e depois da mídia, como linguagem e dinamismo do grande elã libertário que atravessa a história do Ocidente dos fins do século XV até hoje, tendo como fio condutor: da repressão à emancipação. Cf. meu livro, *Information et Propagande*. Responsabilités chrétiennes. Ed. du Cerf, Paris, 1968. Prefácio de Hubert BEUVE-MERY.

atualíssimos da psicologia do inconsciente. Assim tornou-se evidente que tanto essa disciplina moderna da psicologia fornece a chave para o segredo da Alquimia como, inversamente, esta última cria a base da compreensão histórica para a primeira"[12].

No desenrolar histórico da alquimia, com seus textos e símbolos, Jung vê desdobrando-se através do tempo e do espaço a verificação de sua doutrina do inconsciente coletivo, dos seus arquétipos e complexos. Para ele, as imagens e a linguagem da alquimia desempenham um papel semelhante aos mitos gregos para S. Freud. Mas, contrariamente ao que se dá com Freud, a psicologia analítica de Jung se torna cada vez mais religiosa. Ele crê verificar o caráter fundamentalmente religioso do ser humano, empenhando-se em prolongar e aprofundar as perspectivas de R. Otto (no livro *O Sagrado*, 1917). Para Otto, o "numinoso", a experiência do divino, do transcendente é um dado original, universal, profundo que caracteriza a história do ser humano. Jung insiste em reconhecer e mostrar o valor único dos símbolos da alquimia. Apesar de seus aspectos bizarros para o profano, permanecem a expressão mais autêntica e enriquecedora da experiência religiosa. Testemunham a sabedoria ou a busca da sabedoria cujo lado conceitual, construído e exterior é manifestado pelas instituições e dogmas religiosos.

Tentar montar o diálogo entre os grandes pensadores não é apenas um jogo Interessante. Ajuda-nos a olhar de todos os lados e sob todos os aspectos as grandes questões humanas. Jung parece virar pelo avesso a problemática religiosa de F. Hegel. Este filósofo vê na experiência das religiões, em suas representações, imagens, símbolos e crenças, os esboços, imperfeitos e fragmentários, da verdade. Mas esta se revela real e plenamente na filosofia dialética, no conceito lúcido, crítico, abrangente, em que as parcialidades se totalizam e os conflitos se superam, abrindo-se a novos feixes de conflitos e a novas sínteses inesgotavelmente fecundas. Jung, ao invés, privilegia as imagens e os símbolos, suas construções desconcertantes para a razão abstrata, mas em diálogo vivo com as profundezas do inconsciente, tecido de imaginação e de afetividade.

Jung tem assim tudo para trazer a alquimia, prestigiada por sua psicologia analítica, ao seio da Nova Era. A riqueza de suas informações, seu trabalho acurado, sua qualidade profissional de analista muito concorrem para criar condições de um diálogo cultural e inter-religioso de alto nível. O interessante é que ele introduz Tomás de Aquino nesse debate. Cita-o, recorrendo às suas grandes obras, quando "tenta, por exemplo, uma interpretação psicológica do dogma da Trindade"[13]. É grande mérito de Jung enfrentar semelhante proeza intelectual. Ela pede competência "psicológica" e teológica. Mais ainda, reclama, para começo de conversa, uma reflexão apurada sobre a linguagem lógica e simbólica, chamada a intervir nas esferas da experiência e da doutrina religiosas.

---

12. Cf, C. G. JUNG, *Mysterium coniunctionis*, Obras Completas, 14/1, Ed. Vozes, Petrópolis, 1985, pp. XI-XII.
13. Ver: C. G. JUNG, *Psicologia da Religião Ocidental e Oriental*, Obras completas, vol. XI, Ed. Vozes, Petrópolis, 1983, pp. 107 ss. Ver outras obras de JUNG na Bibliografia.

Resta a questão de fundo. Uma vez que se apela para Tomás de Aquino, vamos ver com carinho como é que o Mestre se sai desta. O prestígio de Jung tem feito de Tomás um alquimista, o que o introduz de pleno direito na Nova Era de hoje. É pena que seja na base de documento falso. A probidade de Jung não está absolutamente em jogo. Contando com a competência de uma de suas colaboradoras, introduziu, na primeira edição alemã de uma de sua obras, um belo texto, de feitio e estilo medieval, publicado em 1592: *Aurora consurgens* ("A Aurora que vem surgindo")[14]. Este texto foi supresso das "Obras completas" de Jung (e portanto não se encontra na tradução brasileira). No máximo, a "paternidade tomista" desse tratado de alquimia deve remontar ao tempo da canonização de Sto. Tomás em 1323 (Tomás faleceu em 1274). Pois, segundo o princípio de que a água corre para o mar e de que todo mundo gosta de emprestar aos ricos, quando Tomás se torna famoso, com auréola de santo na cabeça, aí dezenas de textos apócrifos lhe foram atribuídos. Com dupla vantagem: dar mais autoridade à mensagem e maior benefício aos copistas e livreiros daqueles tempos. Pois as regras do comércio não mudaram no que toca ao essencial: obra de autor célebre se vende mais e mais caro.

Mas para dizer as coisas simplesmente: jamais *Aurora consurgens* esteve incluída nos catálogos das obras de Sto. Tomás nem sua autenticidade chegou a ser objeto de consideração por parte dos tomistas. Em seus escritos, o Mestre trata dos elementos: ar, água, terra e fogo. Aborda problemas filosóficos e científicos (em sua época) tocantes à astrologia. Mostra simpatia pelas atividades dos alquimistas trabalhando os metais. Mas todo esse conjunto doutrinal que se estende desde a juventude até os últimas dias de Tomás permanece não apenas estranho, mas absolutamente incompatível com o universo espiritual e as doutrinas esotéricas da alquimia. A crítica interna e externa dos textos está hoje bem afinada. Uma frase de esoterismo vindo de Tomás de Aquino seria deveras uma barra de ouro precioso, para os especialistas. No entanto, para eles, a probabilidade de dar com ela em escrito de Tomás de Aquino é a mesma para o leitor de Kant, Marx, Freud ou Einstein. Pois se trataria de um texto transviado. E a crítica logo o convidaria a deixar os canteiros desses pensadores.

No entanto, a fidelidade à abertura de espírito de Mestre Tomás e à sua disponibilidade ao diálogo cultural e doutrinal nos há de levar hoje a enfrentar os problemas de base suscitados pela alquimia e elaborados por C. G. Jung. Destacaremos no capítulo seguinte a questão mais profunda e abrangente: qual a forma de pensar, de linguagem, de viver e conviver, mais apropriada para abordagem da religião e dos problemas humanos fundamentais?

O diálogo em torno da Nova Era ativa nossa coragem para abordar esses árduos pontos de encontros e de confrontos. E como se poderia menosprezar os pensadores que sondam os abismos do inconsciente, quando dizemos: seja bem-vindo, Mestre Tomás de Aquino, o mestre da inteligência afoita e sem limites?

---

14. Trata-se da obra realizada em colaboração com MARIE-LOUISE VON FRANZ. Ver nessa obra, p. XIV e nota 3.

Capítulo 9
A NOVA ERA DO ESPÍRITO CRIADOR E SANTIFICADOR!

A Nova Era, essa nebulosa de sonhos e esperanças pairando sobre o mundo, não traria o convite e a oportunidade para nos reencontrar, homens e mulheres, pessoas e povos, como irmãos de verdade, em busca da verdade? A hora está aí. Não seria acertado saborear juntos coisas boas e certas, na esperança de que daremos com mais pontos de melhor entendimento e com uma linguagem mais clara para um diálogo mais sossegado? Vamos em frente na sinceridade e na singeleza, um pouco como nosso povo celebra a festa do Divino. Vai marchando, cantando, dançando, com tudo o que é instrumento de música, daqueles que nem deu para eletrificar. O jeito é carregar e bater firme e forte. Assim, se sustentam e empurram as vozes dos caboclos, até o desafinado sublime de quem canta porque chegou a hora da folia, e cadê tempo para ensaiar?

Aí fica ainda uma vez a pergunta: será que eles são os descendentes dos pobres, que se batizavam "espirituais", porque tinham fé no Espírito que há de vir? Pois Ele é Amor, é pura Bondade, é Esperança de quem não tem nada, mas se declara, como aquele sanfoneiro ali, "rico da Graça de Deus". Pode ser que não dê para provar que há um laço histórico, vindo lá do abade Joaquim de Fiore até os sertanejos ali dos lados de Pirenópolis, de outros pontos de Goiás, de Bom Despacho, de Pitangui e de Abaeté, de cidades e fazendas de Minas, de todo o coração do Brasil. Então vamos dizer com o Apóstolo Paulo: "Um só é o Espírito" que distribui todo bem, anima e alegra o povo (de Deus!) por toda parte.

REENCONTRAR A CHAVE PERDIDA

Com a mesma simplicidade de nosso povo, vamos colher uns ensinamentos de Mestre Tomás de Aquino, do jeito que as festeiras ajuntam braçadas de rosas e estendem longos tecidos e imensos cordões de bandeirolas, tudo retinindo de vermelho, em honra do Divino Amor. E, assim também, em proposições breves e singelas, vamos recapitular as doutrinas, as diretivas e promessas do Mestre, para um último confronto com as nuvens de propostas, anseios e esperanças que esvoaçam sobre este fim de milênio, por conta da Nova Era.

Pois temos a impressão de que estamos quase reencontrando a chave perdida. Primeiro, trata-se de dar com a chave de leitura da "Sagrada Doutrina" de Mestre Tomás. A *Suma Teológica* surpreende a gente, pois aparece, no final, como uma espécie de guia ou roteiro, talvez recheado demais, para a festa do Divino Espírito Santo. Aludindo à celebração de Pentecostes, um discípulo de Tomás, bem à altura dele, S. João da Cruz, nos explica com a maior simplicidade deste mundo. Nas outras solenidades, nós fazemos a festa. Mas com o Espírito Santo é diferente. É Ele quem faz a festa dentro de nós[1]. A *Suma Teológica* foi escrita para que haja preparação e acolhida dessa festa do Divino.

Essa chave de leitura se perdeu e se perde facilmente porque perder chave entra também na categoria dos atos falhos. O mecanismo de defesa funciona para impedir ou retardar a entrada ou a partida. Então, quando a mensagem exige uma virada, uma renovação constante na vida da Igreja e de todo mundo, o melhor é sumir com a chave. Ou trancar a *Suma* como um velho calhamaço bem afivelado, como ironiza ou, quem sabe, protesta o Brás Cubas de Machado de Assis. A chave do conhecimento do Espírito é a conversão a uma vida de amor. A Nova Era pode ser a grande Festa do Espírito? Seguindo Mestre Tomás, estamos atrás dessa questão.

Retomemos a romaria, resumindo bem o guia escrito, um tanto denso, que o Mestre nos deixou. O primeiro dado a realçar, ao ler esses feixes de textos sobre o Espírito que vão marcando os pontos altos da *Suma*, é o *realismo* que caracteriza a doutrina da *presença, da força transformadora do Espírito* que habita os corações e as comunidades. Pois para o Mestre é esta a verdade primeira da mensagem evangélica sobre a vida dos homens e das mulheres que crêem. É a realidade constitutiva da Igreja: a graça do Espírito, princípio do ser e do agir, da identidade e da originalidade da Nova Aliança. O Teólogo retoma e elabora o brado caloroso do Apóstolo Paulo: *Só é de Cristo quem é movido pelo Espírito de Cristo* (cf. Rm 8,9). Acolher de verdade o Evangelho é ser tranqüila e lucidamente um possuído do Espírito de amor, de liberdade e de paz.

Mais de uma vez, evocamos a posição radical de Mestre Tomás: o essencial é a graça do Espírito, como fonte de vida nova e de um novo estilo de comunidade. Tudo o mais pode ter sua importância, pode até ser indispensável, como as muletas, o corrimão ou a ponte. E Tomás não tem medo de ir longe demais, chamando tudo pelo nome e colocando cada coisa em seu lugar. Aponta para a letra do Evangelho e os sacramentos da Igreja. E sentencia como quem sabe o que diz: tudo isso tem um caráter necessário, mas secundário. São meios para dispor a acolher a graça do Espírito e para nela manter e fazer crescer os fiéis.

---

1. A "festa que o Espírito Santo faz no centro da alma" é um tema recorrente na *Viva Chama* de S. João da Cruz. É como a explicação do estilo exclamativo, extático dessa Canção. Cf. Estrofe 1,9; 2,36; 3,10; 3,38 (na versão B do texto, a que correspondem, com ligeiras alterações, as indicações no texto A).

Nesse ponto, o radicalismo do Teólogo está mesmo do lado dos movimentos espirituais que se escandalizam com o aparato de riqueza e poder que ocupa todo o primeiro lugar. E que esconde a humildade, a pobreza e portanto a verdade da Igreja do Espírito. Mestre Tomás, porém, não propõe que ela desapareça. Mas que seja profundamente renovada. Que esteja sempre a se reformar, mirando-se no espelho do Evangelho. Essa reforma evangélica da Igreja, de contínuo protelada, é um desses escândalos terríveis, porque disfarçados em defender poderes sagrados, consolidar o ortodoxismo, reprimir dissidências, caçar bruxas e enxotar bodes expiatórios. Assim, a reforma pela qual todos aspiravam e que parecia amadurecer no século XVI acabou em uma triste ruptura entre cristãos. E ainda hoje pesadas estruturas eclesiásticas ofuscam e emperram a pregação e a aceitação do que é essencial na mensagem de Cristo.

O segundo dado a pôr em relevo, como quem levanta para o céu o estandarte do Divino, é o *realismo do Amor*, sua fecundidade em graças que transformem o ser e o agir da criatura racional. Pois essa querida e custosa criatura de Deus está programada para ser a nova criação do Espírito e no Espírito. Tomás tudo resume em um axioma que será o princípio de explicação de todo o universo da graça: "O amor de Deus não é menos cuidadoso em prover a ordem da graça do que a ordem da natureza". A vida divina em nós há de dispor de recursos e meios para crescer e se desenvolver, à semelhança do que se passa com a nossa vida orgânica e mental.

Quando se trata do essencial, Mestre Tomás não fica jamais em meias palavras e meias medidas, e quase merece aquele qualificativo de derramado no encarecer as coisas. A graça assume e eleva o nosso ser, dando-lhe como uma nova criatura espiritual. Ela é uma "realidade criada" por Deus em nós, não sob a forma de um elemento físico, menos ainda como algo que venha diminuir ou substituir nosso jeito de ser e nossa autonomia humana. Vem para fazer surgir uma energia do íntimo de nós vinda do íntimo de Deus. Pois se trata mesmo é de acolher o próprio Deus e de a ele se dar na fé, na esperança e na caridade. A energia dessas virtudes divinas há de desabrochar na contemplação evangélica. Ainda dentro da noite ela é a "antecipação da vida eterna", a entrada em comunhão com o Espírito que introduz na intimidade do Pai e do Filho[2].

Demos ainda um passo com Mestre Tomás. Para ativar e guiar essa vida divina que assume toda nossa existência humana, com toda a sua consistência, suas incertezas e desafios, o realismo do Amor divino vem em nosso auxílio com o que a catequese cristã chama comumente de graças atuais. Tomás prefere uma linguagem mais dinâmica e mais matizada: Deus nos "ativa", nos "move", iluminando nossa inteligência, e impele nossa vontade, robustecendo nossa liberdade para o bem. Só Deus pode atingir assim imediatamente nosso íntimo, nosso coração (no sentido que o Teólogo recebe da

---

2. Ver, entre outras passagens, na *Suma Teológica*, I-II, q. 110, arts. 1 e 2.

Bíblia). Pois é o Criador que nos deu e conserva o ser e exalça as energias do ser na busca do bem e na tendência ao próprio Deus.

Um terceiro dado nos introduzirá mais profundamente ainda na compreensão dessa presença e dessa ação transformadora do Espírito em cada ser humano que o acolhe. É o aperfeiçoamento de nossa vida espiritual pelos chamados *dons do Espírito Santo*. O Teólogo medieval recebia da Bíblia e da tradição cristã uma rica doutrina sobre esses "dons". Mestre Tomás dá mostras de um trabalho intenso e progressivo para bem compreender e explicar essa mensagem que merecera toda a atenção de Sto. Agostinho, de S. Gregório Magno e dos colegas de Tomás: Alexandre de Hales e S. Boaventura, entre muitos outros. Talvez seja uma das contribuições mais diretas que nos dá Mestre Tomás de sua visão própria e original da Nova Era do Espírito. Desde seu primeiro ensino, condensado no *Escrito sobre as Sentenças*, até a elaboração definitiva na *Suma Teológica*, verifica-se uma compreensão cada vez mais fina e apurada do que sejam os dons do Espírito Santo. Tomás quer superar a generalidade expressa no vocábulo dom, a qual pode deixar na imprecisão e no vazio. Insiste no lado de dinamismo íntimo e transformante, que leva a agir bem e em toda liberdade, mas em conformidade cada vez maior com o Espírito de santidade, de liberdade e de amor.

Ainda aqui partindo da tradição cristã, Tomás critica-lhe, portanto, discretamente até o vocabulário, antes de dar-lhe uma elaboração mais aperfeiçoada. Para designar algo de original e específico, o termo "dom" é vago e redundante. Afinal, todas as graças e mesmo as virtudes teologais, a fé, a esperança e a caridade, são dons divinos que se ajuntam às nossas capacidades naturais e as elevam. O Mestre começa por evocar a força do texto bíblico, Isaías 11,1-3, que está na base da tradição cristã. O Profeta fala de "espírito de ciência, de inteligência, de sabedoria, de conselho, de piedade e de temor de Deus". São como sopros, como uma ativação interior que vem do Espírito e que eleva as nossas diferentes capacidades de percepção, de conhecimento de Deus, do plano de Deus, do sentido das coisas em Deus, de nossos caminhos de rezar e de agir[3].

Certas horas, mestre Tomás entra em uma destas: tem de dizer mesmo o que pensa, sem desqualificar suas "autoridades". É possível que sua equipe de

---

3. Para explicar essa ação íntima e forte expressa pelos "dons", Tomás recorre a duas noções. Uma é tomada de empréstimo a Aristóteles, é o termo freqüente na *Suma*: *habitus*. O outro é sugerido por correntes filosóficas mais espirituais: o neoplatonismo ou o plotinismo. É o termo *instinctus*, que literalmente corresponde a instinto. Dizendo que os dons do Espírito têm em nós o caráter de *habitus*, ele realça a qualidade de permanência, de intimidade, da ação divina que nos assume e aperfeiçoa para agir segundo Deus com o gosto de quem ama o bem e se compraz em fazer o bem. O bem, a vontade de Deus, o desinteresse, a compreensão do outro, o dom de nós mesmos a Deus e aos outros, todas essa boas tendências são enraizadas em nós, tornam-se em nós uma segunda natureza de bondade, de amor. O *instinctus*, o toque divino, a energia divina comunicada em momentos excepcionais, designa a profundidade da ação divina. Assinala também o caráter pontual que ela assume, oferecendo o socorro pronto e oportuno em momentos de difíceis desafios para o discernimento e a ação do cristão.

alunos, de assistentes e orientandos estreite mais o círculo em torno do robusto professor. Vamos ver o jeito napolitano dele. É o que parecem dizer, em um meio sorriso. Pois vejam bem: seu empenho aqui é mostrar que a perfeição máxima a que se pode chegar neste mundo é a plena liberdade de nosso espírito e sua perfeita docilidade ao Espírito divino. Temos de pegar essa difícil encomenda pelos dois lados de uma vez. Por uma parte, somos tão realmente distintos de Deus, que nós mesmos é que nos orientamos para o bem e para ele. E tal é precisamente a perfeição de nossa liberdade: possuir-se a si mesma, desapegar-se de tudo e se dar totalmente ao Sumo Bem. Nem Deus pode tomar nosso lugar e resolver o problema de base que é optar nós mesmos livremente pelo bem. Mas, por outra parte, em virtude do realismo de seu amor, participamos tanto de Deus pelo que já somos; e, por todo nosso ser, somos tão atraídos para ele, somos igualmente tão de Deus, que só nos realizamos na docilidade ao próprio Espírito divino de santidade e de amor.

Tal é o supremo paradoxo de todo homem e de toda mulher: a gente tem de se encontrar, se possuir e se dar como um elã de liberdade e amor. E no entanto a gente só se encontra plenamente jogando-se livre e amorosamente nos braços de Deus. Esse viver e agir, de contínuo voltado para Deus, é o fruto da docilidade ao Espírito, a qual brota de seus dons. Eles vêm a tornar-se doação recíproca, Criador e criatura se dão mutuamente, em mais do que num abraço, em mais do que num beijo, em uma identificação amorosa. "A Amada no Amado transformada", cantará João da Cruz, sublimando na suavidade da poesia o forte realismo teológico do seu e nosso Mestre.

E os *carismas* em tudo isso? Eis aí outro dado importante e a pedir muita clareza. Se alguém entende por carismas o conjunto de tudo o que é bom e vem do Espírito, então aos carismas se aplica tudo quanto se acaba de descrever. Os movimentos carismáticos dão grande ênfase à oração vibrante e cadenciada, com muitos gestos, palmas, bamboleios e danças. Exteriormente, por vezes, aproximam-se das galeras dos programas de auditório ou de massas na televisão. É o fenômeno do entusiasmo coletivo, que tem a mesma estrutura e o mesmo dinamismo psicológicos no domínio religioso ou profano. A "Renovação Carismática", sobretudo de inspiração católica, mostra-se atenta à ambivalência espiritual do "entusiasmo", empenha-se em praticar e propagar a oração de louvor e de ação de graças, abrindo-se assim ao desapego e ao dom de si, libertando-se dos riscos do egocentrismo, do narcisismo religioso individual ou coletivo. Passariam então pelo apelo aos "carismas", mas visariam à docilidade ao Espírito. Na medida em que essa docilidade leva deveras ao amor realista do próximo e ao compromisso social com os pobres, com os sem-terra, sem-teto, sem-voz e sem-vez, já estaríamos no reino daquele que o Apóstolo chama o "Dom superior a todos os outros", a divina Caridade. Ela é o dinamismo próprio do Espírito Santo em nós, o Coração de Deus em nosso coração, abrindo-nos à compreensão do próximo hoje e impelindo-nos a promover o seu bem individual e social, aqui e neste momento.

No entanto, o nosso empenho aqui é consultar Mestre Tomás de Aquino. À luz de sua teologia, que prolonga e elabora a mensagem evangélica de Paulo, os carismas[4] têm um lugar e um sentido bem limitados. Já no tempo do Apóstolo e mais ainda hoje, os entusiasmos, os transes coletivos ameaçam parasitar e desviar as manifestações efusivas que se apoderam das representações artísticas e das celebrações religiosas. Talvez seja oportuno, no entanto, evitar até as aparências de uma linguagem polêmica. Espichemos um pouco a imagem nupcial da perfeita união dos Esposos no doce segredo das portas fechadas. Lá dentro estão as graças e os dons do Espírito, unindo-os em um enleio de quente, forte e perfeito amor. Os carismas ficam de fora. São ajudas de Deus, graças, sim, porém dadas para induzir e conduzir ao amor, não o constituem nem nele se integram.

Seguindo o Apóstolo Paulo, Tomás consagra longo estudo aos carismas, já o sabemos. Atribui-lhes missões importantíssimas a serviço da caridade, do serviço fraterno, da evangelização, da catequese e de todas as formas de apostolado. Mais ainda, propõe uma doutrina bem elaborada, compreendendo a definição e a distinção dos carismas, em torno das funções de conhecimento, de comunicação, de ação, mesmo de milagres, que, ainda uma vez, o realismo do amor de Deus dispõe em proveito da comunidade e da sua missão salvadora. Os carismas estão para a graça como as ajudas médicas ou terapêuticas estão para a saúde. São muito úteis, até necessárias para obter a saúde. Mas não entram na constituição deste dom primeiro, desta felicidade de base que é viver plena e harmoniosamente em seu corpo e em seu espírito.

POR QUE SE ESCONDE A LUZ?

Dando talvez por paus e por pedras, já se tem um bom caminho andado, às vezes até com umas idas e vindas. Mas, de tanto repetir, como bom professor, Mestre Tomás nos mostrou o realismo do Amor de Deus se concretizando nessa profusão de graças do Espírito. São energias, são forças íntimas e transformadoras do amor, que hão de ser acolhidas do jeito que vêm, qual série bem ordenada segundo sua capacidade de levar-nos ao próprio foco do Amor. Como era costume na universidade medieval, o Mestre às vezes entrega a um assistente o encargo de trocar as coisas em miúdos. Vá, seja bem claro e simples. E então um assistente ou orientando de Mestre Tomás, de maneira ingenuamente didática, iria repetindo, calcando bem, dispondo o essencial em uma espécie de série ascendente bem ordenada:

— Vocês, principiantes para quem frei Tomás escreveu a *Suma*, vejam lá. Em nossa marcha para Deus, sob a conduta de seu Espírito, primeiro, embaixo, o Mestre coloca os carismas que ajudam a preparar o caminho e a dispor

---

4. Sto. Tomás fala de "graças grátis dadas", sem empregar o termo "carismas," como já o explicamos. Vejam-se os textos em nosso capítulo 11.

os candidatos ao grande encontro do Amor. Depois, imaginemos um processo de conversão, porque a gente estava meio ou totalmente afastado de uma vida de amor. (Talvez o orientando tenha dado uma olhadela para Mestre Tomás. Se não estava absorvido em uma espécie de "transe" contemplativo, ele teria dado um sinalzinho, mandando ir em frente. O orientando obedece e continua.) — Imaginemos um processo de conversão. Começa com a oferta e a acolhida de leves e fortes impulsos que vêm de Deus. (São graças atuais, como se diz agora, ajuntaria um orientando de hoje, com o *Catecismo* na mão.) A pessoa vai se voltando, se convertendo para o Deus Amor, empenhando-se com lucidez e liberdade, suscitadas e sustentadas com a ajuda desses toques de luz e energia para o bem. A ruptura com o mal, com a injustiça e com o egoísmo coincide com o livre movimento de amor que se dá a Deus. O que supõe, bem insiste o nosso Mestre Tomás, que é Deus que vem primeiro, para que se dê este encontro de Amor que se chama a graça santificante, o Dom habitual do Espírito: "A inauguração antecipada da vida eterna em nós". O dinamismo essencial dessa graça são as virtudes teologais, a fé, a esperança e a caridade, fontes primeiras da contemplação e da total consagração de nossas ações na linha da justiça, da bondade, do amor. (O orientando vai em frente.) — Para chegar à normalidade de nossa vocação, nosso Mestre Tomás condensa a mensagem bíblica em três modelos de nossa experiência de felicidade no amor: havemos de ser e viver como amigos e filhos de Deus. E sem hesitar em se agarrar à audácia das divinas Escrituras: há um lado profundo, de identidade total, no encontro de amor com Deus que melhor se ilustra com a imagem das núpcias: amor humano e amor divino como que se fundindo no mesmo bem-querer, sem se confundir. A criatura, envolvida pelo Criador, guarda a realidade e a consciência de seu ser finito. Em vista da plena realização desse projeto de amor, é que o evangelho e a tradição cristã apelam para os "sete dons do Espírito". Eles vêm introduzir na docilidade perfeita ao Espírito de Amor, sob a forma de um saber que é sabor de Deus, de uma inteligência que abre ao conhecimento dos mistérios divinos e ao discernimento dos caminhos da ação, da luta, da paciência e da coragem de peregrinos do amor.

Até aqui o orientando, o discípulo de Tomás sintetizou, como pôde, a mensagem do Mestre, recorrendo a uma linguagem bastante comum. Mas somos sempre enviados àquele pico da sabedoria evangélica. É aquele santuário que há de ser o coração de todos nós. E, no entanto, para a ele nos achegar, temos de descalçar os pés, lavar-nos sete vezes nas fontes da humilde confiança, desfazendo-nos de toda pretensão de projetar sobre Deus a estreiteza de nossas capacidades de conhecer e amar. A graça anunciada e oferecida pelo Evangelho se abre dentro da noite escura e ditosa como a imensa surpresa, o segredo dos segredos, que está no centro do país das maravilhas e a tudo dá sentido e transfigura de alegria. Cristo fala como quem tudo sabe, tudo pode e tudo revela: "Pai e Filho viremos estabelecer em vocês nossa morada" (cf. Jo 14,15s.). E o Apóstolo Paulo proclama, condensando a mensagem: "Vocês são o templo do Espírito Santo".

Os templos e igrejas se acabaram. Os de pedra, tijolo, areia e cimento que por aí se erguem só merecem os nomes de templos, igrejas ou santuários na medida em que se desfazem sob a força da palavra que diz a verdade: vocês aqui estão reunidos porque são templo vivo de Deus.

É este o coração do Evangelho. É a mensagem essencial, talvez a menos pregada. E sem dúvida é o pico da ladeira de difícil acesso, tanto mais que uns romeiros querem galgar essa Montanha, sobrecarregados de coisas, ambições, desejos, quando não de bens roubados "aos pobres, aos órfãos e às viúvas", para usar o *slogan* dos profetas. Compreendemos então a insistência muito forte e muito fraterna de Mestre Tomás. Talvez não se há de dizer que ele grita. Não é do feitio dele. Mas ele diz com todas as letras e passa a explicar com aquela paciência: a graça comporta muitos dons que poderíamos chamar de dons criados. Mas no centro de todas as graças, preparada por todas as graças, há a Graça por excelência, a Graça singular é o Dom incriado, é Deus mesmo se dando no Amor. E, porque o Amor em Deus se revela mais propriamente em seu Espírito, escutem bem: "Na graça santificante o próprio Espírito se dá para que possamos 'fruir' de sua Pessoa divina"[5].

No limiar deste livro, quem sabe alguém estranhou que se tenha comparado a *Suma Teológica* a uma epopéia de estilo original. Pois, falando sério, é isto: Mestre Tomás e muita gente com ele, navegando como os argonautas dos Lusíadas, e desembarcando deslumbrados na Ilha dos amores. Tudo o que Tomás coloca bem no centro de sua teologia resplandece e atrai como a Ilha do Amor. Os andarilhos de Deus descobrem enfim o Eldorado: "Terra, Terra"... Após ter reclamado, quase gemendo de nostalgia: "Mar, o mar, sempre o mar..." Porém, o mar ficou para trás, "sumiu o mar" (Ap 21,1). Desapareceu o mar do vil comércio, da pirataria, das idas e vindas dos colonizadores, dos vendedores e compradores de escravos, que eram de fato os filhos e as filhas do Rei. Agora as verdes águas transparentes, limpas das manchas e dos escombros de tantos milênios de egoísmos, são banhadas de luz pelo Amor que vem da Ilha. Pois o Amor criou de verdade uma Ilha, para si e para os seus. Paraíso que andaste perdido e suscitaste tanta saudade e tanto sonho. Foste reencontrado com as tuas fontes e delícias: "Na graça que nos faz santos, o próprio Espírito se dá, para que possamos fruir (no amor!) de sua Pessoa divina".

Frei Tomás, deixa que a gente desabafe. Nem se sabe se falar ajuda ou atrapalha. Nessas alturas, não há lugar para lamúrias e exprobrações. Pois, retomando essa tua doutrina em outra linguagem, toda de beleza e ternura, João da Cruz exclama, apontando para o alto: "Nesta Montanha habitam tão-somente o Amor, a Paz e a Alegria"... No entanto, frei Tomás, por que o essencial dessa tua mensagem há de ficar desconhecido, trancado atrás de tanta construção feudal, barroca ou moderna, senão relegado em museus de pratarias sagradas ou no emaranhado inextricável de exortações, preceitos, ritualismos e devoções?

---

5. Estamos sempre com a *Suma Teológica* aberta: aqui, I, q. 43, art. 3.

"Se o sal perde o sabor", se "escondem a própria luz", não é de estranhar a desafeição que atinge hoje a jubilosa boa nova de Cristo. E não se tem em conta a Nova Era do Espírito em que tu viveste, meu irmão frei Tomás. E para a qual tentaste acordar a cristandade, deixando essa tua mensagem, do jeito que Elias largou seu manto para Eliseu. Essa mensagem haveria de mexer com o coração de todos os homens e de todas as mulheres, pois todos navegam, mesmo com enjôos e maus tempos, rumo à Ilha do Amor.

O REALISMO DA "VINDA", DA "MISSÃO" DO ESPÍRITO

No entanto, Tomás nos impele a ir mais longe do que ele. Pois sua primeira preocupação teológica é pensar e dizer na novidade de hoje todos os dados que nos foram legados dentro da experiência e da linguagem de ontem. A verdadeira fidelidade à tradição viva do Povo de Deus é guardar e interpretar a Palavra que nos faz viver, caminhando com esse povo, em busca da nova luz e da força renovada do Espírito criador e santificador. Pois o principal ensino de Tomás é crer, é apostar no realismo do Amor divino, que se revela fazendo surgir novas criações de amor.

É a hora de tentar compreender o que é deveras essencial. Digamos de reencontrar a chave talvez largada em um canto por tantos comentadores que têm a preguiçosa mania de ler o presente comparando-o e nivelando-o ao passado. Não deveríamos ousar reconhecer que crer no Espírito Santo é abrir-nos à Nova Era do Espírito de Amor, criando em nós e por nós novas formas de amor? Tal é a lição, aparentemente árdua e difícil em sua formulação, mas a mais linda, a mais profunda e a mais fecunda: como entender o que vem a ser mesmo a "vinda", a "missão" do Espírito.

É a mais bela expressão do realismo de um amor que está acima de toda paixão, mas que se revela como se fosse um turbilhão incandescente de paixões. A linguagem nos vem da Bíblia e é explicada pelo Mestre no momento mais pleno e promissor de sua caminhada teológica. Está redigindo a *Suma*. E vai se jogar na tarefa absolutamente nova e aparentemente impossível. Pois ele acaba de consagrar um feixe denso e luminoso de questões sobre "O que é e quem é Deus". Já tinha advertido que o resultado de toda a sua reflexão racional, levada bem no coração da experiência de fé, era mais explicar o "que Deus não é". Ele não é nada do que se vê, se conhece e se imagina. É preciso nos lançar na douta ignorância que é a suprema sabedoria negativa. Se você diz que Deus é isto ou aquilo, você renegou a Deus ou caiu na idolatria. Mas, discretamente envolvida na negação, surge a profissão quase que balbuciada da divina Transcendência: Deus é todas as perfeições que se vislumbram nas criaturas sem as imperfeições que todas e cada uma dessas perfeições contraem nas coisas e até nas pessoas que aí estão.

A questão mais sublime, que introduz o saber teológico, tem este título desconcertante: a "Simplicidade de Deus". O "Doutor da Verdade católica" bem sabe que falamos de Deus e com Deus, do jeito que dá e na linguagem que vem, em meio ao bulício dos negócios e ao emaranhado das coisas, colhendo as imagens concretas da vida. Contamos com aquela certeza ingênua e a mais firme: Ele é Pai, tem a ternura de Mãe, decifra e entende em termos do seu puro Amor o que lhe dizemos no calor de nossa afetividade e com os arabescos de nossa imaginação. Projetamos confiantes sobre a Face inefável do Primeiro Amor, em nuvens de preces e singelas representações, nossos desejos, nossos sonhos, nossas angústias. Vão brotando de corações irrequietos de umas azougadas crianças do imenso jardim-de-infância que vem a ser este vasto mundo de Deus.

Aliás, já aprendemos de quem muito penou indo atrás de pretensiosas escolas de piedade e acabou nos ensinando lealmente: "Nós não sabemos rezar como convém. É o próprio Espírito que intercede por nós, sugerindo gemidos que não cabem em qualquer palavra". Mestre Tomás se debruça sobre essa quente mensagem de Paulo (Rm 8,20). E talvez juntando sua experiência com a do Apóstolo põe-se a dar as razões de nossa ignorância, quando se trata de rezar como convém a filhos, conversando mesmo com o Pai. Para que haja conversa é preciso ter os mesmos interesses. Senão, o diálogo se desencontra daquele jeito: ele falando de feitos de futebol, e ela replicando com os efeitos da moda. Para evitar que nos desentendamos com Deus, nosso Mestre esmiúça o recado da Carta aos Romanos: temos de estar por dentro dos segredos e dos sonhos de Deus a nosso respeito. E aí só o Espírito de Amor nos pode ensinar a manter conversa amorosa com o Pai[6].

O termo do Evangelho é a vinda de Deus pela missão do seu Espírito. É o termo de uma história e o termo a que somos conduzidos. Mas chegou a hora de apertar o cerco. O que quer dizer mesmo "vinda de Deus", "missão do Espírito"? Comecemos por dizer: veio, pelo menos do jeito que se entende que Paulo veio a Roma para pregar o Evangelho na capital do Império. Foi enviado, no mínimo como Tomás foi enviado de Roma a Paris para enfrentar os averroístas e uns irrequietos senhores do clero parisiense. Começar por essa exigência de realismo, que recusa fazer do vocabulário religioso uma linguagem sagradamente vazia, faz parte da pedagogia de Mestre Tomás. Para ele, uma rosa é uma rosa, mesmo que você não saiba o nome da rosa ou que a rosa mude de nome.

Mas, frei Tomás, como vais falar de Deus que vem, que manda o seu Espírito, se explicaste com aquele zelo e aquela minúcia que Deus move todas as coisas ficando absolutamente imóvel? Ele tudo dá e nada recebe. Está no mundo inteiro e não é contido por coisa alguma. Isso ensinaste, com muito engenho e arte. Pois, na entrada da mansão da sabedoria, estendeste um tapete tecido de vinte e cinco questões, as 25 primeiras questões da *Suma*, compreendendo 149 artigos, todos enfeixando mais de uma dúzia de silogismos.

---

6. Condensamos livremente o *Comentário de Sto. Tomás às Cartas de S. Paulo*, Rm 8,26, n.º 690-694. Ed. Marietti, p. 124.

Quando se empenha na tarefa de explicar como Deus vem, como as Pessoas divinas enviam e são enviadas, Tomás está certo de que seus diligentes alunos já têm tudo para bem entender. Em sua pedagogia, que evoca Sócrates e nos dá saudades de Paulo Freire, basta o Mestre erguer o indicador, e nós vamos logo tudo vendo e encadeando.

Esse simples gesto magistral do indicador vem a ser a questão 43 da Primeira Parte dessa bem conhecida nossa, a *Suma Teológica*. É como se frei Tomás nos fosse explicando, contando com o proveito que tiramos de o andar ouvindo com gostosa atenção: se Deus não se move, se não muda, se em si nada sofre e nada recebe, se está em tudo e em todos, então já entenderam que em todas as nossas relações com Deus as mudanças só se passam de nosso lado. O porto vai ficando mais perto do navio. Mas é este e só este, que vai deslizando rumo àquela turma de rostos e braços que se esbaldam de fazer a festa de acolhida. É assim. Somos transformados, somos conformados a Deus, para que nosso encontro de amor seja possível com Ele, que sempre aqui está, como está em toda parte, que sempre nos ama com aquele seu amor, sem hesitação nem arrependimento, infinito e perfeito.

Vendo que estamos perdendo pé, sem atinar a seguir a teologia do Mestre, talvez um assistente ou um orientando seu nos jogue um texto do Evangelho: "Não se esbaldem em rezar longas orações. O Pai já tudo conhece antes de vocês abrirem a boca".

Não rezamos para informar e comover a Deus, é claro que não é preciso levar água ao mar sem limites do saber e do amor.

Tomás vai enfeixando: rezamos para nos dispor a receber o que seu amor eterno e infinito sempre nos quer dar. Quando invocamos: vem, Espírito Santo!, na verdade estamos suplicando que nosso coração se abra no amor, na pureza, no vazio de todo egoísmo, para acolhê-lo. Entendamos: para acolher aquele que nos dá o ser e a vida, que nos dá neste momento mesmo o desejo de rezar. Sem dúvida, para dizer aos outros e até a nós mesmos qualquer coisa da ação divina, temos de empregar verbos de movimento e nossa fala projeta sobre Deus as mudanças espaciais e temporais que são próprias de nosso jeito de agir. Mas a transcendência, o modo infinito e perfeito de ser que reconhecemos em Deus, nos leva a nos corrigir. Ao dizer: Vem, Senhor! Ou: O Espírito de amor virá em uma Nova Era, afirmamos e negamos ao mesmo tempo. Afirmamos que algo se passará realmente nessa "vinda". Haverá algo de novo que saudamos como uma nova presença da Bondade amorosa e dadivosa de Deus.

Mas essa nova forma de presença é uma mudança enorme, profunda e maravilhosa em nós. Deus estará então mais em nós, não porque se desloque, saia de um lugar para outro, porém mediante uma realidade que nos transforma e conforma a ele no amor e pelo amor. É a graça que de certo modo nos diviniza, movendo-nos, nos aproximando de Deus, de modo que podemos utilizar todas as lindas imagens espaciais e temporais: somos templos de Deus, Ele em nós habita como em seu santuário; éramos trevas, tornamo-nos luz; de tão longe viemos e caminhamos para o Pai. E mais ainda lançamos confiantes sobre Deus nossos próprios jogos de linguagem: Ele veio, nos abraçou, cumulou-nos de carinho com ternura de mãe. E do coração das Escrituras, no limiar do Cântico dos Cânticos, explode a suprema audácia da humanidade, em tom da bem-amada que não mais se contém: "Que Ele me beije com o beijo de Sua boca!"

NOVA CRIAÇÃO E CRIATIVIDADE HUMANA

A teologia de Tomás procura afinar ao máximo as formas de pensar e de falar, para tentar viver todo o realismo contido na linguagem bíblica e tradicional da "vinda de Deus", de seu "Reino", da "missão invisível", mas transformadora, do Espírito e do Cristo em nós. Com esse Mestre, tão atento ao sentido do Mistério e tão apegado ao valor e às exigências da inteligência, olhamos e nos voltamos para a Nova Era, saudando-a e acolhendo-a de verdade como uma nova vinda, uma nova missão do Espírito. Não como uma eventual implosão do mundo que aí está e a explosão de alguns fenômenos mirabolantes. Mas, em termos religiosos, porém realistas, como a oferta de uma transformação total e profunda de tudo, a partir da renovação que vem da acolhida, livre, amorosa e responsável, do Espírito criador e santificador.

Há uma inclusão ou uma conexão que dá sentido a essa atitude de esperança lúcida e corajosa: a criação, ação permanente e renovadora de Deus, coincide com a criatividade humana em todos os setores da existência e da história. A crença em uma Nova Era comporta uns tantos elementos de imaginação e sensibilidade, mais umas doses mais ou menos carregadas de emoção e sugestões. Mas a acolhida séria e efetiva da Nova Era do Espírito, na linha do Evangelho e na compreensão teológica de Tomás, começa por aceitar com discernimento todo esse conjunto de fenômenos, digamos psicossomáticos ou de "inteligência emocional", que envolvem os momentos de densidade e crise históricas. Mas, com tudo isso e acima de tudo isso, há de haver algo mais. O abrir-se ao Espírito renovador é uma atitude de disponibilidade de todo o ser humano, em sua dimensão sensível e racional, pessoal e social. É o empenho de reconciliação consigo mesmo, com a vida tal qual ela vem e com tudo que ela tem de prazer e de luta, de plena reconciliação com o outro, no dom generoso de si e na partilha dos bens da terra e do espírito.

Dá mesmo para entrar na Nova era do Espírito, em plena lucidez da razão e na plena fidelidade ao Evangelho? Pois tal seria a proposta da teologia de Mestre Tomás. Aceitemos a imagem bíblica mais insistente e mais insinuante: o simples existir já é convite a um banquete festivo. Nesse caso, é necessário não excluir ninguém, mas tentar oferecer um cardápio que permita diferenças razoáveis nas escolhas e até mesmo tudo recusar e ficar de fora da festa.

Comecemos pelo entrar ou não entrar. Há um cântico que diz tudo na sua simplicidade: "Onde está o amor, aí está Deus". Nova Era só pode começar com a aceitação do Amor, Dom divino que leva à doação humana. É a opção radical e decisiva. Parece que há gente brincando de Nova Era. Ela toca em tudo, remexe com os astros, com mil e uma formas de energias e fenômenos. Mas não toca no essencial. Não toca no seu coração, na sua vida, no seu estilo de enfrentar as coisas e de assumir responsabilidades. É uma espera vazia de felicidade, sem a coragem de buscar e partilhar felicidade. A missão de um árbitro de futebol tem lá seus percalços e embaraços. Mas em casos semelhantes não se há de hesitar: é cartão vermelho mesmo, e na hora. É claro, tudo se há de explicar com algum bom jeito:

— Meu amigo, assim neste estilo de total desamor, você está se excluindo do verdadeiro jogo de uma esperança realista e criativa.

Mas resta ainda toda uma série de opções menos radicais. Há quem aceite, porém selecionando a seu gosto as ofertas e os dons do Espírito. Nos meios cristãos, há dois tipos que chamaríamos de consumidores dos dons do Espírito, sem dar grande ou até nenhuma atenção ao próprio Espírito. Cada qual do seu jeito, já conseguiram juntos, no passado, cortar o caminho aos projetos de novas "idades" ou novas "eras". Para não correr o risco de zelo excessivo na separação do trigo e do joio, fiquemos sempre no ambiente gaudioso do banquete. Digamos que estamos reparando a escolha de cardápios realizada por um primeiro tipo de convidados. São os que reclamam os favores, sobretudo a "assistência do Espírito Santo" para os chefes ou pastores das comunidades.

Com isso, a autoridade fica tão confortada e robustecida que passa a agir como se tivesse mesmo monopólio do sagrado. Não reconhece, pelo menos de maneira efetiva, a presença do Espírito nos corações e nas comunidades. Em nome do Espírito, correm mesmo o risco de ignorar o que Mestre Tomás define como o essencial da Nova Lei evangélica: "A graça do Espírito que é dada com a Fé" para animar e guiar todos e cada um na Igreja. É princípio de base para nosso Doutor da Nova Era, como nos tem mostrado a leitura de I-II, questão 106, artigo 1, e também o artigo 1 da questão 108. Chega-se assim a um modelo de igreja autoritário, legalista, escorregando para a intolerância e para a concentração sacralizada do poder[7].

Um segundo tipo de usuários, digamos mesmo de freqüentadores do simbólico banquete do Espírito, merece até certo ponto o nome de espirituais. Empolgam-se pelos esplendores de Pentecostes como fenômeno pirotécnico de manifestação do divino. Suspiram pela reiteração de Pentecostes como uma espécie de promoção que Deus faz de sua presença. Muitos, no decurso da história e nos dias de hoje, se gloriam do qualificativo de pentecostais. Vistos do exterior, sobretudo pelos historiadores e teóricos da religião, os

---

7. Nesse sentido, consulte-se o meu livro *Moral, Amor e Humor,* Ed. Nova Era, Record, Rio de Janeiro, 1997, especialmente "Paradigma ético pós-conciliar", pp. 83-90.

pentecostalismos sob suas diversas formas são aproximados dos fenômenos e grupos de entusiastas, daqueles que vibram com a irrupção de Deus e com sua energia íntima operando maravilhas de gestos, movimentos, palavras, que parecem revelar uma possessão divina: *"Deus, ecce Deus"*, proclama, magnetizada ou extática, a Sibila de Cumes, na *Eneida* de Virgílio. O fenômeno do entusiasmo, acompanhado de predições e de prodígios, é um dado anterior ao cristianismo e, sob formas diversas, espalhado amplamente em toda a história e na época atual.

O Apóstolo Paulo estabelece um contato com o mundo pagão dos entusiastas, ao abordar precisamente o tema dos dons ou carismas espirituais na 1ª Carta aos Coríntios 11,1-2. Seu empenho de prodigar-nos critérios de discernimento merece a maior atenção. Convém alargar as perspectivas e situar a mensagem em um contexto histórico mais amplo. Com mais clareza do que um teólogo medieval, como Tomás de Aquino, sabemos hoje que, ao dar seus primeiros passos, o cristianismo fraternizou com vários movimentos de conversão, de renovação, de espera de um novo mundo ou de uma Nova Era de felicidade e bondade para este triste mundo de pecado.

Olhemos apenas para as grandes evidências históricas. O primeiro contato mais vistoso é com os grupos batistas, pois Jesus começa a pregar retomando ou relançando o projeto de João, o Batista. Provavelmente, há encontros ou pelo menos aproximação com os essênios e algumas corporações monásticas. Igualmente o cristianismo assume, prolonga e supera as vagas das esperanças apocalípticas. É o que testemunha a mais primitiva mensagem evangélica, na qual Jesus se define como o "Filho do Homem", que anuncia a iminência do Reino e virá "na Glória de Deus sobre as nuvens dos céus". Temos aí uma forte e eloqüente condensação dos discursos apocalípticos do profeta Daniel. Se são utilizados pela primeira pregação da boa nova evangélica, é que encontravam ressonância nas camadas populares da Galiléia e da Judéia de então.

Se constatamos esses encontros do cristianismo nascente no mundo judaico, vemos muitos outros que caracterizam a marcha audaciosa da Igreja dos Apóstolos no universo helênico e romano. Tal é contexto imediato dos contatos das comunidades, sobretudo fundadas e guiadas por Paulo, com as religiões ou grupos entusiastas. Já no livro dos Atos dos Apóstolos, o ato fundador da Igreja *é descrito como uma "teofania"*, como a manifestação de Deus, inaugurando a Nova Era da salvação para todos os povos. É a narração de Pentecostes (At 2) como algo de único, pois é começo dos tempos novos que levam à plenitude as palavras e promessas contidas na "Lei, nos Profetas e nos Salmos". No entanto, olhemos para o crescimento e o avanço da primeira evangelização, mediante as conversões de pessoas, famílias e grupos, a rápida constituição de uma ampla rede de comunidades. Toda essa marcha, esse progresso ressentido como maravilhoso, não só se atribui à ação íntima e poderosa do Espírito, mas vai sendo balizada por novos pentecostes, por intervenções do Espírito, por experiências e fenômenos que evocam e como que reiteram, em pequena escala, o grande acontecimento do Pentecostes fundador[8].

Há um dado que interessa a qualquer leitor desses textos do Novo Testamento, mas que interpela muito fortemente o teólogo. Atenda-se bem à apresentação do primeiro grande Pentecostes e da série de eventos pentecostais que o prolongam e repercutem. A esses eventos devem-se acrescentar as alusões e descrições dos carismas especialmente na longa seção de 1Coríntios 12-14. Aí se verifica uma espécie de simbiose de três elementos: os primeiros são tomados às descrições bíblicas das teofanias do Deus de Israel, sobretudo comoções cósmicas, tremores de terra, ventanias ou furacões, fumaças e flamas de fogo. Os segundos são os fenômenos de entusiasmo religioso, caracterizados por uma exultação coletiva, intensa e mesmo explosiva, pois dá lugar a manifestações que ultrapassam as formas normais da comunicação. "Falam-se novas línguas" ou se prorrompe em louvações, cânticos, clamores e palavras vibrantes, que ultrapassam todos os cânones da linguagem habitual. Note-se que pelo menos alguns desses fenômenos de entusiasmo, atribuídos ao Espírito, são mencionados às vezes como costumeiros nas comunidades, autentificando e robustecendo a pregação do Evangelho.

Veja-se a síntese que termina o Evangelho de Marcos: "Eis os sinais que acompanharão os que crêem: Falarão novas línguas..." (Mc 16). Os terceiros elementos vão merecer toda a atenção de Tomás de Aquino e a nossa. É a originalidade do cristianismo em assumir todos esses dados da experiência religiosa, rejeitando uns, integrando outros, de modo passageiro ou permanente, discernindo no Espírito os dons, os carismas do Espírito.

Vamos dizer que, em termos de chicotinho queimado, estamos quentes de ferver mesmo. Pois é a hora de tentar compreender essa originalidade do cristianismo diante dos fenômenos pentecostais, entusiastas, carismáticos, seguindo, enquanto possível, a trilha indicada pelo Apóstolo Paulo e levando em conta a serena e profunda doutrina de Mestre Tomás de Aquino.

PENTECOSTES, CARISMAS E A NOVA ERA

A originalidade do cristianismo, que refulge particularmente em suas nascentes evangélicas, é a constante confluência da Palavra e do Dom do

---

8. Em Atos 4,31, há um "tremor na terra" e "todos ficam cheios do Espírito Santo"; em Atos 10,44 e 46, "enquanto Pedro está falando, desce o Espírito Santo", e os "pagãos" "falam em várias línguas"; em Atos 11,15, Pedro explica o fato anterior: "O Espírito Santo desceu sobre eles, como no princípio descera sobre nós". Ver ainda Atos 11,18. Em Atos 19,6: "Paulo impõe as mãos, faz descer o Espírito Santo sobre eles, e falavam línguas e profetizavam". Poder-se-ia ver nessas passagens como evocações de Pentecostes em miniatura. Mas, de modo geral, os Atos aludem à ação do Espírito Santo, manifestada pelos efeitos nas pessoas e comunidades, que ficam cheios de "graça e de alegria", de "coragem", "consolação": Atos 2,47; 4,31; 6,8-10; 11,24; 13,52. Em Atos 13,1-3, atribuem-se ao Espírito Santo palavras orientadoras da marcha da evangelização.

Espírito.⁹ O Espírito acende e atiça o fervor, mas vem acompanhado de uma inteligência que busca a compreensão e a expressão dos fatos de hoje à luz de uma Palavra que vem de ontem, e que remonta às origens. Ela ilumina os problemas de agora, tudo à luz de um Princípio e de um Fim da história, do sentido definitivo que brota do Amor que nos salva.

Paulo, que é para mestre Tomás o Apóstolo por excelência, como Aristóteles é o Filósofo por antonomásia, se apresenta, fala e age como o homem da Palavra e do Espírito. E tem mesmo a plena consciência de ser como um "possuído do Espírito", pois "só é de Cristo quem age movido pelo Espírito" (Rm 8,11). Ele testemunha que o Espírito não só é o único que "nos ensina a rezar", mas Ele mesmo "intercede em nós com gemidos que palavra alguma pode interpretar" (Rm 8,20). Por outro lado, sua pregação apostólica é a "Palavra na força do Espírito" (1Cor 2,1-5). Paulo nos dá o ensino definitivo sobre os dons e carismas do Espírito. Ele se baseia na experiência vivida, sua e das comunidades. E profere uma Palavra consciente de se enraizar nessa experiência quente de Pentecostes e na corrente tranqüila de uma tradição que vem dos profetas e do próprio Senhor Jesus Cristo. Tomás de Aquino terá a grande missão de ser o intérprete lúcido e fiel de Paulo, tornando-se o doutor dos dons e do Dom do Espírito.

O facho de luz que recebemos do Apóstolo é essa proclamação humilde e audaciosa: ser cristão é discernir no Espírito os dons, os carismas do Espírito. Haja entusiasmo no louvor. Haja êxtase e raptos na oração pessoal ou comunitária. Mas guarde-se o critério dos critérios: o Espírito é Deus do Amor que leva ao amor humilde, serviçal, edificador da comunidade (1Cor 12,31; 14,1), é o Deus da ordem e não da confusão (1Cor 14,33.40). Não perturba a sua criatura nem a sua comunidade. Entre emoções, vibrações e entusiasmos de fervor, surge e domina a Palavra que dá o sentido e indica os caminhos que levam a Deus e à colaboração com seu plano de Amor.

E aqui chegamos ao essencial. Paulo intervém e escreve não é primeiramente para exaltar os carismas, sobretudo os mais vistosos. Ele surge, claro e firme, para mostrar como utilizar os carismas. Ele afirma uma ordem entre eles e estabelece uma prioridade. Os dons devem ser acolhidos na ação de graças e orientados para o Dom. E este Dom é o Amor. Não um amor qualquer ou tal como qualquer o pode definir do seu jeito. O Amor tem um nome escolhido pela comunidade apostólica para bem o distinguir: é a Caridade (*agapé*, em grego). "A Caridade que é difundida em nossos corações pelo Espírito que nos é dado" (Rm 5,5). A Caridade é descrita e cantada em uma série de gestos e traços bem simples, mas inconfundíveis. Quem sabe conseguiríamos colher em uma definição-miniatura este jorro incandescente, que é o capítulo 13 da 1ª Carta aos Coríntios? Tentemos a síntese impossível: A Caridade é o amor gratuito e gene-

---

9. O tema é tratado em uma síntese sugestiva por Y. CONGAR, *A Palavra e o Espírito*, trad. de Luís BARAÚNA, São Paulo, Edições Loyola, 1989. Para uma visão geral da doutrina desse grande teólogo do Espírito e da Igreja, ver Luis Eustáquio dos Santos NOGUEIRA, *O Espírito e o Verbo: as Duas Mãos do Pai*. A questão pneumatológica em Yves Marie-Joseph Congar. São Paulo, Paulinas, 1995.

roso, que só pensa no outro, buscando fazer todos felizes, dando tudo o que pode e se dando totalmente na doçura e na paciência.

Aos Coríntios, sedentos dos dons do saber, de inteligência, ciência, de falar e interpretar línguas, de altas e compridas orações extáticas, o Apóstolo explica com muita firmeza e certo humor que tudo é deveras muito bom e muito belo. Mas tudo isso só tem valor se vem da Caridade e leva à Caridade. Mais miudamente ele esclarece: o que conta mesmo é o serviço, é a edificação da comunidade, em um contínuo e escondido movimento da divina Caridade. O Apóstolo insiste, em contexto de crítica às pretensões da "gnose": "O conhecimento (*Gnosis*) envaidece, a caridade edifica" (1Cor 8,1-3; e ainda 10,23-24). E entre os carismas há uma ordem hierárquica: o que mais concorre para o serviço do próximo e para o trabalho comunitário predomina e há de ser preferido em nossa escolha e em nossas súplicas ao Espírito.

A prática da Renovação Carismática vem nos ajudar aqui a bem compreender esses critérios de discernimento. Em seu empenho de colar à palavra de Deus e de estar a serviço de seus irmãos e irmãs, comunidades carismáticas ontem e hoje praticam e exaltam de forma prioritária a oração de louvor. Ela é sem dúvida a mais excelente. Brota do que há de mais profundo e próprio à Caridade, que é antes de tudo: o amor que se compraz e se alegra em Deus e o contempla no louvor e na ação de graças. Mas essa louvação, íntima e expansiva, visa no amor ao Deus que é Amor, Dom, que se empenha e nos quer empenhados no serviço e na busca da felicidade de nossos irmãos. O teste prático para quem se compraz no gosto de louvar é a força com que se consagra ao serviço e à solidariedade fraterna.

Essas grandes certezas evangélicas, proclamadas com clareza e vigor pelo Apóstolo, inspiram e animam a teologia dos carismas, carinhosa e minuciosamente elaborada por Mestre Tomás de Aquino. Não é a primeira vez que encontramos essa linda e longa seção que coroa a Segunda Parte da *Suma Teológica* (II-II, 171-178).

O estudo dos carismas não vem apresentado na perspectiva do proveito e satisfação da pessoa, mas em plano comunitário. Liga-se à reflexão sobre as formas de vida ativa e contemplativa e à diversidade dos ofícios e estados de vida. O que se visa diretamente é ao bem comum, que merece tanto mais o qualificativo de "divino" quanto se mira à obtenção dos próprios objetivos da Igreja. Tomás distingue e ordena o conjunto dos carismas e define cada um deles olhando sempre para o bem da comunidade, O aperfeiçoamento espiritual das pessoas só é encarado indiretamente, enquanto decorre do melhor serviço prestado aos outros mediante essas graças ("grátis dadas" ou carismas), que não são de si santificantes.

O INDISPENSÁVEL DISCERNIMENTO

No seu comentário às Cartas de Paulo, Mestre Tomás já encontra e explica o essencial de sua doutrina. Na *Suma*, ele estabelece a topologia e a hierarquia cuidadosa dos carismas, a partir da profecia. Ela é estudada de maneira muito ampla, sendo situada muito especialmente como a iluminação e a elevação da inteligência dos mediadores da revelação ou dos transmissores escolhidos da tradição, que perpetua a revelação na Igreja de maneira viva e atual. Tal é o belo tratado que se estende da questão 171 à 178, coroando a ética das virtudes, que vem a ser a II-II[10].

Essa simples enumeração de questões evidencia o empenho do Teólogo de elaborar de maneira rigorosa a doutrina do Apóstolo: os carismas visam facilitar a realização da missão da Igreja, sobretudo o anúncio e o testemunho do Evangelho. Estamos nos antípodas do entusiasmo ligado ao culto apoteótico que os antigos prestavam aos reis, aos heróis, aos vencedores e que a mídia entretém e manipula hoje na glorificação e na idolatria dos astros da beleza, dos esportes e diferentes competições. Há aí uma espécie de meio "êxtase", de limitada saída de si, pela exaltação narcísica da imaginação e da sensibilidade. Mas semelhante projeção emotiva não leva ao dom de si e ao serviço generoso do outro e da comunidade. Esse tipo de entusiasmo egocêntrico se fortalece e propaga em contágios coletivos que alienam as massas em atitude de divertimento e de servilismo. Teve sua expressão rutilante e sua idade de ouro nos comícios que preparavam o advento das ditaduras, especialmente fascista e nazista[11].

Mais ainda, ele pode encontrar um campo privilegiado nas manifestações espetaculares da religião, que têm algo de similar nos programas televisivos de auditório ou de culto dos ídolos publicitários. O Apóstolo evocava que os fiéis, quando ainda pagãos, eram conduzidos como seres inertes e sem voz a semelhantes cultos idolátricos (1Cor 12,1-2). Os discípulos do Evangelho, ao contrário, hão de ser guiados pelo Espírito, mediante a força interna do amor e de um discernimento livre e responsável. O entusiasmo divino, aquecido pela fé, pela esperança e pela caridade, não impele o ser humano a evadir-se em busca de uma imagem idolátrica de si ou de outrem, mas o convida a sair do egocentrismo e do narcisismo, no dom generoso e efetivo de si.

Essa mensagem apostólica, explicada pela teologia de Tomás, não exclui os riscos de ambigüidade nos entusiasmos religiosos de ontem e de hoje. A ambigüidade não se elimina por um simples apelo aos carismas do Espírito.

---

10. O conteúdo das q. 171-174, sobre a profecia, já fora minuciosamente e amplamente aprofundado na q. 12 do conjunto de questões *Sobre a Verdade*. Sempre nessa perspectiva comunitária, a q. 175 se empenha em elucidar a dimensão do conhecimento tão importante na profecia, tratando do "rapto" ou do êxtase. Os aspectos de comunicação, que vêm prolongar a profecia, são considerados na q. 176 *Sobre o dom das línguas* e na q. 177 *Sobre o dom da palavra*. Finalmente, na q. 178, o *dom dos milagres* é apresentado e explicado como a confirmação divina que dá força e credibilidade à palavra salvadora.

11. O fenômeno foi estudado com amplidão e cuidado por S. TCHAKOTINE, *Le viol des masses par la propagande politique*, Gallimard, Paris, 1952. Obra verdadeiramente fundamental, apesar de um recurso excessivamente sistemático à doutrina pavloviana dos reflexos condicionados. Consagrei ao tema o capítulo 4, "Action sur l'homme: Dictatures totalitaires", do livro *Information et propagande. Responsabilités chretiennes*, Ed. Du Cerf, Paris, 1968, pp. 237-289.

A Nova Era do Espírito criador e santificador!

Há um único critério que nos vem da revelação evangélica e que a teologia tenta sempre avivar e explicar graças ao confronto com a experiência do povo fiel. É a caridade que há de inspirar e animar o projeto de uma saída constante de si e de realização lúcida e corajosa de si, não em identificação com ídolos imaginários, mas com o próprio Deus presente e reconhecido no outro, que pelo amor se torna próximo e irmão.

Nossa caminhada já vai permitindo vislumbrar o que era para Tomás a grande certeza abrindo a porta da esperança para o Eldorado do Espírito. Há quem conte com a Nova Era sem o Espírito. Pelo menos não fazem menção dele. Embora apontem para tantos sinais, bons prenúncios, gentis constelações de astros, ondas suaves de energias que prometem bafejar o novo milênio com orvalhos de luzes e alegrias sem conta. Outros, mais chegados à tradição cristã, apostam muito nos carismas do Espírito, sem, aparentemente, dar grande atenção ao Amor que é a fonte desses dons. Não vamos pedir a Mestre Tomás de Aquino que dê notas a todas as pessoas, grupos e movimentos que, por conta do Milênio, suspiram por decolar deste nosso mundo para uma Terra melhor. Dar notas, distribuir prêmios e menos ainda ameaçar castigos não é função da teologia. Sua missão é sugerir critérios de autenticidade, em referência aos valores humanos e evangélicos. É acolher, ajudar a purificar, robustecer e cultivar toda esperança de crescer e subir rumo à felicidade.

O que parece mais acertado é tentar desdobrar e sondar com algum cuidado o que nos vai sempre aparecendo como a topografia do Eldorado, desta verdadeira Felicidade, que Tomás liga com a Nova Era do Espírito. Às vezes, olhando para o Mestre e para a acolhida meio seletiva e parcial que vai recebendo, ontem e hoje, tem-se a impressão de que nos diz familiarmente: "Não respiguem ao léu, sobretudo não se contentem com migalhas. Levem tudo. E façam germinar, florir e frutificar. Pois são braçadas verdes de mudas e sementes".

O empenho de recolher a totalidade da mensagem e de ficar atento à ordem das coisas e à hierarquia dos valores pode causar dificuldade no manuseio do mapa ou da descrição topográfica. Corre-se o risco de ficar em uma série abstrata de idéias, de dados doutrinais ou de indicações e de bons conselhos. Voltemos os olhos para o alvo que nos aponta o Mestre e para os caminhos a percorrer e a galgar. Pois subir é preciso. Tomás está sempre nos mostrando a criação e a recriação constantes, como atividade do Espírito, através de nosso amor e de nossa liberdade. No coração de tudo, está o Espírito de Amor e de Liberdade semeando amor e liberdade. Sem o Espírito, não há, para nós, este porvir que não é um simples acontecimento, por mais fabuloso que se possa imaginá-lo. É uma mudança qualitativa. Mas o Espírito precisa de nós, pois vem para nos fazer existir por nós mesmos e nos valorizar em nosso ser e agir. A Nova Era do Espírito será, portanto, o triunfo da criação divina e da criatividade humana.

Vamos estendendo a topografia teológica, o mapa do Eldorado, tentando discernir o que já se tem esboçado e o muito que resta a fazer. No centro, está o Dom do próprio Espírito. Tomás insiste na própria Pessoa do Espírito Santo, trazendo e difundindo todo o tesouro de seus dons. Há alunos muito diligentes, sobretudo muito ladinos. Interrompem logo o Mestre, sem dúvida porque falharam ou não assimilaram as lições precedentes. E gritam lá do fundo de sua imperturbável pretensão: mas onde está esse Espírito Santo e de que jeito traz e distribui esses seus dons? Tomás declara, no prólogo da *Suma*, talvez com alguma ironia, que se dirige aos principiantes. Mas, para felicidade nossa, sempre teve de enfrentar pretensiosos, principiantes ou não. Daí a nossa ventura de ter suas respostas para questões como essas, sobre o modo de vir e de estar do Espírito, seu estilo próprio de trazer e de distribuir os seus dons.

Qualquer professor gosta das perguntas que fazem marchar a turma, permitindo umas oportunas recapitulações. Chegam até a recomendar esse proceder pedagógico aos assistentes e aos orientandos. Aqui, é bom recapitular, pois toda a compreensão da Nova Era depende da visão que se tem do Espírito, ou da Fonte donde se espera a efusão da felicidade sobre nós. Mestre Tomás tem sempre a gentileza de decifrar ou decodificar as imagens e metáforas que usa na teologia, sobretudo falando do espírito e do Espírito, o nosso e o de Deus. Alguém dirá: nisso ele não é moderno, pois o chique mesmo é jogar umas imagens, sobretudo importadas, para encantar ou condicionar a "inteligência emocional". Quem sabe Mestre Tomás já está é lá na vanguarda do pós-moderno?

Pois ele convida a pensar, a traduzir imagens em idéias claras e bem conectadas. Lembremos sua paciente explicação do que seja para alguém "progredir na perfeição espiritual". A marcha do espírito se realiza em passadas de amor. E, o amor sendo uma qualidade do querer e do agir, "passadas" maiores ou menores significam que essa qualidade é mais ou menos perfeita, para levar a querer e a agir na conformidade e na tendência ao bem. Se ele tem esse cuidado, deveras tocante, de tentar esclarecer a caminhada de nosso espírito, vamos ver quanto muito mais se esforça para apurar e afinar as imagens com que falamos de Deus e do seu Espírito.

O DOM PESSOAL DO ESPÍRITO, EIS A QUESTÃO

Talvez o bom começo de conversa para Mestre Tomás fosse dizer, com alguma redundância: o Dom do Espírito se comunica e se revela a nós pelos dons desse mesmo Espírito. Hoje, as grandes festas se preparam com a compra intensa e a espera calorosa de presentes. A palavra "dom" está um tanto desgastada, talvez porque o dar seja simples demais de dizer e difícil de acontecer. Sem falar de dons, mas de presentes, o fino dos finos é se poder dizer: "Para que presente? Ora, querido(a), o presente é Você!" De fato, se há um mínimo de sinceridade, os presentes-coisa só valem mesmo se são uns pronomes do presente-pessoa. O teólogo gostaria de dizer: os presentes são amáveis sacramentos que tornam a pessoa presente, no duplo sentido: ela se torna presente, aqui estando bem juntinho; e ela é o presente, se dá como um dom, que é a face risonha do amor. Ao mesmo tempo, ela dá o presente para nele se dar. É uma corrente de amor que passa pelas coisas e abraça a pessoa: ou melhor, em que as pessoas se abraçam[12].

Estamos roçando na teologia do Espírito Santo de Mestre Tomás de Aquino. Ele insiste para valer: o Espírito é o Amor. Ele o é, em sua perfeição divina, procedendo eternamente como o Amor do Pai e do Filho. Tomás explica: o Filho é o Verbo ou a Palavra de Deus. É eternamente gerado, à semelhança (longínqua!) com nosso verbo mental, concebido intelectualmente; especialmente se o encaramos como o conceito que cada um tem de si quando se pensa a si mesmo. Por isso, o Filho é Imagem perfeita do Pai. Mas sendo Amor, o Espírito Santo tem como nome próprio o Dom: Dom total que é a expressão concreta do Amor perfeito do Pai e do Filho.

Aquele que é o Dom Eterno no seio da Trindade vem até nós, enviado pelo Pai e pelo Filho, qual Dom perfeito que nos conduza à intimidade dessa comunhão trinitária de amor. Na realização dessa missão de ser o Dom, de se fazer aceitar amorosamente como o Dom que vem do Pai e do Filho, o Espírito Santo nos cumula de dons. Essa formulação, um tanto condensada e que um ou outro leitor pode achar abstrata, vai ganhando relevo quando levada ao campo de aplicação de nossa experiência dos presentes nas grandes festas e em todas as outras que vão sendo jeitosamente inventadas, ao que parece para alegria de todos, mas certamente para a vitalidade de nosso comércio. O presente é uma espécie de pronome gracioso que exprime e torna presente o amor. Foi mais ou menos o que inferimos desse gosto de presentear que vai docemente invadindo os corações e pesando nas bolsas de todos. Enfim como, em princípio, todos dão e todos recebem, há um feliz e positivo efeito dominó, com uma reciprocidade que compensa perdas e ganhos, e ainda, por acréscimo, enriquece alguns felizardos. Mas essa louvação do capitalismo reinante não nos há de deixar esquecer nosso propósito teológico em companhia de Mestre Tomás. O que a ele e a nós interessa mesmo é o sentido do presente, do Dom, para ficarmos com a linguagem dele e da Bíblia.

Os dons do Espírito não são propriamente coisas que nos enriquecem e menos ainda nos engordam, impedindo-nos a marcha e ascensão nos caminhos do amor. São dons que vêm como energias, como formas, não de ter, mas de ser mais e melhor. São como forças do Amor, que é o Dom perfeito. E esses dons visam a nos dispor a acolher o Dom que é o próprio Espírito de Amor. Pode ser interessante ver no Evangelho os modelos concretos dessa doutrina um tanto construída de nosso Teólogo. O Evangelho de João joga sempre com esse par de verbos: *"Amou e deu"*. O sujeito do amar é em geral o Pai: "O Pai ama o Filho", Jesus Cristo: "O Pai ama o mundo", nossa maravilhosa e difícil humanidade. E aí se introduz essa pequenina e extraordinária partícula de ligação: "Amou *e* deu", "Ama *e* dá". O amar é assim conectado

---

12. Este texto está sendo escrito nas vésperas de Natal.

ao dar, por um simples *e*, que indica a fonte, o motivo, a razão do dom. "Amou e por isso, por essa única razão de amar, deu todos esses bens..." Seguindo sem dúvida o mesmo tipo de nexo semítico e a mesma inspiração evangélica, Paulo proclama: "Cristo me amou *e* se deu por amor de mim" (Gl 2,20). Está aí um dos pontos altos, senão o mais elevado pico, da revelação do Novo Testamento.

Tomás elabora essa mensagem essencial. O dar é a face visível do amar. O amor dá, se dá, porque é essa a sua energia vital e incontida. Ele se mostra através do dom, e mediante o dom visa criar um plano inclinado, para que o retorno do amor se faça mais vivo, mais pronto, mais intenso. Há, sem dúvida, certa ambivalência na prática de nossos dons ou presentes. Não vamos entrar nos cálculos das porcentagens, mas vezes sem conta o dom ou presente vai e vem sem amor, não é efeito nem sinal de amor. Aí o verbo "dar" é pelo menos ambíguo. O dom funciona mais como isca, gancho ou anzol, numa pescaria interessada e um tanto matreira. O Evangelho e a teologia de Mestre Tomás seguem o registro da verdade da linguagem, do amor e do dom. Este entra efetivamente no vaivém do amor, brotando do amor e entretendo o amor. Infelizmente, mesmo nas relações com Deus, podemos falsear o jogo. E então lá vem a história de buscar e utilizar os dons divinos feito iscas, ganchos e anzóis para malandras pescarias nos templos e fora deles. Não se chega hoje às simonias qualificadas dos banqueiros da cristandade. Eles investiam piedosamente comprando o usufruto de santuários para vender toneladas de certificados de indulgências. Mas a prática mercantilista dos dons estende a corrupção ao verdadeiro santuário de Deus, que é o coração feito para amar.

À luz de todas essas experiências autênticas ou falseadas de dar presentes, parece refulgir com mais intensidade e calor a teologia evangélica de Tomás de Aquino: os dons que vêm do Espírito de Amor são puros dons que levam ao puro amor. Vamos continuando a estender essa espécie de grande mapa do Eldorado divino que vem a ser sua Sagrada Doutrina, quando nos expõe os dons do Espírito como contínuo vaivém do Amor. Com seu jeito franco e direto de dizer as coisas, mestre Tomás declara sem subterfúgios: o Dom que Deus nos quer comunicar é Ele mesmo. "Pela graça somos chamados a fruir da própria pessoa do Espírito Santo", é o que diz escolhendo bem as palavras. "Fruir" para ele é gozar a felicidade de amar uma pessoa, em oposição a usar de uma coisa ou se servir de um objeto. O Dom pessoal do Espírito à pessoa que entra nesse laço do Amor divino é a Graça por excelência, é o pólo de atração, é a finalidade e a razão de ser de todas as graças. É mesmo o centro de todo o plano amoroso da providência de Deus no céu e na terra.

É preciso ser um pouco didático. E não será Tomás de Aquino quem vai censurar qualquer empenho de rigor. Pois será da maior importância bem distinguir e discernir as graças ou os dons do Espírito. Só assim se poderia apreciar uma legião de fenômenos religiosos que integram ou parasitam a Nova Era. E sobretudo é a condição para nos posicionar com lealdade e lucidez diante dela.

A topografia teológica do reino do Espírito, que já veio e ainda vem vindo, se desdobra, qual "torrente que jorra do alto da montanha", para utilizarmos o texto-chave do discurso de doutorado de Mestre Tomás. O que aliás nos aproxima de outro grande habitante das alturas, S. João da Cruz. Vamos assim esquematizando a doutrina e estirando as suas grandes linhas pela encosta da colina, quais trilhos que ziguezagueiam convidando à íngreme e maravilhosa ascensão.

No pico da montanha, verdadeiro Eldorado da sabedoria e do amor, resplandece e atrai o próprio Dom do Espírito. É a graça das graças, exaltada e cantada por Mestre Eckart, por Catarina de Sena, Teresa de Ávila, João da Cruz e por todos aqueles que foram magnetizados pelo que é o coração da mensagem do Evangelho. É o centro da vida e da teologia de frei Tomás de Aquino. Sem desfazer dos seus outros irmãos, é o que faz dele o guia de uma Nova Era, que marcha para o alto sem se perder em miragens imaginárias. O Dom do Espírito, entenda-se com realismo, é a Pessoa do Espírito que se dá. É uma pura relação pessoal, interpessoal. A Pessoa divina do Espírito se dá no puro amor à pessoa do homem ou da mulher que o acolhe no amor que se purifica. Ele se purifica incandescendo e incandesce purificando-se.

Algumas correntes espirituais, mais ou menos bem importadas do Oriente, parecem apontar para o máximo da sabedoria mística, recusando reconhecer que Deus seja Pessoa. Têm razões de sobra para rejeitar todos os limites de nossas pessoas humanas e mesmo tudo o que fica sempre de finito na idéia que chegamos a elaborar da pessoa. Aliás, é preciso ir até o fim nessa inspiração purificadora da teologia negativa. Se olhamos para a estreiteza de nossas experiências e conceitos, à luz da transcendência divina, não poderíamos dizer que Deus é Luz, Sabedoria, Amor... Ele está, ele é infinitamente acima e além de todas as nossas palavras e idéias. Já aprendemos essa primeira lição da teologia de Mestre Tomás. Mas, para que não fiquemos desamparados dentro da Noite, guias como ele, João da Cruz, Mestre Eckart não param a meio caminho da negatividade. E insistem como irmãos experimentados do claro-escuro do mistério:

> *Desgarrem-se de todo apego aos limites dos bens e dos conceitos das criaturas. Negando tudo o que é limite, contemplem a Perfeição do Ser, do Conhecer, do Amor, da Pessoa, mediante a negação das imperfeições que envolvem o universo físico, mental, espiritual que se pode atingir e imaginar...*

Então, despersonalizar Deus, cuidar de render-lhe homenagem reduzindo-o ao anonimato, mesmo que seja envolvendo-o em nomes prestigiosos de luz, energias ou vibrações, é o que há de mais chocante para a sabedoria evangélica de Tomás de Aquino, que não esperou pelas últimas vagas vindas do Oriente. Iluminado pela grande luz com que o Oriente, há séculos, nos brindou, o Mestre consagra toda uma questão: "Se podemos atribuir a Deus o ser Pessoa". E sua resposta se resume nesta proposição: "A pessoa é o que há de mais perfeito e excelente. Ser Pessoa é o que há de mais próprio de Deus", e "mais convém a Deus do que a qualquer criatura"[13].

Mestre Tomás nos aconselha em tom fraterno e encarecido: acolham a Nova Era do Espírito. Vejam com simpatia as inspirações da teologia negativa, venham de onde vier. "Toda verdade, venha donde vier, procede do Espírito Santo." Isso já não ficou claro? Fique mais claro ainda: abracem sempre o processo negativo, evitando cair na idolatria de pensar Deus à imagem da criatura. Mas busquem os caminhos da Transcendência, olhem para Deus como o ser acima de todos os seres, Pessoa infinitamente mais real, mais amável do que todas as pessoas conhecidas ou imagináveis. Evitem o ateísmo com pancas de misticismo. É tão errado e tão catastrófico quanto qualquer outro ateísmo materialista, sofisticado ou corriqueiro.

---

13. Ver *Suma Teológica*, I, q. 29, art. 3.

Capítulo 10
RUDES E ALMEJADOS PONTOS DE ENCONTRO E DE CONFRONTO

O último escrito da Revelação bíblica lança a palavra derradeira e definitiva, o brado da esperança: "O Espírito e a Esposa dizem: Vem! E quem escutar diga: Vem!" Deus está por vir. "Ele é, Ele era, Ele vem." Ele veio para que sempre se pense nele como o Futuro da humanidade e do universo.

Vamos lendo a *Suma* de Tomás de Aquino nessa perspectiva em que ele a escreveu: mais como um Eldorado, como país das maravilhas para o qual marchamos, crendo que tudo começou por um desígnio do amor e tudo chegará ao termo do amor. Não se pode gastar tempo em lamentos e exprobrações. Mas a sorte reservada ao Evangelho sobrou também para a teologia evangélica de Mestre Tomás. Houve muita espécie de leitura. Mas muita gente nem viu que se tratava de uma história de amor.

Voltamos a inspirar-nos na universalidade ecumênica de Mestre Tomás, de seu gosto e de sua maestria em discutir. Ele busca um quadro e umas tantas condições para favorecer o debate enquanto pode ser o começo, o progresso e a realização de um encontro da verdade. Esse amor incondicional da verdade é princípio acolhedor e compreensivo para com todos os parceiros de um diálogo, que há de ser sempre amplo, senão universal. Mas surge ao mesmo tempo como exigência de exatidão e de rigor em relação às doutrinas e aos modelos de comportamento. O mais sábio e oportuno não seria definir e analisar juntos os critérios de uma ética da discussão, sem pretensão de avaliar comportamentos nem de dar notas às pessoas ou aos grupos?

Já na linha desse objetivo, temos destacado os valores humanos universais, presentes nos debates atuais. Pois, hão de ser examinados no que encerram de promessas e exigências. Isso pode dar lugar a um duplo confronto. O primeiro, com as aspirações e críticas que parecem constituir a mensagem mais atraente ou propalada da Nova Era de hoje. O segundo, com o ideal e o programa da Nova Era do Espírito tal como vêm propostos por Tomás de Aquino.

Está aí a conclusão ou a abertura para a qual aponta nossa reflexão. Ela vai tendendo para uma forma levemente didática, estendendo, às vezes, um feixe de proposições, evocando os caminhos que os sonhos de reforma e renovação vêm desdobrando através da história, até os nossos dias. A exposição vai assumindo cada vez mais uns ares de uma "questão quodlibetal", "ao gosto dos participantes", embora o estilo e o método escolásticos de nosso Mestre sejam mais para se admirar do que para se imitar.

AMAR A INTELIGÊNCIA E RESPEITAR O OUTRO

Prolongando e afinando essa análise, seria possível tentar agora um confronto da teologia um tanto austera de Tomás de Aquino com os leves sonhos que se difundem ou os blocos de doutrinas que se afirmam sob a bandeira da Nova Era?

Para sugerir esse projeto, vamos evocar as atitudes típicas daquele que aqui figura como Mestre Tomás. E vamos dar também a mais simpática atenção a quantos olham de maneira positiva e esperançosa o porvir da humanidade. Tomás gostava de mostrar seu reconhecimento a seus parceiros de diálogo, mesmo àqueles que as regras das suas "disputas" obrigavam a catalogar entre os adversários. A releitura de seus escritos amplos e densos, facilitada pela informática, parece ganhar hoje novas dimensões, quando abordada nas perspectivas atuais de pluralismo, no clima de um mundo que se globaliza pela comunicação, pela economia, pela cultura e anseia pela fraternidade universal. Os grandes gênios e os grandes mestres espirituais superam sempre os limites de suas épocas. Muitos deles se tornam maiores à luz dos novos desafios que ainda não estavam maduros para eclodir nos tempos anteriores e às vezes nem mesmo estão maduros para encontrar respostas satisfatórias na atualidade.

Ao ensinar e ao escrever, Tomás tem a consciência de estar assumindo e cumprindo a missão de "Doutor da Verdade católica". Propõe a "Sagrada Doutrina" na convicção de acatar todas as regras do saber de seu tempo. Tem os olhos muito abertos às diferentes formas de cegueiras do coração, às ilusões espirituais, às influências da afetividade sobre a atividade intelectual. Estuda todos esses fenômenos que perturbam ou desviam os julgamentos e a visão geral que se têm dos problemas que nos tocam mais de perto. Mostra-se atento ao risco das falsas e fáceis evidências no domínio religioso como nos demais campos de nossas convicções ou opções.

Ao abordar o tema primordial da "Existência de Deus", o Mestre descarta a posição que será mais tarde seguida e difundida por R. Descartes: a existência de Deus é uma evidência imediata, pode-se inferi-la da simples idéia que se tem de Deus. Não seria de esperar que o teólogo dissesse alegremente amém a tãos bons propósitos? Tomás pede reflexão, insistindo sobre a necessidade de bem ponderar as sérias objeções, as verdadeiras dificuldades que se têm para bem colocar e aceitar a questão da existência de Deus.

Eis como mestre Tomás entra no assunto:

A opinião mencionada acima (sobre a evidência da existência de Deus) origina-se, em parte, do costume que têm muitos desde peque-

nos de ouvir e invocar o nome de Deus. Ora, o costume, sobretudo o que vem desde criança, adquire força de natureza. Daí acontece que as verdades recebidas pelo espírito desde a infância o penetram tão firmemente que ele as tem por naturalmente e por si evidentes[1].

Sem dúvida, no seu dia-a-dia, o Teólogo fala a linguagem de todo mundo e partilha a mentalidade comum, utilizando as formas de pensar e os julgamentos espontâneos, que escapam à critica da razão. Ele convive com a religião, assumindo suas práticas simples e ingênuas. A vida social é tecida dessa forma leve e cômoda de pensar. No entanto, Tomás frisa a necessidade da doutrina, desse núcleo de convicções refletidas e bem-fundadas. São elas que asseguram a marcha da pessoa e da sociedade no caminho da autenticidade e a defendem dos preconceitos e das ideologias, e de tudo que perverte e corrompe indivíduos e coletividades, quando cedem à lei da facilidade e do utilitarismo.

O primeiro traço marcante de Mestre Tomás diante da Nova Idade de seu tempo e que nos pode estimular e ajudar a enfrentar os desafios da Nova Era de hoje é essa sua atitude de uma coerência total. O amor à verdade, à inteligência, com todas as suas exigências, se alia à imensa compreensão de nossa condição humana, frágil, dividida, inclinada a concessões ou a intolerâncias, ao léu dos interesses. Já sabemos, não hesita em proclamar com uma audácia surpreendente: "Toda verdade, venha de quem vier, procede do Espírito Santo"[2]. Semelhante atitude faz dele, de suas obras, particularmente da *Suma*, um ponto de convergência das diferentes correntes do pensamento. Tomás é um jardineiro, cultivando sua própria inteligência e todas as formas de diálogo e de discussão. Há grande vantagem em estudar seu método de trabalho e mesmo sua forma de espírito e aproximá-los dos filósofos que nos propõem a "Ética da discussão" e da "comunicação" como único caminho para enfrentar, de maneira positiva, o pluralismo intelectual e cultural de nosso tempo[3].

A Nova Era parece se avolumar e dinamizar, em ritmo mais rápido a partir dos anos 70, com uma aceleração cumulativa desde os anos 80. Ela surge para muitos como a imensa nebulosa, promissora ou ameaçadora, de sonhos e esperanças. É a figura que tem detido mais até agora a nossa reflexão. Nela se pode discernir, no entanto, o que chamamos um núcleo duro de doutrinas. Elas interpelam e mesmo contestam dados fundamentais do cristianismo, sua visão de Deus, da Unidade de Deus em sua Comunhão trinitária, da Encarnação, da Redenção, do destino humano, especialmente de uma promessa de vida eterna. Essas interpelações fazem parte do encontro histórico do Evangelho com as religiões, as filosofias e o conjunto da cultura no volver dos tempos.

---

1. *Suma contra os Gentios*, livro I°, cap. 11.
2. Cf. S.T., II-II, 172, 6.
3. Propomos certo modelo de aplicação dessa aproximação com J. Habermas e K. O. Apel em nosso livro *Moral, Amor e Humor,* Cap. 2.

Mas a Nova Era pode se impor como parceira privilegiada de diálogo pela amplidão e pela originalidade de seu desafio, pois ela dá maior difusão a algumas correntes filosóficas, estabelecendo contatos e mesmo laços de afinidade entre elas. E esses laços se estendem também ao que chamamos os elementos menos rígidos da nebulosa, aos sentimentos, às emoções, aos símbolos e representações imaginárias que formam o patrimônio comum da modernidade ou da pós-modernidade. Assim, a mensagem da Nova Era tem todo o prestígio que lhe vem da tradição, das doutrinas orientais sobre a reencarnação, por exemplo, das filosofias religiosas do tipo do plotinismo ou do neoplotinismo, das religiões de mistérios e de iniciação. E, ao mesmo tempo, ela tira grande proveito da mentalidade cientificista, sem se embaraçar com o rigor do espírito e do método científico, dando um rosto moderno às aspirações por transcendência, mística, oração, espiritualidade, em resposta aos desalentos e aos desequilíbrios causados ou ocasionados pela civilização tecnoindustrial.

De Tomás de Aquino recebemos uma indicação ética de base. É como a condição preliminar para entrar digna e acertadamente nos grandes debates em torno dos problemas humanos fundamentais. É ter um imenso e inarredável apego à inteligência. Desde o começo, escutamos aquele recado sério e estimulante que Tomás recebeu de Agostinho e nos retransmitiu enriquecido: "Ame a inteligência". Dadas as condições de tanta complexidade de nosso processo de conhecer, mais as influências sem conta que sobre ele se exercem, com o risco de erros, desvios, de negligência do essencial e de dispersões sem fim no país das banalidades, o urgente apelo ético se torna: é preciso amar e libertar a inteligência.

Sem dúvida, nada de moralismo ranzinza diante do que há de mais belo, mais fino e delicado. Um imperativo desses só se entende neste sentido: com toda a inteligência, amar a inteligência!

Na carreira de Mestre Tomás, sempre tem merecido nosso olhar de simpatia a série variada de questões chamadas quodlibetais, "sobre não importa o quê", pois nelas se enfrentava qualquer assunto que suscitasse problema ou despertasse interesse. Toda essa série de discussões vem a ser uma amostra, por vezes surpreendente, da inquieta curiosidade que sacudia o mundo universitário medieval. E não se pode deixar de achar graça na proeza de dar título a esse vaivém de questões que se abrem feito um ângulo infinito abrangendo "tudo o que se pode saber e mais alguma coisa"[4]. A amplidão dos títulos é explicada em termos, finalmente sinônimos, que deveriam fazer sorrir doutor Tomás na hora de tudo pôr em ordem e de fazer a revisão definitiva: "Hoje, tratou-se das coisas divinas e humanas". Ou então: "Discutiu-se sobre o que há sob o céu, sobre a terra e nos infernos". Ou ainda: "A questão abordou o que concerne a Deus, aos seres angélicos e humanos"[5].

---

4. Embora a expressão jocosa, em sua primeira parte, se atribua a Pico de La Mirandola, na alvorada do Renascimento, e a segunda corra por conta de um acréscimo irônico de Voltaire.

5. São os títulos das primeiras questões em tradução condensada.

Fica-se imaginando que a audácia do Mestre acabaria nos dando hoje umas séries assim: "Tratou-se de ecumenismo inter-religioso, de pluralismo, de ecologia e dos bancos mundiais". "Abordaram-se os temas da clonagem, das sociedades transacionais, da inteligência emocional, da saída da era de Peixes e entrada na de Aquário." "A questão abrangeu a Nova Era, a futurologia, a 'Morte de Deus' e a globalização." É claro que não se falaria mais de questões quodlibetais. Mas a interrogação do poeta não morreu: "Uma rosa não seria uma rosa se não tivesse o nome de rosa?" Seja qual for sua designação e mesmo sejam quais forem as modalidades que vão assumindo, os desafios aí estão movimentando em toda parte a mais abrangente das questões quodlibetais em torno da famosa nebulosa: a Nova Era.

Temos tentado pular por cima dos séculos, examinar textos e doutrinas, na convicção de que o confronto é inadiável e pode ser muito proveitoso. Promete ser um encontro simpático: a Nova Era, que tomou consciência de si, sobretudo a partir dos anos 70, dando de cara com a Nova Idade, a Nova Era do Espírito, que surge no coração da Idade Média, e tem em Tomás de Aquino um porta-voz qualificado. Hoje contamos com filósofos de alto gabarito e projeção mundial que insistem na necessidade de saber discutir e propõem critérios e normas para uma ética da discussão e da comunicação. Estão seguros de que é o jeito certo de abrir caminhos para a cultura, para a ética, para a democracia em nossa civilização pluralista. Tendo em conta essas pistas já um tanto balizadas, encorajados pelas experiências ecumênicas, não haveríamos de tentar o confronto dos desafios e das respostas de ontem e de hoje que vêm suscitando as promessas de Nova Era?

Nos estreitos limites do que têm sido estas nossas incursões no Eldorado de Tomás de Aquino, aqui ficam indicadas umas modestas sugestões. Elas não escondem, no entanto, certa paixão de torcedor pacífico neste tipo de jogo em que cada um está apostando a própria vida. Temos sempre em conta uns tantos critérios para a compreensão do que parece oferecer Mestre Tomás, em sua qualidade de Doutor da Nova Era do Espírito. Todo o empenho será concentrar a atenção sobre o que é problema quente e essencial, sobre o que aponta com mais relevo para o centro das interrogações e dos desafios. Portanto, só se destacam as questões cruciais, de cuja resposta dependem o tipo da Nova Era que se escolha e a qualidade humana espiritual que se lhe quer dar.

CONFRONTO INADIÁVEL: "A MORTE DE DEUS"

Eis a primeira proposição que poderia fornecer matéria à primeira questão quodlibetal, a mais decisiva, pois estabelece a orientação fundamental da Nova Era do Espírito:

A suprema e maravilhosa novidade do Amor que inaugura a Nova Era é o encontro pessoal do ser humano com o Deus pessoal, em uma graça que nos introduz na comunhão divina, dando-nos poder fruir da Pessoa mesma do Espírito. É a plena felicidade, a reconciliação humana universal e profunda.

Não se estranhe a redundância do qualificativo pessoal. Essa ênfase sobre a pessoa está no coração da teologia de Tomás de Aquino. E seria uma das melhores razões de sua atualidade. Seria o bom momento de olhar para ela. Poderíamos talvez condensá-la, retomando aquele programa de Emmanuel Mounier, da necessária "revolução comunitária e personalista". Pois o processo de despersonalização ameaça o ser humano, a vida social e invade os campos da religião e da espiritualidade. Alastra-se o engodo por entidades, energias, luzes e harmonias divinas. Em Deus não se pensa e de Deus não se fala. Um Deus pessoal? Mas que atraso!

O véu do anonimato jogado sobre Deus é um amplo gesto que vem de setores ativos da Nova Era, mas se estende a vastos domínios da civilização ocidental. Que nossos leitores e sobretudo as (gentis) leitoras não se assustem. Mas se trata até de um negro véu mortuário. Pois o tema da "morte de Deus" fez furor a partir do anos 60, entrando pelos anos 70. A mídia o orquestrou com a técnica e a maestria que ninguém lhe contesta. Sobretudo porque a onda veio dos Estados Unidos, em cintilantes *best-sellers*, em amplas reportagens transbordantes de cultura, pontilhadas de certificados científicos do óbito de Deus, de convites para missas de sétimo dia, e amplas ilustrações. Pois para esses efeitos culturais a mídia sabe que existem Giotto, Fra Angélico, Miguel Ângelo, Rafael ou Picasso.

Mas se a morte de Deus dava tanto ibope é que ela correspondia a um vasto fenômeno social, cultural e mesmo religioso. Era a forte expressão simbólica de todo um feixe de fatos, atitudes, anseios, projeções e ressentimentos lançados contra a imagem ou a idéia tradicional de Deus. O fim desse milênio é marcado por um surto de emancipação, tendo na religião um dos alvos privilegiados. De ópio alienante do povo, ela passou a ser importuno depósito de tabus, oprimindo ou agastando até a fina flor da sociedade. Em certo momento, a malquerença virou para cima de Deus. Por que não ressuscitar o furor iconoclasta, por vezes genial, de F. Nietzsche? Pode-se deixar o ateísmo já um tanto desgastado para o uso e abuso dos velhos partidos e dos chefes um tanto idosos do comunismo estabelecido. Optemos pela morte de Deus. É mais ambíguo. Pode render e dar assunto para alguns anos e uns bons milhões de dólares. Rendeu e passou.

Para o teólogo, aí fica a questão de fundo. Qual o sentido da "morte de Deus"? Por que teria suscitado tamanho interesse? Uma análise mais serena descobre um duplo sentido, da maior relevância, nesse fenômeno permanente, em geral oculto ou ocultado, a que a mídia deu seu momento de esplendor. Primeiramente, a morte de Deus resume no choque de uma expressão um fato ou uma situação generalizada, tornada aguda hoje, mas que vinha abrindo seus caminhos desde o esfacelamento político e cultural da cristandade. No limiar deste livro, com Paul Tillich, caracterizamos pela "teonomia" o fenômeno típico da cristandade medieval. Ela tinha a pretensão de construir um modelo de sociedade em referência a Deus, apoiando-se na doutrina da fé, na lei e na autoridade religiosas. Em um primeiro momento, simplificando diremos: a "morte de Deus" é certificado de óbito desse tipo histórico de teonomia.

Um filósofo, por sinal bom discípulo de Sto. Tomás, já se tinha antecipado à mídia e aos pensadores a serviço dela: Jacques Maritain. Na linguagem serena e discreta que fica muito bem aos filósofos e, por que não, aos teólogos, Maritain formulou e explicou o fenômeno, em seu livro *Humanismo Integral*[6]. A cristandade medieval chegou a um tipo sagrado de humanismo. E sobre ele edificou um modelo de sociedade em plena consonância com a ortodoxia religiosa. É o que Tillich batizou "teonomia". Um pouco de grego não estraga nada, é o que diz com razão Molière.

Hoje, prossegue Maritain, entramos em uma época de mentalidade e de cultura leigas ou secularizadas. É o momento, propõe ainda Maritain, de nos bater por um "humanismo integral", buscando todos os valores e direitos humanos, em sintonia com as aspirações de hoje. A justa autonomia das instituições, dos sistemas, dos valores sociais, sua impregnação pelos valores humanos bem merecem a colaboração e mesmo a iniciativa dos cristãos, de quem tem fé. Levados por essa fé, terão o maior respeito pela autonomia da razão no plano temporal, na política, na economia e em todos os setores da vida social.

Mas há ainda um segundo sentido da "morte de Deus". Esta não seria apenas um fato ou uma situação histórica. No prolongamento desse fato, vem uma exigência de direito. A sociedade deve reconhecer e fazer valer que não precisa de Deus para se organizar e manter como uma ordem racional, plenamente humana, asseguradora de bem-estar para todos. Assim a teonomia teria tirado sua legitimidade e sua força do contexto histórico tecido por certa unanimidade religiosa, levando à aliança confessional da religião e do sistema político-social. Mas, de si mesma, a teonomia, como modelo ideal comportando a simbiose das instituições religiosas e das instituições políticas, seria, sob o ângulo da ética social, um verdadeiro desvio. Como não reconhecer o acerto dessa crítica que atinge em cheio o que se chamou o "agostinismo político", a aliança do trono e do altar, da religião e do poder, visando enfrentar os dissidentes religiosos? A cristandade não soube acolher a posição de Tomás de Aquino, que hoje pode contar com compreensão, ao menos parcial, vinda da modernidade.

Poderíamos aceitar que ele nos propõe uma teonomia, mas que venha precisamente afirmar e confirmar a autonomia humana. Explica-nos a mensagem evangélica como o convite dirigido a cada um e a cada uma para elevar-se até a intimidade de nossa pessoa com a Pessoa de Deus. Incita-nos então

---

6. J. Maritain fez uma série de conferências sobre o tema em espanhol, em Santander, na Espanha em 1934; e publicou o livro *Humanismo Integral* em julho de 1936.

a ter a maior estima de toda pessoa, por mais humilde que seja sua aparência, por mais minguado que seja seu prestígio, seu poder aquisitivo ou político. A pessoa é a expressão e a realização máxima que vem coroar todas as naturezas que vemos nesse mundo e podemos adivinhar entre os anjos. Mas havemos de desfazer nossas imagens e até nossas idéias de toda imperfeição e mesmo de todo limite: e aí pensar, admirar, amar a Deus com todas as prerrogativas, toda a inteligência, toda a incomparável capacidade de amar e toda a amabilidade de que a pessoa se reveste e que ela irradia.

Vamos acolher a Nova Era na esperança e na alegria. Mas você quer entrar pela senda traçada por Mestre Tomás, a mesma trilhada e balizada por Mestre Eckart, Tauler, Catarina de Sena, João da Cruz, Teresa de Ávila, Teresinha de Lisieux, Teresa de Calcutá, Edite Stein, sem alongar muito a ladainha de irmãs e irmãos, tão queridos? Pois então, por mais que estime dicas e caminhos, vindos do Oriente ou de qualquer outro lado, não se deixe jamais levar pela estrada fácil de pensar que Deus se identifica com energias, luzes, processos de emanações, fenômenos de toda espécie. Deus é a fonte de todas as energias, luzes e maravilhas sem conta que não dá para imaginar e a ciência ainda está por descobrir. Mas Deus é. Age e está em todos e em tudo. Mas sem ser envolvido e misturado por nada e por ninguém.

— Frei Tomás, dê-nos a mão. Ajude-nos a detectar as tentações manhosas do politeísmo, do panteísmo (tudo é Deus), do panenteísmo (Deus está misturado com tudo), do ateísmo (já que ele não foi esmagado com o desmoronamento do muro de Berlim, pois nasceu e vegetou sempre do lado de cá).

É claro que esses parênteses são explicações para nós, que aliás vamos vendo quanto chão escorregadio a Nova Era tem de palmilhar. Na sua caminhada, os romeiros do abade Joaquim de Fiore talvez fossem mais militantes. Porém, tinham menos imaginação e menos pretensão. Jamais poriam em dúvida que Deus é Deus. E que nós somos de Deus e para Deus.

Mas nós temos a felicidade e a responsabilidade de viver na modernidade, que já vai lançando umas pontas audaciosas para a pós-modernidade. Sem menosprezar a "inteligência emocional", vamos continuando a dar mais ênfase à inteligência do que à emoção, em atenção à sabedoria teológica de Tomás. Ele bem distingue no mesmo Deus: o Criador, que dá consistência e beleza às criaturas; e o Salvador, que nos atrai na autonomia da pessoa ao encontro íntimo e pessoal com Ele.

ESPÍRITO, HISTÓRIA E AÇÃO

Aventuremos uma segunda proposição, que desdobra os dados anteriores.

O Espírito anunciado como Salvador e Santificador é mesmo Espírito Criador. Apostando nele, a Nova Era há de proclamar e realizar a valorização do universo, da ação humana, da história, qual caminho a percorrer para atingir a vocação transcendente e eterna do ser humano.

Prosseguindo na trilha palmilhada e indicada por Mestre Tomás, seria bem interessante continuar sempre na linha do diálogo. E, sem romper o fio da meada, convém perguntar: como essa questão tem causado mais ou menos embaraço e como tem sido enfrentada nestes últimos decênios. Mesmo entre aqueles que professam o Evangelho, terá havido coerência, no olhar de quem se volta, com jeito de confiança, para o Pai dos céus e vai buscando, no trabalho e com os recursos da técnica, o pão de cada dia no seio da mãe terra? O mesmo Deus é adorado e aceito deveras como fonte de incentivo na busca da felicidade na terra e no céu, para si e para os outros?

As incoerências e os conflitos estouraram nas grandes crises deste século e abalaram profundamente os grandes teólogos. São mais do que conhecidos os estremecimentos e as reações de um Karl Barth, o pregador profético que despertava as consciências à transcendência de Deus, de sua Palavra e de sua Justiça divina que nada tem a ver com os tratamentos da pobre justiça humana. Pois bem, diante dos desmandos e dos crimes contra a humanidade, praticados por Hitler e o nazismo, Barth passa com armas e bagagens para as fileiras da "Igreja Confessante"; entendamos: de uma Igreja militante na formação das consciências e na resistência às iniqüidades de uma ditadura todo--poderosa.

Mais tocantes ainda são as aventuras e desventuras do indômito Dietrich Bonhöffer. Diante desse dilúvio de injustiças e calamidades, em um país "cristão", que por cegueira ou cumplicidade interesseira elegeu e sustenta o ditador satânico, como falar de Deus? Como denunciar pecados na miudeza do sofrido dia-a-dia, quando todos silenciam diante do imenso pecado que envolve a tudo e a todos? Mais radicalmente, o que é crer e por que crer em Deus? Essa fé e essa linguagem religiosas têm algum sentido, alguma pertinência ou qualquer utilidade? Não seria mais honesto, não haveria mais verdade em viver e agir "como se Deus não existisse", mas assumindo nossa responsabilidade, analisando, criticando e procurando mudar qualquer coisa que seja neste mundo intolerável? Apoiando-se no Deus dos profetas e na agonia de Jesus Cristo, Bonhöffer passou a conspirar para ajudar a liquidar Adolf Hitler. Foi traído, preso e executado.

Bonhöffer, como frei Tito[7] e tantos mártires das ditaduras modernas, merece ter um altar no coração de nós todos.

---

7. Frei Tito de Alencar Lima, líder estudantil, religioso dominicano, preso aos 24 anos e torturado pela ditadura militar, que conseguiu seu intento de romper-lhe o equilíbrio psíquico. Morreu no exílio em 1974. Tito "torna-se para nós um símbolo de esperança, esperança de que nenhuma das pessoas que são jogadas no monte de lixo pelos torturadores deste mundo é perdida e esquecida. Torna-se o símbolo daqueles cuja dignidade reivindicamos ao ver Cristo 'flagelado e atormentado, esbofeteado e crucificado, não uma mas um milhão de vezes', como escreveu nosso irmão Las Casas" (Frei Timothy Radcliffe, OP, Mestre da Ordem dos Pregadores). Ver "Tito, a Paixão", em FREI BETTO, *Batismo de Sangue*, 10ª ed., Ed. Bertrand Brasil, 1991, pp. 225-257.

Aqui o ressaltamos como caso-limite nesse drama de que ninguém pode esquivar-se diante da exigência absoluta da consciência, e sobretudo à luz de uma fé em Deus, quando o atoleiro da mentira, da corrupção, da violência assassina tem como insígnia: "Deus está aqui"[8].

O mesmo drama pode suscitar reações positivas e criativas, em corações generosos e sem dúvida trabalhados, mesmo que não o saibam, pela graça do Espírito (ajuntaria Mestre Tomás). Pensamos em outra figura admirável que vem a ser Albert Schweitzer[9]. Diante da situação do mundo contemporâneo, da fria indiferença, mesmo dos cristãos, reconhecendo a insuficiência dos esforços feitos em prol dos doentes e dos miseráveis, Schweitzer passa a ver e a ensinar que a essência da fé cristã é o amor e a defesa da vida. E, sentindo a inutilidade de denunciar os crimes e falhas da colonização e do colonialismo, Schweitzer, teólogo, artista, médico, parte para o Gabão e vai fundar e administrar um leprosário em Lambaréné. Nos últimos anos de sua vida, só voltava à Europa para dar concertos musicais, estimado pianista que era, em proveito de seus leprosos.

Dentro desse contexto de crises agudas ou desafios permanentes à criatividade e ao espírito de luta, ganha todo seu sentido a lição de Mestre Tomás, que ligou estreitamente Caridade e Justiça. Após as virtudes teologais, que apontam para a montanha da união contemplativa com Deus, Tomás desdobra o imenso planalto das virtudes morais, com grande destaque para o necessário discernimento pessoal, social, político que vem da prudência, e para a justiça, que é a virtude universal da promoção de todos os direitos para todos.

Quando Bonhöffer, Schweitzer e tantos outros mostravam a seriedade dramática do que é crer em Deus em um mundo que se vendia ou acomodava às ditaduras, entre nós, discípulos de Tomás de Aquino, como o dominicano J.-L. Lebret ou o grande líder e escritor Alceu Amoroso Lima, tentavam incentivar e planejar a ação social e política no sentido da justiça, da liberdade e da solidariedade. Pe. Lebret insistia: o Evangelho nos impele hoje a juntar técnica e caridade. Não somos programados para o fracasso, para a inércia e menos ainda para a omissão. Temos de empenhar-nos na ação em busca do êxito real e duradouro, a curto, médio e longo prazo, inscrevendo nas estruturas nossos sonhos e projetos de justiça. E apelava para a inspiração que vem da fé e da doutrina de justiça que aprendera de Tomás de Aquino.

É essa a teologia que pode abrir horizontes para uma Nova Era, que não venha a se esvaecer em evasões imaginárias e em lindas tiradas transcendentais sobre o além ou o porvir. O ponto-chave dessa teologia realista e coerente de

---

8. "Deus está conosco" era a divisa gravada na fivela do cinturão dos soldados de Hitler.

9. Albert Schweitzer (1875-1965). O admirável trabalho humanitário de Schweitzer lhe mereceu o Prêmio Nobel da Paz em 1953. G. SEAVER lhe consagrou o livro que o tornou mundialmente conhecido: *Albert Schweitzer, the man and his mind* (New York, 1955). Trad. espanhola: *Albert Schweitzer: el hombre y su obra*, Buenos Aires, 1964.

Mestre Tomás vem a ser esta compreensão de base: o Espírito salvador é o mesmo Espírito criador. A santidade que vem pela graça do Espírito assume, valoriza e restaura a criação. Para o homem e a mulher que acolhem a mensagem e o Dom da fé, a ação, em sua forma mais eminente, a ação social e política, é a grande estrada da marcha para Deus. O teólogo Tomás de Aquino dá um conteúdo pleno e real à palavra de Aristóteles: "O bem comum, o bem geral — visado pela justiça em sua universalidade — é divino, é diviníssimo". Ele assemelha a Deus, à Providência divina, o ser humano que se consagra à atividade política, não na escola de Maquiavel, em vista de obter o poder e nele se perpetuar, mas para servir a todos na forma mais eficaz e mais ampla, que é governar.

Havemos de ser coerentes até o fim. Na perspectiva de Tomás de Aquino, não se deve falar de cristianismo social. O cristianismo ou é social ou não é. O pietismo associal é profanação do sagrado, levando à degradação do humano.

URGÊNCIA DE UMA LINGUAGEM COMPREENSIVA E TOTAL

Formulemos de maneira um tanto didática este novo enunciado a debater:

Para abordar o ser humano na sua realidade total e em sua marcha para Deus, faz-se mister uma linguagem igualmente total e flexível, desdobrando-se em vários registros comunicantes: lógico, histórico, imaginário, estético. Destacam-se assim "jogos de linguagem" distintos, mas que se hão de entrosar harmoniosamente a serviço da promoção de todo o ser humano bem como do diálogo e da compreensão entre todos os homens e mulheres[10].

Do plano do conhecimento e da ação, havemos de passar ao plano da linguagem. A sabedoria religiosa e racional de Tomás de Aquino quer ser deveras uma compreensão integral do ser humano, em sua vocação de jardineiro cuidadoso da terra, ativo promotor de justiça e solidariedade na sociedade, peregrino do Absoluto, em romaria para Deus. Há nexo profundo entre a linguagem, a vida e a ação.

---

10. Mencionando os "jogos de linguagem", as diversas formas do falar em relação com as diferentes formas da vida, sugerimos que há certa urgência em aprofundar as intuições de L. J. WITTGENSTEIN, em suas *Investigações Filosóficas* de 1949. Em um domínio complexo e abrangente como a religião, empregam-se vários jogos de linguagem. Não há de haver entre eles concorrência, menos ainda rivalidade. Todos são necessários: os jogos da linguagem lógica, simbólica, histórica, estética; e se devem entrosar e completar mutuamente. O que tentamos realizar no plano da articulação dos jogos da linguagem corresponde ao empenho de um trabalho interdisciplinar no plano da inteligência, na linha de Edgard Morin, por exemplo. Na perspectiva deste livro, Tomás de Aquino é um precursor na busca de um paradigma teológico rigoroso e flexível, atento à complexidade e ao dinamismo do pensamento e da linguagem.

Sobre esses temas, são riquíssimas e, no entanto, inexploradas a doutrina e a prática de Mestre Tomás, especialmente em suas exposições sintéticas sobre os carismas de conhecimento, de ação e de comunicação. É a hora de tentar respigar algo dessa seara imensa, tendo sempre os olhos voltados para os estilos e torneios mais em uso na Nova Era. Quando se tem em vista a função social da linguagem, especialmente em momentos de incandescência revolucionária e de tensão cultural, dois fenômenos se impõem com força à reflexão do cientista ou do filósofo, mas sobram também para nossa simples inteligência do comum dos mortais:

— A primeira é a ambivalência, e até mesmo a polivalência, a que está exposto todo gênero ou tipo de linguagem.
— A segunda é a concorrência entre as várias formas de linguagem, o que leva a privilegiar umas delas e segregar e até mesmo excluir outras.

O leitor, que tem sempre carradas de razões de andar apressado, pode ir logo pondo à prova essas simples indicações, folheando algum dos escritos sem conta em torno de esoterismo, espiritualismo, orientalismo e mais temas quentes e bem vendidos da Nova Era.

Para ajudá-lo, no entanto, vamos espichar um pouco nossa análise com um olho em Tomás e o outro mais voltado justamente para a Nova Era. O amor à verdade torna Tomás de Aquino atentíssimo ao que chamamos a ambivalência. Miremos a ambivalência, primeiro, em seu sentido estrito da palavra que resvala entre o sim e o não. Ela interessa demais às discussões éticas, políticas e mesmo familiares, em que surge esse lado escorregadio das palavras e julgamentos de valor, levando-os a deslizar entre o positivo e o negativo, entre o bem e o mal. Às vezes se trata de verdadeira polivalência ou polissemia. Cada palavra vira um baú de sentidos os mais diversos. Ou, no calor da discussão, resplandece como ferro em brasa e joga faíscas em todos os sentidos e com todos os sentidos possíveis. Vejam o que quer dizer energias em um discurso espiritual ou esotérico. Força interior, influxo dos astros, da terra, do sol, da lua, do ar, das pedras, das plantas, dos anjos, dos seres divinos, ou simples mas preciosas emoções, sugestões e outros estados de alma positivos. Como desejo ao leitor as energias mais positivas e salutares, rogo-lhe encarecidamente que faça a escolha do que há de melhor.

Já sabemos, na linha da "inteligência emocional", se carregamos a mão no "emocional", iremos dizer: optemos por tudo aquilo que favoreça boas emoções, ajustadas para continuar e avançar no emprego, para ajudar a manter o tônus e a compreensão na família, na empresa. Mestre Tomás dá grande importância à exata simbiose de inteligência e afetividade, rebatizada de "inteligência emocional". No entanto, ele trabalha e nos convida a trabalhar com a inteligência em toda a sua amplidão e sua capacidade de reflexão universal e flexível. Não se trata de lançar o QE contra o QI, ou vice-versa. Mas de ter aquele discernimento que joga com um ou com o outro, articulando-os como convém. Pois a realidade é complexa, e a linguagem lhe acrescenta a sua bendita polissemia ou sua sagrada polivalência.

Em quase todos os cantos e recantos de sua síntese, Tomás lança mão da analogia, batendo-nos nos ombros em tom amistoso: "veja uma palavra como energia ou graça (já sabemos que, para a tradição cristã oriental, podem ser sinônimas). Tem uma imensa variedade de sentidos, guardando certa referência a um dado ou a uma semelhança comum. Analise, veja se dá para discernir: o que cada um desses sentidos tem de comum e o que encerra de diferente". Aqui fica a sugestão de Mestre Tomás, que transmitimos com certo empenho: navegar pelos mares da polissemia pode ser gostoso ou certamente menos trabalhoso. Mas aí se aceita avançar para as regiões da ambigüidade e se abandonam as boas oportunidades do diálogo. A Nova Era é saudada como a nebulosa portadora de felicidade, de compreensão e de paz. Mas, se a envolvemos na outra nebulosidade das idéias mal definidas e da linguagem ambígua, estamos longe de lhe dar boas-vindas e de lhe favorecer a caminhada.

Outra armadilha escondida na linguagem, especialmente em momentos de efervescência social e cultural, é a concorrência, aqui muito desleal. Pois ela tende, por exemplo, a desqualificar toda uma família de palavras, em geral os termos próprios e bem-ajustados, em proveito de palavras que algum malicioso vai dizendo sem família, mas que têm alto poder sugestivo e nenhum significado preciso. Mas além desse primeiro exemplo de toda a hora, pois é uma das especialidades da mídia, a concorrência na comunicação verbal comporta um jogo mais amplo e de uma relevância decisiva. É a escolha de um gênero de linguagem com a exclusão de todos os outros. Aí vai uma ilustração meio antiga para que fique claro que esse vezo não é de hoje. É humano, muito humano, mas hoje está correndo o risco de sair do humano e voltar para o emaranhado das selvas. A ilustração vem deste patriarca da filosofia grega que é Platão. Até com certa violência, forcejava mesmo para expulsar de sua República ideal nada mais nada menos que os poetas. E no seu belo intelectualismo, que se torna por uma vez intransigência, esse tão poético Platão estigmatiza Homero e as grandes epopéias, descartando-os como indesejáveis baús recheados de mentiras. Era o terrível rótulo com que queria desqualificar os mitos, as lendas, as histórias e descrições imaginosas do Olimpo, dos deuses e deusas da terra, dos céus, dos infernos.

Note-se que, por via das dúvidas, antes de fechar seu poema, Camões toma pela mão as gentis divindades que ostentam nos *Lusíadas* suas belezas, com alguma seda e toda a transparência, e as leva como à boca do palco para que se escusem e se expliquem: "Aqui estamos; vejam que somos lindas, lindas mesmo de morrer. Não se deixem empolgar. Não fazemos concorrência ao austero monoteísmo de vocês. Somos umas fugazes figuras de estilo, para produzir somente 'versos deleitosos'". Bem aconselhado, na certa por amigos dominicanos, o poeta não ignorava que os censores da santa Inquisição, embora se deixassem encantar pelos versos deleitosos, poderiam ter parte com aquelas tais idéias exclusivistas de Platão.

Mestre Tomás enfrenta o problema, desde o limiar de sua síntese, a *Suma Teológica*[11]. Que linguagem deve falar a "Sagrada Doutrina", esse saber que é ciência e sabedoria, estendendo-se ao plano da inteligência teórica e prática. Ele esboça aí sua opção bem ampla, deveras compreensiva e abrangente. Menciona e aprova o uso da linguagem descritiva, histórica e simbólica, que tem um lugar imenso senão preponderante nas Sagradas Escrituras. No entanto, no conjunto de sua obra, segue a linguagem plenamente lógica e bem elaborada. Trabalha com conceitos bem definidos e com o encadeamento de raciocínios que visam ao máximo rigor e à mais perfeita coerência.

Interpretando a teoria e a prática do Mestre, convém atualizar-lhe a expressão. A isso nos leva o contexto moderno, marcado pelos progressos e exigências da hermenêutica. Mas sobretudo é urgente destacar os pontos que se tornam deveras cruciais neste diálogo a que nos convida a Nova Era.

A Nova Era privilegia a linguagem imaginária e a mentalidade científica, em vista de tecer uma representação total e ideal da humanidade e do cosmo. Ela se apóia sobre a aspiração generalizada, que busca uma visão holística da realidade, na qual se possa inscrever o ideal de um processo ascensional tanto do ser humano como de todo o universo. Semelhante linguagem é dotada de um imenso potencial afetivo, tendo uma grande afinidade, senão uma identidade, ao menos parcial, com a chamada "inteligência emocional". Nesse plano imaginário e afetivo ou emocional, em companhia ou à semelhança dos movimentos entusiastas, pentecostais e carismáticos, a Nova era vai ao encontro das formas de comunicação da mídia em suas expressões mais quentes. Assim, se esvazia a possibilidade de uma verificação científica e de uma reflexão racional em termos rigorosamente lógicos.

A posição de Mestre Tomás e a compreensão que nos dá do ser humano e da sua vocação ganham em relevo ao se confrontar com a cosmovisão que se depara na Nova Era. De forma pioneira, a síntese de Tomás é holística. Ela assume deveras esse ideal de saber e de linguagem totalizantes. Busca realizá-lo ou ao menos torná-lo viável, indicando as condições e os critérios da "sabedoria divina e humana". Esta retoma e prolonga o projeto da filosofia em sua versão grega, sobretudo segundo Aristóteles. Mas pretende essencialmente dar uma elaboração consistente e operacional à mensagem bíblica, como plano divino global, respondendo às questões da realidade, do sentido, do destino do ser humano e do universo.

Uma visão holística imaginária, afetiva, tecida de elementos tomados de empréstimo à mentalidade científica não poderia satisfazer a essa exigência da "sabedoria divina e humana" de Mestre Tomás? Ela poderia, sem dúvida, integrar-se total ou ao menos parcialmente nessa síntese, contanto que se tenha a modéstia de reconhecer o provisório como provisório, o hipotético como hipotético, e as aspirações inverificáveis como inverificáveis. Embora todos esses elementos, intelectualmente frágeis, possam ser acolhidos como fontes de energia e de coragem para marchar.

---

11. Cf. *Suma Teológica*, I, q. 1, arts. 6, 8, 9-10.

Quem sabe, graças a esse contato com a Nova Era, a visão holística de Mestre Tomás revelará melhor sua teoria, sua prática e suas exigências, no tocante à linguagem. A linguagem aqui vai ter um papel delicado de prima--dona, que joga a voz para cima e para baixo, em escalas sublimes mas intermináveis; dança em passos rápidos e miudinhos, lança-se em saltos empinados ao máximo e se deixa cair na horizontalidade perfeita. Pois a linguagem deste complexo ser humano, ainda mais se ocupando de coisas divinas, tem de guardar sua audaciosa e modesta pretensão de totalidade. Estará a serviço de uma inteligência que se abre à busca da verdade, igualmente em sua universalidade, guiando-se pelo sentido da analogia, da lógica e do mistério.

Umas simples indicações nos desvendam a delicadeza desta linguagem, com a nobre missão de prima-dona.

Apesar dos escrúpulos de Platão, a linguagem *deve ter uma dimensão imaginária*. Havemos de recorrer de maneira consciente e crítica aos mitos e aos ritos, no empenho de comungar com a ingenuidade viçosa, intrépida de sua mensagem sobre os fundamentos e as origens primordiais, para além da história e da ciência. Os mitos não se podem superar, menos ainda abolir. Eles nos fazem pensar, sem partir à deriva de uma inteligência puramente instrumental, técnica, utilitária, mas navegando confiantes nas forças da inteligência que busca a verdade dos seres e do Ser. Hoje, os progressos da hermenêutica bíblica, textual, histórica, como método e como reflexão elaborada, nos levam a ir mais longe que Mestre Tomás, porém no rumo que ele seguiu e indicou[12].

Nessa mesma perspectiva de fidelidade à realidade do ser humano como projeto em busca da verdade, acolhemos o modelo ou o método (epistemológicos) empregados e recomendados por Tomás de Aquino no que toca à *dimensão histórica do saber e da linguagem*, especialmente no campo do que ele batizou "sabedoria divina e humana". Entenda-se a história antes de mais nada como uma propriedade dos seres deste nosso mundo, especialmente do ser humano. Seu existir, sua vida e, sobretudo, sua vida espiritual constituem um processo, uma identidade que se desdobra, se afirma e se desenvolve no tempo, em um ritmo mais ou menos regular, através de fases ou etapas, que se sucedem e se adicionam, com mais ou menos segurança.

A história-narração, memória coletiva e reconstruída do passado, é importante, mas comecemos por reconhecer que é uma camada cultural, mais ou menos fiel à historicidade vivida. Hoje, há muitas práticas terapêuticas, pedagógicas, algumas disciplinas científicas que valorizam grandemente a história viva das pessoas, das famílias e dos grupos. A história, evocação e laboração dos fatos e dados do passado, quer das sociedades particulares, quer da sociedade humana, é igualmente muito bem estudada. No entanto, no plano das mentalidades, na chamada cultura geral que impregna nossa civilização, a

---

12. Um jovem teólogo brasileiro nos dá uma bela ilustração desse método e desse paradigma teológico, recorrendo à etnologia e à psicologia analítica de C. J. Jung para estudar um caso típico da religiosidade popular brasileira bem como as condições de um diálogo inter-religioso. Ver Pedro IWASHITA, *Maria e Iemanjá*. Análise de um sincretismo, S. Paulo, Paulinas, 1991, 506 pp.

história enfrenta uma concorrência muito desigual. É a força da informação veiculada, ou melhor, difundida pelas ondas da mídia. Essa informação se aproxima, mais e mais, do ideal da instantaneidade. Ela suprime as distâncias do espaço e as diferenças do tempo. E semeia, rega e faz brotar a ideologia inocente de que a derradeira vaga do moderno é a ponta do progresso nos empurrando sempre para a frente.

Tomás de Aquino e seus contemporâneos se viam envolvidos em uma mentalidade inteiramente oposta, da qual o Mestre se livra, mas nem sempre. Era a visão da beleza, da perfeição das origens. O primeiro casal deve ter sido criado com uma maravilha de conhecimentos e capacidades de ação, pois era a fonte da humanidade. Assim, os Apóstolos deveriam ter sido enriquecidos com todos os dons de ciência e sabedoria, possuindo de antemão os conhecimentos que a evolução da teologia só iria desdobrar nas épocas posteriores. Pois não eram eles os princípios da Igreja, de quem todos os outros fiéis receberiam o saber através dos séculos? A perfeição do começo só se reencontrará no fim do percurso, seja da humanidade seja da religião. Faltava aos antigos, aos medievais as perspectivas evolucionistas que nos são familiares. Mas corremos o risco de absolutizar a evolução em proveito do hodierno e do moderno, o que é bastante válido no campo da técnica e em geral da ciência, não da sabedoria, da ética e da prática moral.

O discernimento se faz tanto mais necessário quanto os deslizes podem vir de lados opostos. Assim, em todos setores e domínios, ameaçam-nos os fundamentalismos engarranchados em algum começo maravilhoso de perfeição total de doutrinas e costumes. Ou se corre o risco contrário de andar atrás de nebulosas prometedoras de felicidades e perfeições. Estas se dão como o bilhete sorteado para todos nós. A bem-aventurança vem mesmo, porque o amanhã é infalivelmente sempre melhor, mesmo que ninguém assuma a responsabilidade de corrigir os erros e os desmandos do presente.

O espírito compreensivo, mas crítico, que se vê em Mestre Tomás impele seus discípulos de hoje a buscar e cultivar o sentido da historicidade, do vir--a-ser histórico, bem como o sentido da história, entendida como a evocação bem informada e a apreciação judiciosa da marcha da humanidade, da cultura, da ética, da religião. Esse duplo sentido conexo da história vem a ser a matriz da sabedoria humana e da responsabilidade pessoal e social. A compreensão do entrosamento, da sinergia da "natureza" e da "graça" inclina a teologia de Tomás a ver nesse sentido da história, nessa sabedoria humana e nesse despertar da responsabilidade, o ponto de inserção da "história da salvação", da presença do Espírito, qual força transformadora do livre agir humano, dos projetos pessoais e sociais, da orientação global da civilização.

A Nova Era nem cairá do céu nem está inscrita nos astros e nos signos. É de fato uma grande e firme esperança, prometida e assegurada pelo Dom histórico do Espírito, que não é fonte infalível de prodígios nem de emoções garantidas, mas suscita e exige a docilidade a seu amor e uma responsabilidade lúcida, ativa e mesmo criativa. Chegaremos a atualizar hoje o que Mestre Tomás respondeu aos partidários da Nova Idade de seu tempo?

NOVA ERA, MARCHA ECUMÊNICA

Está aí um vasto ponto de encontro e desencontro da Nova Era do Espírito de Tomás de Aquino com certas correntes de idéias, sonhos e doutrinas que apontam para os horizontes da Nova Era, digamos de Aquário. Os encontros nos parecem mais profundos, pois correspondem à coincidência do que há de humano e natural na busca do viver e do conviver, em um mundo que vai se tornando uma encruzilhada que as pessoas e os povos não podem esquivar. Os desencontros se fundam mais nas doutrinas e velhas incompreensões de uma humanidade que viveu separada durante milênios, em situações de ignorância recíproca ou de conflitos e de lutas. Agora, em uma fase inicial, no milênio do primeiro encontro, começa por verificar as diferenças e mesmo as malquerenças.

À luz dos grandes dados cristãos e da síntese elaborada por Tomás, o que predomina é a nota positiva da esperança. O essencial nos leva à união. A experiência das polêmicas, das controvérsias das religiões é antiga. Enquanto as experiências de diálogos e entendimentos são mais recentes, ainda não deram o que podem dar. Com certa amargura, mas verdadeira lucidez, analisando as religiões nos fins do século passado e começos deste século, S. Freud sentenciou: "Toda religião é uma religião de amor para os seus partidários, mas de ódio para os que lhe são estranhos". Comparava a religião ao exército. E via uma e outro congregados por um laço libidinoso, unindo a multidão a seu chefe, em uma aglutinação de defesa de si contra os adversários[13]. Teólogo, "Doutor da Verdade católica", Tomás proclama: "A Igreja é comunhão de todos os homens e de todas as mulheres com Cristo cabeça, estando unidos a Ele e entre si pelo Espírito de Amor". Na medida em que correspondia a uma realidade histórica, a análise de Freud não tocava essa Igreja do Cristo e do Amor, mas denunciava, com razão, sua monstruosa e blasfematória caricatura.

Sem dúvida, a visão da Igreja, comunidade de Amor, tal qual a formulou Tomás, pode se prestar a leituras restritivas. Olhemos para o exemplo que está na origem da cristianização, infelizmente aglutinada com a colonização da América. Muitos colonizadores apontavam para os "índios", isto é, para os povos que tinham todos os direitos de viver e de usufruir deste continente, e os declaravam pagãos, pois não eram batizados e não professavam a fé ortodoxa da Igreja. Um dia, se se convertessem (e aceitassem a sujeição aos reis católicos, cláusula não teológica, mas de validade prioritária), entrariam para a Igreja como membros do Corpo místico de Cristo. Eles falavam de longe, sem conhecer os índios e utilizando retalhos de teologia, arrancados à síntese de Mestre Tomás. E então diante do diz-que-diz, do chove-não-molha de tanto eclesiástico zanzando de um lado para o outro diante do rei, dos minis-

---

13. Cf. S. FREUD, *Psicologia de Grupo e a Análise do Eu* (escrito de 1921), em *Obras Psicológicas Completas*, Ed. Standard brasileira, vol. XVIII, pp. 95-131. Interessa-nos particularmente o cap. V, que estabelece a comparação da Igreja e do exército.

tros e da corte, surge um missionário dominicano que é para nós o discípulo modelo de Mestre Tomás, frei Bartolomeu de Las Casas. Ele abre a *Suma Teológica*, Terceira Parte, questão 8, e proclama: "Os índios são verdadeiramente membros de Cristo". E argumenta como quem se identifica com os Índios, como quem os conhece de perto e com imensa simpatia por tudo que é deles e o que eles fazem, e com todo amor por eles. Tanta gente batizada, enchendo as igrejas, não tem as virtudes, a bondade, a pureza, os bons costumes e as boas leis que eu vejo nesses índios. Donde lhes vem toda essa bondade? Do coração deles tocado e movido pela graça de Cristo, de quem são deveras membros, e ele é a Cabeça que os dirige, os anima, os une a Si. Las Casas amou e acertou. Porque, como ensina o mesmo Mestre Tomás, retomando a expressão de Agostinho: nas apreciações das coisas e pessoas, das situações complexas e carregadas de transferências afetivas, "o verdadeiro discernimento brota do amor".

Esquecendo todas as malquerenças que jorram dos olhares lançados de fora e de longe sobre os outros, o ecumenismo é a grande graça do Espírito de Amor oferecida hoje à humanidade. Sem dúvida, milênios de desentendimento entre os seres humanos, como milênios de dominação do homem sobre a mulher, não se podem desfazer facilmente em alguns poucos anos.

Tentemos reunir algumas grandes evidências que já nos aproximam e podem nos congregar mais e mais. São ainda uns fachos de luz abrindo sendas de esperança dentro da noite. Mas quem é que não está aí ansioso por despertar a linda aurora da sonhada reconciliação?

É mais sábio e mais simples começar por desentulhar os caminhos, varrendo e jogando na lixeira uns tantos preconceitos. É a primeira grande lição de amor à verdade que aprendemos de Mestre Tomás. Nada de enlamear e desqualificar como adversário qualquer um de nossos parceiros, ao menos virtuais, de diálogo. Por que propalar que a Nova Era é hoje uma imensa conspiração, urdida não se sabe onde nem por quem? Há sem dúvida confluências de interesses econômicos em divulgar novidades e curiosidades. Vendem-se mais livros e outras publicações que mostram a nudez de Noé, de qualquer personagem venerável, como aliás também de qualquer anatomia mais caprichada. Ocultismo, esoterismo, exotismo têm um mercado mais amplo, mais acolhedor e mais rentável. Mas isso é a lei universal do sistema geral que aí está, que merece análise e crítica, mas que não melhora e avança à força de xingatórios, de resmungos nem mesmo de excomunhões.

O lado negativo dessa primeira evidência é que a Nova Era merece pelo menos simpatia e exige sem dúvida muito discernimento. Trata-se sempre daquele discernimento que "brota do amor", na frase lapidar tão do jeito de Mestre Tomás de Aquino. Já estamos até um tanto familiarizados com aquele outro de seus *slogans*: "Mesmo saindo da boca do demônio, toda verdade procede do Espírito Santo". Voltando a olhar a Nova Era qual nebulosa, desmedida no tamanho e nos contornos, nela se descobrem verdades informuladas ou formuladas em linguagens vaporosas, importadas na pressa e sem caprichar na tradução. É um pouco como este querido computador que pode até exibir uns bonés de caboclo, mas vem trajado mesmo é de gringo, por sinal afável e que se quer fazer entender.

O curioso é que as queixas contra as linguagens herméticas das novas espiritualidades vêm das religiões tradicionais, que em matéria de hermetismo não perderiam concurso algum. A grande lei do diálogo é confrontar o melhor de si mesmo como o que há de melhor no outro. Não se comparem subprodutos. Menos ainda, não se vá eliminar o parceiro do diálogo jogando os nossos melhores produtos em cima dos subprodutos dele, e que ele mesmo está tratando de descartar. Na economia vale a concorrência honesta e leal. No encontro inter-religioso, vale o que se pode chamar a "emulação positiva", a valorização do que há de melhor e de mais luminoso, venha de quem vier. O ecumenismo se inspira no amor à Verdade, na consciência de que grupo algum é perfeito, mas que todos temos algo de bom a dar e a receber.

Para quem tem medo das "invasões" de seitas e heresias, a sugestão que um discípulo, um "orientando" de Tomás de Aquino daria, olhando assim meio interrogativo para o Mestre, seria mais ou menos assim: deixe este pânico para lá. Viva e espalhe o que há de melhor na sua comunidade e na mensagem que ela apregoa. Você alimenta suas desconfianças contra a "oração transcendental"? Apele mesmo para seu discernimento. Mas, aqui entre nós, você freqüenta a oração de Teresa de Ávila, de João da Cruz, de Edith Stein, de Isabel da Trindade, ou de algum mestre da comunidade a que (graças a Deus) você pertence?

Dialogar é preciso. Tal é bem a insistência e a prática que recebemos de Mestre Tomás. Às vezes, o diálogo dá para fácil e gostoso. Mas quase sempre é um tanto difícil e muito exigente.

ENFIM, O ELDORADO. A MÃE TERRA

Ainda um ponto de encontro ou de desencontro para a humanidade em marcha, digamos, rumo ao Eldorado. A ecologia tem espaços comuns com a Nova Era, embora, comparada ao conjunto dessa imensa nebulosa afetiva, tenha uma maior consistência no plano do saber e da ação.

Desde os anos 60, para os espíritos mais lúcidos e informados, a ecologia, em suas tarefas essenciais de defesa e de preservação da vida e do seu ecossistema, é a questão essencial e crucial de sobrevivência para a humanidade. Como a mídia mostra ou poderia mostrar por ocasião dos grandes debates internacionais, essa questão humana por excelência é ocultada pelos grandes interesses econômicos. Estes, com luvas de veludo, encobrindo mãos de ferro, dominam e orientam a política e filtram a informação no que toca aos mais graves problemas planetários.

Já em 1968, o chamado Clube de Roma alertava o mundo da ciência e da tecnologia, bem como a opinião pública em geral, sobre a situação de calamidade que o sistema econômico-industrial de consumismo e de desperdício está preparando em todo o planeta e para todo o planeta. Em atendimento a essas advertências, alguma coisa se tem feito, embora mais em termos de panos quentes para acalentar a opinião pública, como por exemplo a recuperação de materiais e objetos descartáveis. Mas nesse domínio, como em tantos outros da maior gravidade, a política dos grandes países industrializados é influenciada, senão ditada, por suas grandes forças econômicas.

Uns vinte anos após o alerta do Clube de Roma, Hans Jonas lançava o livro *Princípio-responsabilidade*, colocando a ecologia como o problema ético da humanidade: "Sê responsável ou morre!" Não há outro caminho: começar a conviver, cultivando nosso jardim. Esse imperativo não decorre de uma simples reflexão teórica. A obra bem documentada e bem pensada de Hans Jonas quer mostrar que se trata de um grito da natureza, da natureza das coisas e da natureza humana. É o apelo da humanidade presente e sobretudo das gerações futuras. Elas têm o direito de receber um mundo em que possam respirar. Onde seja possível uma vida digna e sadia.

A ecologia não pode ocupar a opinião pública somente quando a mídia se digna pôr em relevo alguma proeza dos jovens idealistas do Greenpeace. Ela é a grande questão de consciência, muito especialmente para quem crê que a terra e a vida são criação de Deus.

É verdade que em torno da "Mãe Terra" surge uma corrente, de feitio místico, que estabelece a ponte com as aspirações e sonhos da Nova Era. Evoca-se a diva "Gaia", a Terra divinizada. Esse culto com jeito de adoração pode ser apenas expressão de ternura e carinho. Entraria assim no registro de linguagem extática, que solta esta aparente contradição: "Que criatura adorável", para render culto à lindeza de uma menina. E a todo o suave feixe de esperanças que ela vai de leve despertando.

Já conhecemos a doutrina firme e flexível de Mestre Tomás, que prolonga e aperfeiçoa, como de costume, a visão de Aristóteles, aproximando-a da sabedoria das Sagradas Escrituras. A vantagem inestimável é que com a Bíblia, Tomás e Aristóteles, ficamos no realismo do conhecimento, do amor e da ação. Tal é a contribuição mais preciosa e oportuna que se pode trazer ao lindo sonhar da Nova Era. Relembremos o ensino de Tomás, o dado essencial e mais pertinente para a questão ecológica. Já vimos, no seu tratado da *Justiça*, o mestre aborda o tema da propriedade e do uso das coisas, dando uma atenção primordial à terra. A propriedade é um direito e uma responsabilidade. Pois os bens materiais e sobretudo a terra foram destinados por Deus para o bem de todos os seres humanos. A propriedade é legítima, benéfica e louvável, na medida e só na medida em que venha a ser a melhor maneira de assegurar essa destinação universal da terra e dos bens, permitindo e estimulando a iniciativa e a maior produtividade a serviço de todos. A olhar as coisas segundo o ideal (como o fez Platão), a forma perfeita seria a comunhão dos bens. Mas, vendo o ser humano tal qual é, o regime comunitário levaria ao descuido e a uma produtividade reduzida e até nula, seria o resultado da inércia de muitos. Em geral, o comum dos seres humanos cuida mais do que é seu e negligencia o que é comum. A propriedade particular é concretamente a melhor forma de estimular a iniciativa e dar a todos a oportunidade de ter o necessário e de partilhar com os outros os frutos da prosperidade.

A plena legitimidade ética de uma forma e de um sistema de propriedade está assim ligada a esta condição: que a posse e a gestão dos bens sirvam para a utilidade geral. Em rigor, para Tomás, não se pode falar da propriedade, especialmente do solo, como de um direito absoluto. Ele tem uma dimensão social. Um dever imanente à posse e a seu usufruto impõe ao proprietário, não um código de obrigações, mas a responsabilidade de usar de sua iniciativa, de valorizar a terra e de se valorizar pelo trabalho, para proveito seu e dos seus. Dessa forma, a partilha eqüitativa da propriedade, do trabalho e de seus frutos, concorrerá para o bem geral.

Também nos ensina Mestre Tomás que o direito de propriedade não nos autoriza a usar e abusar das coisas, desperdiçando, poluindo, semeando deserto e entulhos a nosso bel-prazer. Chega a dizer que não podemos tocar na "natureza das coisas" que a Deus pertencem, só nos foi dado o uso razoável desses bens para o bem da humanidade de hoje e da que virá depois dela.

Essa visão ética e teológica é simples. Não endeusa a mãe terra, pois que ela está a nosso serviço. Mas nos lembra nossa imensa responsabilidade de respeitar a criação de Deus e de tratá-la com inteligência e carinho, para o nosso bem e de todas as gerações que hão de vir.

Semelhante doutrina da destinação de todos os bens para a felicidade de todos não coincide com a canonização de nenhum sistema econômico. Ela ilumina e estimula a busca de modelos éticos e jurídicos que sejam justos e ajustados: justos porque satisfazem e promovem os direitos econômicos e sociais para todos; e ajustados, operacionais, na medida em que favorecem a produtividade, a iniciativa, a concorrência leal, todos os bens e valores propriamente econômicos.

Essa visão de Tomás de Aquino revela hoje mais ainda sua riqueza de sentido e de conseqüências, na perspectiva do maior saber e do maior poder de que se dispõe para cultivar ou devastar a terra. Maior poder, maior saber levam a uma maior responsabilidade. Mestre Tomás, pensadores como Hans Jonas, todos quantos vão abrindo os olhos à beleza e às exigência de nosso ecossistema se encontram, no limiar da Nova Era. Sabem que ela não baixará dos céus nem está inscrita em lugar algum em nosso querido planeta, ou nos astros que dançam o lindo baile deles no espaço sem fim. A Nova Era de verdade há de ser uma valsa do sonho e da razão, do idealismo e do realismo, de esperança e de felicidade, planejando e ativando projetos técnicos de desenvolvimento.

Esperar sonhando e construir com empenho, com razoável fadiga, a verdadeira Nova Era, é o programa que nos pode unir no Eldorado que nos foi dado como jardim-paraíso a cultivar. A globalização da técnica, da economia, da comunicação, do intercâmbio de bens, de interesses, de idéias e ideais pode encaminhar-nos a uma fraternidade sempre difícil, sempre a conquistar. Mas ela está nos planos de Deus e já está bastante antecipada na consciência dos direitos humanos universais e em todos os movimentos que tentam realizá-los com energia e paciência.

A MÍSTICA DAS MÃOS DADAS E CALEJADAS

A Nova Era do Espírito não há de apregoar apenas uma mística das mãos puras. Ela há de promover a mística das mãos puras, das mãos dadas e calejadas.

Nos tempos de Vinícius de Moraes e de Tom Jobim, quando a conversa subia um pouco, um deles proclamava: "Isso dá samba!" Em nosso contexto mais prosaico, quem sabe alguém vai logo gritando (com alguma ternura): Mestre Tomás de Aquino, isso está dando uma boa "questão disputada". Uma simples "questão quodlibetal", responderia ele ou um de seus orientandos.

A Nova Era do Espírito que Tomás de Aquino nos aponta é essa atitude de confiança e de compromisso. Sem dúvida, havemos de exorcizar a corrupção, sobretudo a corrupção elegante que faz corpo com os sistemas e com o sistema global de nossa civilização consumista. Mas o que há de inspirar e confortar essa luta, junto com a mística da terra e da fraternidade ecumênica, é a mística das mãos calejadas que se dão em amplo gesto de compreensão, tecendo uma imensa ciranda fraterna, abraçando carinhosamente a terra e a humanidade. E não se perdem na evasão piegas, quando se erguem em ritos festivos, na ação de graças ao Primeiro Amor. Pois o Amor está no princípio, no meio e no fim de todo ser e de todo viver, inspirando um retorno que é o gosto de amar e de ser amado.

Há certas constatações que não podem ser dissimuladas. Nota-se que romeiros da Nova Era, acalentando lindos sonhos, vêm por aí com uns ares de desdenhar os problemas humanos e sociais. Podem assim até contar com a simpatia dos sistemas conservadores, que descartam esses problemas ou os suportam de mau humor, como pesados custos da produção, a somar com a manutenção e a renovação do maquinário. E não é que certo tipo de espiritualidade se mostra avesso à crítica construtiva das instituições e estruturas? Mais ainda, o fenômeno dá de se agravar, pois a Nova Era estreita relações com certas formas pentecostais e carismáticas, que se deixam levar pelo pietismo associal.

Dialogar é preciso. É uma das primeiras lições que se aprendem com Mestre Tomás. Mas o diálogo só será possível se não se esvaziar o amor de sua dimensão universal, nela incluindo com primazia a solidariedade social. Como os paladinos da Nova Era iriam se encolher atrás de muros e de grades, refugiando-se na busca exclusiva dos direitos civis e liberais, para proteção e segurança dos privilegiados? Poderia haver segurança e paz na cidade sem a valorização e a promoção dos direitos econômicos e sociais, sem emprego, sem educação, sem saúde, sem habitação acessíveis a todos?

O que dá credibilidade às esperanças da Nova Era é este pedaço de caminho andado e este bom começo de encontro. Há um consenso já bem amplo nesta convicção: queremos e podemos buscar e mesmo rasgar os caminhos da concórdia dentro da liberdade e do respeito das diferenças. Mas não dá para esconder. Há uma linha de prioridades e de coerência inaugurada pelos profetas bíblicos e que se condensa no critério inexorável e misericordioso de Jesus: não cuidar dos necessitados é excluir-se do Reino de Deus. O que significa, hoje: é querer fazer deste nosso mundo um triste orfanato ou um campo de concentração, na base do arame farpado e de cães bem adestrados, sem lugar de repouso e lazer nem mesmo para as elites do dinheiro. É uma ilustração trágica, é o avesso feioso do maravilhoso programa traçado pelo Apóstolo Paulo no que se chama o Hino à caridade (1Cor 13).

O realismo de Tomás dá uma expressão teológica e ética a essa mensagem das Escrituras. Ainda que todos nos entendêssemos, "na língua dos anjos", levantando aos Céus nossos louvores, mas se vivêssemos acomodados em um mundo de injustiças, de misérias e exclusões, tal cumplicidade por omissão seria o maior ultraje à dignidade humana e a mais grave profanação do Nome que não é outro senão o próprio Amor. Muito ao contrário, se juntos buscamos a justiça e o amor, sem termos encontrado ainda a boa fórmula para nos entender sobre o Mistério e os mistérios do Altíssimo, já estamos antecipando a verdade que Ele é, inscrevendo-a na humilde verdade de nossa vida de serviço e doação. Há uma conexão absoluta entre a verdade da vida, a verdade do amor e a verdade da inteligência.

A Nova Era há de unir em um lindo abraço: capacidade de sonhar e coragem de lutar e labutar para não desmentir os bons prenúncios dos signos e dos astros. Sobretudo para não decepcionar a esperança dos pobres e das novas gerações. Pois, na diversidade das línguas e na riqueza das múltiplas experiências e culturas, a humanidade não parece olhar mais e mais com esperança para um "novo Pentecostes", para o qual apontava, já nos anos 60, o risonho e amável João XXIII? Esse elã de fé, esperança e amor ainda não encontrou sem dúvida a fórmula de uma profissão verbal única ou mesmo bem determinada. Mas renegando excessos passados de zelo, de desconfiança e até de intolerância, os discípulos da Palavra que vem até nós na carne e na história não se estariam achegando a todos os homens e mulheres que sonham e buscam felicidade, compreensão e paz sobre a terra?

ITINERÁRIO PERCORRIDO E A PERCORRER

Na última curva de nossa caminhada, os companheiros da festa do Divino surgem ainda diante de nós qual amostra viva de uma parábola. Estes foliões não visitam monumentos nem mesmo santuários. Levantam um estandarte e vão marchando sem procissão e sem muita ordem. Seguem lá um sentimento de sabedoria que vem de longe e do alto. Estão certos de que o

Espírito enche a terra inteira, está no mundo, está com as criações, está com toda a gente. E então vão palmilhando terras, vendo dia amanhecer e noite chegar, visitando pessoas, com os olhos no Divino Espírito e com a esperança da Festa. Romeiro para valer é andarilho que percorre este mundo de Deus, cantando para tudo quanto é povo, a quem não sobra tempo, nem gosto nem arte para cantar.

Como romeiros que evocam o itinerário percorrido, lancemos um último olhar ao país das maravilhas de Tomás, nosso mestre, com alguma atenção aos textos e, mais ainda, a nosso povo. Destacamos e sublinhamos os grandes relevos, a série de colinas que ondeiam a Ilha do Amor que a Sagrada Doutrina de Mestre Tomás tenta sempre mapear com carinho e inteligência.

Já o conhecemos. Tomás fala uma linguagem de fé, a partir de sua experiência cristã. Mas sua mensagem está longe de se fechar na estreiteza confessional ou de criar um espaço de religiosidade restrita. Ele proclama que o *encontro pessoal, interpessoal, do espírito humano com o Espírito de Deus* há de ser comemorado e vivido como a graça das graças, que refulge e nos atrai a todos para o pico da Montanha, onde habitam o Amor, a Alegria e a Paz. Todos os dons do Espírito visam a encaminhar para lá homens e mulheres. Esses dons se espalham pela encosta da montanha. E estão tanto mais alto na escala da apreciação do Mestre quanto mais estão perto do próprio dom pessoal do Espírito e mais nos encaminham à compreensão dos problemas humanos e mais nos abrem à fraternidade universal.

Mestre Tomás tem e nos dá um sentido elevado dessa vocação universal dos homens e das mulheres, que não estão programados para uma vida medíocre ou para umas aventuras e emoções, ainda as mais intensas e espetaculares. Daí o significado da sua insistência. Na vinda do Espírito que é dado e vem partilhar da peregrinação humana, *Tomás enaltece primeiro as energias que nos tocam a profundeza do ser, nos transformam e mesmo nos divinizam*. Vêm imediatamente de Deus e levam diretamente para Deus. Na linguagem cristã, tornada mais corrente, fala-se do cortejo das graças: a graça "que torna o ser humano justo", amigo e mesmo filho de Deus. É a graça habitual. Tomás procura desempoeirar e afinar bem as categorias de Aristóteles para falar dela como de um *habitus* que envolve e penetra a realidade mesma de toda a pessoa, em uma espécie de nova criação do Espírito de amor. É uma qualidade permanente, que tem algo de uma segunda "natureza", que nos faz "participar da Natureza divina", curiosa e misteriosa expressão de cunho helênico, inserida no Novo Testamento (2Pd 1,4), para grande felicidade de Mestre Tomás. Este gosta de repetir que o Amor de Deus não é menos solícito em prover o ser e o agir da sua criatura para encaminhá-la à vida eterna do que para a sua caminhada neste mundo.

Nessa linguagem, recebida da Escritura, elaborada em teologia, há uma mensagem que não é para ressoar nos umbrais de igrejas e edificar clérigos e religiosos. Ela visa antes de tudo a transfigurar a existência de quem luta e labuta nas ruas, nas fábricas, sofrendo da corrupção, da exploração e do desemprego, ou militando contra as instituições distorcidas da política e da economia. No momento em se começava a estruturar a economia e a política dos Estados modernos, um reformador como J. Calvino lembrava que o Evangelho se vive antes de tudo no mundo, no lar e na profissão[14]. E um discípulo fiel, portanto criativo, de Mestre Tomás, bradava contra o monopólio clerical e religioso da perfeição cristã:

> *É um erro, e até uma heresia, querer banir a vida devota (entenda-se, a perfeição evangélica) da companhia dos soldados, da loja dos comerciantes, da corte dos príncipes e da vida dos casais*[15].

S. Francisco de Sales lançava essa mensagem em um momento em que o poder eclesiástico se reforçava e concentrava, e se retomava a mais perniciosa das exclusões dentro da Igreja. Voltava-se ao modelo do "católico praticante" que vimos surgir com Inocêncio III, em uma espécie de homologação oficial da mediocridade para os "leigos", com o correspondente monopólio dos "estados de perfeição" para clérigos e religiosos. Crer no Espírito Santo, aprendemos com Sto. Tomás, é renunciar a monopólios e a exclusões. O espírito do Amor universal é o dom da perfeição que a todos se destina e a todos valoriza.

Toda essa mensagem é clara. Mas ainda vem embalada em uma linguagem religiosa que pode ser uma espécie de isolante, que corta a corrente, impedindo que a energia divina passe para as redes da vida real. A primeira coisa que se há de pregar para ser fiel a essa primeira exigência que Tomás está lembrando seria uma coisa assim: todo homem e toda mulher são programados para uma experiência pessoal de encontro com o Espírito de Deus e no Espírito de Deus, surgindo e se afirmando primeiro, no sentido e no apelo do Bem, que cada um experimenta no mais profundo de si mesmo. Não haveria, senão um acordo, pelo menos certa afinidade entre a proposta de Tomás e as aspirações positivas da Nova Era? Pensamos em todos aqueles e aquelas que buscam hoje os caminhos da oração, tentando romper com o mundo do consumismo e do erotismo banal, escolhendo trabalhar por uma terra mais saudável, aspirando por uma fraternidade universal e efetiva, como a alma salvadora da globalização econômica e cultural. Em todo caso, se umas correntes da Nova Era ainda preferem a transcendência do céu e do coração vazios, e só se empenham em celebrações piedosas de um ateísmo festivo, a esperança não há de esmorecer. Pois, mesmo assim, o diálogo poderia ganhar uma base comum, em que se enfrentem propostas e contrapropostas claras e se chegue ao encaminhamento de opções responsáveis.

É preciso que resplandeça o verdadeiro sentido, o sentido abrangente, diríamos irrestritamente democrático, de uma mensagem formulada em um registro que pode parecer "religioso" e restritivo: o *dom divino primeiro*,

---

14. Cf. J. CALVINO, *Instituição Cristã*, livro III, capítulo 10.
15. S. FRANCISCO DE SALES, *Introdução à Vida Devota*, Iª Parte, cap. 3.

explica Mestre Tomás, *essa elevação da humanidade, querida e como que empreendida por Deus, vem a ser a graça que nos envolve de maneira habitual ou permanente, e se torna uma espécie de segunda natureza divina em nós*. Ela é uma energia divina e uma fonte de energias, que se chamam comumente graças atuais. Nosso mestre as designa como "moções divinas", jatos de luz clareando a inteligência, toques de amor divino ativando por dentro a nossa liberdade. O Espírito se empenha, assim, tudo fazendo para que estejamos despertos, e que a "natureza divina" seja realidade e se dinamize em atividades propriamente divinas.

Na sua linguagem um bocado técnica e, por que não, às vezes um tanto caduca, Tomás está indicando o que é a normalidade de uma vida humana segundo o Evangelho e o que veio mostrar e realizar o Dom de pentecostes. Não se há olhar tanto para o lado de entusiasmos divinos, de frêmitos sobrenaturais, de êxtases e de transes fora de hora. Onde está a vida real, assumida com amor e responsabilidade, aí está Deus. E a graça do Espírito é a tranqüila força divina que nos é dada para que a dureza do batente seja uma vocação de amor, de encontro e de partilha entre esses romeiros que nós somos, um tanto perdidos com as acelerações da história e a globalização manipulada.

É com o mesmo realismo que havemos de entender essa outra insistência sobre uma mensagem igualmente cifrada em uma linguagem venerável, codificada em outros tempos: contando com o dom e a presença do Espírito, o homem e a mulher, esclarecidos pelo Evangelho, sabem que todos havemos de viver *da fé, da esperança e da caridade*. Essas três são exaltadas pelo Apóstolo Paulo, sem dúvida, como três irmãs muito preciosas e graciosas, mas a quem não dá nome (Cf. 1Cor 13,13). Para Tomás são "virtudes" divinas ou teologais. Está aí uma expressão paradoxal. Pois "virtude" designa perfeição ética, bem humana, bem valorizante do ser humano. E o "teologal" realça a sua prerrogativa divina, "as Três" vêm diretamente de Deus, são puros dons de Deus e nos levam imediatamente a Deus. Tudo isso vai bem no gosto de Tomás de Aquino: a perfeição da criatura, que nós somos, tanto mais exaltada quanto mais é dádiva divina e nos conecta intimamente ao próprio Deus. Bem sabemos a linda e forte visão de nossa vocação humana, mesmo em nossa condição itinerante neste mundo: a graça santificante é a antecipação da própria realidade da vida eterna, e as virtudes teologais são a antecipação da própria contemplação amorosa e beatífica de Deus.

Contemplação de Deus, mas de que jeito, onde está Ele, para a gente poder curtir sua amável e adorável presença? Em um poema "da alma que se alegra de conhecer a Deus pela fé", S. João da cruz canta:

> *Bem sei eu a fonte que mana e jorra*
> *Mas é na profundeza da noite...*
> *Beleza alguma haverá que a iguale,*
> *Nela o céu e a terra se vão desalterar*
> *Mas é na profundeza da noite!*

Extraordinário discípulo de Tomás, esse mavioso João da Cruz! Transfigurou em poesia, em imagens e símbolos graciosos a austera mensagem do Mestre. Mas a melodia desses versos brotou em momentos de lutas contra falsos irmãos e em um dia-a-dia penoso de doenças e provações. O esplendor da graça brilha mesmo é na monotonia e na dureza da vida, vivida e revelada à luz da fé, da esperança e da caridade. Onde está Deus para que o contemplemos? Sua Face resplandece ("dentro da noite") nos rostos que nos cercam, talvez amigos, ou, quem sabe ressentidos, deprimidos, desfigurados. Eles são o lugar privilegiado da verdadeira teofania, da manifestação do Deus que não é o ídolo das projeções de nosso egoísmo e de nosso narcisismo, do Deus que não fabricamos à nossa imagem, mas que nos faz e eleva constantemente à imagem de seu amor universal.

Como deixar de lado outro discípulo de Tomás, um irmão seu, o primeiro irmão que a América lhe deu, convertendo ao amor um "bom padre" colonizador. Nem bem se acaba a frase, porque logo me interrompem: Frei Bartolomeu de Las Casas! Não é que está ficando conhecido nosso? Muita coisa nos tem ensinado esse pioneiro que inaugurou a boa leitura americana de Mestre Tomás de Aquino. Para o corajoso missionário, defensor dos direitos humanos dos oprimidos, o que é a contemplação evangélica? É reconhecer Deus, vivo e presente, sem dúvida na Escritura, mas igualmente e com o mesmo realismo: na história, na vida de cada dia, no outro, especialmente no pobre, no excluído e no marginalizado. A contemplação é adoração, é louvação jubilosa do Deus inefável em sua grandeza; e é o generoso e jovial dom de si, o serviço a este Deus que precisa de nós. Porque está "flagelado, cuspido e crucificado nos índios"; este Senhor dos passos, que marcha e cambaleia em toda essa via sacra de filhos seus, esmagados e menosprezados pelos idólatras do dinheiro e do poder. Estamos parafraseando, como podemos, a prosa incandescente de frei Bartolomeu[16].

Voltemos a Mestre Tomás. Como estamos nesta de ter de viver no amor e do amor, triunfando da mediocridade, somos informados pelo Mestre que os *Dons do Espírito vêm aperfeiçoar as nossas pobres e hesitantes virtudes*. Como estas, explica-nos o Mestre na sua imperturbável linguagem, os dons se situam no degrau mais perfeito de *habitus* e aprimoram a inteligência e a liberdade. Fazem com que o pensar e o agir brotem bem do fundo da pessoa humana, mas colocando-a na plena docilidade ao Espírito divino. A partir de certo momento, quando escreve as grandes *Sumas*, Tomás passa a recorrer à noção de "instinto divino", para dar a idéia de algo que irrompe do interior, com a leveza e a eficácia de um impulso, não animal, nem mesmo racional, mas acima do humano. É algo que se aproxima do que certas correntes da Nova Era denominam energias, a ação estimulante de uma força íntima que

---

16. Ver em meu livro *Contemplação e Libertação*. Tomás de Aquino, João da Cruz e Bartolomeu de Las Casas, S. Paulo, Ed. Ática, 1995. Para Bartolomeu de Las casas, pp. 133 ss.; para o texto de João da Cruz, pp. 145-46.

impele a marchar na liberdade e a galgar a montanha do amor. João da Cruz retomará uma tradição mais concreta dos místicos e falará dos "toques divinos", de algo que vem de Deus e une a Deus, de maneira tão firme, tão segura, tão direta que nem dá para a criatura se deter ou se comprazer em si mesma. Joga-se puramente em Deus, conformando-se ao seu bem-querer, tornando-se o mais alegre servidor do Pai, do seu Reino, dos irmãos e irmãs que refletem o rosto do Pai. Pois, nada de ilusões e de fantasias pseudomísticas: a graça santificante, as virtudes teologais, os dons do Espírito só visam introduzir na contemplação amorosa e ativa, fazendo das rudes tarefas da existência uma real antecipação da vida eterna, da comunhão trinitária.

Se demos a mão a mestre Tomás e caminhamos com ele, vamos vendo que sem muito alarde vamos galgando a montanha e nos familiarizando com os habitantes das alturas. Para Tomás, não há barreiras nem fronteiras. A vida de cada dia, a ética, o apelo da Graça, a contemplação e a união mística, tudo isso é um só projeto para qual todos os homens e todas as mulheres estão divinamente programados. Pode haver atrasos. Pode haver recusas. Pode haver hesitações e oscilações em acertar com o programa. Mas não haja dúvida. Comentando a palavra evangélica: "Deus amou tanto o mundo que lhe deu seu próprio Filho" (Jo 3,16), Mestre Tomás se sente à vontade para analisar as quatro finezas desse amor divino:

1) É o próprio Deus quem ama; 2) ama o mundo, o ser humano corpóreo, mundano, pecador; 3) dá mostras do maior amor, dando o Dom supremo que é seu Filho; 4) e o objetivo, o programa do amor de Deus é levar à vida eterna todos os que crêem[17].

Esta mensagem do amor divino universal ficou por vezes obnubilada por reações confessionais e por mecanismos de defesas que se apoderaram da cristandade em momentos de conflitos, polêmicas e controvérsias. Ainda uma vez: a hora não teria chegado de reconhecer no desafio da Nova Era uma espécie de conivência escondida com o plano generoso de Deus?

É o lugar e momento de entender o que vem a ser mesmo uma categoria de dons, talvez mais vistosos, do Espírito, chamados simplesmente por Tomás *as "graças grátis dadas", e que voltam hoje com mais clareza e certa ênfase com o nome grego de carismas*. Nesta série de dons exaltados pelo Apóstolo Paulo, estes têm um lugar importante, como ativação dos fiéis e das comunidades. Concorrem, como reforços preciosos, vindo em auxílio da tarefa propriamente santificadora e divinizante. Essa união santificante, essa energia íntima e transformadora, no entanto, é atribuída essencialmente, pela tradição e pela catequese cristãs, e especialmente por Sto. Tomás, à graça justificante, habitual e atual, às virtudes teologais e aos Dons do Espírito.

---

17. Versão condensada da *Leitura do Evangelho de S. João*, cap. III, lição 3ª, n.º 477, Ed. Marietti, 1952, p. 92.

Em um primeiro momento, é bom distinguir, para unir em seguida com mais acerto e segurança. Considerados em sua diferença com a graça e seu cortejo de virtudes e dons, os carismas se afirmam como meios que encaminham a essas energias propriamente divinas e divinizantes. Os carismas não se hão de desejar e buscar por si mesmos, como fins em si mesmos. É o que parecem realizar cada vez mais os movimentos de renovação carismática, chegando assim a eliminar todo equívoco que o nome poderia acarretar de início. Assim, após a distinção e a diferenciação, se opera a união. A união que subordina os carismas à graça, ao dom pessoal do Espírito e aos dons propriamente santificantes do Espírito, o que une e integra a renovação carismática como um movimento da Igreja e a serviço da Igreja do Espírito de amor e santidade.

Convém concluir com uma questão talvez pouco freqüentada, mas um tanto graciosa, em que Mestre Tomás dá mostras de não apenas castigar a linguagem, como sempre, mas de saborear as palavras. Ela tem o número redondo (e sagrado) de q. 70 (da I-II). O Teólogo se compraz em estudar os *"frutos do Espírito"*, como o perfeito acabamento do agir humano sob a ação íntima do divino Jardineiro. Mais de uma vez, temos gostado de comparar a um jardim o campo de trabalho de Mestre Tomás. E agora ele mesmo olha para a vida de cada um de nós e acha o jeito simpático de nos encorajar. Para ficar no linguajar da Nova Era, digamos que ele tem lá os seus modos gentis de nos apoiar também no que toca à "auto-ajuda". Jamais aceita nos ver medíocres. Tudo isso que o Espírito investiu em nós deve frutificar. A imagem não é um preito rendido à nossa época de economia globalizada. É uma espécie de suprema cortesia que vem das mãos do Apóstolo Paulo e do Teólogo Tomás de Aquino. Nossa vida deve desabrochar como um paraíso onde o verde da relva e das árvores esteja todo esmaltado pela maravilha luzente e colorida de frutos do Espírito Santo.

Paulo proclama com entusiasmo: a vida de cada um de nós não há de ser uma série, sem cor e sem sabor, de palavras, ações, gestos desprovidos de sentido, de valor, de bondade. Há de ser aquele lindo pomar de Deus, todo carregado dos "frutos do Espírito": "amor, alegria, paz, grandeza de alma, afabilidade, bondade, fidelidade, doçura, pureza de coração" (cf. Gl 5,22-25). O que o Apóstolo descreve merece a admiração do Teólogo. Tomás de Aquino nos induz a perguntar: por que, nessa passagem e em muitas outras, o Apóstolo por excelência vê e deseja a vida de vocês cada vez mais transbordante de frutos do Espírito Santo? Por que *frutos*? Para nos encantar pela última vez, Mestre Tomás, como quem está nos segredos de Paulo e do Espírito, vai nos dizer: Jesus e, depois, Paulo falam de frutos. Que maravilha! E explica do jeito dele, jogando com o sentido das palavras e o símbolo das coisas, aproximando realidades e pessoas, unindo a terra ao céu.

O fruto? É o dom perfeito e abençoado da árvore na sua total generosidade, vindo coroar seu pleno crescimento e oferecendo a você o que alimenta e tem sabor. E dessa gentil definição, que só pode lisonjear nossas laranjeiras, nossos cajueiros e nossos coqueiros, Mestre Tomás se volta para nós:

e os frutos do Espírito Santo em vocês e para vocês? Conhecem o Evangelho: "A boa árvore dá bons frutos". Os mais finos frutos que vocês produzem, que o Espírito produz em vocês e com vocês, é o que vem coroar e superar tudo o que seria esforço de virtude, todo elã da liberdade subindo nas asas da graça. É o que há de mais excelente e saboroso, resultando dos dons, do próprio Dom do Espírito, fecundando o coração de vocês.

Fruto tem uma relação encantadora com *fruir*, pois Tomás não esquece a gentil definição que recebeu de Agostinho: fruir é o pleno desabrochar do amor, é gozar da alegria de estar (enfim!) a sós com o bem-amado. E então pede que vejamos, imaginando, pensando, contemplando: os frutos do Espírito do Santo são a plena realização e o delicado acabamento de todos os dons, o Amor que vem do Pai e do Filho, triunfando de tudo o que é desamor em nós, e levando-nos a fruir saborosamente do amor e a frutificar no amor para irradiar felicidade e alegria[18].

ENFIM, TUDO APOSTAR NO ESPÍRITO QUE É O AMOR

A última palavra de Tomás não pode ser uma simples série de proposições, sem dúvida próximas de seus textos, mas por isso mesmo presas a um contexto histórico e limitadas em seu sentido criador. Sua visão profunda e abrangente da ação do Espírito se lança como uma torrente na história. Proferida em confronto com a Nova Idade do Espírito no século XIII, sua doutrina se há de abrir hoje em diálogo com a Nova Era, em um novo contexto, revelador de novos sentidos e rasgando caminhos novos. Entrando em "disputas" diretas com os problemas da humanidade secularizada, tecnológica, adulta e autônoma no pensar e no agir, a mensagem de Mestre Tomás tem tudo para ganhar em universalidade. Está, assim, fadada a realizar suas virtualidades contidas ou mal exploradas pela cristandade.

Bem após a época de Sto. Tomás, enalteceu-se muito a "assistência" do Espírito Santo à autoridade da Igreja, especialmente em sua função de governo e mais ainda de ensino. Ainda aqui, o risco seria o desequilíbrio na compreensão doutrinal e na prática da própria Igreja. A assistência do Espírito Santo aos pastores está a serviço de toda a Igreja e mesmo de toda a humanidade. A docilidade dos pastores ao Espírito começa pelo reconhecimento da presença do mesmo Espírito no coração e nas comunidades dos fiéis. Por outro lado, como relembrou o Vaticano II, a assistência do Espírito aumenta a responsabilidade de todos na promoção efetiva e institucional do diálogo dentro da Igreja e com toda a humanidade.

Alarguemos ainda mais as perspectivas e tentemos vislumbrar a plena verdade que se há de irradiar hoje da palavra-luz que ficou por vezes debaixo

---

18. Condensamos e parafraseamos aqui a questão 70 da I-II sobre os Frutos do Espírito Santo.

do alqueire. Até nossa exposição, por vezes isolada, sobre os dons do Espírito pode ocasionar uma dissociação errada e desastrosa, dando a idéia de uma "ordem sobrenatural" separada da realidade do mundo e da humanidade. Na síntese de Tomás, os dons primeiros da criação precedem os dons da salvação e com eles fazem corpo, constituindo um só projeto de plena realização para todos os homens e todas as mulheres. Em profunda e constante fidelidade ao roteiro da Bíblia, o mesmo Espírito criador e salvador está no princípio, no meio e no fim do grande drama divino humano, da epopéia que liga o céu e a terra, de que a *Suma Teológica* quer ser o modesto resumo e ressaltar o fio condutor.

O axioma: "A graça supõe a natureza e a leva à perfeição" realça, aos olhos do Teólogo, a consistência do universo, da natureza das coisas e do ser humano, da história e da sociedade. Mais ainda, insinua a autonomia de uma ética, pessoal e social, essencialmente humana em seu conteúdo, mas animada por uma motivação teológica que integra a ordem da criação e da salvação.

O empenho de abrir-se à compreensão agradecida e à acolhida generosa do Espírito coloca o povo de Deus, que aspira identificar-se com toda a humanidade, na atitude verdadeira de esperança e de responsabilidade partilhada. Crer no Espírito Santo é rejeitar toda exclusão e todo privilégio. A Igreja de Cristo há de viver na fidelidade e na saudade do seu Mestre e Fundador. "Fazei isto para vos lembrardes sempre de Mim", recomendou Jesus ao celebrar a Ceia. Mas a Ceia do Senhor, toda a pregação e toda a vida da comunidade são espaços abertos aos carismas e à iniciativa de todos em benefício de todos. E, acolhendo o Dom do Espírito, a Igreja se torna festa de Deus, uma comemoração jubilosa, em marcha para novas vindas e Nova Era do Amor. Pode-se dizer que Ele está mais próximo, se contamos com o testemunho que brota da força e da alegria de seus dons, sempre mais ativos e transformadores, mais criadores de liberdade e de amor.

O dom do Espírito não vem estabelecer uma escola de moral, de cultualismo ritual e de submissão hierárquica. Para essa proeza bastam os recursos, as atividades e os interesses do engenho humano. Aquela "riqueza de dons", de conhecimento, de comunicação, de serviços, de que Paulo dá testemunho e Tomás elabora a doutrina, designa a novidade da Nova Aliança, definitiva e universal. Ela se enraíza na fidelidade jubilosa ao Evangelho, aos sacramentos da fé, na confiança, que sabe contar com o conjunto do povo. Se é que este não se vê convidado a ser a "massa de fiéis" ou freqüentadores assíduos e "praticantes" dos templos. "Viviam na louvação de Deus e contavam com a simpatia de todo o povo", é o gracioso retrato da Igreja de Pentecostes, em cópia autenticada pelo próprio Espírito que a lançou no mundo (At 2,47).

Limitar-nos a uma leitura estreitamente confessional e religiosa seria trair a mensagem bíblica e a elaboração teológica que lhe veio de Mestre Tomás.

A audácia dialogante e criativa desse "Doutor da Verdade católica", isto é, universal, tem inspirado gestos e apelos de esperança na Igreja de hoje. O próprio mundo leigo se mostrou sensível ao estilo singelo mas caloroso de João XXIII, falando de um "novo Pentecostes", ao anunciar o Concílio Vaticano II. Este só se tornou viável e se libertou das velhas cadeias clericais quando Paulo VI lançou sua primeira encíclica, em pleno Concílio, definindo a Igreja como "diálogo" universal[19].

O Concílio Vaticano II ampliará e aprofundará essa definição, apontando para a Igreja como o "sacramento da íntima união com Deus e da unidade de todo o gênero humano"[20]. Mas sobretudo, mantendo-se fiel ao Evangelho, e exaltando como fez Tomás de Aquino a força renovadora do Espírito, o Vaticano II proclama com uma coragem admiravelmente criativa, embora pouco seguida:

> *Movido pela fé, sabendo por ela que é conduzido pelo Espírito do Senhor que enche o universo, o Povo de Deus se esforça por discernir nos acontecimentos as exigências e as aspirações de nosso tempo, aí vendo os sinais visíveis da presença e do desígnio de Deus.*

O Concílio reconhece a ação do Espírito no conjunto da história humana, particularmente da história da cultura e da evolução dos costumes e instituições, lá onde se afirma a marcha pela justiça, pela verdade e pelo amor:

> *O Espírito de Deus que, por uma providência admirável, conduz o curso dos tempos e renova a face da terra está presente a essa evolução.*

E fazendo a junção, tão realçada por Sto. Tomás, entre a teologia da criação e a da salvação, o Vaticano II proclama:

> *O Espírito não suscita apenas o desejo da vida futura, mas por isso mesmo anima também, purifica e confirma estas aspirações generosas que impelem a família humana a melhorar suas condições de vida e a orientar para esse fim a terra inteira*[21].

Essa visão conciliar, que se compraz em pôr em relevo que o "Espírito está presente e ativo em toda a história humana", é o mais belo exemplo de uma fidelidade dinâmica, e por isso capaz de ser inovadora. Podemos aí

---

19. Cf. Encíclica *Ecclesiam Suam* (6 de agosto de 1964), sobre "os caminhos da Igreja no meio do mundo moderno". Esses "caminhos" eram precisamente a acolhida e a prática do diálogo.
20. Const. *Lumen Gentium*, Sobre a Igreja, n. 1.
21. As três últimas citações são da Const. *Gaudium et Spes*, Sobre a Igreja no mundo de hoje, n. 11, 26 e 38.

reconhecer que a teologia de Tomás de Aquino é prolongada e enriquecida por uma teologia moderna, que tirou seu proveito da filosofia hegeliana da presença e da revelação do Espírito na história. Essa teologia, em que o Vaticano II se apoiou, reconhece que o Espírito se manifesta na marcha dos valores de liberdade, de justiça, de solidariedade, bem como na prática e nas instituições do direito e da democracia. E bendito seja Hegel por o ter prenunciado, quando o mundo eclesiástico não atinara ainda com os valores e as instituições democráticas, menos ainda com suas afinidades com a ação do Espírito. Mas, por outro lado, com Tomás de Aquino, o Vaticano II exalta a transcendência do Espírito, a presença pessoal do Espírito no íntimo de cada homem e de cada mulher. O mesmo Espírito que habita os corações e as comunidades conduz também a história e impele a humanidade nos caminhos da liberdade, da justiça e da paz. Ele faz do Povo, que já o conhece pelo Nome, o povo animado de um amor universal.

Quem sabe não haveríamos de dizer com singeleza: os espirituais de Joaquim de Fiore, os companheiros de Zumbi lá nos Palmares, bem como os sertanejos de Antônio Conselheiro em Canudos balizam a história do Espírito com tochas de luz e línguas de fogo, que jamais se apagarão. Será que daria para cantar uma coisa assim nas festas do Divino?

E a Nova Era de hoje que não hesite: fora do amor, do dom de si, sem o Espírito que é a energia purificadora e renovadora do vento, da água e do fogo, não há salvação. Nem pode haver porvir para dar sentido e vigor a nossos sonhos.

A companhia e a prosa de Mestre Tomás de Aquino não nos teriam convencido e encorajado a fazer esta profissão de fé, simples, ingênua, mas forte como um beijo? Uma dessas coisas assim bem positivas, para se dizer e viver com os olhos voltados para este nosso vasto mundo, que Deus tanto ama e nos manda amar:

Cremos e apostamos no Espírito que é o Amor.
Carinhoso Criador do universo,
  desde a primeira aurora, abraça o mundo com ternura de mãe,
  semeando energias e esperanças em todos os viventes.

Pois quer ser amigo íntimo
dos jardineiros deste paraíso,
gentilmente confiado aos cuidados de todos
para bem-estar e felicidade de todos.

E esta sofrida história, nossa e do mundo,
enfeada por tanta violência, exploração e intolerância,
onde surgem dragões insolentes e monstros frios,
há de terminar bem.

*Pois no coração dos homens
e mais ainda das mulheres
vão brotando o gosto e a coragem
de curtir e escutar o Espírito,*

*Ele nos segreda ao ouvido que nos há de dar
tudo aquilo que Ele mesmo nos faz sonhar:
a alegria de viver, a força de lutar, mais aquela felicidade
de amar e de ser amados.*

Capítulo 11
TOMÁS NOS FALA DO ESPÍRITO SANTO

ANTOLOGIA DOS MAIS BELOS TEXTOS DO DOUTOR DA NOVA ERA

Temos percorrido até aqui esse país das maravilhas que é o mundo de Deus e nosso, o drama da história e até para além da história, do jeito que vem contado e explicado na doutrina sagrada de Mestre Tomás. Aos muitos títulos, solenes ou carinhosos que lhe atribuíram a tradição e a devoção, ajuntamos este de Doutor da Nova Era do Espírito.

Essa e outras opções levaram-nos a certas preferências ao destacar temas e paisagens. Mas, sobretudo porque vivemos uma outra Nova Era, privilegiamos o que parece mais atual. E quem tem a ventura de freqüentar o Mestre, apanhando seu jeito de escrever para sua época e na linguagem de seu tempo, há de tentar transpor para hoje e confrontar com os problemas de agora a mensagem elaborada ao calor da Nova Idade do Espírito que empolgava a cristandade medieval.

Muitos teriam preferido o simples contato direto com Sto. Tomás. Já conhecem a austeridade de seu falar, tão irmã da firmeza do seu pensamento e do rigor de suas demonstrações. Nem vai faltar quem gostaria de saltar por cima destes nossos comentários sem sabor, para se jogar logo na piscina convidativa da própria "Sagrada Doutrina". Nosso maior prazer será de ir ao encontro desses desejos, oferecendo-lhes uma antologia colhida entre as grandes obras do Mestre, com o empenho de estabelecer ou avivar o encontro com a Nova Era do Espírito. Tanto mais que a nossa grande certeza, que Frei Tomás sempre reforçou, é que o verdadeiro e único mestre é o Mestre interior, que nos introduz e nos faz desabrochar na plena verdade da inteligência, da vida e do amor.

Para facilitar as referências, seriamos e enumeramos os textos, fazendo-os preceder por ligeiras introduções.

I. A SABEDORIA DO ESPÍRITO

Uma primeira série de textos nos encaminha precisamente a esse encontro da sabedoria do Espírito, que suscita nossa sede de saber. Se triunfa deveras em seu projeto, vem realizar plenamente e mesmo superar todo o processo humano de conhecimento.

11. A DUPLA SABEDORIA QUE VEM A NOSSO ENCONTRO
(ST, I, q. 1, art. 1, resp. 3)

No limiar da *Suma*, encontramos esse duplo modelo de sabedoria, um e outro vêm do Dom do Espírito. Mas o primeiro é natural, vem do espírito criador. É a forma comum de apreciar os valores humanos, de viver e pensar a religião, exercendo a inteligência mediante o jogo das idéias e raciocínios, mesmo se apoiando na ajuda da revelação e da graça de Deus. A outra forma de sabedoria é fruto da graça, brota da plena docilidade ao Dom do Espírito. Consiste em uma afinidade que ele estabelece entre o ser humano e o próprio Deus, que se revela e se dá através de seu Espírito de Amor

Eis o texto de Tomás:

Julgar é próprio do sábio. Por isso, aos dois tipos de julgamento que se pode assinalar correspondem duas sabedorias diferentes. Acontece, com efeito, que se pode julgar por inclinação: como quem possui um habitus *virtuoso julga com retidão o que deve fazer na linha deste* habitus, *estando já inclinado neste sentido. Eis por que se ensina na Ética que o homem virtuoso é a medida e a regra dos atos humanos.*

Mas existe uma outra maneira de julgar, a saber, quanto ao conhecimento: como o entendido em ciência moral pode julgar os atos de uma virtude, ainda que não a possua.

A primeira maneira de julgar quanto às coisas divinas é própria da sabedoria do Espírito Santo, de acordo com esta palavra de 1Cor 2,15: "O homem espiritual, pelo contrário, julga tudo". E também Dionísio Areopagita nos explica: "Hieroteu (um mestre espiritual eminente) adquiriu a sabedoria, não apenas estudando, mas experimentando o divino".

Quanto à outra maneira de julgar, é a que pertence à doutrina (teológica), de que nos ocupamos, conseguida graças ao estudo, ainda que seus princípios lhe venham da revelação.

12. CONHECIMENTO DE DEUS PELA GRAÇA DO ESPÍRITO
(ST, I, q. 12, art. 13)

Nesta linda questão, Tomás estuda "como podemos conhecer a Deus". Desdobra toda uma tipologia dos modos possíveis de conhecermos a Deus: pela luz da razão, como nosso Criador; à luz da fé, como fonte da revelação cristã; à luz da glória que nos associa aos santos dos céus, na comunhão da própria intimidade trinitária.

No último artigo dessa questão (art. 13), em uma espécie de síntese das questões precedentes, Mestre Tomás levanta o problema: um conhecimento de Deus, vindo acrescentar-se à razão natural, qual dom da revelação e da fé, fruto da graça do Espírito, seria mesmo necessário e teria razão de ser? Transcrevemos o artigo por inteiro, para que se tenha diante dos olhos o modelo de argumentação na modalidade típica da *Suma Teológica*.

A questão é formulada nestes termos:

Pela graça, tem-se de Deus um conhecimento mais elevado do que através da razão natural?

Colocação do problema. *Uma série de objeções não nos levaria a pensar o contrário?*

Obj.1. Com efeito, Dionísio Areopagita escreve: "Mesmo quem aqui na terra mais se encontra unido a Deus, lhe está unido como a alguém totalmente desconhecido". E ele está falando de Moisés, embora este tenha alcançado uma excelência particular no conhecimento da graça. Ora, estar unido a Deus ignorando o que

Ele é, isto já faz parte da razão natural. Logo, mediante a graça, Deus não nos é mais plenamente conhecido do que pela razão natural.
Obj.2. Pela razão natural, só podemos alcançar o conhecimento das coisas por imagens. Mas o conhecimento mediante a graça não se passa de modo diferente, pois o mesmo Dionísio escreve: "o raio da luz divina só nos pode iluminar envolvido na variedade dos véus sagrados".
Obj.3. Nosso intelecto se une a Deus pela graça da fé. Ora, a fé não parece ser um tipo de conhecimento, pois Gregório (Magno) nos ensina: "As coisas invisíveis são objeto de fé, não de conhecimento". Logo, a graça não nos procura um conhecimento de Deus mais excelente".
Completando a nossa problemática, em sentido contrário às objeções: o Apóstolo já nos encaminha à verdadeira doutrina, escrevendo (1Cor 2,10,8): "Deus nos revelou por seu Espírito coisas que nenhum dos príncipes deste mundo conheceu". Ele designou, assim, segundo a Glosa, os filósofos.
Agora, a solução de nosso problema:
Pela graça alcançamos um conhecimento de Deus mais perfeito do que pela razão natural. Eis a prova.
O conhecimento alcançado pela razão natural requer duas coisas: imagens recebidas dos sentidos e a luz inteligível natural, com cuja força abstraímos destas imagens nossas concepções inteligíveis. Ora, sobre estes dois pontos, a revelação da graça vem ajudar o conhecimento humano.
Com efeito, a luz natural da inteligência é reforçada pela infusão da luz da graça. Às vezes, acontece até imagens serem formadas pela intervenção divina na imaginação humana, imagens que exprimem muito melhor as coisas divinas do que as imagens que provêm das coisas sensíveis por um processo natural. É o caso típico das visões proféticas. Acontece mesmo que objetos exteriores, acessíveis aos sentidos, sejam formados por Deus, ou então vozes, para exprimir algum aspecto do mundo divino. Como no batismo de Cristo, quando vimos o Espírito Santo aparecer sob a forma de uma pomba, e a voz do Pai se fez ouvir: "Este é meu Filho bem-amado".
As respostas às objeções nos permitem completar a solução esboçada.
R.1. Sem dúvida, pela revelação da graça nesta vida, não conhecemos de Deus o que é, e a Ele estamos unidos como a um desconhecido. No entanto, o conhecemos mais plenamente, pois efeitos mais numerosos e mais excelentes de sua potência nos são manifestados; e também porque, graças à revelação divina, nós lhe atribuímos perfeições que a razão natural não conseguiria alcançar, por exemplo, que Deus é trino e uno.
R.2. O conhecimento proveniente das imagens — sejam elas recebidas dos sentidos de acordo com a ordem natural das coisas, sejam formadas na imaginação por uma intervenção de Deus — é tanto mais excelente quanto mais forte seja no homem a luz intelectual. Assim, no caso da revelação, um conhecimento mais rico é retirado das imagens mentais, graças à infusão da luz divina.
R.3. A fé é uma espécie de conhecimento, na medida em que o intelecto é determinado pela fé a conhecer um certo objeto. Mas essa determinação precisa não procede da visão daquele que crê, ela vem da visão daquele em quem acreditamos. Sendo assim, na medida em que faz falta a visão, a fé como conhecimento é deficiente em relação à ciência; pois a ciência determina a inteligência pela visão e pelo entendimento dos primeiros princípios.

13. O DOM DA SABEDORIA DO ESPÍRITO, FONTE DA CONTEMPLAÇÃO

13.1. Só quem é "espiritual" tem a capacidade de tudo julgar e discernir (Comentário à 1ª Carta aos Coríntios, cap. 2, lição 3ª, n. 118)

Em seus comentários bíblicos, Tomás nos oferece excelentes resumos das doutrinas expostas em suas grandes sínteses teológicas. No retrato que esboça do "homem espiritual", do ser humano animado e conduzido pelo Espírito encontramos, em uma formulação concreta, o essencial do que é elucidado na Suma Teológica, no estudo do dom da Sabedoria do Espírito.

Eis esta pequena amostra de teologia bíblica de Sto. Tomás:

Todo aquele que tem em si a retidão será capaz de julgar com retidão em cada circunstância particular da vida real. Ao contrário, quem carece de retidão em sua vida, será falho em seu modo de julgar. Quem está acordado julga com retidão que está vigilante e que um outro está dormindo. Quem está adormecido nem julga bem de si nem de quem está de vigia. As coisas não são tais quais as sente quem dorme mas quem está acordado. O mesmo se dá com quem está sadio ou enfermo, quando se trata de apreciar os sabores; ou com o débil e o forte, em questão de avaliar pesos; e com o virtuoso ou o viciado, no discernimento moral do que se tem a fazer. Daí dizer o Filósofo na Ética: o virtuoso é a regra e a medida de tudo o que é humano, porque, nas coisas humanas, o que há de concreto e particular é apreciado com exatidão por quem é virtuoso.

É dessa forma que o Apóstolo afirma aqui: o "espiritual" julga de tudo, porque, na verdade, quem tem a inteligência iluminada e a afetividade bem ordenada pelo Espírito Santo profere sempre um juízo reto sobre situações e as ações particulares relativas à salvação. Quem não é espiritual tem a inteligência obscurecida e a afetividade desordenada no tocante aos bens espirituais. Por isso a pessoa espiritual não pode ser julgada por quem não é espiritual, como quem está acordado não pode ser julgado pelo adormecido.

13.2. A Sabedoria, dom do Espírito (II-II, q. 45, art. 2, sol.)

Sto. Tomás trata da Sabedoria, como dom do Espírito Santo, que leva à perfeição o exercício da caridade, em sua função contemplativa e orientadora da ação à luz da contemplação. O Teólogo mantém-se assim fiel aos ensinamentos do apóstolo Paulo sobre o amor, fonte do discernimento. Segundo a doutrina de Mestre Tomás, o Espírito leva à contemplação, antes de tudo mediante as virtudes teologais: fé, esperança e caridade. Os dons do Espírito vêm aperfeiçoar o exercício dessas virtudes de si divinas, pois têm a Deus como princípio, termo e objeto.

Leia-se este artigo da *Suma* tendo em conta a importância e a freqüência do tema em toda a obra do Mestre. Eis a *Solução* proposta no corpo do artigo:

A sabedoria comporta que se julgue com retidão à luz das razões divinas. Ora, essa retidão do julgamento pode ser de dois modos: ou procede do uso perfeito da razão, ou de uma conaturalidade com as coisas sobre as quais se tem de julgar. Assim, no que toca à castidade, quem estuda a ciência pode bem apreciá-la, graças à reflexão racional. Mas quem tem o habitus *(a virtude) da castidade, dela julgará com acerto, por uma certa conaturalidade com ela.*

Dessa forma, no que concerne às coisas divinas, ter um julgamento correto, graças ao trabalho da reflexão racional, decorre da sabedoria, que é uma virtude ou qualidade intelectual. Mas bem julgar das coisas divinas, mediante uma conaturalidade com elas, procede da sabedoria, que é um Dom do Espírito Santo. Dionísio (Areopagita), falando de Hieroteu, declara que ele é perfeito no que se refere às coisas divinas, "não somente porque as aprendeu, mas porque as experimentou". Essa experiência por simpatia ou por conaturalidade com o divino nos é dada pela caridade que nos une a Deus, como diz o Apóstolo (1Cor 6,17): "Quem se une a Deus é um só espírito com ele". Assim, pois, a sabedoria é um dom que procede da caridade que reside na vontade, mas ela se realiza essencialmente na inteligência, à qual compete bem julgar.

II. O ESPÍRITO É O AMOR, DOM E FONTE DE AMOR

Com Mestre Tomás, vamos contemplar o Espírito, laço de amor eterno do Pai e do Filho. Tomamos assim contato com o tratado da Trindade das Pessoas na Unidade da Natureza divina (I, q. 27-43). É uma obra-prima da teologia cristã, toda inspirada pelo sentido do Mistério e do apelo à lógica mais rigorosa. Esta se manifesta na definição e na coerência dos conceitos e no encaminhamento perfeito do raciocínio. Excluindo de Deus toda composição, toda mudança, todo movimento, compreendendo-o como o "o Ato puro", a perfeição simples e imutável do "Ser subsistente", o teólogo não estaria condenado ao silêncio ou a reduzir à inércia o Deus de Amor, o Criador, o Senhor da história e o princípio primeiro e ativo de nossa santificação? Como falar de vida em Deus, de fecundidade, de um Filho que procede eternamente de um Pai, do Espírito que procede do Pai e do Filho, da vinda ou da missão até nós dessas Pessoas divinas?

Mestre Tomás elabora, define e articula uma dezena de noções e procura elucidar a doutrina de tal modo que se possa confessar sem contradição a mensagem da revelação bíblica sobre unidade da Natureza e a Trindade das Pessoas em Deus.

Os dois artigos que vamos ler jogam sobretudo com as noções:
— de "propriedade"; entenda-se: aquilo que é atributo "próprio" a uma Pessoa divina, pois está em conexão com a "processão" que a constitui (21);
— do que é "apropriado" à Pessoa, sendo um atributo em relação de semelhança com suas "propriedades" (22).

O leitor irá se familiarizando com essas alamedas do jardim, um tanto vasto mas bem ajeitado, de Mestre Tomás. Comecemos lançando um primeiro olhar sobre o Amor, como definição "própria" do Espírito Santo:

21. O AMOR É O NOME PRÓPRIO DO ESPÍRITO SANTO (I, q. 37, art. 1)

Colocação do problema. *Objeções.* Parece que não.
Obj.1. Pois Agostinho, no livro 15 Sobre a Trindade (cap. 17) diz: "Dá-se o nome de Sabedoria ao Pai, ao Filho e ao Espírito Santo. E todos juntos são uma só Sabedoria, e não três sabedorias. Portanto, não vejo por que não se daria também o nome de Caridade ao Pai, ao Filho e ao Espírito Santo. Todos juntos são uma só Caridade". Ora, um nome que convém a cada uma das Pessoa, e a todas juntas no singular, não é o nome próprio de uma Pessoa. Portanto o Amor não é um nome próprio do Espírito Santo.

Obj.2. O Espírito Santo é uma Pessoa que subsiste. Ora, o termo amor não evoca uma pessoa subsistente. Mas uma ação que passa do amante ao amado. Ainda uma vez, o Amor não é, portanto, um nome próprio do Espírito Santo.

Obj.3. O amor é o laço ou o nó dos amantes. Porque, segundo Dionísio, no cap. 4º Sobre os Nomes Divinos (Sto. Tomás, lição 13), o amor é uma força que une. Ora, um laço se interpõe entre aqueles que une, longe de ser um termo que procederia deles. Portanto, se o Espírito Santo procede do Pai e do Filho, como demonstramos (q. 36, art. 2), não parece que seja o amor ou o nexo do Pai e do Filho.

Obj.4. Todo aquele que ama tem um amor. Ora, o Espírito Santo ama, e, por conseguinte, tem um amor. Portanto, se o Espírito Santo é o Amor, teremos o amor do Amor, e o espírito do Espírito. O que é inadmissível.

Encaminhando-nos à boa solução: *Em sentido contrário. Gregório disse, na Homilia de Pentecostes: "O Espírito Santo é ele mesmo o Amor".*

A *resposta* nos é dada mediante algumas distinções precisas entre o que, em Deus, é "essencial" (próprio à natureza divina única) e o que é "pessoal" (o que se refere a cada uma das pessoas).

Solução. Quando se trata de Deus, o termo amor pode ser tomado em dois sentidos: essencial e pessoal. Tomado no sentido pessoal, é um nome próprio do Espírito Santo, como o Verbo é o nome próprio do Filho.

Para compreendê-lo, lembremos que há em Deus duas processões (q. 27, artigos 1, 3, 5). Uma por modo de inteligência, ou processão do Verbo, a outra por modo de vontade, ou processão do Amor. A primeira nos é mais conhecida. E encontraram-se nomes próprios para designar cada um dos elementos que nela se podem distinguir. Não se dá o mesmo com a processão da vontade. Para designar a Pessoa que procede, temos de recorrer a certas perífrases. E mesmo as relações desta processão recebem os nomes de processão e de espiração (q. 28, art. 4). Estes são, em rigor, nomes de origem, mais do que nomes de relação.

E, no entanto, será preciso aplicar a mesma análise a uma e à outra. Pelo fato de conhecer algo, provém na inteligência uma espécie de concepção intelectual da realidade conhecida, concepção chamada verbo. Do mesmo modo, pelo fato de amar uma coisa, provém na afeição do amante, por assim dizer, uma espécie de marca impressa da coisa amada, em razão de que se diz que o amado está no amante, como o conhecido está naquele que conhece. E aquele que se conhece e se ama está em si mesmo, não somente por identidade real, mas ainda como o conhecido está naquele que conhece e o amado em quem ama.

Mas, tratando-se do intelecto, encontraram-se termos para designar a relação do que conhece com a coisa conhecida. É o entender, o compreender. E não faltaram outros para significar a emanação da concepção intelectual, como dizer e verbo. Por conseguinte, em Deus, conhecer só se emprega como atributo essencial. Pois ele não evoca expressamente relação ao Verbo que procede. Enquanto que Verbo emprega-se como nome pessoal, visto que significa aquilo mesmo que procede. Quanto a dizer, é um termo nocional que evoca a relação do Princípio do Verbo ao Próprio Verbo.

Da parte da vontade, temos o verbo amar (diligere, amare) que evoca a relação do amante à coisa amada. Mas não há termos próprios para evocar a relação que a afeição mesma, ou a marca impressa da coisa amada no que ama, mantém com seu princípio, ou inversamente. Daí, sem termos próprios, designamos estas relações recorrendo aos termos amor ou dileção. É como se chamássemos o Verbo "o Pensamento concebido", ou "a Sabedoria gerada".

Assim, quando se considera no amor e na dileção somente a relação do amante à coisa amada, empregar-se-á amor e amar como atributos essenciais, como se faz com conhecimento e conhecer. Se, ao contrário, se exprime a relação que liga o que procede por amor a seu princípio, ou inversamente; isto é, se por amor entendemos: "amor que procede", e por amar: "espirar o amor que procede", então amor é um nome de Pessoa, e amar é um verbo nocional, como dizer e gerar.

Respostas às objeções:

R.1. Na passagem citada, Agostinho emprega caridade no sentido em que, em Deus, designa a essência.

R.2. Conhecer, querer e amar se empregam à maneira de verbos, significando ações transitivas, isto é, que passam do sujeito ao objeto, como já vimos acima (q. 14, a. 2; q. 18, a. 3, r. 1). Porém, na realidade trata-se de ações imanentes, que conotam, entretanto, no próprio agente uma relação ao objeto. Por isso, mesmo em nós, o amor é algo que permanece no amante, e o verbo mental, algo que permanece naquele que "diz", comportando uma relação à coisa expressa pelo verbo ou amada. Mas, em Deus, no qual não há acidente nenhum, há uma maior elevação: o Verbo e o Amor são subsistentes. Portanto, quando se diz que o Espírito Santo é o amor do Pai ao Filho, ou a toda outra coisa, não se exprime algo de transitivo, que passe a outro. Significa-se somente a relação de Amor à coisa amada. Do mesmo modo que Verbo conota a relação do Verbo à coisa expressa neste Verbo.

R.3. Diz-se muito bem que o Espírito Santo é o laço do Pai e do Filho, enquanto é o Amor. Com efeito, é por uma dileção única que o Pai ama a si e o Filho — e reciprocamente. Por conseguinte, enquanto Amor, o Espírito Santo evoca uma relação recíproca entre o Pai e o Filho, a que une quem ama e quem é amado. Ora, desde que o Pai e o Filho amam-se entre si, é preciso que o seu mútuo Amor, ou o Espírito Santo, proceda de um e de outro. Portanto, ao se considerar a origem, o Espírito Santo não está no meio: ele é a terceira Pessoa da Trindade. Mas ao considerar a relação que acabamos de mostrar, aí sim ele é entre as duas outras Pessoas como o laço que as une, procedendo de cada uma delas.

R.4. Se o Filho conhece, não lhe convém produzir um verbo, porque o conhecimento lhe pertence a título de Verbo que procede. Do mesmo modo, se o Espírito Santo ama, no sentido essencial, não lhe convém espirar um amor, isto é, amar no sentido nocional. Ele ama a título essencial como Amor que procede, e não como princípio produtor de um amor.

Na mensagem bíblica há um nexo direto e estreito entre amar e dar. É dando, é dando-se, que o amor se revela. Ele manifesta assim que é "verdadeiro", que se inscreve no íntimo e na realidade toda do ser e não fica em aparências.

Vê-se a que alturas nos quer levar este segundo artigo que continua a nos informar sobre a identidade divina do Espírito Santo:

22. O DOM É NOME PRÓPRIO DO ESPÍRITO SANTO (I, q. 38, art. 2)

Procuremos seguir sempre a técnica simples de um artigo:

O problema é colocado pelo jogo das razões pró ou contra, apresentadas nas *"objeções"* e *"em sentido contrário"* (Em latim: *Sed contra*).

Objeções. Parece que não.

Obj.1. Pois chama-se dom àquilo que é dado. Ora, segundo Isaías (9,6), "o Filho nos foi dado". Portanto, ser Dom convém tanto ao Filho como ao Espírito Santo.

Obj.2. Todo nome próprio de uma pessoa significa uma de suas propriedades. Mas este nome Dom não significa nenhuma propriedade do Espírito Santo. Portanto, não é um nome próprio desta Pessoa.

Obj.3. Vimos acima (q. 36, a.1, art. 3), do Espírito Santo pode-se dizer que ele é "Espírito de tal homem". Ao contrário, não se pode dizer que ele seja o "dom de tal homem", mas somente "o dom de Deus". Portanto, dom não é um nome próprio do Espírito Santo.

Em sentido contrário. Agostinho diz, no livro 4º Sobre a Trindade (cap. 20): "Para o Filho, ser nascido é ter o seu ser do Pai. Do mesmo modo, para o Espírito Santo, ser o Dom de Deus é proceder do Pai e do Filho". Mas é por proceder do Pai e do Filho que o Espírito Santo tem um nome próprio. Logo, Dom é o nome próprio do Espírito Santo.

Solução. Tomado no sentido pessoal, em Deus, o dom é um nome próprio do Espírito Santo. Para esclarecê-lo, note-se que o Filósofo (Tópicos, Livro 4, cap.4) diz que há dom quando se faz uma doação sem retorno, isto é, quando se dá sem esperar retribuição. Dom implica assim uma doação gratuita. Ora, a razão de uma doação gratuita é o amor. Doamos gratuitamente uma coisa a alguém porque lhe queremos o bem. O primeiro dom que lhe fazemos é, portanto, o amor que nos faz querer-lhe o bem. Vê-se assim que o amor constitui o dom primeiro, em virtude do qual são doados todos os dons gratuitos. Então, porque o Espírito Santo procede como Amor (q. 27, a. 4), ele procede na qualidade de dom primeiro. É o que diz Agostinho, no livro 15º Sobre a Trindade (cap.19): "Por este dom, que é o Espírito Santo, muitos dons próprios são distribuídos aos membros de Cristo".

Respostas às objeções:

R.1. Porque o Filho procede como Verbo, portanto, por definição, em semelhança de seu princípio, o nome Imagem é próprio ao Filho, se bem que o Espírito Santo também seja semelhante ao Pai. Do mesmo modo, porque o Espírito Santo procede do Pai como Amor, o nome dom é próprio ao Espírito Santo, se bem que o Filho seja também doado. E que ele seja dado provém do Amor do Pai: "Deus", diz S. João (Jo 3,16), "tanto amou o mundo que lhe deu seu Filho único".

R.2. O nome Dom diz relação ao Doador, em razão da origem. Por isso inclui a propriedade do Espírito Santo, isto é, a processão.

R.3. Antes de ser dado, o dom pertence apenas ao doador. Mas, depois de doado, é daquele a quem foi dado. A qualidade de dom não implica, portanto, necessariamente, sua doação atual. Daí não se poder chamá-lo de "dom do homem", mas somente de "o Dom de Deus", isto é, do Doador. Quando já foi doado, então sim, é o Espírito ou o dom "do homem".

III. A MISSÃO SALVADORA E SANTIFICADORA DO ESPÍRITO

A questão 43 da Primeira Parte ocupa um lugar de relevo e tem um significado muito especial na síntese de Tomás. Encerrando o estudo da Santíssima Trindade, considerada em si mesma e na intimidade das Pessoas divinas, em suas processões eternas e na comunhão de uma só Divindade, a questão das "Missões divinas" estuda a "vinda" dessas Pessoas divinas, que se doam a nós, tornando-nos participantes da vida divina de conhecimento e de amor. A preocupação primeira do Teólogo é mostrar que cada Pessoa se dá e se revela, estabelecendo laços íntimos conosco. Mas elas são indissociáveis, de modo que somos sempre introduzidos em sua comunhão trinitária de amor.

Destacamos aqui alguns dados sobre "as Missões divinas". Falando de maneira concreta: o que pode significar esta linguagem bíblica e tradicional: "O Pai nos envia seu Filho"? Como dar um conteúdo real e coerente à "Missão" da Palavra ou do Verbo que vem da parte do Pai? De maneira semelhante — e é o que nos interessa mais diretamente aqui —, como entender a "vinda" e a "missão" do Espírito Santo, que a Escritura nos revela como "enviado" pelo Pai e pelo Filho?

Todo o tecido de nosso discurso sobre a "Nova Era do Espírito" se prende diretamente à "vinda", à "missão" ou ao envio do Espírito de Amor. E tem como contrapartida amorosa a acolhida que damos à sua presença e a docilidade que oferecemos a esse Mestre interior. Os textos que se seguem condensam o que Mestre Tomás nos quer fazer compreender por "vinda", envio ou "missão" quando se fala de uma Pessoa divina. Como tentamos expor nos capítulos correspondentes de nosso ensaio, com aquela sua simplicidade encantadora, Tomás nos pede uns tantos esforços mentais que se resumem nos pontos seguintes:

Primeiro, de maneira negativa, havemos de limpar a área do nosso pensar e falar de Deus, como quem se descalça piedosamente para penetrar no santuário. Portanto, vamos lá: quando se aplicam a Deus ou a uma Pessoa Divina termos como "vir", "vinda", "missão", "enviar", "ser enviado", devemos excluir de Deus qualquer movimento, ele não se desloca, não muda de lugar, já está em tudo o que existe, tudo mantendo no ser sem se confundir com coisa alguma.

Vamos em frente, sempre escutando o Mestre. Quando se diz que Deus fez algo para nós, que nos deu a sua graça, nos iluminou, avivou em nós o seu amor, entendamos, pois: em Deus não houve e não há mudança nenhuma, mas com toda verdade nós, suas criaturas, fomos mudados para melhor e ganhamos uma semelhança com nosso criador, e ficamos a ele mais unidos.

Chegamos ao ponto. Ao dizer "Deus vem" até nós, explica Mestre Tomás, significamos com isso que (sem mudança da parte dele) Deus nos transformou, de modo a podermos acolhê-lo, abrindo o coração a ele que já e sempre está em nós. Essa acolhida de nossa parte, fruto da graça e de nossa docilidade a seu influxo, é a disposição de nosso ser, de nosso entender, de nosso querer que se voltam para Deus. Ele "vem", uma Pessoa Divina nos é enviada porque há uma "nova forma de presença" divina em nós; não, ainda uma vez, porque Deus se mexeu ou deslocou, mas porque nós abrimos um espaço de amor ao Amor que sempre nos envolve, e que assim nos envolve mais perfeitamente.

Acrescentemos que Tomás distingue a "missão visível" (a Encarnação do Filho, a teofania de Pentecostes) e a "missão invisível" (pelo dom da graça santificante). Note-se o matiz: O Pai "vem" até nós: não se diz que é enviado, pois a "missão" é conexa com a "procissão" das Pessoas, e o Pai não procede de nenhuma outra pessoa, portanto não se dirá é "enviado". Ao passo que a "missão" se aplica ao Filho ou ao Espírito. O Filho é enviado do Pai de quem procede: o espírito é enviado do Pai e do Filho, pois procede de ambos, sendo o laço de amor recíproco de um ao outro.

É possível que alguém diga: não deu pra ver. Gostaria de maiores e mais finas explicações. Tanto melhor. Até agora, era uma simples indicação do caminho para a piscina. A cada um de se jogar nos textos de Sto. Tomás. O mestre é ele. Quem é que vai ter aquela pretensão de se dar por assistente ou mesmo por orientando dele?

Sigamos, como sempre, o seu método de colocar a questão de modo interrogativo e de apresentar a problemática com uma série de objeções, de dar a sua solução global e de completar o ensino com as respostas às objeções.

31. A MISSÃO INVISÍVEL DE UMA PESSOA DIVINA SÓ SE REALIZA PELO DOM DA GRAÇA SANTIFICANTE (I, q. 43, art. 3).

Colocação do problema. *Objeções. Parece que não.*
Obj.1. Com efeito, para uma Pessoa divina, ser enviada é ser doada. Portanto, se a Pessoa divina só é enviada em razão dos dons da graça santificante, não é a pessoa divina que é doada, mas os seus dons. Ora, este é precisamente o erro daqueles que dizem que o Espírito Santo não nos é doado, mas somente os seus dons.
Obj.2. A expressão "pelo" dom designa uma relação de causalidade. Ora, é a Pessoa divina que é causa de possuirmos este dom que é a graça santificante, — e não o inverso —, segundo Romanos 5,5: "O amor de Deus foi derramado em nossos corações pelo Espírito Santo que nos foi dado". Então, dizer que a missão da Pessoa divina se realiza pelo dom da graça é usar uma fórmula inconveniente.
Obj.3. Agostinho ensina no 4° livro Sobre a Trindade *(cap. 30): "Diz-se que o Filho é enviado, quando no tempo o Espírito o percebe". Mas o Filho não é conhecido somente pela graça santificante, mas também pela "graça grátis dada", por exemplo, pela fé e pela ciência. Portanto, não é somente pelo dom da graça santificante que há missão da Pessoa divina.*
Obj.4. Rabano Mauro diz no Comentário às Cartas de S. Paulo *que o Espírito Santo foi dado aos Apóstolos para operar milagres. Ora, isto não é um dom que pertence à graça santificante, mas um dom da "graça grátis dada". A Pessoa divina, portanto, não é dada somente em razão da graça santificante.*

Completando a problemática: *Em sentido contrário. Agostinho diz, no livro 3°* Sobre a Trindade (cap. 27), *que "o Espírito Santo procede temporariamente para santificar a criatura". Ora, a missão é uma processão temporal. E, como não há santificação da criatura senão pela graça que a torna agradável a Deus, segue-se que só há missão da Pessoa divina pela graça santificante.*

A resposta se baseará na definição elaborada de "missão", de "enviar" e "ser enviado", quando se fala de Deus. Na sua simplicidade, temos aqui um dos pontos altos da teologia e da espiritualidade cristãs.

Solução. Diz-se que uma Pessoa divina é enviada enquanto ela existe em algo de maneira nova. E que ela é dada enquanto é possuída por alguém. Ora, ambos só acontecem em razão da graça santificante. Há com efeito para Deus uma maneira comum de existir em todas as coisas por sua essência, seu poder e sua presença. Assim, ele nelas existe como a Causa nos efeitos que participam de sua bondade. Mas, acima deste modo comum, há um modo especial que é próprio da criatura racional. Nesta, se diz que Deus existe como o conhecido no que conhece, e o amado no que ama. E porque conhecendo-o e amando-o a criatura racional atinge por sua operação o próprio Deus, segundo este modo especial, não somente Deus existe na criatura racional, mas ainda habita nela como em seu templo. Assim, pois, fora da graça santificante, não há outro efeito que possa ser a razão de um novo modo de presença da Pessoa divina na criatura racional. E é somente em razão da graça santificante que há missão e processão temporal da Pessoa divina. Assim também, se diz que possuímos somente aquilo que podemos livremente usar e usufruir. Ora, não se pode usufruir uma Pessoa divina senão em razão da graça santificante.

Entretanto, no próprio dom da graça santificante, é o Espírito Santo que possuímos e que habita no ser humano. Assim, o próprio Espírito Santo é dado e enviado.

Para completar a *solução*, com muitos matizes se apresentam as:

Respostas às objeções:
R.1. O dom da graça santificante aperfeiçoa a criatura racional para colocá--la em estado, não somente de usar livremente do dom criado, mas ainda de usufruir da própria Pessoa divina. Portanto, é em razão da graça santificante que há missão invisível, e a própria Pessoa divina nos é dada.
R.2. A graça santificante dispõe a alma a possuir a Pessoa divina: é isto que significa nossa fórmula, que "o Espírito Santo é dado pelo dom da graça". Entretanto, este próprio dom que é a graça provém do Espírito Santo. É isto que exprime o Apóstolo quando diz que "o amor de Deus é derramado em nossos corações pelo Espírito Santo".
R.3. Se bem que possamos conhecer o Filho por certos efeitos da graça além da graça santificante, entretanto estes outros efeitos não bastam para fazer que ele habite em nós, nem que o possuamos.
R.4. O dom de realizar milagres visa manifestar a graça santificante, bem como o dom de profecia e qualquer outra "graça dada gratuitamente". Donde 2 Coríntios (12,7) chamar a graça grátis dada de "manifestação do Espírito". Portanto, se diz que o Espírito Santo foi dado aos Apóstolos para operar milagres, porque a graça santificante lhes foi dada com o sinal que a manifestava. Mas, se o sinal da graça santificante fosse dado sem a graça, não se diria mais que "o Espírito Santo é dado", pura e simplesmente. A não ser, talvez, com um complemento determinativo, quando se diz, por exemplo, que "o espírito de profecia", ou "o espírito dos milagres" foi dado a alguém, se ele tem o poder de profetizar ou de fazer milagres.

Precisando o sentido da "missão" e sua relação com a "processão" das Pessoas divinas, o artigo 4º da mesma questão levanta o problema:

32. TAMBÉM AO PAI CONVÉM O SER ENVIADO?

Objeções. Parece que sim.
Obj.1. Com efeito, para uma Pessoa divina, ser enviada é ser dada. Ora, o Pai se dá, pois ninguém pode possuí-lo se ele mesmo não se dá. Logo, pode-se dizer que o Pai se envia a si mesmo.
Obj.2. Há missão da Pessoa divina, quando há habitação na graça. Mas pela graça é toda a Trindade que habita em nós, segundo João 14,21: "Nós viremos a ele, e nele faremos morada". Portanto, cada uma das Pessoas divinas é enviada.
Obj.3 Todo atributo que convém a uma das Pessoas convém a todas, exceção feita às noções e às pessoas. Ora, o termo missão não significa nem uma pessoa, nem uma noção, porque só há cinco noções, como dissemos (q. 32, a. 3). De toda Pessoa divina, portanto, pode-se dizer que ela é enviada.

Em sentido contrário. Agostinho já notou, no livro 2º *Sobre a Trindade* (cap. 5) que na Escritura "nunca se lê que o Pai é enviado".

Solução. Por definição, missão implica processão a partir de um outro; e, em Deus, processão de origem, dissemos acima (a. 1). O Pai não procede de nenhum outro. Logo, não lhe convém de modo algum ser enviado, mas só ao Filho e ao Espírito Santo, aos quais compete proceder de um outro.

Respostas às objeções
R.1. Se "dar" quer dizer: comunicar livremente alguma coisa, então, o Pai se dá a si mesmo, pois se comunica com liberalidade à criatura para que possa dele usufruir. Mas, se "dar" evoca uma autoridade do doador sobre quem é dado, então,

em Deus, não pode ser "dada," nem também "enviada", senão a Pessoa que procede de uma outra.

R.2. O efeito da graça provém também do Pai, que, por esta graça, habita na alma ao mesmo título que o Filho e o Espírito Santo. Mas não se diz que ele é enviado, porque ele não procede de um outro. É o que explica Agostinho, no 4º livro Sobre a Trindade *(cap. 20): "Quando o Pai é conhecido de alguém no tempo, não se diz que ele é enviado; pois não tem de quem vir ou proceder".*

R.3. O termo missão, enquanto evoca uma processão a partir daquele que envia, inclui uma noção em sua significação; não uma tal noção em particular, mas na acepção genérica, no sentido em que "ser de um outro" é um aspecto comum às duas noções de filiação e de espiração passiva.

O artigo 5 visa esclarecer a relação da Encarnação (Missão visível) e do Dom da graça (Missão invisível), colocando a questão:

33. CONVÉM AO FILHO SER ENVIADO INVISIVELMENTE?

Objeções. Parece que não.

Obj.1. Pois é em razão dos dons da graça que se considera a missão invisível de uma Pessoa divina. Ora, todos os dons da graça vêm do Espírito Santo, segundo 1 Coríntios 12,2: "Eles são todos a obra do mesmo e único Espírito". Portanto, só há missão invisível do Espírito Santo.

Obj.2. A missão da Pessoa divina está ligada à graça santificante. Ora, os dons que aperfeiçoam o intelecto não são os dons da graça santificante, pois se pode possuí-los sem a caridade, segundo 1 Coríntios 13,2: "Se eu tivesse o dom da profecia, e conhecesse todos os mistérios e toda ciência, se tivesse toda a fé, uma fé capaz de transportar montanhas, se não tivesse a caridade, nada seria". Como o Filho procede como Verbo do intelecto, parece portanto que não lhe pertence ser enviado.

Obj.3. A missão de uma Pessoa divina, dissemos (a. 1, 4), é uma processão. Mas a processão do Filho e a do Espírito Santo são duas processões distintas. Portanto, se estas duas Pessoas são enviadas, seriam duas missões distintas. E então uma seria supérflua, pois uma só basta para santificar a criatura.

Em sentido contrário. Em Sabedoria 9,10, se diz da Sabedoria: "Enviai-a de vosso santo céu, enviai-a do trono de vossa glória".

Solução. Pela graça santificante, é toda a Trindade que habita na alma, como se diz em João 14,23: "Viremos a ele e nele faremos nossa morada". Ora, dizer que uma Pessoa divina é enviada a alguém pela graça invisível é significar um novo modo de habitação desta Pessoa e a origem que ela possui de uma outra. Estas duas condições: habitar na alma pela graça e proceder de um outro, convêm ao Filho e ao Espírito Santo. A ambas, portanto, convém serem enviados invisivelmente. Ao Pai compete, é claro, habitar na alma pela graça, mas não proceder de um outro, nem por conseguinte ser enviado.

Respostas às objeções

R.1. Todos os dons, enquanto dons, são apropriados ao Espírito Santo, pois, enquanto Amor, possui o caráter de primeiro Dom. Entretanto certos dons, considerados em seu teor próprio e específico, são atribuídos por apropriação ao Filho: todos aqueles precisamente que se referem à inteligência. A esses dons se liga a missão do Filho. Daí a palavra de Agostinho, no livro 4º Sobre a Trindade (cap. 2): "*O Filho é invisivelmente enviado a cada um, quando é por ele conhecido e percebido*".

R.2. *A graça torna a alma conforme a Deus. Também para que haja missão de uma Pessoa divina à alma pela graça, é necessário que a alma seja conformada ou assimilada a esta Pessoa por qualquer dom da graça. Ora, o Espírito Santo é o Amor. Portanto é o dom da caridade que assimila a alma ao Espírito Santo, e é em razão da caridade que se considera uma missão do Espírito Santo. O Filho é o Verbo, não qualquer um, mas o Verbo que espira o Amor: "O Verbo que procuramos insinuar", diz Agostinho no 9º livro* Sobre a Trindade *(cap. 10), é conhecimento cheio de amor". Portanto, não há missão do Filho por um aperfeiçoamento qualquer da inteligência, mas somente quando ela é instruída de tal modo que irrompe em afeição de amor, como se diz em João 6,45: "Todo aquele que ouviu o Pai e recebeu seu ensinamento vem a mim;" ou no Salmo 38,4: "Em minha meditação, um fogo se acende". Também Agostinho (lugar citado na resposta 1ª) usa de termos significativos: "o Filho", diz ele, "é enviado, quando é conhecido e percebido": o termo percepção significa, com efeito, um certo conhecimento experimental. É a sabedoria, ou ciência saborosa, segundo se declara em Eclo, 6,23: "A sabedoria da doutrina justifica seu nome".*

R.3. *Dissemos acima (a. 1, 3) que a missão comporta um duplo aspecto: origem da Pessoa enviada e habitação pela graça. Se falando de missão consideramos a origem, então a missão do Filho é distinta daquela do Espírito Santo, como a geração de um é distinta da processão do outro. Mas, se consideramos o efeito da graça, as duas missões têm na graça sua raiz comum, distinguindo-se nos efeitos desta graça, a saber: a iluminação da inteligência e o abrasamento do amor. Vê-se por aí que uma missão não vai sem a outra, pois que nenhuma das duas se realiza sem a graça santificante, nem uma Pessoa se separa da outra.*

Chegamos a um ponto fundamental da doutrina e da maior importância para a compreensão do tema central da "vinda do Espírito". É o artigo 6:

34. A MISSÃO INVISÍVEL SE REALIZA EM TODOS OS PARTICIPANTES DA GRAÇA?

Objeções. Parece que não.

Obj.1. Pois os Pais no Antigo Testamento participaram da graça. Mas a eles não parece que se fez a missão invisível. Pois se lê em João 7,39: "O Espírito não era ainda dado, porque Jesus não fora ainda glorificado". A missão invisível não é, portanto, feita a todos os que participam da graça.

Obj.2. Não há progresso na virtude senão pela graça. Mas a missão invisível não parece ligada aos progressos da virtude. Com efeito, o progresso virtuoso, ao que parece, é contínuo, já que a caridade ou cresce sem cessar ou desaparece; teríamos, assim, uma missão contínua. Portanto, a missão invisível não se realiza em todos os que participam da graça.

Obj.3. O Cristo, os bem-aventurados possuem a graça em plenitude. Mas não parece que lhes seja feita missão; pois só se faz o envio àquele que está distante, mas Cristo, enquanto homem, e os Bem-aventurados estão perfeitamente unidos a Deus. Portanto, não é a todos os que possuem a graça que é feita a missão invisível.

Obj.4. Os sacramentos da Nova Lei contêm a graça. No entanto, ninguém diz que lhes é feita uma missão invisível. Portanto, não há missão invisível a todo o que tem a graça.
Em sentido contrário. Ensina Agostinho, no livro 15º Sobre a Trindade (cap. 27): "Há missão invisível para santificar a criatura". Ora, toda criatura que tem a graça é santificada. Portanto, há missão invisível a toda a criatura que tem a graça.
Solução. Como se disse acima (art. 1), o conceito de missão implica que o enviado, ou começa a ser onde ele não era antes, como acontece nas coisas criadas; ou começa a ser de uma maneira nova lá onde não era. E é neste último sentido que se fala de uma missão das Pessoas divinas. Portanto, há duas condições a se verificarem naquele a quem se faz o envio: habitação da graça e certo aspecto de novidade na obra da graça. E em todos aqueles em quem se encontram estas duas condições há missão invisível.
Respostas às objeções
R.1. Houve missão invisível aos Pais do Antigo Testamento. Agostinho diz, no livro 4º Sobre a Trindade (cap. 20), que o Filho, por sua missão invisível "torna-se presente nos homens e com os homens: mistério já realizado outrora com os Pais e os Profetas". Portanto, quando lemos em João que "o Espírito ainda não era dado", entendemos esta doação com sinais visíveis que se fizeram no dia de Pentecostes.
R.2. Há missão invisível mesmo no progresso virtuoso ou crescimento da graça. Agostinho diz, no livro 4º Sobre a Trindade *(ibid.): "O Filho é enviado a cada um quando é conhecido e percebido, enquanto o pode ser, segundo a capacidade da alma racional, seja progredindo para Deus, seja perfeita em Deus". Entretanto, se há um crescimento da graça, no qual se pode considerar uma missão invisível, este é antes de tudo aquele que faz passar para um ato novo ou a um novo estado de graça: por exemplo, quando se é elevado à graça dos milagres ou da profecia, ou quando alguém, no fervor da caridade, se expõe ao martírio, renuncia a todos os seus bens ou enfrenta qualquer empresa difícil.*
R.3. Uma missão invisível é feita aos Bem-aventurados desde o primeiro instante de sua bem-aventurança. Em seguida, lhes são feitas missões invisíveis, não mais por intensificação de sua graça, mas no sentido de que eles percebem novas revelações que dizem respeito a certos mistérios: é assim até o dia do Julgamento. Aqui, o progresso consiste em uma extensão da graça a novos objetos. A Cristo foi feita uma missão invisível desde o primeiro instante de sua concepção; mas, tendo sido repleto de toda graça e sabedoria desde esse primeiro instante, não houve outra missão invisível.
R.4. Nos sacramentos da Nova Lei, a graça existe de maneira instrumental, assim como a forma da obra existe no instrumento de arte, isto é, como passando do agente para o paciente. Mas não se fala de missão senão para o término do envio. Portanto, não é aos sacramentos que é feita a missão da pessoa divina, mas àqueles que recebem a graça por meio destes sacramentos.

O artigo 7 propõe uma hermenêutica teológica visando a uma compreensão de Pentecostes e outras manifestações atribuídas ao Espírito Santo na Bíblia. Trata-se de transcrever no código da linguagem lógica, racional, o que a Escritura diz em linguagem simbólica; não para deixar de lado o símbolo, mas para enriquecer mutuamente a dupla forma, lógica e simbólica, da mensagem.

35. CONVÉM AO ESPÍRITO SANTO SER VISIVELMENTE ENVIADO?

Objeções. Parece que não.
Obj.1. O Filho, enquanto é enviado visivelmente ao mundo, é dito inferior ao Pai. Mas em nenhuma parte se lê que o Espírito Santo seja assim inferior ao Pai. Portanto, não convém que o Espírito Santo seja enviado visivelmente.
Obj.2. O que nos leva a falar de uma missão visível é uma criatura visível assumida pela Pessoa divina; tal é a missão do Filho na carne. Mas o Espírito Santo não assumiu criatura visível. Portanto, não se pode dizer que ele esteja presente em certas criaturas visíveis de modo diferente do que outras criaturas — a não ser como em um sinal que o manifesta. É o caso dos sacramentos e de todas as figuras da Antiga Lei. Portanto, não há missão visível do Espírito Santo, ou então será preciso dizer que ela acontece em todos os casos que acabamos de mencionar.
Obj.3. Toda criatura visível é um efeito que manifesta a Trindade inteira. Nas criaturas visíveis, portanto, não há missão do Espírito Santo, mais do que de outra Pessoa divina.
Obj.4. Foi para a mais nobre das criaturas visíveis, a natureza humana, que o Filho foi enviado visivelmente. Portanto, se o Espírito Santo também é enviado visivelmente, isto deve ser para criaturas racionais.
Obj.5. Como diz Agostinho, no livro 3º Sobre a Trindade (cap. 10, 11), o que é visivelmente realizado pela força divina é confiado ao ministério dos Anjos. Portanto, se houve aparição de formas visíveis, foi pelo ministério dos Anjos; e assim são os Anjos que são enviados, e não o Espírito Santo.
Obj.6. Se há missão visível do Espírito Santo é para manifestar a missão invisível, porque as realidades invisíveis são manifestadas pelas coisas visíveis. Por conseguinte, aquele que não recebeu missão invisível não deve também receber missão visível; e todos aqueles que, em um e outro Testamento, receberam missão invisível devem também receber missão visível, o que é evidentemente falso. Portanto, o Espírito Santo não é enviado visivelmente.
Em sentido contrário. Lê-se em Mateus 3,16 que o Espírito Santo desceu sobre o Senhor, em seu batismo, sob a forma de uma pomba.
Solução. Deus provê às coisas, segundo o modo de cada uma. Ora, é o modo conatural do homem ser conduzido pelo visível ao invisível, dissemos acima (q.12, a. 12). Também foi preciso manifestar ao homem por coisas visíveis os mistérios invisíveis de Deus. Portanto, assim como Deus, por indícios tomados das criaturas visíveis, em alguma medida mostrou-se aos homens, Ele e as processões eternas de suas Pessoas, convinha, por sua vez, que as missões invisíveis destas Pessoas fossem manifestadas por algumas criaturas visíveis. Mas com uma diferença, segundo se trata do Filho ou do Espírito Santo. Pois o Espírito Santo procede como o Amor, e lhe pertence ser o Dom da santificação. O Filho, sendo princípio do Espírito Santo, pertence-lhe ser o Autor desta santificação. Portanto, o Filho é visivelmente enviado como o Autor da santificação, enquanto que o Espírito Santo o é como sinal da santificação.
Respostas às objeções
R.1. O Filho assumiu na unidade de sua pessoa a criatura visível na qual ele apareceu, de modo que os atributos próprios a esta criatura são atribuídos ao Filho de Deus. É assim em razão de sua natureza assumida que o Filho é dito inferior ao Pai. Mas o Espírito Santo não assumiu na unidade de sua pessoa a criatura visível

na qual apareceu. O que convém a esta não se atribui a ele. Portanto, não se pode argüir da criatura visível que o manifesta para dizer que ele é inferior ao Pai.

R.2. Não se considera a missão visível do Espírito Santo na visão imaginária, ou na visão profética. Pois Agostinho diz, no livro 2º Sobre a Trindade (cap. 6): "A visão profética não é oferecida aos olhos do corpo em formas corporais; ela é apresentada ao espírito em imagens espirituais de realidades corporais. Mas a Pomba e o Fogo foram vistos pelos olhos das testemunhas. Aliás, o Espírito Santo aí não estava simplesmente como o Cristo estava no rochedo: 'O rochedo', se diz em 1 Coríntios 10,4, 'era o Cristo'. Este rochedo era uma criatura, e é sua operação que o faz representar o Cristo e tomar-lhe o nome. A Pomba e o Fogo, ao contrário, existiram repentinamente só para significar estes mistérios. Parecem semelhantes à flama que apareceu a Moisés na sarça, à coluna que o povo seguia no deserto, aos relâmpagos e trovões que acompanharam a revelação da Lei sobre a Montanha. Se a forma corporal de todas estas coisas existiu, foi para simbolizar e predizer alguma coisa". Portanto, vê-se que a missão visível não se verifica nem para as visões proféticas, que foram imaginárias e não corporais, nem para os sinais sacramentais do Antigo e do Novo Testamento, onde se recorre a coisas preexistentes para simbolizar uma realidade sagrada. Diz-se que o Espírito Santo é enviado visivelmente, quando se mostrou em criaturas formadas expressamente para significá-lo.

R.3. É toda a Trindade que produziu estas criaturas visíveis. Mas sua produção as destinava a manifestar especialmente tal ou tal Pessoa. Do mesmo modo que os nomes distintos designam o Pai, o Filho e o Espírito Santo, assim também as coisas diferentes puderam significá-las, se bem que não haja nenhuma separação ou diversidade entre as Pessoas divinas.

R.4. Era preciso, dissemos (na Solução), manifestar a pessoa do Filho como o autor da santificação. A missão visível do Filho realizou-se, então, por meio de uma natureza racional, capaz de ação e de santificação. Mas para realizar a função de sinal de santificação, qualquer outra criatura bastaria. Não era também necessário que a criatura visível, formada para este fim, fosse assumida pelo Espírito Santo, na unidade de sua pessoa. Ela não foi tomada para agir, mas somente para significar. É por isso, ainda, que ele não devia durar senão o tempo de cumprir sua função.

R.5. Estas criaturas visíveis foram formadas pelo ministério dos Anjos, mas para significar a pessoa do Espírito Santo, e não a do Anjo. E porque o Espírito Santo estava nestas criaturas visíveis, como a realidade significada está no sinal, diz-se que havia aí missão visível do Espírito Santo, e não do Anjo.

R.6. Não é necessário que a missão invisível seja sempre manifestada por um sinal exterior visível: "a manifestação do Espírito", se diz em 1 Coríntios 12,7, "é dada conforme o exige a utilidade", isto é, da Igreja. Trata-se, por estes sinais visíveis, de confirmar e de propagar a fé. Ora, isto foi, principalmente, a obra de Cristo e dos Apóstolos, como se afirma em Hebreus 2,3: "Anunciada em primeiro lugar pelo Senhor, a salvação nos foi atestada por aqueles que o haviam ouvido". Portanto, era necessário, de modo especial, uma missão visível do Espírito Santo em Cristo e nos Apóstolos, e em um certo número dos primeiros santos, nos quais se edificavam, de certo modo, os fundamentos da Igreja. Notemos, entretanto, que a missão visível feita em Cristo manifestava uma missão invisível realizada, não neste instante, mas desde o começo de sua concepção. A missão visível em Cristo, no seu batismo, fez-se sob a forma de uma pomba, animal especialmente fecundo. Isto era para mostrar o poder privilegiado de Cristo como fonte da graça para a regeneração espiritual. Também ouviu-se ressoar a voz do Pai, dizendo: "Este é meu

Filho amado"; pois os outros deviam ser regenerados à semelhança do Filho único. Na Transfiguração, o Espírito Santo lhe foi enviado sob a forma da nuvem luminosa, para mostrar a fecundidade de seu ensinamento. Com efeito, a voz acrescentou: "Escutai-o". Aos Apóstolos ele foi enviado sob a forma de sopro, para mostrar seu poder de ministros na dispensação dos sacramentos. Foi-lhes dito, com efeito: "Aqueles a quem perdoarem os pecados, serão perdoados". Também, sob a forma de línguas de fogo para manifestar sua função de doutores: "Eles começaram", se diz em Atos 2,4, "a falar em diversas línguas". Quanto aos Pais do Antigo Testamento, não deviam receber missão visível do Espírito Santo. Era preciso, com efeito, que a missão visível do Filho precedesse a do Espírito Santo. Porque o Espírito Santo manifesta o Filho, como o Filho manifesta o Pai. Houve aparições visíveis das Pessoas divinas aos Pais do Antigo Testamento. Mas não se pode falar de missões visíveis, porque estas aparições não foram feitas para significar a habitação pela graça da Pessoa divina, mas para manifestar qualquer outra coisa.

O artigo 8º visa aprofundar a noção de missão, aproximando-a da processão:

36. UMA PESSOA DIVINA SÓ É ENVIADA PELA PESSOA DA QUAL PROCEDE ETERNAMENTE?

Objeções. Parece que sim.

Obj.1. Parece que nenhuma pessoa divina é enviada senão por aquela da qual procede eternamente. Agostinho assim diz, no livro 4º Sobre a Trindade *(cap.20): "O Pai não é enviado por ninguém, porque não procede de ninguém". Portanto, se uma Pessoa divina é enviada por uma outra, é preciso que dela proceda.*

Obj. 2. O que envia tem autoridade sobre o enviado. Ora, em relação a uma Pessoa divina, só há "autoridade" a título de origem. Portanto, é preciso que a Pessoa enviada proceda daquele que envia.

Obj. 3. Se a Pessoa divina pode ser enviada por aquela da qual não procede, nada impede dizer que o Espírito Santo é dado pelo homem, de quem ele não procede. Ora, Agostinho. no livro 15º Sobre a Trindade *(cap. 26), combateu esta última doutrina. Portanto, a Pessoa divina não é enviada senão por aquela da qual ela procede.*

Em sentido contrário. O Filho é enviado pelo Espírito Santo, segundo Isaías 48,16: "Agora, enviou-me o Senhor Deus e o seu Espírito". Ora, o Filho não procede do Espírito Santo. Portanto, uma Pessoa divina é enviada por aquela da qual ela não procede.

Solução. Sobre esta questão, encontram-se diversas opiniões. Segundo alguns a Pessoa divina só é enviada pela Pessoa da qual ela procede eternamente. Assim, dizendo-se que o Filho de Deus é enviado pelo Espírito Santo, é preciso referi-lo à sua natureza humana na qual o Espírito Santo envia-o a pregar. Mas Agostinho diz, no livro 2º Sobre a Trindade *(cap. 5), que o Filho envia-se a si mesmo, que ele é enviado pelo Espírito Santo; e, ainda, que o Espírito Santo é enviado por si mesmo e pelo Filho. Dessa forma, em Deus, não pertence a toda Pessoa divina ser enviada, mas somente a uma Pessoa saída da outra, e pelo contrário pertence a toda Pessoa enviar.*

As duas posições guardam, cada qual, sua parte de verdade. Quando se diz que uma Pessoa é "enviada", significa-se a própria Pessoa que procede de uma outra e o efeito visível ou invisível em razão do qual entrevê-se uma "missão" da Pessoa divina. Portanto, considerando-se Aquele que envia como princípio da Pessoa enviada, assim não é qualquer Pessoa que envia, mas somente Aquela a quem pertence ser princípio da Pessoa enviada. O Filho não é, assim, enviado senão pelo Pai, enquanto que o Espírito Santo o é pelo Pai e pelo Filho. Mas, se a Pessoa que envia é considerada como princípio do efeito visado na missão, então é toda a Trindade que envia a Pessoa em missão. Daí não se conclui, aliás, que o homem dá o Espírito Santo, pois que não pode causar o efeito da graça.

Assim, fica evidente a resolução das objeções.

IV. O ESPÍRITO DE CRISTO, COMUNICADO À IGREJA E AOS FIÉIS

Destacamos duas passagens em que Tomás se refere à presença do Espírito em Cristo(31) e na Igreja (32)

41. APARIÇÃO DO ESPÍRITO SOB A FORMA DE POMBA NO BATISMO DE CRISTO

Sto. Tomás consagra toda a questão 39 da Terceira Parte ao batismo recebido por Cristo. A aparição do Espírito forma o objeto do artigo 5.

Esse tema é condensado no *Comentário de Tomás ao Evangelho de Mateus*. Citamos esse texto (Mt 3,16, lição 3ª, n. 301, Ed. Marietti, p. 46) porque é uma amostra do ensino ministrado por Tomás em seus cursos ordinários, nos quais o texto de base era a Sagrada Escritura.

A missão visível é sempre o sinal da missão invisível. Designa uma graça recebida de novo ou um aumento de graça. Assim, quando o Espírito apareceu sobre os apóstolos sob forma de línguas, significou um aumento de graça. Semelhante missão visível significa ou a graça dada no momento ou dada antes. Em Cristo, não significou um novo efeito, porque desde o instante de sua conceição foi cheio de graça e de verdade; e a graça que se manifestou antes sobre ele foi dada a ele enquanto homem e não enquanto Deus.

42. O ESPÍRITO, "CORAÇÃO" DA IGREJA, CORPO MÍSTICO DE CRISTO

Tomás consagra toda a questão 8 à "Graça de Cristo, enquanto Cabeça da Igreja". É a questão mais importante para se entrar na visão da Igreja na perspectiva teológica de Mestre Tomás. A leitura que Bartolomeu de las Casas fez dos oito artigos desta questão, especialmente do artigo "Cristo é a cabeça de todos os homens", foi decisiva para a compreensão da descoberta da América à luz do plano de Deus e para mostrar que "Cristo amava os índios e já estava unido a eles, antes da chegada dos conquistadores cristãos"[1].

---

1. Ver em meu livro *Contemplação e Libertação*, São Paulo, Ed. Ática, 1995, p. 128.

Desta ampla e profunda questão, destacamos apenas a curta 3ª resposta do artigo 1, pela singularidade da função atribuída ao Espírito. Em geral, ele é designado, "por apropriação" como a "alma da Igreja", que ele anima e guia pela sua graça. Para guardar a homogeneidade da metáfora do "corpo" e para insistir sobre o Espírito como Amor e fonte de amor, ele recebe o nome de "coração da Igreja".

Damos relevo a essa designação original:

A cabeça tem uma superioridade manifesta sobre os outros membros exteriores, enquanto o coração exerce uma influência oculta. Eis por que ao coração se compara o Espírito Santo, que é para a Igreja a fonte invisível de vida e de unidade: ao passo que à cabeça se compara o Cristo, em sua natureza visível, pois por ela como homem está à frente dos seres humanos.

V. ESPÍRITO SANTO, FONTE DE AMIZADE, DE LIBERDADE, DE PAZ E ALEGRIA

51. O ESPÍRITO NOS GUIA PARA DEUS

"sendo princípio de amizade, de liberdade, de alegria" (Suma contra os Gentios, L.4º, c. 22).

A *Suma contra os Gentios* tem seu estilo mais direto e conciso de apresentar os temas teológicos. Não se prende ao quadro didático das questões e artigos, que vem a ser a reminiscência da questão disputada, guardada na *Suma Teológica*. Divide-se simplesmente em livros e capítulos.

Neste capítulo, temos uma bela visão sintética das qualidades da ação do Espírito, nosso guia e mestre interior, que nos conduz para Deus. O fio condutor vem a ser a conjunção dessa dupla série de dados:
— as propriedades e dons que a Escritura atribui ao Espírito;
— as propriedades e finezas que se reconhecem ao nosso agir moral, seguindo, em geral, a doutrina ética de Aristóteles. Vê-se como Mestre Tomás permanece sempre fiel ao seu propósito teológico de elucidar os dados revelados, utilizando a filosofia aristotélica.

Eis o texto em suas articulações bem acentuadas:

Consideramos até aqui o que, segundo os dizeres da Escritura, Deus opera em nós pelo Espírito Santo. Convém agora considerar como somos movidos para Deus pelo Espírito Santo.

Primeiramente, vê-se que o mais próprio da amizade é conversar intimamente com o amigo. Ora, o homem conversa com Deus pela contemplação, como disse o Apóstolo: A nossa conversação está no céu (Fl 3,20). Logo, como é o Espírito Santo que nos faz amantes de Deus, conclui-se que é o Espírito Santo que nos torna contempladores de Deus. Por isso, o Apóstolo diz: Todos nós, de face descoberta, refletimos como num espelho a glória de Deus, e somos transformados nesta imagem de claridade em claridade, como pelo Espírito de Deus (2Cor 3,18).

É também próprio da amizade deleitar-se com a presença do amigo, alegrar-se com as suas palavras e atos e nele encontrar o consolo de todas as contrariedades. Por isso, nas tristezas nos refugiamos principalmente nos amigos, em busca de consolo. Ora, como o Espírito Santo nos torna amigos de Deus, e faz que Deus habite em nós, e nós, em Deus, como foi demonstrado (cap. prec.): conseqüentemente, pelo Espírito Santo teremos o consolo e a alegria de Deus, contra todas as adversidades e ataques do mundo. Donde se diz no Salmo: Dai-me a alegria da vossa salvação, e confirmai-me no espírito generoso (Sl 50,14). Diz ainda o Apóstolo: O Reino de Deus é justiça, paz e alegria no Espírito Santo (Rm 14,17). Lê-se também nos Atos dos Apóstolos: Havia edificação e paz na Igreja, que andava no temor de Deus, e cheia da consolação do Espírito Santo (At 9,31). Por isso, o Senhor chama o Espírito Santo de Paráclito, isto é, consolador: O Paráclito, o Espírito Santo... (Jo 14,26).

Próprio ainda da amizade é consentir naquilo que o amigo quer. Ora, a vontade de Deus a nós se manifesta pelos seus preceitos. Por isso, o amor que temos por Deus nos leva a cumprir os seus mandamentos, segundo está escrito. Se me amais, observai os meus mandamentos (Jo 14,15). Logo, como somos constituídos amantes de Deus pelo Espírito Santo, também somos por ele, de certo modo, conduzidos a guardar os mandamentos de Deus, segundo diz o Apóstolo: Os que agem pelo Espírito de Deus são filhos de Deus (Rm 8,14).

No entanto, atenda-se bem que os filhos de Deus agem movidos pelo Espírito Santo não como servos, mas como livres, pois "livre é quem tem em si a razão de ser" (Livro 1º da Metafísica *2, 9), nós agimos livremente quando agimos por nós mesmos. É o que se dá quando agimos segundo a nossa vontade. Quando, ao invés, agimos contra a vontade, não agimos livre mas servilmente, quer seja por violência total, pois todo princípio da ação vem de fora, em nada cooperando quem é coagido (III* Ética *1, 12) (quando, por exemplo, se é forçado a mover-se), quer seja por violência mesclada de voluntário (quando, por exemplo, alguém aceita fazer ou sofrer o que não contraria menos a vontade, para evitar o que mais a contraria). Ora, o Espírito Santo nos inclina a agir de modo voluntário, ao nos tornar amantes de Deus. Por isso, levados pelo Espírito Santo, os filhos de Deus agem livremente por amor, não servilmente por temor. Donde dizer o Apóstolo: Não recebestes o espírito de temor, mas o Espírito de adoção dos filhos de Deus (Rm 8,15).*

E, já que a vontade se ordena para o bem verdadeiro, quando o homem, movido por paixão, por um mau hábito ou má disposição, se desvia do bem verdadeiro, age servilmente, pois é inclinado por algo que lhe é estranho, se consideramos a ordenação natural da vontade. Mas, ao encararmos o ato da vontade inclinada para um bem aparente, o homem age livremente quando segue uma paixão ou um hábito corrompido. Porém, age servilmente se, permanecendo tal vontade, deixa de fazer o que quer, por causa do temor de uma lei contrária. Por isso, o Espírito Santo, movendo a vontade para o bem verdadeiro, para o qual ela está naturalmente ordenada, afasta também a servidão, segundo a qual o homem feito escravo da paixão e do pecado age contra a ordenação da vontade. O Espírito Santo tira também a servidão segundo a qual o homem age contra a inclinação da vontade (mas conforme a lei), como servo, não como amigo da lei. Por isso, diz o Apóstolo: Onde está o Espírito de Deus, aí está a liberdade (2Cor 3,17); Se sois conduzidos pelo Espírito, não estais sob a lei (Gl 5,18).

Daí se dizer que o Espírito Santo mortifica as obras da carne, enquanto somos desviados do verdadeiro bem pela paixão carnal, para o qual nos ordena o Espírito Santo pelo amor, segundo diz o Apóstolo: Se mortificares as obras da carne, vivereis (Rm 8,13).

52. A GRAÇA, REALIDADE DIVINA TRANSFORMADORA
(I-II, q. 110, arts. 1 e 2)

Nesta questão se estuda em que consiste essencialmente a graça divina que nos santifica. Sobretudo em seus dois primeiros artigos, revela-se o que chamamos o realismo de Tomás de Aquino. Trata-se deveras do realismo do Amor de Deus que nos cumula com seus dons, não como coisas que nos enriqueçam, mas como participações do que Ele é, de sua vida, para que possamos entrar em comunhão com Ele. A questão é colocada, aqui, para a graça; e, mais tarde, para a caridade (II-II, 23, 2), que é como o dinamismo, a energia divina da graça: graça e caridade são realidades em nós?

Uma resposta tradicional, condensada por Pedro Lombardo, tem a sua beleza. E parece exaltar ao máximo o Dom divino da graça, pois ela não seria uma realidade criada mas o próprio Dom Incriado, a própria pessoa do Espírito Santo. Mestre Tomás está longe de rejeitar este Dom Incriado, o Espírito Santo que nos é dado para que possamos "fruir de sua Pessoa divina" (como vimos acima, n. 31). Mas é precisamente para nos dispor a acolher esse Dom pessoal do Espírito, para nos tornar dóceis à sua ação divinizante e transformadora, que reconhecemos o Dom da graça e da caridade como realidades que nos transformam e conformam a Deus.

O realismo teológico se afirma, pois, para a graça nos dois artigos da q. 110 da I-II.

— A graça coloca na alma alguma realidade?
— É uma qualidade?

52.1. A graça coloca na alma uma realidade?

Objeções. Parece que não.

Obj.1. Pois, como se diz possuir a graça de Deus, assim se diz também ter a graça de alguém. Está no Gênesis 39,21:"O Senhor permitiu que José encontrasse graça junto ao chefe da prisão". Ora, o fato de alguém estar em graça junto de outro nada lhe traz na realidade. Apenas se manifesta assim uma espécie de benevolência naquele que concede a graça. Portanto, dizer que se tem a graça de Deus nada indica de real na alma. Significa somente que se é agradável a Deus.

Obj.2. Como a alma vivifica o corpo, assim Deus vivifica a alma. É o que se diz em Dt. 30,20: "Ele mesmo é tua vida". Ora, a alma vivifica o corpo de modo imediato. Do mesmo modo, nada se interpõe entre Deus e a alma. E a graça não traz uma realidade criada para a alma.

Obj.3. Sobre Romanos 1,7: "A vós graça e paz", a Glosa diz: "A graça é a remissão dos pecados". Ora, a remissão dos pecados não traz algo para a alma. É Deus que não leva em conta o pecado; segundo o Salmo 31,2: "Feliz de quem o Senhor não levou em conta o pecado". Logo, a graça nada coloca na alma.

Em sentido contrário. A luz é uma realidade naquele que a possui. Ora, a graça é uma espécie de luz da alma. Agostinho diz no livro sobre a Natureza e a Graça *[cap. 22]: "Aquele que peca contra a lei perde por sua culpa a luz da verdade e, privado desta luz, torna-se cego". Portanto, a graça constitui uma realidade na alma.*

Solução. Na linguagem usual, o termo graça se toma em três sentidos. Primeiro, o amor que se tem por alguém. Assim se diz que o soldado tem a boa graça do rei, isto é, o rei o tem por pessoa grata. Depois, designa um dom concedido gratuitamente. Por isso se diz: "Eu te concedo esta graça". Finalmente, é o reconhecimento por um benefício gratuito, como na expressão: dar graças pelos favores. O segundo sentido decorre do primeiro. É o amor que se tem por alguém que leva a lhe conceder algo gratuitamente. O terceiro decorre do segundo. É porque recebemos um favor que damos graças.

Nos dois últimos sentidos, a graça é uma realidade naquele que a recebe: primeiro, o dom gratuito; depois, o reconhecimento deste dom. Quanto ao primeiro sentido, é preciso fazer uma distinção quando se trata da graça de Deus ou do homem. É a vontade de Deus que causa o bem da criatura. Pois, quando Deus ama uma criatura, lhe quer o bem que se realiza nesta criatura. A vontade humana, ao contrário, é atraída por um bem que ela encontra preexistente nas coisas. É por isso que o amor do homem não confere plenamente a bondade ao objeto. Mas a pressupõe em parte, ou totalmente. É, portanto, evidente que todo amor de Deus por uma criatura produz nela um bem, que será realizado em um dado momento. E não é coeterno a este amor que é eterno. E segundo a diferença deste bem considera-se a diferença do amor de Deus pelas criaturas. Primeiro, um amor geral pelo qual "Deus ama tudo o que existe", como se diz em Sabedoria 11,25; amor pelo qual dá aos objetos criados o ser natural deles. Mas há outro amor especial, pelo qual Deus atrai a criatura racional acima de sua condição natural, e a eleva à participação do bem divino. E segundo este amor diz-se que ele ama absolutamente: pois, segundo este amor, Deus quer absolutamente à criatura o bem eterno que é ele mesmo. Assim, quando se diz que alguém possui a graça divina, compreende-se que há nesta pessoa uma realidade sobrenatural que vem de Deus. Às vezes, entretanto, dá-se o nome de graça a este amor eterno de Deus. Diz-se também graça da predestinação, no sentido de que Deus predestinou ou escolheu alguns gratuitamente, e não por causa de seus méritos. Em Efésios 1,5ss se diz: "Ele nos predestinou a ser seus filhos adotivos para a glorificação de sua graça".

Respostas às objeções

R.1. Mesmo quando se diz que alguém está na graça de outrem, compreende-se que se encontra nele alguma qualidade que o torna agradável a este outro. Assim também quando se trata da graça de Deus. Entretanto, há uma diferença: o que nos torna agradável a um homem é anterior à sua benevolência, enquanto é o amor de Deus por nós que causa em nós o que lhe é agradável, como acabamos de demonstrar.

R.2. Deus é vida da alma como causa eficiente. Mas a alma é vida do corpo como causa formal. Entre a forma e a matéria não há mediação. Pois a forma, por si mesma, informa a matéria ou o sujeito. Mas o agente informa o sujeito não por sua substância, mas pela forma que causa na matéria.

R.3. Agostinho diz em Retract. cap. 25: "Onde disse que a graça consistia na remissão dos pecados, e a paz na reconciliação com Deus, não se deve entender que a paz e a reconciliação não fazem parte da graça, no sentido geral do termo, mas que, tomado num sentido especial, este termo graça designa a remissão dos pecados". Portanto, não é apenas a remissão dos pecados que constitui a graça, mas também muitos outros dons de Deus. Até porque a remissão dos pecados não se realiza em nós sem algum efeito causado por Deus, como veremos abaixo (q. 113, a. 2).

5.22. A graça é uma qualidade da alma?

Objeções. Parece que não.
Obj.1. Nenhuma qualidade age sobre seu sujeito. Pois a ação da qualidade não existe sem a ação do sujeito. Seria necessário que o sujeito agisse sobre si mesmo. Ora, a graça age sobre a alma, porque a justifica. Portanto, a graça não é uma qualidade.
Obj.2. A substância é mais nobre do que a qualidade. Ora, a graça é mais nobre do que a natureza da alma. Pois podemos pela graça muitas coisas que a natureza é insuficiente para produzir, como foi dito acima (q. 109). Logo, a graça não é qualidade.
Obj.3. Nenhuma qualidade permanece depois que deixa de ser no sujeito. Ora, a graça permanece. Não se corrompe: porque voltaria ao nada, como do nada foi criada. Donde se diz "nova criatura", em Gálatas 6,15. Logo, a graça não é qualidade.
Em sentido contrário. Sobre o Salmo 103,15: "O óleo que dá um alegre brilho à face", a Glosa faz notar que a graça é este esplendor da alma que nos vale o amor divino. Mas o esplendor da alma é uma qualidade, como a beleza do corpo.
Solução. Já dissemos no artigo precedente, alguém que tem a graça de Deus possui um efeito produzido gratuitamente pela vontade de Deus. Foi dito acima (q. 109, a. 1, 2, 5) que o homem é ajudado de duas maneiras pela vontade gratuita de Deus. Primeiro, enquanto a alma humana é movida por Deus para conhecer, querer e agir. E deste modo o efeito gratuito no homem não é qualidade, mas um movimento da alma. "Pois a ação do motor sobre o objeto movido é o movimento." É o que se lê no 3º livro da Física *(cap. 3).*
De outro modo, a vontade de Deus vem ainda gratuitamente em ajuda de alguém por um dom habitual que ela infunde na alma. E a razão de ser deste dom é que não convém a Deus ajudar menos àqueles que o seu amor chama à posse de um bem sobrenatural do que às criaturas que gratifica com bens naturais.
Ora, quando se trata da ordem natural, Deus não se contenta em mover as criaturas para fazê-las produzir atos naturais. Ele coloca nelas formas e disposições ativas apropriadas que se tornam os princípios destes atos; de maneira que estas criaturas se acham inclinadas por elas mesmas no sentido que lhes imprime.
E assim os impulsos que estas criaturas recebem de Deus se tornam nelas conaturais e fáceis, segundo a palavra da Sabedoria (8,1): "Ele dispôs tudo suavemente". Com muito mais razão, quando se trata de mover criaturas ao bem sobrenatural e eterno. Infunde-lhes formas e qualidades sobrenaturais que lhes permitem receber sua moção divina, doce e prontamente, para a conquista do bem eterno. E é assim que o dom da graça é uma qualidade.
Respostas às objeções.
R.1. A graça, enquanto qualidade, age sobre a alma não como causa eficiente, mas como causa formal: como a brancura torna branco, e a justiça justo.
R.2. Toda substância constitui ou a natureza do objeto do qual é a substância, ou pelo menos uma parte desta natureza, como no caso em que a matéria ou a forma é dita substância. E porque a graça está acima da natureza humana não pode ser substância ou forma substancial. Mas é forma acidental da alma. O que é substancialmente em Deus encontra-se acidentalmente na alma que participa da bondade divina, como se vê com evidência quando se trata da ciência. Como a alma participa imperfeitamente da bondade de Deus, esta participação da bondade divina que é a graça tem na alma uma existência menos perfeita que a da alma que

subsiste em si mesma. Isso não impede que a graça seja mais nobre do que a natureza da alma, enquanto é a expressão ou a participação da bondade de Deus; não, porém, quanto ao seu modo de ser.
   R.3. Como expõe Boécio: "O ser do acidente consiste em existir em alguma coisa". Por isso, todo acidente não se diz um ente como se ele mesmo tivesse o ser. Daí ser ele chamado, mais propriamente, o ser "de um ente" do que um "ente", como se explica no 7º livro da Metafísica *(cap. 6). E, dado que somente o que tem o ser pode nascer ou desaparecer, nenhum acidente, falando com propriedade, começa a existir ou é destruído. Mas se diz que começa ou cessa, de acordo com o sujeito que se encontra em ato com ou sem este acidente. E assim também se diz que a graça é criada, porque os homens são criados pela graça, isto é, são constituídos em um novo ser, a partir do nada, e não a partir dos méritos; como se diz em Efésios 2,9: "Criados em Cristo para produzir obras boas".*

53. A CARIDADE, PRESENÇA E DINAMISMO DO ESPÍRITO DE AMOR (II-II, q. 23, arts. 1-2).

A doutrina desses dois artigos prolonga o ensinamento sobre a essência da graça. É o mesmo "realismo teológico" que se inspira na revelação bíblica sobre a eficácia criadora do amor divino e procura elaborar os dados revelados de maneira sistemática e precisa, recorrendo à filosofia de Aristóteles.

Para Tomás, nisso extremamente fiel à revelação bíblica, a caridade é o princípio básico de ação e de compreensão do cristianismo. Seu empenho será de dar um significado real e operacional à caridade, para além das simples exortações e das meras emoções.

Os dois artigos vão tentar elaborar a definição completa e levar à compreensão integral e ativa da virtude das virtudes. Mestre Tomás tem diante dos olhos a noção geral: a caridade é o amor divino que nos é dado em sua perfeição para se tornar em nós uma doação igualmente perfeita de nós mesmos a Deus e ao próximo.

Tratar-se-á em um primeiro momento de elucidar esta questão: mas o que é o amor em sua perfeição? O Mestre dá ao amor uma acepção universal, e vê na amizade a forma perfeita do amor. Dirá e explicará portanto: a caridade é uma espécie de amizade (divina). É o tema do artigo 1.

Uma segunda interrogação nos leva ao fundo de nossas preocupações: se a caridade é tão perfeita, se é um amor divino, não será o próprio Amor de Deus, o próprio Espírito Santo que é o Amor de Deus difundido em nossos corações, tornando-nos dignos de ser amado e capazes de amar, porque cedemos totalmente o lugar à Graça incriada de Deus. Tal é o problema abordado no artigo 2.

53.1. A caridade é uma amizade divina

O problema é desdobrado em três objeções que contrapõem as características da amizade aos traços que a caridade parece revestir na catequese comum da Igreja:
Obj.1. Nada de mais típico da amizade do que conviver com o amigo, segundo a expressão do Filósofo. Ora, a nossa caridade visa a Deus e aos anjos, que não estão em comércio com os homens. Portanto, a caridade não é uma amizade.

Obj.2. Não há amizade sem reciprocidade no amor, ensina a Ética. Ora, a caridade se estende até aos inimigos, como se diz em Mateus 5,44: "Amai vossos inimigos".

Obj.3. Segundo o Filósofo, há três espécies de amizades: a do bem útil, deleitável ou honesto. Ora, a caridade não visa ao bem útil ou deleitável, pois Jerônimo declara: "A verdadeira afeição que nos liga pelos laços de Cristo não se apóia na utilidade dos bens familiares, nem na presença dos corpos, nem na adulação interesseira e enganosa, mas provém do temor de Deus e da freqüentação estudiosa das Escrituras". Igualmente, a caridade não é uma amizade voltada para o bem honesto, pois amamos também os pecadores, ao passo que na Ética se explica que a amizade ao que é honesto só abrange os virtuosos.

Encaminhando a solução, *temos em sentido contrário às objeções a palavra de João 15,15: "Já não vos chamarei servos, mas amigos". Ora, trata-se aqui da caridade.*

Solução. Segundo o Filósofo, não é qualquer amor que constitui a amizade, mas somente o amor acompanhado de benevolência, pelo qual amamos alguém querendo o seu bem. Se, ao invés, não queremos o bem às coisas que amamos, mas desejamos para nós o que têm de bom, quando se diz, por exemplo, que amamos o vinho, o cavalo ou coisas semelhantes, não há aí amor de amizade, mas de concupiscência ou desejo. Seria ridículo dizer que alguém tem amizade ao vinho ou ao cavalo. Mas nem a benevolência é suficiente para que haja amizade. Exige-se o amor mútuo, pois o amigo é amigo do amigo. Ora, essa benevolência recíproca se funda em uma certa comunhão. E já que há uma comunhão do homem com Deus, pois Deus nos faz partilhar sua felicidade, portanto nessa comunhão é necessário que se funde uma amizade. Dessa comunhão se diz em 1 Coríntios 1,9: "Deus é fiel, por ele fostes chamados à sociedade com seu Filho". Donde fica manifesto que a caridade é uma espécie de amizade do homem com Deus.

Esta doutrina se precisa com as *Respostas às objeções:*

R.1. A vida do homem é dupla: uma é exterior, conforme sua natureza sensível e corporal. Mediante esta, não há comunhão ou conversa com Deus e os anjos. A outra é a vida do homem espiritual, a da mente. Por ela, temos comunhão e conversa com Deus e com os anjos. Agora, sem dúvida, de modo imperfeito, como se diz na Carta aos Filipenses: "Nossa conversa está ainda reservada para os céus". Mas ela se tornará perfeita na pátria, quando "os seus servos servirão a Deus, vendo-o face a face, como se diz no Apocalipse (Ap 22,4).

R.2. De dois modos se tem amizade a alguém: primeiro, por ela mesma, e assim ela só se estende ao amigo. Segundo, em razão de outra pessoa. Nesse caso, tem-se amizade a alguém e por causa dele se amam todos os que o cercam, seus filhos, seus servos, e demais familiares. E, tamanho pode ser o amor que se tem ao amigo, que por causa do amigo se amam aqueles que a ele estão ligados, embora nos ofendam ou odeiem. Dessa forma, a amizade de caridade se estende também aos inimigos, a quem amamos pela caridade que temos para com Deus, a quem se dirige principalmente a amizade de caridade.

R.3. A amizade do que é honesto só visa ao homem virtuoso como pessoa amada por ela mesma: mas, por causa desta, amam-se também os que lhe são ligados, mesmo que não sejam virtuosos. E assim a caridade, que é por excelência a amizade do que é honesto, estende-se aos pecadores, a quem amamos na caridade por causa de Deus.

53.2. A caridade é uma realidade criada em nós

Nessa questão, Sto. Tomás se afasta de Pedro Lombardo, cujas *Sentenças* eram o manual que um mestre devia começar por comentar. A posição do Lombardo é típica de uma tendência teológica de exaltar a Deus, diminuindo o ser e agir humanos. Tomás de Aquino parte sempre do princípio oposto: a glória do Criador se revela e realça na excelência de sua criatura. O amor divino é fecundo, ele faz ser e agir, mas sem jamais tomar o lugar da criatura ou entrar em concorrência com ela. Quanto mais Deus está presente e age em nós, mais e melhor existimos e agimos por nós mesmos. Essa doutrina pode ter de início algo de paradoxal. Mas já aprendemos de Mestre Tomás que "Deus vem", "Deus se torna presente", "Deus manifesta a sua glória", não que haja nele mudança, movimento ou acréscimo, mas porque nós somos mudados, transformados e promovidos, recebendo mais perfeição e sobretudo sendo levados a agir com mais liberdade e maior amor ao bem. Deus em nós quer dizer que nós somos mais semelhantes a Deus e mais nós mesmos.

Essa compreensão teológica de Deus e de nós, do Espírito e de nossa liberdade vem insinuada em vários textos dessa antologia (ver por exemplo 31, 41, 42). Ela é fundamental para se entender a originalidade de Mestre Tomás de Aquino como Doutor da Nova Era do Espírito. Se o Espírito vem renovar, a renovação se passará primeiro em nossa liberdade, em nossa iniciativa, sob a ação de Deus. O Espírito criador suscitará a nossa criatividade.

Leiamos o artigo 2 dessa questão 23 da II-II, apreciando o confronto de dois modelos de teologia, ambas empenhadas em exaltar a caridade, Dom do Espírito Santo, mas por dois caminhos diferentes.

A caridade é em nós uma realidade criada?

O problema é levantado a partir de três *objeções* inspiradas na tendência sustentada pelo Mestre das Sentenças e em sua leitura de Agostinho e das Sagradas Escrituras.

Obj.1. Diz Sto. Agostinho: "Quem ama o próximo há de ser coerente e amar o próprio amor. Ora, Deus é amor. Portanto, com toda a coerência há de amar principalmente a Deus". E o mesmo Agostinho encadeia: "Foi dito: Deus é Caridade, do mesmo modo que: Deus é Espírito". Logo, a caridade não é uma realidade criada na alma, mas o próprio Deus.

Obj.2. Deus é espiritualmente a vida da alma, como a alma é a vida do corpo. "Ele mesmo é a tua vida", proclama o Deuteronômio (Dt 30,20). Ora, é por si mesma que a alma dá a vida ao corpo. Portanto, Deus por si mesmo dá a vida à alma. Ora, é pela caridade que Ele lhe dá a vida, como se diz em 1 João, 3,14: Sabemos que passamos da morte para a vida porque amamos nossos irmãos. Portanto, Deus é a própria caridade.

Obj.3. Nada de criado tem virtude infinita; antes, toda criatura é vaidade. Ora, longe de ser vaidade, a caridade a ela se opõe e tem virtude infinita, pois conduz a alma humana ao bem infinito. Logo, a caridade não é algo de criado em nós.

Mas, em sentido contrário, Agostinho mesmo nos encaminha à verdadeira solução, declarando: Chamo caridade o movimento da alma que nos leva a fruir de Deus por ele mesmo. Ora, o movimento da alma é algo de criado na alma. Logo, a caridade é algo de criado na alma.

Solução. O Mestre das Sentenças aprofunda essa questão na distinção 17 de seu primeiro livro. Ensina que a caridade não é uma realidade criada na alma, mas é o próprio Espírito Santo habitando a nossa mente. Não é intenção dele afirmar que este movimento de amor com que amamos a Deus seja o Espírito Santo mesmo; mas sim que este movimento de amor vem do Espírito Santo, não mediante algum habitus, como do Espírito Santo procedem os outros atos virtuosos, mediante os habitus das outras virtudes, o habitus de fé, de esperança ou de qualquer outra virtude. E isto propunha ele por causa da excelência da caridade.

Mas quem considera atentamente, reconhece que tal opinião vai em detrimento da caridade. Pois o movimento da caridade não procede do Espírito Santo movendo a mente humana, de modo que essa mente seja apenas movida, sem de nenhum modo ser princípio do movimento, como um corpo é movido por algo de exterior a ele. Seria contra a natureza do ser voluntário, que exige ter em si mesmo o princípio de seu querer, como acima explicamos (I-II, q. 6, art. 1). Daí se concluiria que amar não seria voluntário. O que implica contradição, pois o amor é de si mesmo um ato da vontade.

De maneira semelhante, não se pode dizer que o Espírito Santo mova a vontade ao ato de amar, como se move um instrumento, pois este, embora contribua para o ato, não pode contudo por si mesmo agir ou não agir. E assim se suprimiria o caráter voluntário e meritório, ao passo que ficou provado (I-II, q. 114, art. 4) que o amor de caridade é a raiz do mérito. É portanto necessário que a vontade seja movida pelo Espírito Santo a amar, de maneira que ela mesma produza esse ato.

Ora, nenhum ato é produzido de maneira perfeita por uma potência ativa se ele não lhe for conatural mediante uma forma, princípio da ação. Por isso, Deus que move todos os seres para seus devidos fins infundiu a cada coisa as formas que a inclinem para os fins que ele mesmo preestabeleceu: e, assim, "tudo dispõe com suavidade" como diz o livro da Sabedoria (Sb 8,1). Ora, é manifesto que o ato de caridade excede a natureza da potência da vontade. Se, portanto, não lhe for acrescentada uma forma para incliná-la a esse ato de amar, este ato seria em conseqüência mais imperfeito do que os atos naturais e do que os atos das outras virtudes, nem seria espontâneo nem deleitável, o que é evidentemente falso, pois nenhuma virtude tem tão grande inclinação para seu ato como a caridade e nenhuma há que leve a agir de maneira tão deleitável.

Por isso é maximamente necessário que para dispor ao ato da caridade exista em nós uma forma habitual acrescentada à potência natural, para incliná-la ao ato de caridade e que a leve a produzir esse ato com prontidão e alegria.

As *respostas às objeções* virão completar a elucidação da doutrina.

R.1. A própria essência divina é caridade, sabedoria e bondade. Ora, somos considerados bons mediante a bondade que é Deus; e sábios mediante a sabedoria que é Deus, pois a bondade que nos torna formalmente bons é uma participação da bondade divina; e a sabedoria que nos torna formalmente sábios é uma participação da sabedoria divina. Assim também, a caridade pela qual amamos formalmente o próximo é uma participação da caridade divina. Tal modo de falar é habitual aos platônicos, de cujas doutrinas estava imbuído Agostinho. Por não o advertirem, alguns tiraram de suas palavras ocasião de erro.

R.2. Deus é causa eficiente da vida: da alma pela caridade; e do corpo, pela alma: mas é à maneira de uma forma que a caridade é a vida da alma, como a alma o é do corpo. Donde se conclui, como a alma se une imediatamente ao corpo, assim também a caridade à alma.

R.3. A caridade age como uma forma. Ora, a eficácia da forma depende da virtude do agente que a introduz. Eis por que a caridade, longe de ser vaidade, produz um efeito infinito, enquanto une a alma a Deus, justificando-a. Isso demonstra a infinita virtude de Deus, autor da caridade.

53.3. A caridade de Deus foi difundida em nós.
(Comentário a Rm 5, 5, n. 391-393)

Conforme seu costume, em seus comentários bíblicos, Mestre Tomás condensa sua doutrina teológica de maneira mais direta, firmando-a pela autoridade de textos, tomados a uma espécie de antologia das Escrituras que traz sempre no arquivo vivo da memória.

Traduzimos e transcrevemos esta passagem de grande densidade, um verdadeiro traço de luz para o estudo da caridade.

Ensina-nos o Apóstolo: podemos estar certos de que a esperança não decepciona porque a caridade foi difundida em nossos corações pelo Espírito Santo que nos foi dado.

A caridade se pode tomar em dupla acepção: a caridade com que Deus nos ama: "eu te amei com uma caridade eterna" (Jr 31,3); ou a caridade divina, pela qual amamos a Deus; "estou certo que nem a morte nem a vida nos separará da caridade de Deus" (Rm 8,38). Uma e outra se difundem em nossos corações pelo Espírito Santo que nos é dado.

Com efeito, o Espírito Santo, que é o amor do Pai e do Filho, dar-se a nós significa que somos levados à participação do amor que é o Espírito Santo. Pois, por essa participação, nos tornamos amantes de Deus. E se o amamos é sinal que ele nos ama. "Eu amo aos que me amam" (Pr 8,17). "Não que nós o tenhamos amado primeiro, pois foi Ele que antes nos amou" (1Jo 4,10).

Proclama-se que a caridade, pela qual Deus nos ama, foi difundida em nossos corações porque ela está claramente manifestada pelo Dom do Espírito que está impresso em nós. "Nós o sabemos, porque Deus permanece em nós" (1Jo 3,24).

A caridade pela qual amamos a Deus se diz difundida em nossos corações, uma vez que se estende a todas as atitudes e atividades da alma, com o fito de as levar à perfeição. "A caridade é paciente, é benigna..." (1Cor 13,4).

De ambas as maneiras de entender essas palavras, se conclui que a esperança não decepciona. Tomando-se a caridade pela qual Deus nos ama, é claro que não se negará de se dar àqueles que ama. "Amou os povos, todos os santos estão em suas mãos" (Dt 33,3). Igualmente se consideramos a caridade pela qual amamos a Deus, é manifesto que preparou bens eternos para aqueles que o amam. "Se alguém me ama, será amado por meu Pai" (Jo 15,21).

VI. APRIMORAMENTO ESPIRITUAL PELA PERFEITA DOCILIDADE AO ESPÍRITO DE AMOR
(I-II, q. 68: os dons e o Dom do Espírito)

Na perspectiva de nossa reflexão, tocamos aqui a originalidade de Mestre Tomás. Ele dá uma grande consistência à ética para toda a existência. Insiste em integrar a ética pessoal e social no coração mesmo da vida cristã. E, guardando toda essa densidade humana, a ética cristã é orientada como do interior para penetrar o reino da mística. A perfeita e plena normalidade cristã é a suave e total docilidade ao Espírito.

Tal é o sentido profundo da doutrina dos dons do Espírito Santo, não apenas de sua utilidade ou conveniência, mas da sua necessidade para a realização autêntica e harmoniosa da vida cristã, bem como do lugar proeminente que ocupam acima das virtudes morais e a serviço das virtudes teologais

A originalidade da Nova Era do Espírito que aprendemos de Mestre Tomás tem aqui um de seus elementos-chave. Ela pode se definir como a perfeita docilidade ao Espírito de Amor na compreensão e vivência integrais dos dons.

Mestre Tomás consagra uma questão de oito artigos à temática geral dos dons, dentro da parte que corresponde na *Suma* à Ética fundamental (I-II). Ele retomará o estudo particularizado de cada dom como coroamento das diferentes virtudes. Destacaremos aqui três artigos que nos parecem suficientes para um primeiro contato com a doutrina do Mestre.

— O 1º artigo, *Os dons diferem das virtudes?*, é a maneira de definir os dons como a modalidade mais perfeita de agir acima do registro ético das virtudes. Mas essa perfeição não é um ideal facultativo. É a vocação de todo homem e de toda a mulher na plena realização do amor, da liberdade e do discernimento espiritual. É o que vem lembrar:

— O artigo 2º, *A necessidade dos dons*. Um terceiro elemento ainda importante e mesmo primordial é o esforço de compreensão da natureza dos dons dentro das categorias do ser e do agir. É o que aborda:

— O artigo 3º, *Os dons são* habitus, qualidades permanentes como as virtudes, mas tendo a missão de aperfeiçoar e elevar o ser humano a um plano superior do agir, em que a liberdade, a alegria, diríamos quase a elegância, da ação ética se estabilizam na docilidade constante ao Espírito de Amor.

61. OS DONS SE DISTINGUEM DAS VIRTUDES? (I-II, q. 68, art. 1)

Objeções. Parece que não.

Obj.1. Comentando a passagem de Jó 1,2, "nasceram-lhe sete filhos", escreve Gregório: "Nascem-nos sete filhos quando, pela concepção de um bom pensamento, germinam em nós as sete virtudes do Espírito Santo", e cita ainda Isaías 11,2: "Sobre ele repousará o espírito de inteligência...", onde se enumeram os sete dons do Espírito Santo. Logo, os sete dons do Espírito Santo são virtudes.

Obj.2. Agostinho, expondo o que vem em Mateus 12,45, diz: "Os sete vícios são contrários às sete virtudes do Espírito Santo", isto é, aos sete dons. Ora, esses sete vícios são contrários ao que se chama comumente de virtude. Logo, os dons não se distinguem delas.

Obj.3. As coisas que têm a mesma definição são idênticas. Ora, a definição da virtude vale para os dons, pois cada dom é "uma boa qualidade do espírito, pela qual se vive retamente". Da mesma forma, a definição do dom convém às virtudes infusas, pois o dom é, segundo o Filósofo, "um presente que não dá para retribuir". Logo, as virtudes e os dons não se distinguem.

Obj.4. Muitos dos chamados dons são, na realidade, virtudes, pois, como foi dito antes, sabedoria, inteligência e ciência são virtudes intelectuais; o conselho pertence à prudência; a piedade é uma espécie de justiça e a fortaleza, uma virtude moral. Logo, parece que não há distinção entre virtudes e dons.

Em sentido contrário, Gregório distingue os sete dons, significados, segundo ele, pelos sete filhos de Jó, das três virtudes teologais, que ele diz simbolizadas pelas três filhas da casa.

Solução. Se considerarmos o dom e a virtude, atendo-nos ao significado da palavra, não há oposição alguma entre eles, porque a virtude é assim designada por conferir ao homem a perfeição de agir corretamente, como já foi dito, e a noção de dom refere-se à causa de onde procede. Ora, nada impede que aquilo que procede de outro como dom aperfeiçoe alguém para bem agir, sobretudo — dissemos já — porque certas virtudes nos são infundidas por Deus. Logo, nesse sentido, o dom não pode se distinguir da virtude. Razão por que certos autores ensinaram que dons e virtudes não se distinguem. Mas fica-lhes por resolver uma não pequena questão, a saber, por que algumas e não todas as virtudes são tidas como dons e por que certos dons não são citados entre as virtudes, como é o caso patente do temor.

Daí a razão de outros afirmarem que se devem distinguir os dons das virtudes, embora não indiquem causa adequada para essa distinção, ou seja, uma causa de tal modo comum às virtudes que de nenhum modo conviesse aos dons, ou vice-versa. Alguns, com efeito, considerando que, dentre os sete dons, quatro pertencem à razão, a saber, a sabedoria, a ciência, a inteligência e o conselho; e três, a fortaleza, a piedade e o temor, à faculdade apetitiva, disseram que os dons aperfeiçoam o livre-arbítrio, enquanto faculdade da razão, e as virtudes o aperfeiçoam enquanto faculdade da vontade, visto que na razão ou intelecto só encontraram duas virtudes, a fé e a prudência, situando as outras na faculdade apetitiva ou afetiva. Ora, se a distinção fosse pertinente, seria preciso que todas as virtudes estivessem na faculdade apetitiva e todos os dons, na razão.

Doutra parte, outros consideram o que diz Gregório, que "o dom do Espírito Santo, que forma, no espírito a ele obediente, a prudência, a temperança, a justiça e a fortaleza, também o protege, pelos sete dons, contra cada uma das tentações"; daí, concluem que as virtudes visam ao agir correto, enquanto os dons servem para se resistir às tentações. Contudo, essa distinção também não é suficiente, porque as virtudes também resistem às tentações que induzem aos pecados contrários, como claramente se vê, sobretudo no caso da caridade, da qual se diz no Cântico dos Cânticos: "As grandes águas não conseguiriam apagar o amor".

Finalmente, outros, considerando que a Escritura nos revela esses dons como existiram em Cristo, segundo se vê em Isaías, afirmaram que as virtudes se ordenam simplesmente ao agir correto, ao passo que os dons servem para, por meio deles, nos conformarmos ao Cristo, principalmente quanto aos seus sofrimentos, pois é sobretudo na sua Paixão que esses dons resplandeceram. Essa opinião, no entanto, também não parece suficiente, porque o próprio Senhor nos induz a nos assemelharmos a ele especialmente pela humildade e pela mansidão: "Sede discípulos meus, porque eu sou manso e humilde de coração", e também pela caridade: "Amai-vos uns aos outros, como eu vos amei". E também essas virtudes resplandeceram sobremodo na Paixão de Cristo.

Portanto, para distinguir os dons das virtudes, devemos seguir o modo de falar da Escritura, que no-los transmite, não com o nome de dons, mas sim com o de espíritos. Assim, aliás, diz Isaías: "Sobre ele repousará o espírito de sabedoria e de inteligência"... Por aí se vê manifesto que esses sete dons são enumerados como existentes em nós, por inspiração divina. Ora, inspiração significa uma moção vinda de fora, pois cumpre salientar que há no homem dois princípios de movimento: um interior, que é a razão; outro, exterior, que é Deus, como acima se mostrou; e o Filósofo diz o mesmo, no capítulo "Da Boa Fortuna".

É evidente, porém, que tudo o que é movido deve, necessariamente, ser proporcional ao que move; e a perfeição do móvel enquanto tal consiste em estar bem disposto a se deixar mover por seu motor. Por isso, quanto mais elevado for o movente, tanto mais necessário é que o sujeito móvel lhe seja proporcionado por uma disposição perfeita, assim como vemos que o discípulo deve estar preparado mais perfeitamente para receber do mestre um ensinamento mais elevado. Ora, é óbvio que as virtudes humanas aperfeiçoam o homem na medida em que ele está apto, por natureza, a ser movido pela razão, nos seus atos interiores e exteriores. Logo, é necessário que existam no homem perfeições mais altas que o disponham a ser movido por Deus. E tais perfeições chama-se dons, não só por serem infundidas por Deus, mas também porque, graças a elas, o homem se dispõe a se deixar mover prontamente pela inspiração divina, como diz Isaías: "O Senhor Deus me abriu o ouvido e eu não me revoltei, não me virei para trás". E o Filósofo diz também que "os homens impulsionados por instinto divino não devem buscar conselho na razão humana, mas seguir esse instinto interior, porque são movidos por um princípio superior à razão humana". E isso é o que dizem alguns, a saber, que os dons aperfeiçoam o homem para ações mais elevadas que as das virtudes.

Respostas:

R.1. Esses dons são, às vezes, chamados de virtudes, no sentido geral dessa palavra. Não obstante, têm algo a mais que essa noção comum de virtude, por serem virtudes divinas que aperfeiçoam o homem, enquanto movido por Deus. Por isso, o Filósofo também coloca acima da virtude comum uma virtude heróica ou divina, pela qual certos homens são ditos divinos.

R.2. Os vícios, enquanto são contrários ao bem da razão, se opõem às virtudes. Mas como contrários ao instituto divino se opõem aos dons; ora, contrariar a Deus é também contrariar à razão, cuja luz vem de Deus.

R.3. Essa definição refere-se à virtude no seu sentido comum. Portanto, se quisermos restringir a definição às virtudes, enquanto distintas dos dons, diremos que a expressão — "pela qual se vive retamente" — deve ser entendida da retidão da vida segundo a regra da razão. Da mesma forma, o dom, enquanto distinto da virtude infusa, pode ser definido como aquilo que é dado por Deus em vista da moção divina, ou seja, aquilo que leva o homem a seguir de pronto os instintos divinos.

R.4. Diz-se que a sabedoria é uma virtude intelectual, enquanto procede do juízo da razão. Diz-se, porém, que é um dom, enquanto age por instinto divino. E deve-se dizer o mesmo dos outros dons.

62. SÃO OS DONS NECESSÁRIOS À SALVAÇÃO? (I-II, q. 68, art. 2)

Objeções. Parece que não.

Obj.1. Pois eles se ordenam a uma perfeição que ultrapassa a perfeição comum da virtude. Ora, não é necessário à salvação atingir tal perfeição, acima do estado comum da virtude, pois essa perfeição não é de preceito, senão apenas de conselho. Logo, os dons não são necessários à salvação do homem.

Obj.2. Para a sua salvação basta ao homem que proceda bem tanto em relação às coisas de Deus como às coisas humanas. Ora, pelas virtudes teologais o homem se comporta bem no domínio divino, e pelas virtudes morais no que se refere às coisas humanas. Logo, os dons não lhe são necessários à salvação.

Obj.3. Ensina Gregório: "O Espírito Santo dá a sabedoria contra a estultícia; a inteligência contra a insensatez; o conselho contra a irreflexão; a fortaleza contra o medo; a ciência contra a ignorância; a piedade contra a dureza de coração; o temor contra o orgulho". Ora, pelas virtudes pode o homem dispor de remédio suficiente para superar todos esses males. Logo, os dons não são necessários à sua salvação.

Em sentido contrário, entre os dons, parece que o maior é a sabedoria e o menor, o temor. Ora, ambos são necessários à salvação, pois da sabedoria está escrito: "São amados de Deus somente os que privam da intimidade da sabedoria", e do temor: "Aquele que está sem temor não poderá ser justificado". Logo, também os outros dons intermediários são necessários à salvação.

Solução. Como antes se demonstrou, os dons são perfeições do homem que o dispõem a bem seguir o instinto divino. Portanto, nas situações em que o impulso da razão não é suficiente, mas se exige também o do Espírito Santo, o dom se torna, por conseqüência, necessário. Ora, a razão humana é aperfeiçoada por Deus de dois modos: primeiro, naturalmente, isto é, pela luz natural da razão; e em segundo lugar sobrenaturalmente, pelas virtudes teologais, como já foi dito. E, embora esta segunda perfeição seja maior que a anterior, contudo, o homem possui de modo mais perfeito a primeira, pois ele a tem em posse plena, enquanto a outra ele a possui de maneira imperfeita, porque amamos e conhecemos a Deus imperfeitamente. É claro, porém, que o ser que possui natureza, forma ou virtude perfeita pode, por si mesmo, agir de acordo com ela, mas sem excluir a ação divina, que age interiormente em todas as naturezas e vontades. Ao contrário, o ser de natureza, forma ou virtude imperfeita não pode agir por si mesmo, a não ser movido por outro. O sol, por exemplo, como foco perfeito de luz, pode, por si mesmo, iluminar, ao passo que a lua, na qual a luz existe apenas imperfeitamente, não ilumina se não for iluminada. É o caso também do médico. Se conhecer perfeitamente a arte médica, poderá agir por si próprio; mas o seu discípulo, ainda não plenamente formado, não poderá fazê-lo se não for instruído pelo mestre.

Assim, pois, quanto às coisas sujeitas à razão humana, ou seja, ligadas ao fim conatural ao homem, este pode agir pelo juízo da razão. Se, porém, nisso também o homem for ajudado por Deus, mediante inspiração especial, isso será efeito de uma bondade superabundante. Daí vem que, segundo os filósofos, nem todos que tinham virtudes morais adquiridas tinham virtudes heróicas ou divinas.

Mas em ordem ao fim último sobrenatural, ao qual a razão nos impele, enquanto informada de certo modo e imperfeitamente pelas virtudes teologais, essa moção racional não basta, se não vier do alto o instinto e o impulso do Espírito Santo, conforme diz S. Paulo: "Os que são conduzidos pelo Espírito de Deus, esses é que são filhos de Deus... e portanto herdeiros de Deus", e também o Salmo: "Que o teu Espírito me conduza por uma terra plana".

Na verdade, se não for movido e conduzido pelo Espírito Santo, ninguém conseguirá herdar a terra dos bem-aventurados. Por isso, para alcançar esse fim, precisa o homem ter o dom do Espírito Santo.

Respostas às objeções:

R.1. Os dons superam a perfeição comum das virtudes, não quanto ao gênero das obras, do modo pelo qual os conselhos superam os preceitos, e sim quanto à maneira de agir, enquanto o homem é movido por um princípio mais alto.

R.2. Pelas virtudes teologais e morais o homem não é aperfeiçoado em ordem ao fim último a ponto de não precisar ser movido pelo impulso superior do Espírito Santo, como já foi exposto.

R.3. A razão humana não conhece todas as coisas nem tem poder sobre todas elas, quer a consideremos aperfeiçoada por um desenvolvimento natural, quer a consideremos aperfeiçoada pelas virtudes teologais. Portanto, não pode livrar-se em tudo da estultícia nem dos outros males mencionados na objeção. Mas aquele a cuja ciência e poder todas as coisas estão sujeitas, com sua moção nos protege de toda estultícia, ignorância, insensatez, dureza de coração e defeitos semelhantes. Por isso se diz que os dons do Espírito Santo, que nos ajudam a seguir docilmente seu impulso, são apresentados como remédios a tais defeitos.

63. OS DONS DO ESPÍRITO SANTO SÃO *HABITUS*?

Objeções. Parece que não.
Obj.1. Pois o habitus é uma qualidade permanente no homem, "uma qualidade dificilmente móvel", como se diz no livro das Categorias. *Ora, é próprio de Cristo que os dons do Espírito Santo nele repousem, diz Isaías. E em João se lê: "Aquele sobre o qual vires o Espírito descer e permanecer sobre ele, é ele que batiza...". E, comentando esse texto, diz Gregório: "O Espírito Santo desce sobre todos os fiéis, mas só no Mediador permanece sempre, de forma única". Logo, os dons do Espírito Santo não são* habitus.
Obj.2. Os dons do Espírito Santo aperfeiçoam o homem, enquanto é levado pelo Espírito de Deus, como já se disse. Mas o homem, levado pelo Espírito de Deus, comporta-se como instrumento em relação a ele. Ora, não cabe ao instrumento ser aperfeiçoado por um habitus, *mas ao agente principal. Logo, os dons do Espírito Santo não são* habitus.
Obj.3. Tal como os dons do Espírito Santo, o dom da profecia também procede da inspiração divina. Ora, a profecia não é um habitus, *pois, diz Gregório, "o espírito de profecia não está sempre presente nos profetas". Logo, os dons do Espírito Santo também não são* habitus.
Em sentido contrário, o Senhor diz aos seus discípulos, falando do Espírito Santo: "Ele permanece junto de vós e está em vós". Ora, o Espírito não está em nós sem os seus dons. Logo, estes ficam nos homens e não são, pois, apenas atos ou paixões, mas habitus *permanentes.*
Solução. Os dons, já o vimos, são perfeições que dispõem o homem a seguir bem o impulso do Espírito Santo. Ora, pelo que foi dito anteriormente, é claro que as virtudes morais aperfeiçoam a faculdade apetitiva, enquanto esta participa, de alguma forma, da razão, ou seja, enquanto é naturalmente capaz de ser movida pelo império da razão. Portanto, os dons do Espírito Santo estão para o homem, em relação ao Espírito Santo, como as virtudes morais para a faculdade apetitiva em relação à razão. Mas as virtudes morais são habitus *que dispõem as faculdades apetitivas para obedecer prontamente à razão. Logo, também os dons do Espírito Santo são* habitus *que aperfeiçoam o homem para obedecer prontamente a esse Espírito.*
Respostas às objeções
R.1. Gregório desfaz a objeção nesse mesmo lugar, ao dizer que "o Espírito Santo permanece sempre em todos os eleitos mediante esses dons sem os quais não se pode chegar à vida eterna, mas nem sempre permanece mediante outros dons". Ora, os sete dons, como foi dito, são necessários à salvação. Logo, quanto a eles o Espírito Santo sempre permanece nos santos.

R.2. A objeção vale no caso de instrumento, ao qual cabe não atuar mas ser atuado. Ora, o homem não é instrumento nesse sentido. Ele é atuado pelo Espírito Santo de tal modo que ele próprio também atua, como ser livre que é. Logo, precisa de habitus.

R.3. A profecia é um dos dons que servem à manifestação do Espírito e não à necessidade da salvação. Não há, pois, semelhança.

VII. OS CARISMAS A SERVIÇO DA COMUNIDADE E DA EVANGELIZAÇÃO

Sto. Tomás aborda e estuda os carismas sob o nome de "graças grátis dadas", que se distinguem assim das graças santificantes, seja a graça habitual sejam as graças atuais. As graças grátis dadas são ajudas que vêm do Espírito Santo, não diretamente para o bem de quem as recebe, mas para o proveito dos outros, especialmente da comunidade.

O Mestre estuda ampla e cuidadosamente os carismas, nas questões 171-178 da II-II, dividindo-os em carismas que aperfeiçoam o conhecimento: questões 171-175; a comunicação ou a palavra: questões 176-177; e a ação ou a influência benéfica sobre outrem: questão 178. Vê-se o destaque dado aos carismas que enriquecem e tornam mais eficaz a palavra, com um grande relevo dado à Profecia, a que se consagram cinco questões. Semelhante importância dada à profecia segue o ensino do Apóstolo Paulo.

Para dar uma idéia da grande estima que tem Sto. Tomás pelos carismas e ao mesmo tempo do lugar subalterno que lhes assina, a serviço da graça santificante, transcrevemos o artigo 1 da questão 111 da I-II. Aí se encontra a caracterização dos carismas ("graças grátis dadas") em sua distinção da graça santificante:

71. O CARISMA ("GRAÇA GRÁTIS DADA") SE DISTINGUE DA GRAÇA SANTIFICANTE

Seria correto distinguir a graça grátis dada e a graça santificante?

As objeções *dão as razões contra semelhante distinção, preparando a compreensão que será dada mediante a explicação de uma dupla função da graça dentro do plano divino, que comporta comunhão e ajuda recíproca.*

Obj.1. A graça é um dom de Deus. Ora, alguém não se torna santo ou agradável a Deus porque Deus lhe deu alguma coisa. É o contrário que é verdadeiro: se Deus dá alguma coisa gratuitamente a alguém, é porque este alguém lhe é agradável. Portanto, não há a graça que torna agradável a Deus.

Obj.2. Tudo o que não é dado como recompensa de méritos anteriores é dado gratuitamente. Ora, o bem natural é dado sem mérito anterior, porque o mérito supõe a natureza. Logo, a própria natureza é dada gratuitamente por Deus. E a natureza é de um outro gênero do que a graça. Por isso não é correto fazer da gratuidade uma diferença entre as diversas espécies de graças, porque este aspecto encontra-se até mesmo fora do gênero da graça.

Obj.3. Toda divisão se faz pelos opostos. Assim, até mesmo a graça que nos torna agradáveis a Deus, e nos justifica, nos é concedida gratuitamente. "Justificados gratuitamente por sua graça", se diz em Romanos 3,24. Portanto, não se deve fazer da graça que nos torna agradáveis a Deus uma espécie diferente da graça grátis dada.

Em sentido contrário: a solução é encaminhada e fundada pelo apelo à Escritura: *O Apóstolo distingue os dois aspectos da graça: santificar, tornar agradável, e ser gratuita. O primeiro, em Efésios 1,6: "Ele nos tornou agradáveis em seu Filho bem amado"; o segundo, em Romanos 3,24: "Se é por graça, não é em conseqüência das obras, pois de outro modo a graça não seria mais graça". Pode-se, pois, distinguir a graça que tem um ou os dois aspectos.*

A solução dada à questão situa o carisma no plano da salvação: *O Apóstolo diz em Romanos 13,1: "O que vem de Deus é ordenado". A ordem das coisas é que algumas criaturas sejam levadas a Deus por outras, como mostra Dionísio em* Hierarquia celeste *(cap. 4). A graça se ordena a encaminhar o homem para Deus; esta ordem se realiza se uns são levados a Deus por outros.*

Daí se vê que é necessário distinguir duas espécies de graças: a primeira que une o ser humano a Deus, e é a graça que santifica, torna agradável a Deus; e a segunda que faz com que alguém ajude o outro a chegar a Deus. Esta última chama-se graça grátis dada, porque, concedida ao ser humano, está acima do poder de sua natureza e de seus méritos pessoais. Ela não é dada para que aquele que a recebe seja justificado, mas para que coopere na justificação de um outro; é por isso que ela não tem o nome de graça justificante, que torna agradável a Deus. É a seu respeito que o Apóstolo diz em 1 Coríntios 12,7: "A manifestação do Espírito é dada a cada um para ser útil", ou para servir a outros.

As *respostas às objeções* vêm precisar a solução dada:

R.1. A graça não santifica ou torna agradável a Deus à maneira da causa eficiente, mas da causa formal: quem a possui encontra-se justificado e torna-se digno de ser chamado o amigo de Deus. É o que diz Colossenses 1,12: "Ele nos tornou dignos de participar da condição dos santos na luz".

R.2. Sendo dada gratuitamente, a graça exclui o caráter do que é devido. Algo pode ser devido a duplo título. Primeiro, por mérito, o que se refere às pessoas que realizam obras meritórias, segundo Romanos 4,4: "A quem faz uma obra o salário é dado como uma dívida e não como uma graça". Depois, algo é devido às exigências da natureza: por exemplo, se dizemos que é devido ao homem ter a razão e tudo o que pertence à natureza humana. De nenhum desses modos se diz que Deus deve algo à criatura. Ao contrário, é a criatura que deve estar sob o poder de Deus para que a ordem divina se realize, ou que tal natureza se encontre em tal condição ou possua tal propriedade e que aquele que realiza tal ação receba tal recompensa. Os dons naturais não são devidos no primeiro sentido, mas no segundo. Os dons sobrenaturais de nenhum modo são devidos. Eis por que há uma razão especial de lhes atribuir o nome de graça.

R.3. A graça santificante, que torna agradável a Deus, acrescenta à noção de graça grátis dada algo a mais, que pertence também à noção de graça, isto é, tornar alguém agradável a Deus. Quanto à graça grátis dada, que não produz este resultado, guarda o nome comum, como acontece em muitas classificações. As duas partes da divisão são opostas: a graça que torna agradável a Deus e a outra que não torna agradável a Deus.

VIII. A NOVA ERA E A NOVA LEI DO ESPÍRITO

A leitura de toda essa antologia de textos nos introduz à compreensão do tema básico de nossa reflexão. Esta se concentra neste harmonioso feixe de questões 106-

108 da I-II, que surgem para nós como o coração de toda a mensagem ética e espiritual que mestre Tomás sintetiza na *Suma Teológica*.

A questão da "Lei Nova" é tratada pelo franciscano Alexandre de Hales, que lhe dá uma primeira elaboração teológica. Mas ele se prende mais à problemática clássica desde Sto. Agostinho, que vê a "lei nova" realizada de modo eminente no Sermão da Montanha. O que é, sem dúvida, de grande exatidão e beleza, se consideramos a lei como um texto. Ressalta-se uma "novidade" no Evangelho como aperfeiçoamento da palavra como mensagem. Por outro lado, o teólogo franciscano não se mostra interpelado pelos movimentos da "Nova Idade do Espírito", situando-se no pólo mais conservador do franciscanismo, que as aspirações pela "nova idade" abalaram profundamente.

A originalidade de Tomás de Aquino, que o contexto atual da Nova Era nos ajuda a melhor descobrir ou redescobrir, se concretiza em três grandes opções que inspiram as teses seguintes:

— Ele aceita e enfrenta o desafio lançado pela Nova Idade do Espírito. Não o faz em estilo e perspectiva de controvérsia, mas construindo um tratado no interior da *Suma Teológica*, bem no centro de sua síntese. Situa a nova lei do evangelho após o estudo da lei antiga, dentro de um estudo geral sobre a lei. Por outro lado, já mostrou em que consiste a "Missão", o "Dom" e os "dons do Espírito" e já elaborou uma antropologia, realçando os dados essenciais: a liberdade, o amor, as qualidades e condições do agir humano. Assim preparou os elementos para nos dar em poucas palavras a compreensão da "lei nova do evangelho", como sendo: a lei interior que é a própria graça do Espírito Santo, "lei perfeita da liberdade", "do amor", da interioridade e da eficácia na prática do bem.

— Consagra diretamente um só artigo à problemática dos espirituais de Joaquim de Fiore e de Geraldo di Borgo San Donnino. É o artigo 4 da questão 106. A vinda de uma "Nova Idade do Espírito", anunciada por eles, é qualificada de "vã pretensão". Que ninguém se iluda. A "vã pretensão" é assegurar que vai baixar do céu a nova idade. Tomás é mais radical e mais exigente. Já temos tudo para viver a Nova Idade. É viver o Dom do Espírito que já foi e vai sendo dado. O que significa uma revirada total da cristandade e uma reforma radical da Igreja, que vê na "assistência do Espírito" antes uma garantia de perenidade das instituições e da ortodoxia.

— A segunda originalidade, a mais profunda, é a própria definição da "Nova Lei" como sendo essencial e primordialmente a "Graça do Espírito Santo". A Igreja de Cristo é e deve realizar em sua vida esta graça do Espírito, que é a caridade difundida nos corações. O resto: doutrinas, instituições, autoridades, e Tomás diz até: o texto do evangelho e os próprios sacramentos, são apenas instrumentos a serviço da Graça do Espírito. O teólogo Tomás de Aquino é tão idealista quanto os espirituais de Joaquim de Fiore, mas muito mais exigente do que eles, mais prático e operacional, dentro do realismo de sua teologia: onde está o Espírito, aí está a liberdade; a graça é princípio de responsabilidade, de criatividade, de renovação, de reforma da Igreja.

— A terceira originalidade, o leitor deve estar esperando por ela, é o empenho de elaborar essa teologia tão evangélica, tão espiritual, recorrendo às categorias de Aristóteles. Leia-se, por exemplo, a 2ª resposta do artigo 1 da questão 108 e analise-se uma proposição como esta: "A Graça do Espírito Santo é como um *habitus* infundido em nós que nos inclina a agir retamente". A mensagem evangélica da "graça" vem explicada mediante a noção aristotélica de *habitus*. Tomás se esmerou em pensar com rigor e indicar modelos operacionais de ação para que a Nova Idade do Espírito não pairasse nas nuvens da imaginação, animada pela veleidade dos santos desejos.

Destacamos os pontos essenciais e os artigos de base dessa obra-prima por excelência dentro da grande obra-prima que é a *Suma*: as questões 106-108 da I-II.

81. A NOVA LEI É A GRAÇA DO ESPÍRITO

É a resposta à questão de base: o que é a Nova lei? A resposta nos é dada essencialmente no artigo 1 da questão 106 e no artigo 1 da questão 108.

81.1. A Lei Nova é principalmente uma lei interior; secundariamente, uma lei escrita? (q. 106, art. 1)

O problema é bem situado em seu sentido profundo pelas *três objeções*, que confrontam a Lei Nova com o próprio Evangelho, como texto (obj.1), com a lei natural (obj. 2) e com a graça já oferecida aos justos do Antigo Testamento (obj.3). *Em sentido contrário*, a Nova Lei é apresentada, no NT como realização plena e original da promessa profética: da efusão do Espírito, como Testamento divino definitivo.

Objeções. Parece que sim.

Obj.1. A Lei nova é o próprio Evangelho. O Evangelho é escrito, como se diz em João 20,31: "Estas coisas foram escritas para que tenhais fé". Logo a Lei Nova é escrita.

Obj.2. A lei interior é a lei natural, como se vê em Romanos 2,14: "Os que naturalmente cumprem os preceitos da lei, os têm inscritos em seus corações". Se fosse uma lei interior, a Lei do Evangelho não seria diferente da lei natural.

Obj.3. A lei do Evangelho é própria aos súditos do Novo Testamento. Ora, a lei interior é comum aos que estão no Novo e no Antigo testamento, pois se declara em Sabedoria 7,27: "Através das nações, a Sabedoria se derrama nas almas santas, fazendo-as amigos de Deus e profetas". Logo, a Lei Nova não é interior.

Em sentido contrário. Eis a razão que já introduz a tese verdadeira: A Lei Nova é a Lei da Nova Aliança. Ora, essa lei é infundida no coração. Pois o Apóstolo ensina em Hebreus 8,8-10, apoiando-se na autoridade de Jeremias 31,31: "Eis que dias hão de vir, palavra do Senhor, e eu levarei à perfeição uma aliança nova com a casa de Israel e a casa de Judá". E mostra em que consiste essa aliança : "Esta será a aliança que estabelecerei para a casa de Israel: darei minhas leis ao seu espírito e as inscreverei no seu coração". Logo, a lei nova é uma lei interior.

Solução. Na sua Ética, diz o Filósofo: "Cada coisa se caracteriza por aquilo que nela é o elemento preponderante". Ora, o que prepondera na lei da Nova Aliança e em que está toda a sua força é a graça do Espírito Santo que é dada pela fé em Cristo. Por conseguinte, a lei nova é principalmente a própria graça do Espírito Santo que é dada aos fiéis de Cristo. E isso se evidencia com toda a clareza pelo que o Apóstolo escreve aos romanos (Rm 3,2): "Onde está a tua pretensão. Foi excluída. Por que lei? Pela lei das obras? Não, pela lei da Fé". E chama "lei da Fé" a Graça. E de maneira mais enfática ainda proclama (Rm 8,2): "A lei do Espírito de vida em Cristo Jesus libertou-me da lei do pecado e da morte". Daí Agostinho dizer, no livro Sobre a lei e o Espírito: "A lei das práticas exteriores foi escrita em tábuas de pedra, mas a lei da Fé foi escrita nos corações dos fiéis". E acrescenta em outra passagem: "Que vêm a ser as leis escritas por Deus mesmo nos corações senão a própria presença do Espírito Santo?"

A Lei Nova tem, no entanto, alguns elementos que dispõem a receber a Graça do Espírito Santo e que visam ao uso dessa graça; são elementos secundários na Nova Lei, e neles os fiéis devem ser instruídos oralmente e por escrito, sobre o que se há de crer e também praticar.

Em conclusão: A Lei Nova é principalmente uma lei interior, secundariamente uma lei escrita.

Respostas às objeções, que vêm precisar a solução dada.

R.1. O texto do Evangelho só contém o que toca à graça do Espírito Santo, para a ela dispor e orientar o seu bom uso. Como disposição da inteligência pela fé pela qual se dá a Graça do Espírito Santo, encerra-se no Evangelho tudo o que leva a manifestar a divindade ou a humanidade de Cristo. Quanto à parte afetiva, o Evangelho contém tudo quanto leva ao desprezo do mundo, para que o ser humano se torne capaz de acolher a graça do Espírito Santo. Pois o *"mundo",* entenda-se quem ama o mundo, "não pode receber o Espírito Santo" (Jo 14,17). O uso espiritual da graça consiste nas obras das virtudes, às quais nos exorta de muitíssimas maneiras a Escritura do Novo Testamento.

R.2. De dois modos, algo pode ser dado interiormente ao ser humano. Primeiro, como pertencendo à sua natureza; assim, a lei natural é lhe dada interiormente; segundo, como dado interiormente, qual acréscimo à natureza por dom da graça. Dessa forma, a Lei Nova é dada interiormente ao homem, pois não apenas indica o que se deve fazer, mas ajuda a realizá-lo.

R.3. A ninguém foi jamais dada a graça do Espírito Santo a não ser pela fé em Cristo, explícita ou implícita. Ora, é pela fé em Cristo que se pertence à Nova Aliança. Portanto, todos a quem foi dada interiormente essa lei da graça pertencem à Nova Aliança.

Traduzimos neste texto a linda (e intraduzível) expressão: *Lex indita* por "lei interior", "lei interiormente dada". Pode-se traduzir: "lei infusa" ou "infundida", o que significa exatamente "derramada dentro". Mas *indita* implica a intimidade do prefixo *in,* mais a gratuidade, o caráter de dom conotado em *dita* ou "dada". Trata-se de uma "lei" *dada no íntimo da pessoa.* Uma outra tradução seria "lei inscrita" no coração, na consciência. Mas aí a tradução já começa a ser traição, porque o "inscrever" no "coração" ou na "pedra" já tem outras conotações, comportando o risco de caracterizar a lei nova como conjunto de preceitos interiorizados, situando-a no mesmo plano da lei antiga, sem frisar bem que a Lei Nova é antes de tudo "dom". Ela é não apenas uma norma interior, é *dom comunicado na intimidade do coração,* como luz e energia transformadoras.

81.2. A Lei Nova é a lei interna do amor e da liberdade

Tal é o "conteúdo" dessa lei explicado no artigo 1 da questão 108. Há uma coincidência com o artigo lido anteriormente, mas um aprofundamento também, com a exposição dessas qualidades da lei do Espírito, fonte de amor e liberdade.

A Lei Nova comporta mandamentos e proibições exteriores, mas é em si uma lei de amor e liberdade.

As objeções colocam o problema negando que a Lei Nova comporte preceitos ou proibições exteriores, preparando assim a resposta que prolonga e aperfeiçoa a solução dada no artigo precedente: sim, ela encerra tal conteúdo normativo, mas leva a agir por amor e na liberdade interior.

Objeções. Razões contra o caráter exterior do conteúdo da Nova Lei.

Obj.1. A Lei Nova é o Evangelho do Reino, como se diz em Mateus 24,24: "Este Evangelho do Reino será pregado em todo o universo". Ora, o Reino não consiste em atos exteriores, mas apenas interiores, segundo Lucas 17,21: "O Reino de Deus está em vós". E se acrescenta em Romanos 14,17: "O Reino de Deus não é comida e bebida, mas justiça, paz e alegria no Espírito Santo". Portanto, a Lei Nova não deve prescrever ou proibir atos exteriores.

Obj.2. A Lei Nova é a "Lei do Espírito", é o que se ensina em Romanos 8,2. Ora, "onde está o Espírito do Senhor, aí está a liberdade", se declara em 2 Coríntios 3,17. Ora, não há liberdade onde se é obrigado a praticar ou a não praticar atos exteriores. Portanto, a Lei Nova não contém preceitos exteriores mas interiores, apenas.

Obj.3. Os atos exteriores dependem da mão, como os interiores brotam da alma. Ora tal é a diferença que se reconhece entre a nova e antiga lei: esta coíbe a mão; aquela, a alma. Portanto a Lei Nova não encerra preceitos e proibições de atos exteriores, mas somente dos interiores.

Em sentido contrário, eis o que nos encaminha à boa solução: Pela Lei Nova, tornamo-nos "filhos da luz", se diz em João 12,36: "Crede na Luz, para serdes filhos da Luz". Ora os filhos da Luz hão de praticar obras da luz e rejeitar as das trevas, como se ensina em Efésios 5,8: "Éreis outrora trevas, mas agora sois luz no Senhor. Caminhai como filhos da Luz". Logo, a Lei Nova havia de prescrever e proibir atos exteriores.

Solução, atendendo a todos os dados. *Já vimos no artigo 1 da q. 106:* O elemento principal da Nova Lei é a graça do Espírito Santo, a qual se manifesta na fé agindo pela caridade. Ora, essa graça nos vem pelo Filho de Deus feito homem, cuja humanidade foi repleta por ela, que dele em nós se difundiu. Daí a palavra de João 1,14: "O Verbo se fez carne", acrescentando "Cheio de graça e de verdade", e em seguida: "De sua plenitude, nós todos recebemos graça sobre graça". E se diz ainda: "a graça e a verdade se realizaram por Jesus Cristo". Assim, é conveniente que mediante alguns elementos exteriores e sensíveis chegue até nós a graça que promana do Verbo Encarnado; e, assim, pela graça interior, que submete a carne ao espírito, se produzam boas obras sensíveis.

Dessa forma, as obras exteriores podem pertencer à graça de dois modos: umas levam, de certo modo, à graça. Tais são os atos sacramentais estabelecidos na Nova Lei, como o batismo, a eucaristia e outros mais. Há, no entanto, outras obras exteriores que são produzidas sob a inspiração da graça. E aqui se há ter em conta uma certa diferença. Umas têm uma conformidade ou uma oposição à graça interior que consiste na fé que age pelo amor. Tais obras são preceituadas ou proibidas na Lei Nova. Assim se ordena a confissão da fé e se interdiz a sua negação, pois se diz em Mateus 10,32-33: "A quem me confessar diante dos homens, eu também o confessarei diante de meu Pai. A quem me negar diante dos homens, também eu o negarei diante de meu Pai". Outras obras, ao invés, não são contrárias ou conformes à fé que age pelo amor. Tais obras não são prescritas ou proibidas na Lei Nova desde a sua primeira promulgação, mas são deixadas pelo legislador, a saber, o Cristo, ao arbítrio de cada um, na medida em que é responsável de alguém. E, assim, nessas matérias, cada um fica livre de determinar o que lhe convém fazer ou evitar; bem como cada superior de fixar para seus súditos o que devem fazer ou evitar.

Donde também nesse ponto, a Lei do Evangelho se chama "Lei de liberdade", pois a antiga lei determinava muitas coisas, e poucas deixava à liberdade dos homens.

Respostas às objeções, trazendo precisões à solução dada.

R.1. O Reino de Deus consiste principalmente nos atos interiores, mas por via de conseqüência a ele pertence tudo que está necessariamente ligado a esses atos interiores. Assim se o Reino de Deus é justiça, paz e alegria espiritual, é necessário que todos os atos exteriores que se opõem à justiça, à paz e à alegria espiritual se oponham também ao Reino de Deus e hajam de ser proibidos no Evangelho do Reino. Ao passo que os atos que lhes são indiferentes, como comer estes ou aqueles alimentos, não constituem o Reino de Deus. Donde o dizer do Apóstolo: "O Reino de Deus não é comida ou bebida".

R.2. Como diz o Filósofo, no 1º livro da Metafísica: *"Ser livre é ser causa de si". Portanto, age livremente quem age de si mesmo. Ora, o que alguém faz mediante um* habitus *conveniente à sua natureza, ele o faz de si mesmo, porque o* habitus *inclina no modo da natureza. Se o habitus é contrário à natureza, o homem não age segundo o que ele é, mas segundo uma corrupção que lhe advém. Portanto, visto que a Graça do Espírito Santo é como um* habitus *infuso em nós inclinando-nos a agir retamente, ele nos faz agir livremente em harmonia com a graça e a evitar o que a ela é oposto. Assim, a Lei Nova se chama lei de liberdade por uma dupla razão: primeiro, porque não nos obriga a fazer ou a evitar a não ser o que de si mesmo é necessário ou contrário à salvação, e, por isso, são prescritos ou proibidos pela lei. Segundo, porque nos leva a cumprir livremente esses preceitos ou proibições, pois os cumprimos sob a inspiração interior da graça. Por essa dupla razão, a Lei Nova se diz "Lei de liberdade" em Tiago 1,25.*

R.3. Ao retrair a alma dos movimentos desordenados, a Lei Nova também retrai a mão dos atos desordenados, pois estes são efeitos dos movimentos interiores.

82. DURAÇÃO DA NOVA LEI OU DA NOVA IDADE DO ESPÍRITO

Tal é o objeto do artigo 4 da questão 106. Aqui Sto. Tomás aborda diretamente as posições dos espirituais joaquimitas, excluindo suas pretensões no que toca a uma "Nova Idade do Espírito". Tais pretensões são qualificadas de "devaneios" (*vanitates*), uma vez que a Idade do Espírito se identifica com a Lei Nova ou evangélica que consiste na própria graça do Espírito. Este já foi dado como o dom definitivo de Deus. Há, sim, etapas ou variedades, conforme o modo, a intensidade e a qualidade da acolhida que se faz ao Espírito. Nesse sentido, falar de uma "Nova Era do Espírito", como o fazemos, significa: uma acolhida ampla e profunda do Espírito que nos foi dado e cuja permanência não terá fim.

Assim se enuncia a tese de Tomás, em confronto direto com Joaquim de Fiore:

A Lei Nova durará até o fim do mundo (q. 106, art. 4)

As objeções vêm colocar o problema dentro do projeto do próprio Tomás, mas integrando em toda a sua agudeza as contestações dos espirituais joaquimitas, empregando a linguagem deles (especialmente na obj. 3) e procurando fazer justiça a suas reivindicações.

Obj.1. O Apóstolo diz em 1 Coríntios 13,10: "Quando chegar o perfeito, desaparecerá o imperfeito". Ora, a Nova Lei é imperfeita, pois aí mesmo o Apóstolo declara: "Nosso conhecimento é imperfeito, imperfeita é nossa profecia". Logo, a Nova Lei deve desaparecer, dando lugar a uma idade mais perfeita.

Obj.2. O Senhor promete aos discípulos, com o advento do Espírito Santo Paráclito, virá o conhecimento de "toda a verdade". Ora, a Igreja não conhece ainda toda a verdade na idade atual do Novo Testamento. Portanto, deve-se esperar uma outra idade, na qual pelo Espírito Santo toda a verdade se torne manifesta.

Obj.3. Como o Pai se distingue do Filho, e o Filho se distingue do Pai, assim o Espírito Santo se distingue do Pai e do Filho. Uma vez que houve uma idade que convinha à Pessoa do Pai, a saber a idade da antiga lei, em que se priorizava a geração; igualmente, uma segunda idade em maior relação com a Pessoa do Filho, isto é, a Nova Lei, na qual têm primazia os clérigos que se consagram à sabedoria, que por apropriação se atribui ao Filho. Portanto, deve haver uma idade, a terceira, a Idade do Espírito Santo, na qual a primazia caberá aos homens espirituais.

Obj.4. O Senhor declara, em Mateus 24,14: "Este Evangelho do Reino será pregado em todo o mundo, e então virá o fim". Ora, o Evangelho de Cristo já foi pregado no universo inteiro, e não veio o fim. Logo, o Evangelho de Cristo não é o Evangelho do Reino, mas haverá um outro Evangelho do Espírito Santo, à maneira de uma outra lei.

Em sentido contrário, encaminhando a solução: *O Senhor proclama em Mateus 24,34: "Eu vos digo: Não passará esta geração, sem que tudo isso se tenha cumprido". Crisóstomo o aplica à "geração dos fiéis de Cristo". Portanto, a idade ou fase do tempo a que pertencem os fiéis de Cristo durará até o fim do mundo.*

Solução. De duas maneiras podem variar as idades do mundo.

Primeiro, segundo a diversidade da lei. E desse modo nenhuma idade sucederá à idade da Nova Lei. Pois a Nova Lei sucedeu à antiga como o mais perfeito ao imperfeito. Ora, nenhuma outra idade da vida presente pode ser mais perfeita do que a idade da Nova Lei. Com efeito, nada pode estar mais próximo do fim último do que aquilo que introduz imediatamente no fim último. É o que realiza a Nova lei, o que leva o Apóstolo a dizer em Hebreus 10,19: "Tendo, pois, irmãos, pelo sangue de Cristo uma firme confiança em nossa entrada no santuário, que ele nos abriu como caminho novo e vivo, aproximemo-nos dele". Assim, não pode haver uma idade mais perfeita na vida presente do que a idade da Nova Lei, pois tanto mais alguma coisa é perfeita quanto mais se aproxima do seu fim último.

De outro modo, pode variar a idade em que vive a humanidade, de acordo com a variedade das atitudes, mais ou menos perfeitas, que se assumem em relação à mesma lei. E, assim, a idade da lei antiga foi mudada freqüentemente, pois às vezes as leis eram observadas com cuidado, outras vezes, eram totalmente negligenciadas. De igual maneira, a idade da Nova Lei varia também segundo os tempos, lugares e pessoas, na medida em que a graça do Espírito Santo é vivida com maior ou menor perfeição. Contudo, não é de esperar que haja uma idade futura em que a graça do Espírito Santo seja vivida mais perfeitamente do que até agora, sobretudo pelos Apóstolos, que receberam as "primícias do Espírito", a saber: "primeiro que os outros e de modo mais abundante", como explica a Glosa.

Respostas às objeções, com esclarecimentos da solução dada.

R.1. Deve-se dizer, de acordo com Dionísio, que há três idades (históricas) para a humanidade: a primeira, da Lei Antiga; a segunda, da Nova Lei; a esta sucederá a terceira, não nesta vida, mas na Pátria. Como a primeira é figurativa e imperfeita em relação à Lei do Evangelho, assim esta é figurativa e imperfeita em relação à da Pátria. Com a vinda desta última, desaparecerá a idade atual, como se diz em 1 Coríntios 13,12: "Vemos agora em um espelho, em enigma; então, será face a face".

R.2. Conforme diz Agostinho, no livro Contra Fausto, Montano e Priscila *afirmaram que a promessa do Senhor de dar o Espírito Santo não se realizou completamente nos Apóstolos, mas neles. De maneira semelhante, os maniqueus pretenderam que o cumprimento perfeito se deu em Maniqueu, a quem chamavam de Paráclito. Eis por que uns e outros rejeitavam os Atos dos Apóstolos, onde se mostra com toda evidência a realização dessa promessa nos Apóstolos, como lhes tinha reiterado o Senhor (At 1,5): "Sereis batizados no Espírito Santo dentro de poucos dias", o que se cumpriu, como se lê em Atos 2. Todos esses devaneios ficam excluídos pelo que se ensina em João 7,39: " O Espírito não havia sido dado, porque Jesus ainda não fora glorificado". Donde bem se entende que, uma vez glorificado Cristo pela ressurreição e ascensão, foi dado o Espírito Santo. Pela mesma razão, se exclui também o devaneio de alguns que pretenderiam que se deve esperar uma outra idade, a saber, do Espírito Santo.*

O Espírito Santo ensinou aos Apóstolos toda a verdade sobre o que é necessário à salvação, isto é, sobre o que se deve crer e praticar. Não lhes ensinou, porém, os eventos futuros, pois isso não competia a eles, como o Senhor lhes diz em Atos 1,7: "A vós não compete saber os tempos e momentos que o Pai fixou em seu poder".

R.3. A Lei Antiga não era somente do Pai, mas também do Filho, pois Cristo estava prefigurado na Lei Antiga. Daí o Senhor dizer em João 5,46: "Se crêsseis em Moisés creríeis também em mim, pois ele escreveu sobre mim". Igualmente, a Lei Nova não é só de Cristo, mas também do Espírito Santo, conforme se diz em Romanos 8,2: "A Lei do Espírito de vida em Cristo Jesus". Donde se vê que não se deve esperar uma outra lei que seja do Espírito Santo.

R.4. Cristo afirmou no começo de sua pregação evangélica: "O Reino de Deus está perto". Seria, portanto, uma estultice pretender que o Evangelho de Cristo não é o Evangelho do Reino. Mas a pregação do Evangelho de Cristo se pode entender de duas maneiras. Primeiro, quanto à divulgação do conhecimento Cristo. E assim foi pregado o Evangelho em todo o mundo já no tempo dos Apóstolos, como explica Crisóstomo. Nesse sentido, o que se segue, "Então será o fim", se entende da destruição de Jerusalém, da qual se falava literalmente. De outro modo pode-se entender a pregação do Evangelho em todo o universo realizando-se plenamente, de maneira que a Igreja esteja fundada em toda nação. E, nesse sentido, diz Agostinho na Carta a Hesíquio, *o Evangelho ainda não foi pregado em todo o universo. Mas, desde que isso se realize, virá o fim do mundo.*

83. INDICAÇÕES PARA A RENOVAÇÃO OU REFORMA DA IGREJA
(I-II, q. 107, art. 4)

Como devem ser as instituições e leis da Comunidade da Nova Aliança?

Encontram-se muitas indicações e sugestões práticas de Sto. Tomás, todas elas inspiradas e esclarecidas por esse axioma de base: o essencial na Igreja e para a Igreja é a Graça do Espírito. As instituições, mesmo os sacramentos, o culto, o dogma são secundários, no sentido de estarem a serviço dessa realidade essencial e exigente: viver sob a inspiração da graça e em conformidade com o Espírito de amor e liberdade. Em todas as três questões (I-II, 106-108), Sto. Tomás multiplica os exemplos e as sugestões práticas, em vista de destacar as normas de viver para os responsáveis da orientação da Igreja e para o conjunto dos fiéis. No artigo que vamos ler, os problemas se colocam na perspectiva das leis e práticas da Igreja. De maneira discreta, o Teólogo alude ao legalismo e à tendência repressiva reinante na cristandade. Mas a questão é colocada dentro de seu modelo teológico e em referência à Sagrada Escritura, bem como às fontes tradicionais, às famosas *auctoritates*. Eis o texto que compara a Lei antiga e a Lei Nova, sob o ângulo do conteúdo e do rigor de suas prescrições, questionando o que é e o que deve ser:

A Lei Nova é mais onerosa do que a Lei Antiga?

As objeções situam o problema dando as razões em favor da maior dificuldade que pesaria sobre a Lei Nova, em razão precisamente de sua perfeição.

Obj.1. Ao comentar Mateus 5,19: "Quem violar um desses menores mandamentos", Crisóstomo declara:" Os preceitos de Moisés são fáceis de praticar, como: Não matarás. Não cometerás adultério. Os mandamentos de Cristo, tais como não te irrites, não cobices, são difíceis de observar". Logo, a Lei Nova é mais pesada do que a Lei Antiga.

Obj.2. É mais fácil usar da prosperidade terrena do que padecer tribulações. Ora, no Antigo Testamento, o cumprimento da Antiga Lei era acompanhado pela prosperidade temporal, como se vê em Deuteronômio 28,1-14. Ao invés, os seguidores da Lei Nova incorrem em adversidades sem conta, no dizer de 2 Coríntios 6,4: "Mostremo-nos ministros de Deus, em muita paciência, nas provações, necessidades, angústias..."

Obj.3. O que resulta da adição de outra coisa é mais pesada do que esta. Ora, a Lei Nova provém da adição da Lei Antiga. Assim, a Lei Antiga proíbe o perjúrio: a Lei Nova exclui até o juramento. A Lei Antiga interdiz que se abandone a esposa sem o libelo de repúdio, a lei Nova o interdiz em todos os casos, como se vê em Mateus 5,31, segundo a interpretação de Agostinho. Portanto, a Lei Nova é mais onerosa do que a Antiga

Em sentido contrário, em favor da brandura da Lei Nova: está dito em Mateus 11,28: "Vinde a mim todos os fatigados e sobrecarregados". Hilário comenta: "Cristo chama a si os fatigados pela dificuldade da Lei e os sobrecarregados dos pecados do mundo". E se diz do jugo do Evangelho: "Meu jugo é suave e minha carga é leve". Logo, a lei Nova é mais leve do que a Antiga.

Solução. As dificuldades das obras virtuosas, objeto de preceitos da lei, se podem considerar de duas maneiras. A primeira vem da parte das obras exteriores, que de si mesmas têm certa dificuldade e certo peso. E por esse lado a Lei Antiga é muito mais onerosa do que a Nova, pois na multiplicidade de seus ritos obrigava a muito mais atos exteriores que a Lei Nova. Esta, considerada na doutrina de Cristo e dos Apóstolos, ajuntou pouquíssimas coisas à lei natural. É verdade que mais tarde se acrescentaram outros preceitos por determinação dos Santos Padres. Mas em tudo isso, adverte Agostinho, se há de ter em conta a moderação, temendo que a vida dos fiéis não seja sobrecarregada. A umas questões levantadas por Januário, responde nestes termos: "Deus na sua misericórdia quis que nossa religião fosse livre, constando de pouquíssimos mistérios bem manifestados nas celebrações, mas alguns a acabrunham de tão pesadas cargas servis, que é mais suportável a condição dos judeus, pois são submetidos às prescrições legais e não onerados pelas presunções humanas".

A outra espécie de dificuldades diz respeito às obras de virtudes consistindo em atos interiores, por exemplo, que alguém exerça as atividades virtuosas com gosto e prontidão. E sobre essa dificuldade versa a virtude. Pois tal prática prazerosa do bem será muito difícil para quem não tem a virtude, tornando-se fácil para quem a possui. Sob esse aspecto, os preceitos da Nova Lei são mais pesados do que os da Lei Antiga, porque na Nova se proíbem os movimentos interiores do espírito, que não eram expressamente proibidos na Lei Antiga em todos os casos; e quando o fazia não o sancionava com penalidades. Essa dificuldade extrema pesa sobre quem não tem a virtude. Como o explica o Filósofo, no 5º livro da Ética, *"fazer o que faz o justo é fácil; mas fazê-lo do modo como ele o faz, isto é: com gosto e prontidão, é difícil para quem carece da justiça". É o que se diz também em 1 João 5,3: "Seus mandamentos não são pesados". Agostinho comenta: "Pesados não são para quem ama, mas sim para quem não ama".*

As *respostas às objeções* reforçam as distinções propostas na solução apresentada.

R.1. O texto alegado fala expressamente da dificuldade da Nova lei, dado que ela coíbe sem reserva os movimentos interiores desordenados.

R.2. As adversidades que sofrem os cumpridores da Nova Lei não são por ela impostas. Contudo, são facilmente toleradas, graças ao amor em que consiste essa mesma Lei. Pois, como declara Agostinho, sobre as palavras do Senhor: "Nada há de duro e cruel que o amor não torne fácil e superável".

R.3. No dizer de Agostinho, as adições aos preceitos da Lei Antiga eram destinadas a facilitar o cumprimento do que ela mesma ordenava. Assim, não se prova com isso que a Lei Nova seja mais pesada, senão que é mais leve.

84. A LEI DO ESPÍRITO NOS DÁ A VIDA NO CRISTO JESUS

Toda a doutrina exposta na *Suma* sobre a natureza e a excelência da Nova Lei é condensada neste comentário de Tomás a Romanos 8,2[2]:

Em um primeiro sentido, esta lei é o próprio Espírito Santo. De tal sorte que, pela lei do Espírito, havemos de entender a lei que é o Espírito. O próprio da lei com efeito é incitar o homem a fazer o bem. Segundo o Filósofo, a intenção do legislador é fazer bons cidadãos; ora, a lei humana só pode alcançar isso levando a conhecer o bem a praticar. O Espírito Santo que habita na alma não só ensina o que se deve praticar, iluminando a inteligência, mas ainda inclina a afetividade a agir com retidão.

Em um segundo sentido, se pode entender do efeito próprio do Espírito Santo, isto é, da fé que opera pela caridade. Ela também ensina interiormente que se deve fazer, segundo a palavra de 1 João 2,27: "Sua unção vos instrui sobre tudo"; mas ela impele também a vontade à ação, como se diz em 2 Coríntios 5: "A caridade de Cristo nos impulsiona".

Essa lei é pois chamada Lei Nova, seja porque se identifica com o Espírito Santo, seja porque o próprio Espírito a realiza em nós. E, se o Apóstolo ajunta no Cristo Jesus, é porque o Espírito só é dado àqueles que estão no Cristo Jesus. Como o sopro vital natural não chega ao membro que não está unido à cabeça, da mesma forma o Espírito Santo não chega ao membro que não está unido a sua cabeça, o Cristo.

IX. PROVIDÊNCIA, LIBERDADE E ASTROLOGIA

Mestre Tomás abordou desde cedo o tema da astrologia e a ele volta em suas grandes obras e em todas as etapas de sua vida. É bem provável que, de vez em

---

2. Cf. lição 1ª, n. 601-606, na Ed. Marietti, 1953, pp. 110-111.

quando, virasse assunto de suas conversas. Assim seu amigo, confidente e secretário, frei Reginaldo de Piperno, lhe pede um resumo de suas "Posições Sobre os Astros", o que nos vale a síntese um tanto esquemática de sua doutrina constante[3].

No entanto, os estudos mais amplos e consistentes se encontram nas duas grandes sínteses: a *Suma Teológica* (I, q. 115, arts. 3-6) e na *Suma contra os Gentios* (livro III, capítulos 84-88). Tomás procura realçar os dados essenciais da visão cristã: sobre a Providência divina, sobre seu modo de governar o mundo no respeito à natureza das coisas e à dignidade do ser humano, sobre a liberdade e a responsabilidade humanas, sobre a ordem do universo, em que as criaturas superiores presidem ou orientam as inferiores. Esses elementos de sua teologia são confrontados com as informações ou posições dos filósofos, gregos, latinos e árabes, bem como dos astrólogos, deixando a estes a incumbência da observação e da pesquisa. Apela nominalmente para Cláudio Ptolomeu no *Centilóquio* (citado como *Centilógio*). Dentro de nosso contexto cultural, a atitude de Tomás é uma boa indicação do que chamaríamos uma atitude pluridisciplinar.

Destacamos as grandes teses de Mestre Tomás, transcrevendo apenas alguns textos capazes de ilustrá-las.

91. A PROVIDÊNCIA E A ORDEM DO UNIVERSO (III CG, 83)

Neste curto capítulo, Tomás sintetiza e indica as grandes linhas em que inscreve a doutrina sobre os astros.

Podemos concluir: quanto ao plano da ordem a estabelecer no universo, Deus tudo dispõe por si mesmo. Assim, comentando o que se diz em Jó (34,13): "A quem outro pôs sobre a terra que produziu", Gregório declara: "Governa o mundo por si mesmo Aquele que por si mesmo o criou". Boécio diz também: "Deus dispõe por si mesmo todas as coisas".

Mas, quanto à execução, Deus governa as coisas inferiores mediante as superiores, as corpóreas, mediante as espirituais. Daí, asseverar Gregório: "Nenhuma coisa pode ser disposta no mundo visível, senão pela criatura invisível". Quanto aos espíritos inferiores, eles são orientados pelos superiores. Assim o explica Dionísio: "As essências intelectuais celestes recebem primeiramente em si a iluminação divina; e depois nos transmitem os esclarecimentos que estão acima de nós". Também os corpos inferiores são orientados mediante os superiores. Dionísio o confirma: "O sol causa a geração dos corpos visíveis, promove-os à vida e os nutre, faz crescer, aperfeiçoa e renova".

Agostinho abrange tudo isso em uma síntese global: "Como os corpos mais pesados e inferiores são regidos, dentro de certa ordem, pelos corpos mais sutis e

---

3. Trata-se do "opúsculo" de uma página: "Apreciações sobre os astros", provavelmente de 1272, dedicado por Tomás a "Frei Reginaldo, seu companheiro muito querido". Texto latino em *Opuscula theologica*, Ed. Marietti, 1954, II Vol., p. 155. Há outros opúsculos sobre temas semelhantes: "Sobre as sortes" ou "sortilégios"; "Sobre as operações ocultas da natureza". As posições de Mestre Tomás são firmes, claras e matizadas. Permanecem idênticas às que indicamos em nosso texto, comportando uma grande insistência sobre a realidade da Providência divina, da liberdade humana bem como do influxo múltiplo e variado que os "corpos celestes" exercem sobre este nosso mundo dos corpos materiais, dos organismos e dos psiquismos animais e humanos, enquanto estes dependem do organismo.

potentes, assim também todos os corpos o são pelo espírito de vida racional; e o espírito racional pecador o é pelo espirito racional justo.

92. OS ASTROS NÃO EXERCEM UMA INFLUÊNCIA DIRETA, MAS APENAS INDIRETA, SOBRE A INTELIGÊNCIA HUMANA (III CG, 84).

Neste capítulo e no seguinte, Tomás desenvolve uma idéia de base em sua cosmovisão filosófica e teológica: os corpos não agem diretamente sobre os espíritos. No entanto, em se tratando do ser humano, tanto sua inteligência como sua vontade, embora espirituais, estão substancialmente vinculadas ao corpo, e são assim condicionadas por ele em suas atividades em si espirituais. É a situação paradoxal do ser humano, da qual as suas relações com os astros vêm a constituir o belo exemplo que nos ocupa.

Do longo capítulo 84 do 3º livro da *Suma contra os Gentios*, destacamos os tópicos que sintetizam a doutrina e apresentam os argumentos mais importantes:

Do que acima se expôs, fica evidente que os corpos celestes não podem ser causas do que toca à inteligência. Já antes se demonstrou, a ordem da divina providência é que as coisas inferiores sejam dirigidas e movidas pelas superiores. Ora, na ordem da natureza, a inteligência excede os corpos. É, portanto, impossível que os corpos celestes venham a agir diretamente na inteligência. Não podem, assim, por si ser causa do que pertence à inteligência. (...)

Coisa alguma age acima de sua espécie. Ora, o ato de entender, em si mesmo transcende a espécie e a forma de qualquer corpo que age, pois toda forma corpórea é material e individuada. Ora, o próprio entender recebe de seu objeto uma espécie que é universal e imaterial. Logo, nenhum corpo pode chegar a exercer o ato de entender mediante a sua forma corpórea. Muito menos, portanto, poderá causar em um outro o próprio ato de entender. (...)

Atribuir aos corpos celestes o ser para nós a causa de entender é posição coerente com a opinião dos que ensinavam não haver diferença entre a inteligência e os sentidos, como atesta Aristóteles no livro Sobre a Alma. *Mas essa opinião é evidentemente falsa. Por isso, se evidencia também ser falsa a opinião dos que ensinam que os corpos celestes são causas diretas de nosso conhecimento intelectual.*

Daí a Sagrada Escritura atribuir a causa de nossa inteligência não a um corpo mas a Deus: "Onde está Deus que me fez, que inspira cantos de louvor durante a noite, que nos instrui mais do que aos animais da terra e nos torna mais sábios que as aves do céu?" (Jó 35,10-11). "Ele ensina ao homem a sabedoria" (Sl 93,10).

No entanto, deve-se saber: embora os corpos celestes não possam ser causas diretas de nossa inteligência, podem indiretamente cooperar para isso. Apesar de não ser potência corpórea, a inteligência em nós não age sem a cooperação de potências corpóreas, que são a imaginação, a memória e a cogitativa, como foi antes explicado. Daí resulta que, quando estão impedidas as operações dessas potências, devido a alguma indisposição corporal, fica também impedida a operação da inteligência, como se vê nos atacados de frenesi, de letargia ou casos semelhantes. Por essa razão, também a boa disposição do corpo humano torna a pessoa apta para o bom exercício da inteligência, pois assim as potências acima mencionadas se reforçam; daí o dizer de Aristóteles: "Vemos que os de compleição delicada são mais aptos para a atividade mental".

Ora, a disposição do corpo humano está sujeita aos corpos celestes. Agostinho diz, com efeito: "Não é inteiramente absurdo afirmar que as influências dos astros podem produzir diferenças, mas só em nossos corpos". E Damasceno também declara: "Uns e outros planetas causam em nós diversos humores, hábitos e disposições". Portanto, os corpos celestes colaboram indiretamente para a boa qualidade da inteligência.

E, assim, da mesma forma que os médicos podem julgar da saúde mental através da boa compleição do corpo, como sendo a disposição próxima para essa qualidade, igualmente o astrólogo, a partir dos movimentos celestes, o pode fazer, vendo neles a causa remota de tal disposição. Desse modo, se verifica o que Ptolomeu declara no Centilógio: *"Quando, ao nascer alguém, Mercúrio se encontra em uma das moradas de Saturno, torna-se mais forte em seu ser e dá a quem nasce inteligência penetrante das coisas" (Sentença 38).*

93. OS ASTROS NÃO EXERCEM UMA INFLUÊNCIA COERCITIVA SOBRE A VONTADE LIVRE (III CG, 85)

Há um nexo evidente, realçado pelo próprio Tomás, entre este capítulo e o precedente. Limitamo-nos a traduzir e a transcrever o texto.

Após o que acaba de ser explicado, fica evidenciado que os corpos celestes não são causa de nosso querer e de nossas escolhas.

Com efeito, a vontade está na parte intelectual da alma, como se vê no ensino do Filósofo (livro Sobre a Alma*). Ora, se os corpos celestes não podem exercer uma ação direta sobre a inteligência, não a podem também exercer sobre a vontade.*

Mais ainda, toda escolha e todo ato de querer são causados em nós imediatamente pela apreensão intelectual, pois o bem conhecido pela inteligência é o objeto da vontade. Por isso, não pode haver perversidade na escolha se não houver falha no juízo da inteligência sobre o objeto particular a escolher, como o mostra Aristóteles na Ética. *Ora, os corpos celestes não são causa de nossa inteligência. Portanto, não o podem ser da nossa escolha.(...)*

Além disso, as virtudes e os vícios são os princípios próprios de nossas escolhas, pois o virtuoso e o viciado se diferenciam por escolher objetos contrários. Ora, as virtudes políticas e os vícios não nos vêm da natureza, mas são adquiridos por um processo de repetição, como ensina o Filósofo na Ética, *já que teremos o habitus daquelas ações a que nos acostumamos, sobretudo se for desde a infância. Assim, nossas escolhas não nos provêm da natureza. Logo, não são causadas pela ação dos corpos celestes, da qual as coisas procedem de maneira natural.*

Além do mais, os corpos celestes exercem ação direta somente sobre os corpos, já ficou demonstrado. Se, pois, fossem causas de nossas escolhas, isso viria de terem agido diretamente sobre nossos corpos ou sobre os corpos exteriores a nós. Mas em nenhum desses modos poderiam ser causa suficiente de nossa escolha. Pois, não será causa suficiente de nossa escolha o fato de nos depararmos com coisas corporais: é evidente, com efeito, que a apresentação de algo de agradável, uma bebida, uma mulher, não leva aquele que tem a temperança a escolhê-lo, mas cede quem não a tem. De maneira semelhante, não basta para determinar nossa escolha qualquer influência exercida sobre nosso corpo pelos corpos celestes, pois deles só resultam em nós paixões mais ou menos veementes. Ora, as paixões, por mais veementes que sejam, não são causas suficientes de nossa escolha, visto que por elas o incontinente é induzido a segui-las, não, porém, o continente. Não se pode, portanto, dizer que os corpos celestes são causa de nossas escolhas. (...)

No entanto, cumpre saber, embora os corpos celestes não sejam diretamente causas de nossas escolhas, agindo diretamente sobre as nossas vontades, contudo, indiretamente oferecem ocasião às nossas escolhas, enquanto agem sobre os corpos. Isso se dá de duas maneiras: primeiro, enquanto o influxo dos corpos celestes sobre os corpos exteriores ocasiona uma escolha nossa, por exemplo quando o ar é disposto pelos corpos celestes a um frio intenso escolhemos aquecer-nos ao fogo ou fazemos algo para enfrentar o tempo. Segundo, enquanto agem sobre nossos corpos, e ao seu influxo, somos invadidos por movimentos passionais, ou nos tornamos inclinados a alguma paixão, de ira por exemplo. Ou ainda, sob influência deles, somos acometidos de alguma indisposição corpórea, que dá ocasião a uma escolha. Assim, se adoecemos, escolhemos tomar algum remédio.

Muitas vezes também o ato humano é causado por influxo dos corpos celestes, enquanto em razão da disposição corporal, uns ficam amentes, privados do uso da razão. Neles, não há propriamente escolha, pois são movidos por algum instinto natural, como os animais.

É evidente, e a experiência o confirma, essas ocasiões, sejam interiores ou exteriores, não causam as nossas escolhas, já que pela razão o homem pode lhes resistir ou obedecer. Ora, são muitos os que seguem os impulsos naturais, e poucos, apenas os sábios, são os que não seguem as ocasiões de fazer o mal e os impulsos naturais. Por essa razão, Ptolomeu declara: "A alma sábia colabora com o trabalho das estrelas: o astrólogo não pode julgar segundo as estrelas a não ser que conheça a força da alma e a compleição corporal, nem deve dizer as coisas em particular mas de maneira geral" (Centilógio, Sentença 8). Com efeito, a ação das estrelas produz efeito em muitos que não resistem à inclinação que vem do corpo. No entanto, isso não ocorre com este ou aquele que resiste à inclinação natural.

X. ESBOÇO DE UM RETRATO: UM FRADE ESTUDIOSO, CONTEMPLATIVO, COMBATIVO E MUITO HUMANO

Concluiremos este florilégio e este livro tomando de empréstimo aos contemporâneos de Sto. Tomás uns traços que nos ajudem a esboçar o retrato de sua pessoa. Por sinal, ela não passava jamais despercebida. Chamava a atenção pela imponência de seu físico e por uma espécie de semblante concentrado. A intensidade e a tranqüilidade de sua vida interior se refletiam na fisionomia, nas atitudes e nos gestos.

No processo de canonização, realizado em Nápoles, Bartolomeu de Cápua nos refere a opinião comum entre os que tinham conhecido frei Tomás de Aquino:

> *Estavam persuadidos de que o Espírito Santo estava com ele, pois mostrava sempre um rosto alegre, cheio de doçura e afabilidade.*

E Guilherme de Tocco, seu primeiro biógrafo, ajunta este outro testemunho no mesmo tom:

> *Sempre que alguém olhava para esse doutor* (Tomás), *colhia de sua fisionomia e de suas palavras a graça de uma verdadeira alegria espiritual, o que só podia proceder do Espírito Santo, fonte de toda graça*[4].

---

4. Textos citados por J.-P. TORRELL, *Initiation à Saint Thomas d'Aquin*, p. 411.

Há um refrão que sempre volta nos testemunhos sobre frei Tomás: *miro modo contemplativus*, ele era "contemplativo de um modo surpreendente". O lado que surpreende era a constância dessa sua contemplação. E o seu jeito de andar navegando no mar das idéias, das questões e das realidades do Eldorado divino, desligando-se com facilidade das convenções e imperativos corriqueiros da vida social.

A título de exemplo, o biógrafo Guilherme de Tocco nos conta o caso daquele soco que o vigoroso frade deu na mesa de S. Luís, rei de França. O prior de frei Tomás quis chamá-lo à ordem e colocar as coisas no lugar. Mas, sem buscar remendar o protocolo, que acabava de rasgar, Mestre Tomás, mais fora do que dentro da situação, se proclamava vitorioso e, repetindo o murro na mesa, exultava: "Encontrei o argumento decisivo contra os maniqueus". Ele estava meio extasiado, debatendo a questão, a que sempre deu a maior importância: o problema do mal e a objeção tirada de sua presença no mundo para contestar a existência ou a bondade de Deus. O santo rei Luís IX mandou chamar um copista para transcrever o tal argumento decisivo. E a ponta da mesa real virou escrivaninha de frei Tomás.

Um outro traço muito ressaltado na visão que os contemporâneos nos deixaram de Mestre Tomás é a sua serenidade nas discussões e nas múltiplas controvérsias que teve de enfrentar. Poder-se-ia sugeri-lo como padroeiro da ética da discussão. Mais de uma vez salientamos que para ele o importante eram as razões apresentadas. Apreciava os debates conduzidos com objetividade, com respeito e deferência para com os parceiros ou adversários. Seja dito de passagem que, sem desqualificar os adversários, não deixava passar deslealdade e golpes baixos. A quem espalha boatos ou alarma o bom povo contra os erros ou novidades, sem motivo e sem aceitar discussão aberta, frei Tomás não poupa os escárnios, convidando a todos para um debate público e leal. Em geral termina seus escritos de controvérsia em um tom de firmeza, que às vezes beira a provocação. A conclusão do tratado sobre a *Eternidade do Mundo* (1271) aconselha discernimento a seus opositores em termos um tanto secos. Tomás lhes diz, sem rodeios, que é intolerável essa pretensão que estão dando de serem os donos da verdade e de que "a sabedoria nasceu com eles".

No meio de tanta exaltação das qualidades intelectuais e espirituais de Tomás, seria interessante escutar o depoimento de uma mulher que não deixa de lançar sua pitadinha de pimenta. A lealdade das mulheres que resolvem falar só do que os olhos delas viram não deixa de agradar. A mãe de frei Reginaldo de Piperno, secretário que sempre esteve ao lado do Mestre nos últimos anos da vida deste, nos traça assim o retrato de frei Tomás de Aquino:

Quando Tomás passava pelos campos, o povo que lá estava ocupado na lavoura largava os trabalhos e se precipitava para ir ao seu encontro, admirando-lhe a estatura imponente e a beleza dos traços de seu semblante. Todos saíam a contemplá-lo, mais pela sua beleza do que por sua santidade e pela nobreza de sua origem.

Aí fica a apreciação sem comentários. Ajuntemos apenas, para completar um pouco esse retrato físico: muitos dos que o freqüentaram afirmam que Tomás era corpulento, gordo, mas ressaltam sempre a impressão que dava de imponência e de beleza. O que descarta as más línguas, que, sem o apoio dos testemunhos, gostariam de fichá-lo entre os obesos.

Mencionamos frei Reginaldo de Piperno. Foi o grande amigo de Mestre Tomás. A pedido dele, Tomás escreve e lhe dedica uma das sínteses mais acessíveis de sua doutrina, o *Compêndio de Teologia* (1265-1267). Note-se ainda que escreveu para ele uma *Apreciação sobre os Astros* (1269-1272). É uma condensação da posição muito matizada que Tomás sempre assumiu no que toca à astrologia. Reginaldo era o confidente, o confessor, o irmão que acompanhava e até estimulava frei Tomás em momentos difíceis.

Há um pequeno episódio que nos parece rico de significado para se ter de Tomás de Aquino uma impressão mais familiar, senão íntima. Sabe-se, por Ptolomeu de Luca, que Tomás ficou muito tocado pela febre que se apoderou de Reginaldo nos últimos anos da vida do mestre. Os santos vivos, por modéstia, gostam às vezes de se esconder atrás do santos que já estão na glória. Tomás curou a Reginaldo aplicando-lhe uma relíquia de Sta. Inês. E ficou felicíssimo com o pleno restabelecimento do seu irmão e amigo. E como a façanha era de Sta. Inês, Tomás prometeu celebrar sempre na festa dela um pequeno banquete para seus estudantes. Só o cumpriu uma vez em 1273, pois faleceu no ano seguinte, na manhãzinha do dia 7 de março.

Está aí um traço bem humano deste grande professor. Gostava de fazer umas pequenas economias para regalar seus alunos, orientandos e assistentes com umas refeições festivas por ocasião de Natal, de Páscoa e de Pentecostes. E não consta que então, nessas horas de folguedo com os jovens, ficasse absorto em problemas doutrinais ou desse murros na mesa, em luta contra os maniqueus ou outros adversários impertinentes.

Só se tem um pesar ao ler os testemunhos, sobretudo nos processos de canonização. Para ajudar a causa, era conveniente seguir os cânones das vidas de santos. E eliminavam naturalmente as piadas, os chistes, todos os traços de bom humor, como se não mostrassem o lindo lado humano e sadio da santidade. Ficaram-nos uns vestígios desse bom humor, digamos aquilo que escapou à censura dessas testemunhas sérias e piedosas. Assim, um tanto de passagem, em um panegírico de outro santo, Martinho de Tours, Remígio de Florença conta que Tomás de Aquino se divertia e divertia seus alunos mostrando como o bom povo tinha mais devoção a S. Martinho do que a S. Pedro: "É que a festa de S. Martinho cai no tempo de colheita e de muita fartura, o que não acontece com a festa de S. Pedro".

Seria interessante pedir a Tomás que nos traçasse seu próprio retrato. Mas nunca se viu homem mais voltado para a verdade, para os outros, e sem tempo nem gosto de falar de si. O jeito é ver se conseguimos surpreendê-lo em flagrante delito de autobiografia em alguns de seus textos doutrinais. Seria bom percorrer os retratos que esboça do "homem espiritual". Leia-se por exemplo o que nos diz na lição 3ª, do seu comentário à 1ª Carta aos Coríntios, capítulo 2:

> *O homem espiritual tem a sabedoria para julgar de todas as coisas, pois sua inteligência está iluminada e sua afetividade está sempre orientada pelo Espírito Santo; pode assim proferir um julgamento reto sobre tudo o que leva à salvação*[5].

É o que Mestre Tomás quis ser sempre e nos propõe como o modelo intelectual e espiritual: o homem iluminado e transformado pelo Espírito, para ser a plena realização da verdade da doutrina, da vida e do amor.

No limiar da *Suma contra os Gentios* (livro 1º, caps. 1º e 2º) se mostra um tanto empolgado, exaltando a excelência da verdade, da sabedoria, da missão do Doutor da Verdade, do Sábio que se consagra a buscá-la, meditá-la, difundi-la e por ela lutar. Tem diante de si tudo o que Aristóteles ensina sobre a sabedoria, na entrada de sua *Metafísica*. Vê esse ideal filosófico assumido e levado à perfeição pela sabedoria bíblica, sobretudo em sua realização evangélica. E aí, em dado momento, não pode deixar de dar de si mesmo a definição que se desdobrou em suas idas e vindas, naquela sua itinerância incansável de pregador, de professor e de escritor:

---

5. Ver todo o texto da passagem indicada, n. 117-120 da *Leitura das Cartas de S. Paulo*, Ed. Marietti, 1953, p. 255.

Tomás nos fala do Espírito Santo

Confiado na piedade divina para prosseguir a missão de sábio, embora ela nos exceda as próprias forças, o propósito que visamos, dentro de nossa pequenez, é manifestar a verdade que a fé católica professa, eliminando os erros que lhe são contrários. Servindo-me das palavras de Hilário, tenho consciência de que a razão de ser de minha vida é que eu me devo totalmente a Deus, de modo que toda palavra minha e todo o meu sentir hão de ser um discurso vivo falando de Deus[6].

Todo aquele que teve a felicidade de conviver contigo, frei Tomás, habitando, no dia-a-dia, tua casa, rondando os teus jardins e adentrando-se um pouco que seja pelo Eldorado de tua Sagrada Doutrina, sente que tu foste um sublime e sereno possuído do Espírito. "Contemplar e abrir fraternalmente aos outros os caminhos da contemplação", este foi, é e há de ser o sonho e a realidade de tua vida. No entanto, palavra de irmão mais novo: tu estás apenas começando a ser o Doutor da Nova Era do Espírito.

---

6. *Suma Contra os Gentios*, livro I°, Cap. 2, n. 9.

INDICAÇÕES BIBLIOGRÁFICAS

I — TOMÁS DE AQUINO

1.1. OBRAS

Destacamos as grandes obras doutrinais:
— As duas Sumas, a *Suma Teológica*, a *Suma contra os Gentios*,
— e o *Escrito sobre as Sentenças*, que contém o primeiro esboço da síntese definitiva de Tomás.

O texto latino das Sumas já pode contar com uma edição moderna, cuidada, embora não estritamente crítica (sobretudo no que toca às duas Sumas), que é a "Edição leonina". O *Escrito sobre as Sentenças* está sendo objeto de uma edição crítica pela mesma comissão encarregada da edição leonina.

Quanto às traduções em língua portuguesa, contamos com a versão da *Suma Teológica* de Alexandre Correia (2ª ed., Porto Alegre: EST/Sulina/UCS, 1990) em 11 volumes. Contudo convém recorrer às traduções: espanhola (Ed. BAC, sobretudo a edição mais recente), francesa (Ed. du Cerf, em 4 volumes, 1984). As introduções e anotações da seção sobre a justiça (II-II, q. 57-122) da tradução francesa são da autoria de Frei Carlos JOSAPHAT.

Com a supervisão deste e a colaboração de dezenas de especialistas, uma nova tradução brasileira da *Suma teológica* está programada para 1998 pelas Edições Loyola.

Para a *Suma contra os Gentios* temos a tradução de D. Odilon Moura publicada (em dois volumes) em Porto Alegre por EST/Sulina/UCS.

A *Exposição sobre o Credo* (que é de fato a condensação escrita da pregação popular de Sto. Tomás sobre o Creio em Deus Pai) mereceu também uma tradução de D. Odilon Moura (2ª ed., São Paulo, Loyola, 1988).

Uma simples explicação sobre o modo de citar Sto. Tomás, segundo o uso corrente e tal como o empregamos neste livro:

A *Suma Teológica* se divide em três partes, indicada em algarismos romanos: I, II, III, remetendo respectivamente à primeira, à segunda e à terceira partes. A Segunda parte se subdivide em I-II e II-II, isto é: Primeira Seção da Segunda Parte e Segunda Seção da Segunda Parte. Cada uma das partes se divide em questões e estas em artigos. Estes comportam objeções, uma primeira resposta às objeções sob o nome de *Sed contra* (em sentido contrário), o corpo do artigo e as respostas às objeções. Eis um exemplo: II-II, 180, 1, resp. 3. Devemos ler *Secunda-Secundae* (Segunda Seção da Segunda Parte), questão 180, artigo 1º, resposta à terceira objeção. Ou: II-II, 45, 5 sc. Leremos: *Secunda-Secundae*, questão 45, artigo 5, *sed contra*. A

Suma contra os Gentios consta de quatro livros divididos em capítulos. Citamos simplesmente: I SG, 40, designando assim o Primeiro Livro da *Suma contra os Gentios*, capítulo 40.

Às vezes utilizamos no livro uma forma mais simples de citar, abreviando apenas os títulos e subtítulos.

Este nosso livro resulta de uma pesquisa sobre o conteúdo e o desenvolvimento da doutrina de Sto. Tomás, situando as grandes sínteses, as *Sumas* e o *Escrito sobre as Sentenças* no quadro histórico dos comentários bíblicos, especialmente do Novo Testamento, das exposições dos textos de Aristóteles, particularmente a *Ética a Nicômaco*. Damos relevo especial às questões disputadas, seja de maneira ordinária, no quadro do ensino universitário, as chamadas "Questões disputadas" ("Sobre a Verdade", "Sobre o mal", "Sobre as Virtudes"...); seja de maneira ocasional, sobre temas livres, à escolha dos participantes nessas justas acadêmicas: temos, assim as "Questões quodlibetais" ou os *Quodlibets*. Os escritos de controvérsia merecem um destaque especial, para se conhecer o contexto de vida em que surgem as obras de Sto. Tomás.

Nessa perspectiva realçamos a posição de Tomás de Aquino diante do movimento dos "espirituais" joaquimitas e sua doutrina do Espírito Santo como um dos fios condutores para compreensão da originalidade de sua "Sagrada Doutrina".

Como instrumento de trabalho para a análise de todas as obras de Sto. Tomás dispomos hoje do *Index Thomisticus* de R. BUSA SJ. Esse Index, já informatizado, tem permitido um verdadeiro rejuvenescimento dos estudos do texto tomista.

1.2. ESTUDOS

Limitamo-nos a indicar algumas obras de iniciação à história e ao pensamento de Sto. Tomás.

A mais conhecida e que exerceu a maior influência na renovação dos estudos tomistas foi a do grande mestre:

CHENU, M.-D. *Introduction à l'étude de Saint Thomas d'Aquin*. Montreal/Paris: Institut d'Etudes Médiévales/Lib. Phil. J. Vrin, 1950. Existem edições mais recentes e traduções em diversas línguas, infelizmente não em português.

IDEM. *Santo Tomás de Aquino e a Teologia*. Rio de Janeiro: Agir, 1957.

A introdução mais completa e atual, dotada de uma rica bibliografia e comportando uma explicação de cada obra dentro do contexto histórico, é:

TORRELL, J-P. *Initiation à saint Thomas d'Aquin. Sa personne et son oeuvre*. Fribourg/Paris: Ed. Universitaires/Cerf, 1993. A tradução brasileira (Ed. Loyola) está sendo preparada para 1998.

Outras obras de caráter introdutório merecem ser indicadas:

FREI CARLOS JOSAPHAT. *Contemplação e Libertação*. Tomás de Aquino, João da Cruz e Bartolomeu de Las Casas, Ática, 1995.

CHESTERTON, G.K. *São Tomás de Aquino*. Braga (Portugal): Cruz, 1947. Uma iniciação original e sugestiva.

GARDEIL, H.D. *Iniciação à Filosofia de S. Tomás de Aquino*. 4v, São Paulo: Duas Cidades, 1967. É bastante didática, quase escolar, inclui e explica textos de Sto. Tomás, e vem acompanhada de um vocabulário técnico.

GILSON, E. *Le thomisme. Introduction à la philosophie de Saint Thomas d'Aquin*. 6ª ed. rev., Paris: J. Vrin, 1965.

ID. *A Existência na Filosofia de Sto. Tomás*. São Paulo: Duas Cidades, 1962. Gilson sintetiza suas posições em um ponto fundamental, que é a crítica que faz do "essencialismo" atribuído a Sto. Tomás. Este livro tem um interesse especial, pois reúne conferências inéditas, feitas para o Centro Dom Vital, em São Paulo, em 1956.

GRABMANN, M. *Introdução à Suma Teológica*. Petrópolis: Vozes, 1945.

ID. *A filosofia da cultura de Santo Tomás de Aquino*. Petrópolis: Vozes, 1946.

NASCIMENTO, C.A.R. *Santo Tomás de Aquino, O Boi Mudo da Sicília*. São Paulo: EDUC, 1992. Um verdadeiro especialista se compraz em apresentar da maneira mais leve e delicada a personalidade e o pensamento de Sto. Tomás.

MENDES DE ALMEIDA, Luciano Pedro, S. J. *A Imperfeição Intelectiva do Espírito Humano*. Introdução à teoria tomista do conhecimento do outro. São Paulo, 1977. Indicamos essa tese de doutorado de Dom Luciano, não apenas pela importância do autor, mas pela fineza com que estuda um tema relacionado com as posições deste nosso livro, especialmente no capítulo VI.

PANNELLA, Emilio, OP. *La Lex Nova tra storia ed ermeneutica. Le occasioni dell esegesi di S. Tommaso d Aquino*. Em Memorie Domenicane, Tomismo e Neotomismo, Pistoia, 1975, pp. 11-106.

SECONDI, P. *Philosophia Perennis: Atualidade do Pensamento Medieval*. Petrópolis: Vozes, 1992.

THAI-HOP, Pablo. *Tomás de Aquino, Teólogo Militante*, Chimbote, Perú, ETEP, 1988, 179 P.

VILELA, O. *Tomás de Aquino, Opera omnia*. Belo Horizonte. FUMARC, 1984. É uma apresentação didática, fiel e clara das diferentes obras de Sto. Tomás. Comporta uma bibliografia para cada uma delas. Um excelente instrumento para um estudo técnico dos textos.

II — JOAQUIM DE FIORE E OS ESPIRITUAIS DA IDADE MÉDIA

2.1. OBRAS PRINCIPAIS DE JOAQUIM DE FIORE

Liber Concordiae Novi ac Veteris Testamenti, (reprodução fotomecânica), Frankfurt, 1964.

Expositio in Apocalypsim, (reprodução fotomecânica), Frankfurt, 1964.

Psalterium Decem Chordarum, (reprodução fotomecânica), Frankfurt, 1965.

Tractatus super Quatuor Evangelia, Ed. Ernesto Buonaiuti, Roma, 1930.

Todas essas obras são em latim. Em: AEGERTER Emmanuel. *L'Évangile éternel*, 2 volumes, Paris, 1928, encontram-se, em tradução francesa, nem sempre segura, os principais textos de Joaquim de Fiore.

2.2. ESCRITOS SOBRE JOAQUIM DE FIORE, MESSIANISMO E MILENARISMO

BATAILLON, Marcel. "Novo mundo e fim do mundo", em *Revista de História*, São Paulo, 1954, nº 18, pp. 343-351.

BRANDÃO, C. R. *O Divino, o Santo e a Senhora*, Rio de Janeiro, Funarte (Campanha de defesa do folclore brasileiro), 1978.

IDEM. *Memórias do Sagrado. Estudos de Religião e Ritual.* São Paulo, Paulinas, 1985, 265 pp.
IDEM. *Os Deuses do Povo: um Estudo sobre a Religião Popular.* São Paulo, Brasiliense, 1986, 306 pp.
CROCCO, Antonio. *Gioacchino da Fiore. La più singolare ed affascinante figura del Medioevo cristiano*, Nápoles, 1960.
DESROCHE, Henri. *Sociologie de l'espérance*, Paris, 1973.
LUBAC, Henri de. *Éxegèse médiévale. Les quatre sens de l'Ecriture*, Paris, 1959-1969.
LUNEAU, Auguste. *L'histoire du salut chez les Pères de l'Eglise. La doctrine des âges du monde*, Paris, 1964.
MAHN-LOT, Marianne. "Milléннarisme et mission au Nouveau Monde", em *Las Casas moraliste*, Paris, Éd. Du Cerf, 1997, pp. 101-113. Apresentação de estudos sobre o milenarismo, a descoberta e a evangelização da América. Dados e reflexões interessantes na perspectiva de uma influência joaquimita na América Latina
McGINN, Bernard. "Apocalypticism in the Middle Ages: An Historiographical Sketch", em *Mediaeval Studies* 37, 1975, pp. 252-286.
MANSELLI, Raoul. "Acceptation et refus du troisième âge", em *La théologie de l'histoire: révélation et histoire*, Ed. Enrico Castelli, Paris, 1971.
MOTTU, Henry. *La manifestation de l'Esprit, selon Joachim de Flore*, Neuchâtel — Paris, 1977. Com excelente bibliografia. No Prefácio desse livro, o padre M. D. Chenu declara: "Não sou eu, na fidelidade à minha vocação, membro de uma das ordens mendicantes (= dominicanos) que, para além das previsões de Joaquim, prolongaram o anúncio do Espírito que ele começou?"
QUEIROZ, Maria Isaura Pereira de. *Réforme et révolution dans les sociétés traditionnelles. Histoire et ethnologie des mouvements messianiques*, Paris, 1968.
RUSSO, Francesco. *Bibliografia gioachimita*, Biblioteca de Bibliografias Italiana, Florença, 1954.
IDEM. *Rassegna bibliografica Giochimita*, Citeaux, 1958-1967.
SECKLER, Max. *Le salut et l'histoire. La pensée de saint Thomas d'Aquin sur la théologie de l'histoire*, Paris, 1967.
SÉGUY, Jean. *Une sociologie des sociétés imaginées: monachisme et utopie*, An. E.S.C., 1971.
SPICQ, C. *Esquisse d'une histoire de l'exégèse latine au Moyen Age*, Paris, 1944.
ZSUZSANNA, Kulcsar. *Les mouvements hérétiques du XI au XIV siècle*, Bibliothèque de l'Université, Budapest, 1964.

III — NOVA ERA (EM GERAL)

BAGGIO, A. M. *New age: o que Está por Trás?* São Paulo, Cidade Nova, 1994.
BARROS, Marcelo. *A Dança do Novo Tempo.* Novo milênio, o jubileu bíblico e uma espiritualidade ecumênica, São Paulo, Paulus, 1997, 92 pp.
BERGERON, R. *A Nova Era em Questão*, São Paulo, Paulus, 1994.
BOFF, Leonardo. *Nova Era: A Civilização Planetária*, São Paulo, Ática, 1994.
CAPRA, Fritjof. *Pertencendo ao Universo*, Cultrix.
IDEM. *O Ponto de Mutação*, Cultrix.
DIEZ, Felicíssimo Martínez. *A Nova Era e a Fé Cristã*, São Paulo, Paulus, 1997.

HÉBRARD, M. *Entre Nova Era e Cristianismo*, São Paulo, Paulinas, 1996.
LIBÂNIO, J. B. *Ser Cristão em Tempos de Nova Era*, São Paulo, Paulus, 1996.
RAYMOND, Ruyer. *A Gnose de Princeton*, Cultrix.
SASAKI, R. *Espiritualismo Moderno*, Petrópolis, Vozes, 1995.
TERRIN, A. N. *A Religiosidade do Pós-moderno*, São Paulo, Loyola, 1996.

IV — TEOSOFIA

BESANT, Annie. *A Vida Espiritual*, Editora Teosófica.
IDEM. *O Cristianismo Esotérico*, São Paulo, Editora Pensamento.
BLAVASTKY, Helena. *Glossário Teosófico*, Editora Ground.
IDEM. *A Doutrina Secreta*, Catavento.

V — ANTROPOSOFIA

LANZ, Rudolf. *Antroposofia, Ciência Espiritual Moderna. 1989.*
A Pedagogia Waldorf, 5ª ed., 1995.
Nem Capitalismo nem Socialismo, 1990.
Passeios através da História à Luz da Antroposofia, 2ª ed., 1995.
STEINER, Rudolf. *A Ciência Oculta*. Trad. Rudolf Lanz, 3ª ed., 1991.
A Crônica do Akasha. Trad. Lavínia Viotti, 1994.
A Educação da Criança segundo a Ciência Espiritual. Trad. Rudolf Lanz, 3ª ed., 1996.
Andar, Falar, Pensar / A Atividade Lúdica. Trad. Jacira Cardoso. 5ª ed., 1996.
De Jesus Cristo: o Sentido Esotérico da Redenção. Trad. R. Lanz e G. Hupfeld, 1997.
Economia Viva – o Mundo como Organismo Econômico Único. Trad. Heinz Wilda, 1995.
Educação na Puberdade – O Ensino Criativo. Trad. R. Lanz e Jacira Cardoso, 2ª ed., 1996.
O Anjo em Nosso Corpo Astral. Trad. R. Lanz, 4ª ed., 1996.
O Conhecimento Iniciático. Trad. R. Lanz, 2ª ed., 1996.
O Cristianismo como Fato Místico e os Mistérios da Antiguidade. Trad. R. Lanz. 1996.
O Evangelho segundo João – Considerações esotéricas sobre suas relações com os demais evangelhos. Trad. Jacira Cardoso, 2ª ed., 1996.
O Evangelho segundo Lucas – Considerações esotéricas sobre suas relações com o budismo. Trad. Edith Asbeck e Lívia Landsberg. 2ª ed., 1996.
O Evangelho segundo Marcos – Considerações esotéricas sobre o Mistério do Gólgota. Trad. Heinz Wilda, 1996.
O Evangelho segundo Mateus –Considerações esotéricas sobre a relação com os essênios. Trad. Jacira Cardoso, 2ª ed., 1997.
O Quinto Evangelho – Revelações da Crônica do Akasha. Trad. Bernardo Kaliks, 1996.
Teosofia. Trad. Daniel Brilhante de Brito, 5ª ed., 1996.

VI — ASTROLOGIA

Neste nosso livro, interessaram-nos particularmente as posições de Tomás de Aquino sobre a astrologia. As principais referências de seus textos são dadas no capítulo 11, n. IX.

Para uma visão de conjunto, veja-se:

ADDEY, John. *Harmonics in Astrology,* Fowler, 1976.
CHENU, M.-D. *Astrologia praedicabilis,* em *Archives D'Histoire Doctrinale Et Littéraire du Moyen Age* (Ano de 1964), Paris 1965, pp. 61-65. Este artigo sobre a astrologia como tema de pregação popular encerra indicações interessantes sobre a divulgação da astrologia em simbiose com o devocionismo cristão na Idade Média.
EYSENCK, Hans J. *Astrology: Science or Superstiton?* Temple Smmith, 1982.
GETTINGS, Fred. *The Dictionary of Astrology: Science or Superstition?,* Routledge & Kegan Paul, 1985.
LITT, Thomas. *Les corps célestes dans l'univers de Saint Thomas D'Aquin,* Col. Philosophes médiévaux, 7, Louvain-Paris, 1963, 408 pp.
SEYMOUR, Percy. *Astrologia, Evidência Científica,* Rio de Janeiro, Ed. Nova Era, Record, 1997, 301 pp., com bibliografia.

VII — ALQUIMIA

Neste livro damos relevo especial às posições e obras de C. G. JUNG.

Nessas (especialmente, vol. XII das Obras Completas) se encontram indicações precisas sobre as fontes e os escritos fundamentais em que se baseiam a história e o ensino da Alquimia.

Esses tratados alquímicos: *Alchemia, Ars Chemica, Artis Auriferae, Aureum Vellus* etc., foram publicados (em latim) no século XVI e constituem as fontes históricas das modernas publicações sobre o assunto. Delas promanam todas as ilustrações, o vocabulário latino e o essencial das teorias que começaram a ser propagadas, com intensidade, a partir dos anos 70, e constituem uma das alas dinâmicas da Nova Era.

A alquimia teve uma vida clandestina, sob a repressão e a perseguição nos tempos medievais.

Ela emerge com a liberdade de imprensa (em alguns países ou cidades livres), em uma primeira vaga alquímica lançada no século XVI, e se difunde em vagas sucessivas, sobretudo nesses últimos 25 anos. É um dos aspectos típicos do fenômeno de livraria que interessam o estudo sociológico da propagação da Nova Era.

7.1. COMO AMOSTRAS DE UMA INICIAÇÃO GERAL À ALQUIMIA, VER POR EXEMPLO:

ROGER, Bernard. *Descobrindo a Alquimia,* São Paulo, Pensamento.
ROOB, Alexander. *Alquimia & Misticismo,* Paisagem, 1996.

7.2. AS OBRAS COMPLETAS DE C. G. JUNG

Publicadas em 18 volumes pela Editora Vozes, Petrópolis. Destacamos como essenciais para o tema da alquimia os volumes seguintes:

Psicologia e Alquimia, volume XII das obras completas, Vozes, Petrópolis, 1991. A bibliografia que se encontra no fim desta obra é a mais ampla e cuidadosa.

Mysterium Coniunctionis, volume XIV em dois tomos, Vozes, Petrópolis, 1985. No original alemão este livro continha um tratado *Aurora Consurgens* atribuído desde o século XVI a Tomás de Aquino. Discutimos esta hipótese no capítulo 9 do nosso livro.

Psicologia da Religião Ocidental e Oriental, volume XI, Vozes, Petrópolis, 1983. Nessa obra, as perspectivas se alargam, pois Jung faz um confronto da sua própria doutrina com as tradições religiosas ocidentais e orientais. Note-se a exposição que faz sobre o Espírito Santo, pp. 157-163. Aí, Jung salienta que a doutrina acerca do Espírito Santo não foi convenientemente desenvolvida na Igreja. O que significa um encontro parcial com as nossas próprias perspectivas neste nosso livro. O diálogo com Jung é ao mesmo tempo estimulante e extremamente difícil, pois sua abordagem, pretendendo ser psicológica, não deixa de conter uma visão teológica o mais das vezes problemática, pois está longe de decorrer somente da psicologia.

BIBLIOGRAFIA
de Frei CARLOS JOSAPHAT Pinto de Oliveira

(PRINCIPAIS PUBLICAÇÕES)

A justiça social. Na Bíblia e no ensino da Igreja. São Paulo, Ed. do Autor, 1961, 90 pp.
Evangelho e Revolução social, São Paulo, Ed. Duas Cidades, 1962, 106 pp.
Evangelho da Unidade e do Amor. Texto e doutrina do Evangelho de S. João, 1966, 360 pp.
O Sermão da Montanha. Manifesto de perfeição cristã e promoção humana, São Paulo, Ed. Duas Cidades, 1967, 164 pp.
Estruturas a serviço do Espírito, Rio de Janeiro, Ed. Vozes, 1968, 104 pp.
Information et propagande. Responsabilités chrétiennes (Informação e propaganda. Responsabilidades cristãs), Paris, Ed. du Cerf, 1968, 415 pp.
Pour une théologie de la révolution (Por uma teologia da revolução). In Société injuste et révolution, pp. 113-140, Paris, Ed. du Seuil, 1970.
Conjunto de contribuições à Gran Enciclopedia Rialp, Madrid (Espanha):
Adulación, t. I, pp. 253-254, 1971; Autenticidad, t. III, pp. 437-439, 1971; Diaconisa, t. VII, pp. 643-644, 1972; Diácono, t. VII, pp. 644-648, 1972; Gula, t. XI, pp. 486-487, 1972; Hedonismo, t. XI, pp. 632-633, 1972; Hipocresia, t. XI, pp. 826-827; Lealtad, t. XIV, pp. 70-71, 1973; Lugo, Juan de, t. XIV, pp. 577-578; Medina, Bartolomé, t. XV, pp. 471-472; Mentira, t. XV, pp. 550-552; Mersch, Emile, t. XV, pp. 581; Restricción mental, t. XX, pp.161-163, 1974; Sánchez, Tomás, t. XX, pp. 773-774, 1974; Secreto, t. XXI, pp. 84-77, 1975; Sensualidad, t. XXI, pp. 194-195, 1975; Templanza, t. XXI, pp. 173-176, 1975; Veracidad, t. XXIII, pp. 418-420, 1975.
Diritto alla verità e communicazione sociale (Direito à verdade e comunicação social). In Problemi e prospettive di teologia morale, pp. 363-390, Brescia, Itália, Ed. Queriniana, 1976.
L'Esprit agit dans l'histoire. La totalisation hégélienne de l'histoire confrontée avec les perspectives du Concile Vatican II (O Espírito age na história. A totalização hegeliana em confronto com as perspectivas do Concílio Vaticano II). In Hegel et la théologie contemporaine. L'Absolu dans l'histoire, pp. 54-73, Neuchâtel (Suíça), Ed. Delachaux et Niestlé, 1977.
Aborto: Problema di conscienza, di diritto e di civiltà posto all'etica cristiana (Aborto: problema de consciência, de direito e de civilização posto à ética cristã). In L'aborto nella discussione teologica cattolica, pp. 161-220, Brescia, Itália, Ed. Queriniana, 1977.
La crise du choix moral dans la civilisation technique (A crise da escolha moral na civilização técnica), Fribourg, Suíça, Ed. Universitaires, 1977, 159 pp. Traduzido em italiano (Roma, Ed. Borla, 1978).

Justice, contestation et solidarité (Justiça, contestação e solidariedade). In La Justice, pp. 9-29, Fribourg, Suíça, Ed. Universitaires, 1977.

Le droit de propriété selon la doctrine catholique. La propriété foncière envisagée à la lumière de l'éthique chrétienne et dans les perspectives de l'aménagement du territoire. (O direito de propriedade na doutrina católica. A propriedade fundiária à luz da ética cristã e nas perspectivas de uma redistribuição do território) Fribourg, Suíça, Ed. Justiça e Paz, 1977, 68 pp.

Critères d'une éthique sociale transnationale (Critérios de uma ética social transnacional). In Eglises et entreprises transnationales; dialogue en Europe, 1975-1980, pp. 111-125, Bruxelas, Bélgica, Ed. UNIAPAC, 1980.

L'ordre éthique (A ordem ética). In L'ordre en question, pp. 111-129, Fribourg, Suíça, Ed. Universitaires, 1981.

Saint Thomas, le Concile et la théologie contemporaine (Sto. Tomás, o Concílio e a teologia contemporânea). In Nova et Vetera, 1981, pp. 161-185.

Famille: Valeurs éthiques et modèles historiques (A família: valores éticos e modelos históricos). In La famille — Un défi face à l'avenir, pp. 165-195. Fribourg, Suíça, Ed. Universitaires, 1982.

Droits de l'homme et discrimination religieuse (Direitos do homem e discriminação religiosa). In Universalité des droits de l'homme et diversité des cultures, pp.193-202, Fribourg, Suíça, Ed. Universitaires, 1984.

La dimensione mondiale dell'Etica (A dimensão mundial da Ética), Bolonha, Itália, Ed. Dehoniane, 1985, 104 pp.

Traité de la Justice in Thomas d'Aquin: Somme Théologique, t. III, qq. 57-122, Paris, Ed. du Cerf, 1985. (Comentário ao Tratado da Justiça, traduzido na versão brasileira da Suma Teológica, São Paulo, Ed. Loyola, em preparação).

Ethique de la communication sociale. Vers un ordre humain de l'information dans le monde (Ética da comunicação social. Por uma ordem humana da informação no mundo), Fribourg, Suíça, Ed. Universitaires, 1987, 122 pp. Versão portuguesa em preparação.

Homme et femme dans l'anthropologie de Thomas d'Aquin (Homem e mulher na antropologia de Tomás de Aquino). In Humain à l'image de Dieu, pp. 165-190, Genebra, Suíça, Ed. Labor et Fides, 1989.

La gestion, carrefour de l'économie et de l'éthique (A gestão, ponto de encontro da economia e da ética), em colaboração com o prof. de economia Jacques PASQUIER-DORTHE. Fribourg, Suíça, Ed. Universitaires, 1990.

Une morale de liberté évangélique aux prises avec une église de pécheurs. La Loi nouvelle et sa praticabilité selon saint Thomas d'Aquin (I-II,106-108) (Uma moral de liberdade evangélica em face de uma igreja de pecadores. A Lei nova e sua praticabilidade segundo Sto. Tomás de Aquino (I-II, 106-108)). In Novitas et veritas vitae, pp. 191-211, Fribourg, Suíça, Ed. Universitaires, 1991.

Éthique chrétienne et dignité de l'homme (Ética cristã e dignidade humana), Fribourg/Paris, Ed. Universitaires/Cerf, 1992. 357 pp. Versão portuguesa em preparação.

La prudence, concept clé de la morale du P. Labourdette (A prudência, conceito-chave da moral do Pe. Labourdette). In Revue Thomiste, Toulouse, França, 1992, pp. 267-292.

Contemplação e libertação. Tomás de Aquino, João da Cruz, Bartolomeu de Las Casas, São Paulo, Ed. Ática, 1995, 176 pp. Existe em versão francesa, Fribourg/Paris, Ed. Universitárias/Cera, 1993.

Réussir lês afiares et accomplir l'homme. Enjeux éthiques et économiques de l'entreprise (Êxito nos negócios e promoção humana. Valores éticos e econômicos da empresa). Em colaboração com Jacques PASQUIER-DORTHE. Fribourg, Suíça, Éd. Universitaires, 1996. Versão portuguesa em preparação.

Moral, Amor e Humor. Igreja, sexo, sistemas na roda-viva da discussão. Rio de Janeiro, Ed. Record, Nova Era, 1997, 364 pp.

ÍNDICE DE NOMES

A

Abelardo 15, 127
Abraão 145
Agostinho 18, 27, 28, 32, 38, 49, 55, 58, 59, 79, 80, 94, 101, 117, 120, 122, 125, 126, 138, 146, 148, 151, 160, 161, 165, 166, 170, 171, 174, 181, 184, 186, 199, 212, 221, 244, 258, 270, 285, 286, 287, 288, 290, 291, 292, 293, 294, 295, 296, 297, 301, 302, 306, 307, 309, 315, 317, 321, 322, 323, 324, 325
Alberto 48, 49, 51, 55, 66, 119, 126, 157, 170, 176, 177, 199
Alexandre de Hales 61, 310
Alexandre IV 57
Ambrósio, Santo 86, 87
Anselmo, Santo 124
Apel, K. O. 243
Aristóteles 18, 23, 25, 26, 27, 28, 30, 46, 50, 51, 54, 55, 66, 67, 68, 69, 71, 73, 74, 79, 80, 83, 84, 87, 90, 94, 99, 107, 112, 113, 114, 115, 116, 120, 122, 123, 126, 128, 131, 132, 134, 138, 144, 146, 151, 166, 173, 176, 177, 178, 179, 181, 182, 203, 210, 212, 215, 220, 238, 251, 254, 260, 264, 293, 298, 310, 320, 321, 324, 328
Assis, Machado de 16, 17, 63, 167, 191, 218
Averróis 27, 28, 120
Avicena 27, 28, 120

B

Barth, Karl 176
Barthes, Roland 90, 95
Bento, São 32, 166
Bergson, Henri 21, 23, 40, 59, 129, 190
Bernardo, São 54, 166
Bertalanffy 31
Blondel, Maurice 121
Boaventura, São 10, 35, 56, 157, 169, 176, 211, 220
Boécio 66
Brandão, Carlos Rodrigues 136

C

Calvino 211, 265
Camões 15, 16, 92, 99, 108, 253
Catarina de Sena 86, 159, 192, 239, 248
Chenu, M. D. 330
Clemente de Alexandria 126, 171
Colombo, Cristóvão 137
Crisóstomo, São João 18, 27, 28, 315, 316, 317
Cruz, São João da 16, 39, 45, 56, 92, 93, 94, 100, 104, 218, 221, 224, 239, 248, 259, 267, 268, 328, 336

D

Dante 14, 16, 35, 36, 99, 175, 211
Descartes, R. 76, 77, 242
Dichter, Ernst 85
Dionísio 18, 50, 51, 66, 74, 115, 159, 205, 276, 277, 279, 280, 309, 315, 319
Domingos, São 10, 26, 35, 36, 45, 46, 47, 48, 49
Drummond 33

E

Eckart 16, 86, 104, 239, 248
Elluard, Paul 119

Erasmo 86
Esdras 43

F

Fiore, Joaquim de 6, 7, 9, 10, 12, 29, 32, 33, 34, 35, 36, 37, 48, 57, 134, 135, 136, 137, 192, 217, 248, 273, 310, 314, 329
Fra Angélico 246
Francisco de Assis, São 9
Francisco de Sales, São 265
Frederico II 25, 46
Frei Betto 249
Frei Tito 249
Freire, Paulo 39, 81, 227
Freud, S. 213, 214, 257
Fuchs, E. 94

G

Gauthier, R.-A. 62
Geraldo de Abbeville 56
Geraldo di Borgo San Donnino 9, 310
Gillon, L. B. 28
Gilson, Etienne 16
Glorieux, Palémon 55
Goleman, Daniel 85
Graciano 53
Gregório de Nissa 120
Gregório IX 25, 26, 35, 46, 126
Gregório Magno, São 220
Guerric 27
Guilherme de Tocco 322, 323
Guilherme do Santo Amor 34, 57
Guyot, B. 27

H

Habermas, J. 243
Harnack, Adolf 146
Hegel, F. 22, 144, 214
Heidegger, M. 72
Hesíquio 316
Hilário 317, 325
Hitler, Adolf 249
Honório III 34
Horácio 150

I

Inocêncio III 9, 32, 33, 34, 35, 135, 136, 265
Isaac 145
Isabel da Trindade 259
Isaías 18, 66, 220, 281, 291, 303, 304, 305, 307

J

Jacó 145
Jerônimo, São 47
Jó 66, 303, 319, 320
João Damasceno, São 20
João XXI 16
João XXIII 263, 272
João, São 20, 27, 92, 93, 94, 100, 159, 218, 239, 266, 268, 282, 335
Jobim, Tom 262
Jonas, Hans 260, 261
Jung, C. G. 213, 255

K

Kant, Immanuel 22, 77, 170
Kuhn, Thomas S. 31

L

Landolfo de Aquino 46
Las Casas, Bartolomeu de 45, 56, 153, 203, 258, 267, 328, 336
Leão XIII 110
Lebret, J.-L. 250
Lienhard, Marc 147
Lima, Alceu Amoroso 11, 250
Lombardo, Pedro 13, 28, 51, 53, 60, 61, 63, 66, 74, 112, 113, 126, 157, 295, 300
Lubac 330
Lucas 66, 210, 313
Luís IX 323
Luís, São 12, 323
Lúlio, Raimundo 191
Lutero, Martinho 146

M

Maniqueu 316
Maquiavel 159, 251
Maraschin, Jaci C. 34
Marcos 4, 66, 231
Maritain 11, 17, 130, 247
Martinho, São 324
Marx, Karl 131
Mateus 66, 67, 151, 289, 292, 299, 303, 313, 315, 317
Máximo, O confessor 120
Meireles, Cecília 119
Mendiela, Jerônimo 137
Miguel Ângelo 246
Milton 15
Moisés 32, 276, 290, 316, 317
Molière 16, 99, 247
Moraes, Vinícius de 262
Morin, Edgard 30
Mounier, Emmanuel 246

N

Nemésio 120
Nicolau de Lisieux 56
Nietzsche 18, 121, 209, 246
Noé 115, 258

O

Orígenes 96, 135
Ovídio 93, 150
Ozanam, Frederico 109, 110

P

Paráclito 294, 315, 316
Paulo 4, 18, 27, 36, 39, 51, 54, 81, 101, 106, 109, 111, 113, 134, 151, 153, 186, 211, 217, 218, 222, 223, 226, 227, 230, 231, 232, 233, 238, 263, 266, 268, 269, 271, 272, 278, 284, 306, 308, 335, 336
Paulo VI 272
Pedro Comestor 53
Pedro, São 324
Petrarca 16, 92
Piaget 59, 73
Picasso 246
Platão 72, 74, 79, 90, 176, 181, 211, 253, 255, 260
Ptolomeu 208, 319, 321, 322, 324

R

Rabano 284
Rafael 246
Reginaldo de Piperno 67, 319, 323
Remígio de Florença 324

S

Sartre 18, 21, 143
Schweitzer 250
Sígero de Brabante 120
Sócrates 74, 79, 227
Stein, Edite 248
Sthendal 93

T

Teodora Rossi Caracciolo 46
Teresa de Ávila 86, 101, 239, 248, 259
Teresa de Calcutá 248
Teresinha de Lisieux, Santa 248
Tillich, Paul 176, 247
Tours, Martinho de 324

Z

Zumbi 273